中国古代墓葬四隅券进式穹窿机制与源流研究

A Study about the Mechanism and Genesis of Quadripartite Arched Domes in Ancient Chinese Tombs

徐永利 著

东南大学出版社·南京

内容简介

在仔细研读大量汉代及六朝墓葬考古发掘报告(简报)及相关文献的基础上,本书综合建筑学、考古学的研究方法,对123处汉地四隅券进式墓葬穹窿所体现出的营建工艺及形态演变规律进行了缜密研究。一方面对其进行分区与分期比较,归纳其建筑文化特征,以深入发掘该穹窿类型所反映的墓葬文化内涵,并揭示其与六朝宏观历史演变背景的相关性;一方面将其营建工艺、形态特征与中亚、西亚相似工艺传统进行比较,并探讨这一工艺传统对中国墓葬文化的适应性,同样在宏观历史、地理背景下解答四隅券进式墓葬穹窿在中国古代如何起源与消失的问题。

图书在版编目(CIP)数据

中国古代墓葬四隅券进式穹窿机制与源流研究 / 徐永利著. —南京:东南大学出版社,2018.10
(建筑遗产保护丛书/朱光亚主编)
ISBN 978-7-5641-7602-0

Ⅰ.①中… Ⅱ.①徐… Ⅲ.①墓葬(考古)-研究-中国-古代 Ⅳ.①K878.84

中国版本图书馆 CIP 数据核字(2017)第 320589 号

中国古代墓葬四隅券进式穹窿机制与源流研究

出版发行	东南大学出版社
出 版 人	江建中
责任编辑	张 莺
网 址	http://www.seupress.com
电子邮箱	press@seupress.com
社 址	南京市四牌楼 2 号
邮 编	210096
电 话	025-83793191(发行) 025-57711295(传真)
经 销	全国各地新华书店
印 刷	南京玉河印刷厂
开 本	787mm×1092mm 1/16
印 张	17.75
字 数	368 千
版 次	2018 年 10 月第 1 版
印 次	2018 年 10 月第 1 次印刷
书 号	ISBN 978-7-5641-7602-0
定 价	58.00 元

本社图书若有印装质量问题,请直接与营销部联系。电话(传真):025-83791830

继往开来，努力建立建筑遗产保护的现代学科体系❶

建筑遗产保护在中国由几乎是绝学转变成显学只不过是二三十年时间。差不多五十年前，刘敦桢先生承担瞻园的修缮时，能参与其中者凤毛麟角，一期修缮就费时六年；三十年前我承担苏州瑞光塔修缮设计时，热心参加者众多而深入核心问题讨论者则十无一二，从开始到修好费时十一载。如今保护文化遗产对民族、地区、国家以至全人类的深远意义已日益被众多社会人士所认识，并已成各级政府的业绩工程。这确实是社会的进步。

不过，单单有认识不见得就能保护好。文化遗产是不可再生的，认识其重要性而不知道如何去科学保护，或者盲目地决定保护措施是十分危险的，我所见到的因不当修缮而危及文物价值的例子也不在少数。在今后的保护工作中，十分重要的一件事就是要建立起一个科学的保护体系，从过去几十年正反两方面的经验来看，要建立这样一个科学的保护体系并非易事，依我看至少要获得以下的一些认识。

首先，就是要了解遗产。了解遗产就是系统了解自己的保护对象的丰富文化内涵，它的价值以及发展历程，了解其构成的类型和不同的特征。此外，无论在中国还是在外国，保护学科本身也走过了漫长的道路，因而还包括要了解保护学科本身的渊源、归属和发展走向。人类步入 21 世纪，科学技术的发展日新月异，CAD 技术、GIS 和 GPS 技术及新的材料技术、分析技术和监控技术等大大拓展了保护的基本手段，但我们在努力学习新技术的同时要懂得，方法不能代替目的，媒介不能代替对象，离开了对对象本体的研究，离开了对保护主体的人的价值观念的关注，目的就沦丧了。

其次，要开阔视野。信息时代的到来缩小了空间和时间的距离，也为人类获得更多的知识提供了良好的条件，但在这信息爆炸的时代，保护科学的体系构成日益庞大，知识日益精深，因此对学科总体而言，要有一种宏观的开阔的视野，在建立起学科架构的基础上使得学科本身成为开放体系，成为不断吸纳和

---

❶ 本文是潘谷西教授为城市与建筑遗产保护教育部重点实验室（东南大学）成立写的一篇文章，征得作者同意并经作者修改，作为本丛书的代序。

拓展的系统。

　　再次，要研究学科特色。任何宏观的认识都代替不了进一步的中观和微观的分析，从大处说，任何对国外的理论的学习都要辅之以对国情的关注；从小处说，任何保护个案都有着自己的特殊的矛盾性质，类型的规律研究都要辅之以对个案的特殊矛盾的分析，解决个案的独特问题更能显示保护工作的功力。

　　最后，就是要通过实践验证。我曾多次说过，建筑科学是实践科学，建筑遗产保护科学尤其如此，再动人的保护理论如果在实践中无法获得成功，无法获得社会的认同，无法解决案例中的具体问题，那就不能算成功，就需要调整甚至需要扬弃，经过实践不断调整和扬弃后保留下来的理论，才是保护科学体系需要好好珍惜的部分。

潘谷西

2009 年 11 月于南京

丛书总序

"建筑遗产保护丛书"是酝酿了多年的成果。大约在1978年,东南大学通过恢复建筑历史学科的研究生招生,开启了新时期的学科发展继往开来的历史。1979年开始,根据社会上的实际需求,东南大学承担了国家一系列重要的建筑遗产保护工程项目,这也显示了建筑遗产保护实践与建筑历史学科的学术关系。1987年后的十年间东南大学提出申请并承担了国家自然科学基金重点项目中的中国建筑历史多卷集的编写工作,使研究和应用相得益彰;又接受了国家文物局委托举办古建筑保护干部专修科的任务,将人才的培养提上了工作日程。20世纪90年代,特别是中国加入世界遗产组织后,建筑遗产的保护走上了和世界接轨的征程。人才培养也上升到成规模地培养硕士和博士的层次。东南大学建筑系在开拓新领域、开设新课程、适应新的扩大了的社会需求和教学需求方面投入了大量的精力,除了取得多卷集的成果和大量横向研究成果外,还完成了教师和研究生的一系列论文。

2001年东南大学建筑历史学科被评估成为中国第一个建筑历史与理论方面的国家重点学科。2009年城市与建筑遗产保护教育部重点实验室(东南大学)获准成立。该实验室将全面开展建筑遗产保护的研究工作,特别是将从实践中凝练科学问题的多学科的研究工作承担了起来。形势的发展对学术研究的系统性和科学性提出了更为迫切的要求。因此,有必要在前辈奠基及改革开放后几代人工作积累的基础上,专门将建筑遗产保护方面的学术成果结集出版,此即为"建筑遗产保护丛书"。

这里提到的中国建筑遗产保护的学术成果是由前辈奠基,绝非虚语。今日中国的建筑遗产保护运动已经成为显学且正在与国际接轨并日新月异。其基本原则:将人类文化遗产保护的普世精神和与中国的国情、中国的历史文化特点相结合的原则,早在营造学社时代就已经确立。这些原则经历史检验已显示其长久的生命力。当年学社社长朱启钤先生在学社成立时所说的"一切考工之事皆本社所有之事……一切无形之思想背景,属于民俗学家之事亦皆本社所应旁搜远绍者……中国营造学社者,全人类之学术,非吾一民族所私有"的立场,"依科学之眼光,作有系统之研究""与世界学术名家公开讨论"的眼界和体系,"沟通儒匠，睿发智巧"的切入点，都是在今日建筑遗产保护研究中需要牢记的。

当代的国际文化遗产保护运动发端于欧洲并流布于全世界，建立在古希腊文化和希伯来文化及其衍生的基督教文化的基础上；又经文艺复兴弘扬的欧洲文化精神是其立足点；注重真实性，注重理性，注重实证是这一运动的特点；但这一运动又在其流布的过程中不断吸纳东方的智慧，1994年的《奈良文告》以及2007年的《北京文件》等都反映了这种多元的微妙变化——《奈良文告》将原真性同地区与民族的历史文化传统相联系可谓明证。同样，在这一文件的附录中，将遗产研究工作纳入保护工作系统也可谓是远见卓识。因此，本丛书也就十分重视涉及建筑遗产保护的东方特点以及基础研究的成果。又因为建筑遗产保护涉及多种学科的多种层次研究，丛书既包括了基础研究，也包括了应用基础的研究以及应用性的研究。为了取得多学科的学术成果，一如遗产实验室的研究项目是开放性的一样，本丛书也是向全社会开放的，欢迎致力于建筑遗产保护的研究者向本丛书投稿。

遗产保护在欧洲延续着西方学术的不断分野的传统，按照科学和人文的不同学科领域，不断在精致化的道路上拓展；中国的传统优势则是整体思维和辩证思维。1930年代的营造学社在接受了欧洲的学科分野的先进方法论后又经朱启钤的运筹和擘画，在整体上延续了东方的特色。鉴于中国从古延续至今的经济发展和文化发展的不均衡性，这种东方的特色是符合中国多数遗产保护任务，尤其是不发达地区的遗产保护任务的需求的。我们相信，中国的建筑遗产保护领域的学术研究也会向学科的精致化方向发展，但是关注传统的延续，关注适应性技术在未来的传承，依然是本丛书的一个侧重点。

面对着当代人类的重重危机，保护构成人类文明的多元的文化生态已经成为经济全球化大趋势下的有识之士的另一种强烈的追求，因而保护中国传统建筑遗产不仅对于华夏子孙，也对整个人类文明的延续有着重大的意义。在认识文明的特殊性及其贡献方面，本丛书的出版也许将会显示出另一种价值。

朱光亚
2009年12月20日于南京

序

  本书是徐永利对他的博士后出站报告做了多方面的充实和修改后的成果。

  事情追溯到潘谷西教授的一次不经意的发现，那是2006年前后，潘谷西先生在应邀考察了南京江宁区上坊村新发现的东吴贵族墓后，对该墓的砖穹窿的砌筑方法感到疑惑，提出了该穹窿可能是一种不使用模板砌成的穹窿，并告诉了我，要我去看一下，我大吃一惊，觉得难以置信，到现场一看，认为潘谷西先生的分析是正确的。因为上坊东吴墓中跨度分别是6米和4.4米的两个穹窿都属于被考古界命名为四隅券进式的类型，其发券是从四个角部开始的，与我们看到的元明以后的平砌的逐层内收的穹窿不同。此外它还有两个特点：一是砖缝之间的灰浆或深或浅但表面并不平整，不呈现使用木模板发券时表面平整光滑的特点，二是四个边似乎并不完全对称，这也是使用模板发券的穹窿不会呈现的。由此开始，这个砖砌穹窿激发了我们研究它的兴趣，并成为不久后到东南大学博士后流动站工作的徐永利的出站报告的选题。

  中国古代建筑是以木构为主流的，但古代中国在砖石结构方面同样有着精彩纷呈的成就，并也存在着许多有待深入探讨研究的课题，例如关于汉代即已在墓葬中大量使用的拱券和穹窿技术的起源及传播就是一个见仁见智的难题。中国古代缺乏古罗马那样使用火山灰混凝土的资源条件，由古代中国农业文明所催生的古代理念更是亲近木材的，但是理念的差异和实践中的差异毕竟是两回事，历史上相距遥远的地区在相近的时代分别独立地完成了相近的发明是屡见不鲜的。逻辑的推断无法代替实证的研究。就四隅券进式穹窿而言，除了它的起源和传播之谜外，还存在着何以它只存在于东汉至五代这样一段历史时期，此后就烟消云散了这样的谜题。

  徐永利查阅史料之外还专门利用国际会议的机会赴西亚调查，终于完成了这一次学术探幽之旅。在提交出站报告后的一段时间里他还继续搜集史料，完成了书稿的充实和完善。如今呈现给我们的这一成果不仅对四隅券进式穹窿的源头做了回应，还勾勒出了它在古代中国各地传播的梗概，提示了中国和中亚、西亚之间文化传播的种种可能。尤其是通过实验性的施工实践，证实了无模施工完全是可行的，这为解读这一古代砖结构技艺中的技术细节以及日后该类遗址的展示提供了有力的手段。

看来在近两千年前,东西方的文化交流的硕果远远多于我们已知的葡萄、石榴、胡椒、瓷器和丝绸之类的物质性成果。一如造纸和印刷术的西传一样,丝绸之路的那一边的若干技艺性成就也惠泽了东方,当今日站在新的高度上重新探讨丝绸之路的人类命运共同体之时,徐永利的书稿的出版无疑为我们提供了多重的启示。

朱光亚

2017 年 12 月于石头城下

目 录

- 0 绪论 …… 1
  - 0.0.1 问题的由来 …… 1
  - 0.0.2 前人研究成果与潜在问题 …… 2
  - 0.0.3 本书研究方法与论述结构 …… 6
- 1 中国古代墓葬穹窿发展概述 …… 9
  - 1.1 中国古代砌体穹窿概念与类型 …… 9
    - 1.1.1 穹窿概念与形态特征 …… 9
    - 1.1.2 砌体穹窿的工艺类型 …… 10
    - 1.1.3 中国古代墓葬穹窿特征 …… 14
  - 1.2 汉地砖砌墓葬穹窿的创生 …… 21
    - 1.2.1 汉地砖砌穹窿的出现 …… 21
    - 1.2.2 关于汉地砖砌穹窿发生原理的不同观点 …… 22
    - 1.2.3 关于汉地砖砌穹窿技术起源的讨论 …… 26
    - 1.2.4 汉墓形制演变与本土穹窿创生的关系 …… 33
  - 1.3 汉地墓葬穹窿发展概况 …… 38
    - 1.3.1 砖砌墓葬穹窿 …… 38
    - 1.3.2 石砌墓葬穹窿 …… 40
    - 1.3.3 崖墓穹窿 …… 43
- 2 四隅券进式墓葬穹窿分布与演变 …… 44
  - 2.1 四隅券进式穹窿考古发掘状况 …… 44
  - 2.2 四隅券进式穹窿形态演变分析 …… 55
    - 2.2.1 四隅券进式穹窿主要形态特征的演变 …… 55
    - 2.2.2 四隅券进式穹窿次要形态特征 …… 72
  - 2.3 四隅券进式穹窿的分期与分区 …… 79
    - 2.3.1 分区 …… 79
    - 2.3.2 关于四隅券进式穹窿分期的讨论 …… 80
- 3 四隅券进式墓葬穹窿营建机制 …… 89
  - 3.1 无模施工的起券实例 …… 89
    - 3.1.1 无模施工的拱顶 …… 89
    - 3.1.2 无模施工的穹顶 …… 91
    - 3.1.3 无模施工的穹隅 …… 93
  - 3.2 四隅券进式穹窿仿建实验 …… 94

3.2.1　以南京江宁上坊孙吴墓前室穹窿为仿建对象的原因 ……………… 94
　　　3.2.2　实验目的 ………………………………………………………………… 95
　　　3.2.3　实验意义 ………………………………………………………………… 96
　　　3.2.4　实验体会与相关分析 ………………………………………………… 97
　3.3　典型四隅券进式墓葬穹窿营建机制探讨 ……………………………………… 98
　　　3.3.1　材料要求 ………………………………………………………………… 98
　　　3.3.2　营建工艺与施工组织 ………………………………………………… 100
　　　3.3.3　四隅券进式墓葬穹窿营建机制与墓葬营建的关系 ……………… 101

4　四隅券进式墓葬穹窿空间内涵 …………………………………………………… 104
　4.1　汉与六朝时期阴阳两界的关系 ……………………………………………… 104
　　　4.1.1　汉至六朝时期的"阴曹地府"观念 ………………………………… 104
　　　4.1.2　阴阳沟通的形式特征 ………………………………………………… 106
　　　4.1.3　东汉至六朝葬制文化的影响因素 …………………………………… 108
　4.2　形制演变过程中的汉墓空间内涵 …………………………………………… 113
　　　4.2.1　与四隅券进式穹窿墓葬有关的两个基本室墓类型 ……………… 113
　　　4.2.2　长江中下游及河南地区汉墓平面形制演变 ……………………… 115
　　　4.2.3　室墓的仪式空间 ……………………………………………………… 120
　4.3　中国古代墓葬穹窿的象征性 ………………………………………………… 125
　　　4.3.1　穹窿的一般象征性 …………………………………………………… 125
　　　4.3.2　墓葬穹窿的空间内涵 ………………………………………………… 128
　4.4　四隅券进式穹窿墓葬的空间内涵 …………………………………………… 135
　　　4.4.1　墓室平面功能解读 …………………………………………………… 136
　　　4.4.2　墓室空间意象解读 …………………………………………………… 141
　　　4.4.3　墓葬等级解读 ………………………………………………………… 148

5　四隅券进式墓葬穹窿源流与消亡 ………………………………………………… 150
　5.1　四隅券进式墓葬穹窿工艺起源分析 ………………………………………… 150
　　　5.1.1　中亚、西亚四隅券进式穹窿的流行与分布 ……………………… 150
　　　5.1.2　穹窿与方底的结合方式 ……………………………………………… 154
　　　5.1.3　西域四隅券进式穹窿生成原理 ……………………………………… 156
　　　5.1.4　四隅券进式墓葬穹窿与西域实例比较 ……………………………… 156
　5.2　四隅券进式穹窿的传入与消失 ……………………………………………… 159
　　　5.2.1　传播流线分析 ………………………………………………………… 159
　　　5.2.2　四隅券进式穹窿在中国消失的原因 ………………………………… 167
　　　5.2.3　关于传播流线的补充讨论 …………………………………………… 176

6　四隅券进式墓葬穹窿的地位与意义 ……………………………………………… 177
　6.1　四隅券进式墓葬穹窿的地位 ………………………………………………… 177
　　　6.1.1　砌体穹窿在世界穹窿技术体系中的地位 ………………………… 177
　　　6.1.2　四隅券进式穹窿的独特性 …………………………………………… 179
　　　6.1.3　四隅券进式墓葬穹窿在中国古代建筑技术史中的地位 ………… 180

  6.2 四隅券进式墓葬穹窿研究的当代意义 …………………………… 181
    6.2.1 推动对中国古代穹窿源流的进一步探讨 ………………… 181
    6.2.2 墓葬文化研究角度的意义 ………………………………… 181
    6.2.3 文物保护角度的意义 ……………………………………… 183
    6.2.4 施工工艺作为非物质文化遗产的意义 …………………… 184
    6.2.5 四隅券进式穹窿的建构内涵 ……………………………… 186

附录 1　四隅券进式穹窿墓葬辑录 …………………………………………… 191
附录 2　四隅券进式穹窿仿建实验过程 ……………………………………… 229
  一、实验材料与实验设备 ……………………………………………… 229
  二、仿建过程概述 ……………………………………………………… 229
  三、实验的不足之处 …………………………………………………… 237
参考文献 ……………………………………………………………………… 238
致谢 …………………………………………………………………………… 269

0 绪 论

0.0.1 问题的由来

中国古代建筑体系中，砖构建筑一直沿着一条隐而不显的脉络逐步发展，与木构建筑体系相比，并非主流，这导致它在我国古代建筑技术体系研究中一直处于补充和从属的地位，研究成果在发展到一定深度和广度后似乎停滞不前。众所周知，中国木构建筑体系在世界建筑史中占据了独特的地位和光辉的一页，那么，中国古代砖石结构技术是否也对人类营造技术的发展史有过辉煌的贡献呢？这也是笔者选定"中国古代墓葬四隅券进式穹窿机制与源流"作为研究课题的初衷。在笔者博士论文撰写阶段，初步探讨了河南嵩山嵩岳寺塔的拱券形式、叠涩穹窿结构是否可能具有西域渊源这一疑问❶，因行文需要，这一话题并未充分展开，但拱券与穹窿是大多数空筒密檐塔均具有的两种结构特征，仅从砖塔的结构技术演变上来说，也存在着对中国古代砖穹窿结构体系重新研读的必要，所以就这个意义而言，"中国古代墓葬四隅券进式穹窿机制与源流研究"虽然偏重于地下空间，但因其属于中国古代穹窿体系的当然组成部分，所以也可看做笔者对博士阶段研究成果的部分推进。

从砖穹窿技术范畴来说，既有的建筑学研究做到了对类型的准确区分，不过，关于其技术起源和技术原理的讨论虽然相对充分，但多是集中在拱券技术和发券穹窿中的四边（或多边）结顶类型上，对其他类型的深入探究相对缺乏，尤其是对四隅券进式穹窿这一特殊类型着墨甚少。从目前考古发掘材料来看，东汉以来具有穹窿特征的砖石墓葬实例已足具规模，以南京为代表的长江中下游地区更是发现众多四隅券进式的六朝墓葬穹窿结构，已经能够体现出砖砌穹窿在古代墓葬结构中的丰富变化和时间、地域脉络。与四隅券进式穹窿相关的考古发掘报告（简报）业已达到数十篇。从资料准备上看，这个课题已经到了可以深入研究的阶段，甚至可望获得更具说服力的学术结论。从目前已发表的文章来看，对穹窿墓葬实例的客观描述较多，各素材之间相互印证以得出总体性研究结论的文章较少，所以将"中国古代墓葬四隅券进式穹窿机制与源流"作为研究课题，具有较为开阔的研究视角。

---

❶ 徐永利.外来密檐塔形态转译及其本土化研究[D].同济大学，2008：36-38. "西域"一词一般狭义指今中国新疆，广义指玉门关以西，远至欧洲，南至印度的广大区域。本书沿用笔者博士论文研究中的用法，在广义上使用此词，与"汉地"一词相对。

0.0.2 前人研究成果与潜在问题❶

首先,古代文人对长江中下游六朝墓葬的记载、认识以及当代考古界对此区域汉末、六朝墓葬的丰厚研究成果共同构成了本书四隅券进式墓葬穹窿的背景知识与研究基础。

古人的认识大致可分为两个阶段❷:第一阶段为南朝至唐朝,属文献偶有记载的阶段,如在《建康实录》《元和郡县图志》等文献中可以发现一些关于六朝墓葬的记载(主要对象是帝王陵墓),此时盗墓之风甚浓,可能是墓葬感性知识的重要来源;第二阶段可概括为北宋至 20 世纪 20 年代,属于传统的金石学阶段,其认识一方面基于特定六朝墓葬的陆续发现,另一方面,有许多不知出土地点和时间的墓砖和少数墓志,其相关特征作为金石学的一般对象被记录下来。第二阶段的金石学知识通常包括墓葬的地理位置,墓碑或墓志的尺寸、字数和内容,间或对有据可查的做些考释。

当代中国学者的研究也可分为两个阶段❸:前期为 20 世纪 30 年代至 50 年代初,属金石学与西方传入的考古学并存的阶段,后者的考古研究活动在继承金石学优良传统的同时,兼顾墓葬的地理位置、墓室的形状、尺寸、随葬品的摆放位置和种类等情况,不过田野工作规模不大,发现、发掘的墓葬不多,该阶段研究工作尚谈不上系统性;后期为 20 世纪 50 年代至今,考古发掘、整理、研究日益科学化、系统化,可以 1951 年南京南郊邓府山六朝墓葬的发掘作为这一阶段开始的标志。本书的文献依据,大量取之于当代后期。

与六朝陵墓有关的一项研究成果可以归为当代前期,即 1935 年由民国中央古物保管委员会出版的《六朝陵墓调查报告》,"此书是一部调查研究南京及周边地区六朝时期帝王陵墓的著作,共收录七篇文章,五篇为我国现代著名历史学家朱希祖(1879—1944)在中央大学史学系任教期间的著作,其余两篇为滕固(1901—1941)、朱偰(1907—1968)的著作,迄今仍具有很高的学术参考价值❹。"虽然以陵墓调查为主,但该书仍有一文与本文研究的墓葬实例有关,即朱希祖《驳晋温峤墓在幕府山西说》,不过该文探讨内容并未涉及四隅券进式穹窿,仅限于文献的推衍❺。关于南京六朝墓,20 世纪 90 年代李蔚然先生著有《南京六朝墓葬的发现与研究》❻一书,较为全面地归纳了该地区六朝墓葬的演变规律。

---

❶ 本书所涉及的前人研究成果与资料截止于 2016 年 6 月,包含正规出版物、网络资料、笔者采访(含电话咨询)三个渠道的内容。
❷ 韦正.长江中下游、闽广六朝墓葬的发现和研究[J].南方文物,2005(4):72.
❸ 韦正.长江中下游、闽广六朝墓葬的发现和研究[J].南方文物,2005(4):72-73.
❹ 郑振铎.近百年古城古墓发掘史(外一种:朱希祖.六朝陵墓调查报告)[M].长沙:岳麓书社,2010:322.
❺ 郑振铎.近百年古城古墓发掘史(外一种:朱希祖.六朝陵墓调查报告)[M].长沙:岳麓书社,2010:264-267.
❻ 李蔚然.南京六朝墓葬的发现与研究[M].成都:四川大学出版社,1998.

近些年出版的《汉墓的考古学研究》❶《汉代画像砖石墓葬的建筑学研究》❷《六朝墓葬的考古学研究》❸《鄂城六朝墓》❹《马鞍山六朝墓葬发掘与研究》❺《中国墓葬建筑文化》❻《中国墓葬史》❼等书的汉代、六朝部分可以看做当代东汉、六朝墓葬研究的最新成果,并为本书研究开阔了视野,提供了宝贵的资料。其中《汉代画像砖石墓葬的建筑学研究》在"汉代画像砖石墓葬的空间结构形态"一节中提到了若干南阳四隅券进式穹顶墓葬实例,认为"这是汉代墓葬中最晚出现,也是最为完美的一种穹顶结构,其结构受力合理、形态流畅❽";《六朝墓葬的考古学研究》专门设一章节讨论"四隅券进式墓顶问题",包括"分布范围""技术特征"两方面的内容,初步探讨了"四隅券进式墓顶"的产生和传播、演变,以及平面与穹顶、四面结顶与四隅券进之间的技术关系;但该书并未提及南阳实例,也未关注境外的同类型技术现象,对最早的四隅券进式穹窿墓葬,仅着眼于襄阳和长沙之间的比较,同时作者认为江西、浙江未发现四隅券进式穹窿墓葬,均显得美中不足❾;另外,该书对若干六朝墓葬断代做了订正❿,应属一家之言,只能作为参考,在资料辑录过程中仍以相关发掘报告为准。

从研究方法、调查的系统性以及对国内的影响上讲,近现代日本学者对中国墓葬建筑的研究与国内当代前期有相关性,其研究时间跨度的起点要稍早一些,如伊东忠太《中国建筑史》中的部分内容,以及关野贞《中国山东省汉代坟墓的表饰》等文⓫,但没有与四隅券进式穹窿墓葬直接相关的发现。

六朝墓葬也受到西方学者的关注,如美国斯坦福大学的丁爱博(Albert E. Dien)教授近年出版的《六朝文明》(*Six Dynasties Civilization*)一书⓬,认为"六朝墓葬的主要发展趋势是:穹隆顶结构和玉带式砌砖方式的广泛应用、分段式墓葬的减少,以及凸字形墓的增大,但不同地区关于地理环境和文化传统的差异而逐渐形成了自己的风格",其中可能会提到一些四隅券进式穹窿墓葬实例,可惜尚未看到中译本面世。值得重视的是,该书明确将墓葬视为建筑实物,"充分考虑到建筑技术与地理环境、文化传统的相互影响,以及与地面人居建筑在技术和涵义上的区别

---

❶ 黄晓芬.汉墓的考古学研究[M].长沙:岳麓书社,2003.
❷ 张卓远.汉代画像砖石墓葬的建筑学研究[M].郑州:中州古籍出版社,2011.
❸ 韦正.六朝墓葬的考古学研究[M].北京:北京大学出版社,2011.
❹ 南京大学历史系考古专业,等.鄂城六朝墓[M].北京:科学出版社,2007.
❺ 王俊.马鞍山六朝墓葬发掘与研究[M].北京:科学出版社,2008.
❻ 李德喜,郭德维.中国墓葬建筑文化[M].武汉:湖北教育出版社,2004.
❼ 张学锋.中国墓葬史[M].扬州:广陵书社,2009.
❽ 张卓远.汉代画像砖石墓葬的建筑学研究[M].郑州:中州古籍出版社,2011:230.
❾ 该书虽然出版于2011年,但主要成果依托于2002年作者的博士论文,可能是资料不足的原因之一。这也反映出考古相关研究的难点:成果只能是阶段性的。另外,韦正在另外一篇文章注释中笼统提到南阳实例,但强调襄阳实例应该与南方实例的关系更为密切。韦正.襄阳地区汉末魏晋墓葬初探[M]//北京大学中国考古学研究中心,北京大学震旦古代文明研究中心.古代文明(第八卷)[M].北京:文物出版社,2010:212.
❿ 韦正.六朝墓葬的考古学研究[M].北京:北京大学出版社,2011:374-375.
⓫ 张十庆.日本之建筑史研究概观[J].建筑师,1995(6):36.
⓬ 该书2007年由耶鲁大学出版社出版,中译本将由社科文献出版社发行。玉带式砌法指三顺一丁或四顺一丁的墓壁砌法。李梅田.西方汉学家视野中的六朝历史考古——丁爱博《六朝文明》导读[J].南方文物,2012(2):12-18.

与联系"。另外,该书将六朝分为三国、西晋、南北朝三期,将东晋十六国归入南北朝时期,与本书不同,其思路值得注意。

其次是关于各种穹窿类型的整体及专项研究。这个课题的部分相关内容和研究成果散见于考古学界和建筑学界的若干论文、简报与专著,可以细分为三部分:

(1) 四隅券进式穹窿施工工艺探讨。关于四隅券进式穹顶的施工方式,《南阳市第二化工厂21号画像石墓发掘简报》认为:该穹窿结构"在起券施工时不用拱架❶";又据傅熹年主编的《中国古代建筑史》(第二卷),"汉代有斜砌并列拱的方法,每道券均斜砌,压在前一道券上,可以不用券胎即砌并列式筒壳。三国时,吴国地区把此法加以发展,在方形或矩形墓室墙顶四角各斜砌并列拱,随墙顶逐层加大券脚跨度,向上方斜升,至中间收顶,可以不用胎模而砌成球面穹窿顶❷"。后者认为是东吴地区发展出四隅券进式穹顶,应属误判,但其所认为不用券模或鹰架完成穹顶的贴砌还是有可能的。《中国古代建筑技术史》对四隅券进式穹顶的施工过程作如下推测(图0.1):"在墙顶的四角先以条砖作斜卧抹角垫砌,再在其上砌一层斜卧抹角弧拱,这样一层层作斜卧弧拱,每上一层其弧拱拱跨都较下一层加大,直至弧拱的拱脚落在墙身的中线与邻近的弧拱拱脚相碰,至此墙的四角已形成四个三角形帆拱,其拱脚都落在墙上。然后继续往上砌拱,每上一层,其拱跨就较下一层的砖拱缩短些,其拱脚则交替落在相邻拱的拱脚上,如此层层往上向中央聚合成顶……上述十字形接缝拱壳结构的起拱方法,乃是砖拱结构技术发展过程中无支模施工方法上的创新❸。"此"十字形接缝拱壳"即四隅券进式穹窿。可见,前人研究已经具有共同的倾向性,即认为该穹窿类型不需支模,下一步的研究应是将这一推论加以细化,甚至提供可靠的砌筑范例。本书研究将根据以上推测对四隅券进式穹窿进行复建模拟,探讨其无模施工工艺的可能性及便捷性。境外一些研究机构的砌筑实验成果可作为本书复建模拟的参考与对照,如德国 Kassel 大学生土建筑实验小组模仿中亚四隅券进式穹窿所做的一些土坯建筑。

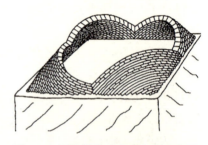

图0.1 四隅券进式穹窿砌法示意图

(2) 汉地砖墓拱券、穹窿的源流研究。刘敦桢主编的《中国古代建筑史》一书曾经对汉代砖墓拱顶结构的发展演变过程作过推测,可概括为:板梁式空心砖墓→斜撑板梁式空心砖墓→折线嵌楔形空心砖墓→折线楔形空心砖墓→折线楔形企口空心砖墓→半圆弧形小砖券墓→穹窿顶小砖墓❹(图0.2)。但也有学者持不同看法,因为汉地❺的穹窿类型与域外类型关系密切,六朝以前域外的穹窿体系早已为国内学者所关注,并认为:公元前3—1世纪,世界上同期存在着三个比较重要的砖

---

❶ 南阳市文物工作队.南阳市第二化工厂21号画像石墓发掘简报[J].中原文物,1993(1):77—81.
❷ 傅熹年.中国古代建筑史(第二卷)[M].北京:中国建筑工业出版社,2001:304.
❸ 中国科学院自然科学史研究所.中国古代建筑技术史[M].北京:科学出版社,1985:179.
❹ 刘敦桢.中国古代建筑史[M].北京:中国建筑工业出版社,1984:69.
❺ 本书"汉地"一词专指河西走廊以东的汉文化主体地区。

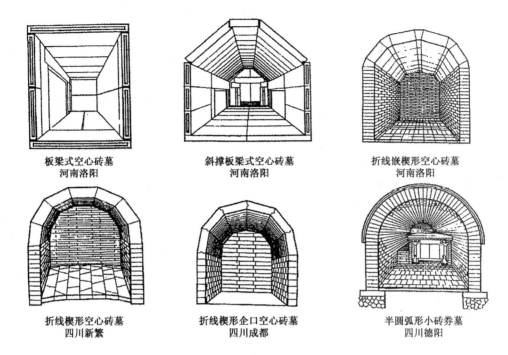

图 0.2 刘敦桢对墓室拱顶演变的推断

石拱顶系统❶：古罗马系统,已发展了 5 个世纪以上；中亚(帕提亚-巴克特里亚)系统,公元前 4 世纪的东伊朗建筑遗址中已略具雏形。西汉中叶以后我国中原地区出现的砖石拱顶系统,其典型实例常见于墓葬。本土穹窿在西汉晚期开始出现,同样用于墓葬❷。拱券及叠涩穹窿至迟在南北朝时期用于地面建筑(如嵩岳寺塔)。汉地的拱券、穹窿技术是否为本土自然发生,一直有所争论。已有学者认为,外域砖石拱顶发展逾千年,而汉地同样类型的结构在较短时间内便已具备了基本的技术构成,仅从自身源流来看,发展逻辑不甚清晰,堪称"突变"；如果将其与中亚东伊朗拱顶系统作一对照,则可以发现极为相似的趋同性,那么,中亚系统便极可能是汉地系统定型化的外部参照❸。由此可见,无论汉地穹窿(早期即为墓葬穹窿)是本土自然演化还是受到外域的传承与启发,都将是一个关系到本土砖石建筑体系如何定位的关键课题。本书将就此提出初步解答。

(3) 汉地不支模穹窿施工工艺源头分析。以营建工艺的比较作为出发点,已有学者对汉地与西域的拱券、穹窿贴砌工艺的发生、传承关系做出了有效探讨,并指出三国两晋墓葬的四隅券进式穹窿"其砌筑方法与西域十字脊拱壳几乎是相同的❹"。实际上,不支模的拱券、穹窿做法在汉地、西域均有出现,中亚地区(含新疆)的贴砌筒拱,施工时便不用支模；关于汉代四面结顶式穹窿的砌筑,国内也有学

---

❶ 常青.两汉砖石拱顶建筑探源[J].自然科学史研究(第十卷),1991(3):288-295.
❷ 中国科学院自然科学史研究所.中国古代建筑技术史[M].北京:科学出版社,1985:178.
❸ 常青.两汉砖石拱顶建筑探源[J].自然科学史研究(第十卷),1991(3):288-295.
❹ 常青.西域建筑文化若干问题的比较研究[D].东南大学,1990:81.

者认为存在无支模的衬砌方式❶。可见,"中国古代墓葬四隅券进式穹窿机制与源流研究"同时关系到不同地区施工方法的技术交流和技术准备。前人对不支模穹窿施工工艺的关注,为本书研究四隅券进式穹窿施工工艺的发源与传播开拓了思路。

总的来看,当代中国考古研究成果中,墓葬考古的田野工作和材料公布有明显的数量反差,"成批成区的墓葬多是20世纪80年代以前发掘的,但一般只做简单的报道或公布其中材料丰富的典型墓葬;近二十年来,继续发现了很多重要的墓葬,公布及时且材料完整,但基本上没有大规模的考古发现了❷"。值得注意的是,在当代相关文献中,"材料完整"也只是针对考古学综合研究的需要而言,对墓葬建筑形制、工艺的描述大多相对简略。

另外,20世纪80年代中期以来,国内考古学界"缺乏对整个南方地区六朝墓葬的全面研究,即使将长江中下游地区合在一起考虑的也几乎不见❸。"韦正《六朝墓葬的考古学研究》一书使得这一现象有所改观,但仍以考古学研究成果为主。与此遗憾相关的一点是,墓葬穹窿研究中最明显的缺失在于未能将整个长江中下游地区四隅券进式墓葬穹窿做数量上的集中统计和分类,相关工艺讨论也都限于假设与推测,缺乏专项研究所应涉及的广度与深度,导致所有关于此穹窿类型的研究都显得支离,无法做到系统化和理性化,以至缺少有说服力的结论,更无法回答四隅券进式墓葬穹窿乃至中国砖石建筑地位与成就的问题。

0.0.3 本书研究方法与论述结构

1) 研究方法

(1) 建筑类型学的方法❹

一方面包含穹窿类型的实例比较,另一方面也涉及墓葬类型的演化与分析。墓葬类型研究中,主要关注砖室墓葬实例,时期以两汉和六朝为主,归纳其演化特点,揭示其形制内涵,并推断其拱券或穹窿施工工艺。据目前掌握的材料来看,砖石墓葬穹窿实例主要可以归纳为叠涩穹窿和四面结顶式穹窿,偶有崖墓类型。地域则不限于中原,基本以今中国境内为准,但研究结论的适用主体仍在汉地;一旦讨论超出墓葬穹窿的范围,则西域穹窿实例便成为中国古代墓葬穹窿源流与机制研究在关联域上的形制研究对象。在推测其他穹窿类型分布时空规律的同时,也把它们放在中国砖石建筑文化这样一个大语境中,与四隅券进式穹窿的发展规律进行重点比较,同时对中国砖石穹顶文化的发达程度作整体的概略判断。

(2) 比较文化学的方法

即汉地内外文化系统的比较。如果要对"中国古代墓葬四隅券进式穹窿机制

---

❶ 中国科学院自然科学史研究所.中国古代建筑技术史[M].北京:科学出版社,1985:178.
❷ 韦正.长江中下游、闽广六朝墓葬的发现和研究[J].南方文物,2005(4):73.
❸ 韦正.长江中下游、闽广六朝墓葬的发现和研究[J].南方文物,2005(4):74.
❹ 在墓葬研究中采用建筑类型学的方法,不可避免的同时要参考考古类型学的研究成果,后者是墓葬断代的重要依据。不过类型学的最早应用范畴是建筑学。汪小洋,姚义斌.美术考古与宗教美术[M].上海:上海大学出版社,2008:46-52.

与源流"在建筑史上作整体的定位,仅仅做汉文化内部的比较是不够的,必须将其与其他文化类型相比照,才能有一个透彻的解读。本书的最终目标便在于通过探究以四隅券进式穹顶为代表的砖穹窿施工工艺,确定其是否为无模板施工法,并将其置于与欧洲、中亚穹窿工艺的比较研究中,以期认识其在人类建筑文明史中的创造性,从而从一个侧面为研究中国拱券、穹窿的源流与价值开拓一个坚实的基础研究领域。

(3) 文化人类学的方法

墓葬穹窿并非孤立的文化现象,它和人类的生死观念、宇宙观念密切相关。阴曹世界、仙人世界和佛教的地狱观念都对华夏族群产生了久远的影响,最终反映在丧葬制度和墓葬空间内涵上,并物化为墓室空间。所以除去技术的传播与演变外,墓葬穹窿空间与社会、心理、宗教等元素的确切关系也是本书的研究对象,成为其文化"机制"的一部分。

(4) 实验的方法

已有许多国内学者对四隅券进式穹窿的施工工艺作了合理推测,但并未得到实践的证明。国外虽有四隅券进式穹窿的无模施工实例可以佐证,无奈建筑材料(主要是土坯而非青砖)并不相同。何况,对施工工艺进行研究不能仅仅限于了解结论,知其然还要知其所以然,具体施工过程中的经验摸索和切身体会也是建筑文化的必要组成部分,否则何来"手艺"一说,何来非物质文化遗产的发掘与传承?本书对工艺的研究基于实验的基础之上,可以视为对传统工艺的"唤醒"。

2) 论述结构

全书共分6章。

第1章"中国古代墓葬穹窿发展概述",概括讨论了中国古代砌体穹窿概念与类型,重点讨论了汉地砖砌墓葬穹窿的起源问题,初步揭示了西域在汉地穹窿技术形成过程中的作用,以及丝绸之路作为传播渠道的重要性。另一个需要重视的讨论是汉墓形制演变与本土穹窿创生的关系,所以随后对汉地墓葬穹窿发展概况作了大体归纳。本章从穹窿类型与墓葬类型两方面解决穹窿研究的关联域问题,便于建立基本的研究体系。

第2章"四隅券进式墓葬穹窿分布与演变",通过列表的方式对各省市四隅券进式墓葬穹窿的考古发掘状况做了详细统计,将研究客体范围具体量化。表格同样也成为"四隅券进式穹窿形态演变分析"、"四隅券进式穹窿的分期与分区"两节的重要论证方式,以求达到准确、明确的技术深度。这一章与墓葬实例附录一起组成专项研究的资料基础。

第3章"四隅券进式墓葬穹窿营建机制",首先列举无模施工的起券实例,了解无模施工的演化过程,其次介绍2011年东南大学所做的四隅券进式穹窿仿建试验,据此经验对典型四隅券进式墓葬穹窿营建机制进行探讨,并兼顾四隅券进式墓葬穹窿营建机制与墓葬营建的关系。本章与附录介绍的技术实验是四隅券进式穹窿研究的重要支柱,其经验与结论不可或缺。

第4章"四隅券进式墓葬穹窿空间内涵",首先梳理了汉与六朝时期阴阳两界的关系,为汉代墓葬形制演变中的空间内涵做文化人类学角度的铺垫,继而聚焦在中国古代墓葬穹窿的象征性研究上,并以南京上坊孙吴墓为例,重点剖析了四隅券进式穹窿墓葬的整体空间内涵。

第 5 章"四隅券进式墓葬穹窿源流与消亡",基于第 3 章仿建实验的成果对四隅券进式墓葬穹窿工艺进行起源分析,以厘清四隅券进式穹窿工艺的形成过程。关注的重点在于解答汉地四隅券进式穹窿传入与消失的原因,初步绘制包含四隅券进式穹窿在内的汉地穹窿技术传承的完整谱系。此章同样是以比较文化学、文化人类学的分析手段获得建筑学意义的结论。

第 6 章"四隅券进式墓葬穹窿的地位与意义",对四隅券进式墓葬穹窿在中国古代建筑技术史中的地位作了客观讨论,对前人成果的遗留问题作出最终结论,并强调了四隅券进式墓葬穹窿研究的当代意义。

1 中国古代墓葬穹窿发展概述

1.1 中国古代砌体穹窿概念与类型

1.1.1 穹窿概念与形态特征

"穹窿"一词并非建筑专属术语,"穹窿"也作"穹隆",在当代语境中,两种写法通用,又常见于地质学和医学领域,其基本用法均与"穹"、"隆"二字的古义有关。按照《古代汉语字典》的归纳,"穹"本义作"穷",穷尽之义,在古文中有四引申义❶:"高起呈拱形,中间高四周低(形容词)","天空(名词)","高、大(形容词)","深(形容词)",均与形态有关;"隆"字本义高大、丰盛,与形态有关之义有"高、高出(形容词)"。这两个字合在一起点出了穹窿的形态特征,也为我们理解"穹窿"一词用作建筑术语时的外延范畴提供了借鉴。"窿"字应为后起之字,苏州穹窿山在《越绝书》中写作"穹隆山❷",到宋代杨备有《穹窿山》一诗,说明"窿"字为晚。为了行文上统一起见,除引用文献原文时偶有"穹隆"写法之外,本书仅用"穹窿"一词。

笔者索引的文献资料中,"穹窿"也常常被称为"穹顶"或者"穹庐",三者有时可看作同一范畴的概念。与"穹窿"一词相比,"穹顶"或者"穹庐"本身即是比较明显的建筑用语。"穹顶"即指穹窿状天顶,比较直白;北朝《敕勒歌》有"天似穹庐,笼盖四野"一句,这个"穹庐"指的是北方游牧民族用的毡帐❸,在本书引用的一些当代考古文献中,则常常用来借指穹顶。

此处所讨论的建筑穹窿,指的是由人工构筑的天顶空间,依照《中国大百科全书(建筑·园林·城市规划)》的定义,穹窿为"内表面呈半球形或近乎半球形的多面曲面体顶盖,古代多用砖、石、土坯砌筑❹"。在此定义中,穹窿在形态上最明显的特征是"半球形或近乎半球形"的曲面顶盖,所以在笔者所讨论的实例中,一些人工砌筑的顶盖,如纯粹的"四阿"、"盝顶"(或"覆斗")、圆锥形屋顶等均不能当作穹窿看待,因为其没有外凸的曲面特征,虽然不妨碍"四阿"、"盝顶"、圆锥形屋顶等在空间内涵上与穹窿可能有相关性,同时也可能涉及中国古代穹窿的形态起源问题。

---

❶ 古代汉语字典编委会.古代汉语字典[M].北京:商务印书馆,2005:651,492.
❷ "由钟穹隆山者,古赤松子所取赤石脂也,去县二十里。"[东汉]袁康,吴平,辑录;乐祖谋,点校.越绝书[M].上海:上海古籍出版社,1985:13.
❸ 古代汉语常用字字典编写组.古代汉语常用字字典[M].北京:商务印书馆,1995:234.
❹ 中国大百科全书出版社编辑部.中国大百科全书(建筑·园林·城市规划)[M].北京:中国大百科全书出版社,1988:358.

从平面形态上看,这一"内表面呈半球形或近乎半球形的多面曲面体顶盖",其覆盖的下部空间则有圆形(含椭圆形)、正多边形、四边形(含正方形、长方形、梯形)、异形平面等各种可能性,而圆形则为其平面基本型。正多边形、四边形(含正方形、长方形、梯形)、异形平面与穹窿空间的结合,则催生了多种多样的穹窿营建工艺。

如果仅仅以"半球形或近乎半球形"的人工曲面顶盖作为建筑穹窿的基本标准,而不强调是否采用砌体结构这一技术体系,那么还有几种技术类型的穹窿空间需要考虑,例如在山崖、土崖中人工开凿的穹窿状天顶(图1.1),又如蒙古包一类毡帐形成的穹窿空间(图1.2),都是对穹窿类型的必要补充;虽然后两者不属于本文讨论的重点,但这两者可能成为"用砖、石、土坯砌筑"的穹窿在形态内涵方面的关联域。此外,虽然中国古代未能产生如古罗马万神庙一类含有火山灰混凝土浇筑技术(或类似工艺)的穹窿类型,但这一类西方古代穹窿技术体系对本书的研究仍旧有非常重要的参考价值。

图 1.1 新疆森木塞姆石窟小穹顶

图 1.2 古画中的蒙古包

1.1.2 砌体穹窿的工艺类型

1) 工艺类型

《中国大百科全书(建筑·园林·城市规划)》按照穹窿的砌筑方法,将境内砌体穹窿大致分为拱壳穹窿和叠涩穹窿两类。

拱壳穹窿又可称为发券穹窿,特点是"其拱角落在四个拱券上或墙上,因此在受力上为四边支撑结构❶",在《中国大百科全书(建筑·园林·城市规划)》中,"拱壳穹窿"又细分为四种:球面穹窿、对角脊穹窿、盝顶穹窿、十字脊穹窿。其中"十字脊穹窿",指的便是本文重点研究的"四隅券进式穹窿",其特征为"由四块三角形曲

---

❶ 中国科学院自然科学史研究所. 中国古代建筑技术史[M]. 北京:科学出版社,1985:178.

面体组成,但曲面体是抹角砌筑而成,其脊线相交于方形平面每边的中点,从而形成十字形脊缝,脊线不如对角脊穹窿突出,出现于三国、两晋时期"。另外三种类型的定义分别是:球面穹窿,"矢高较小的球面体穹窿,虽置于方形平面上,但无明显的接缝脊线,犹如现代的双曲扁壳,如河南省洛阳烧沟汉墓"(图1.3);对角脊穹窿,"置于方形平面上矢高较大的穹窿,由四块三角形曲面体组成,在对角线上形成明显的接缝脊线,多见于东汉墓室"(图1.4);盝顶穹窿,"置于长方形平面上有对角脊的一种穹窿,由于其顶部中央采取一个长方形封顶方式,犹如盝顶建筑而得名,始见于东汉,如甘肃省武威县雷台汉墓❶"(图1.5)。

图1.3　河南洛阳烧沟632号汉墓甬道穹顶

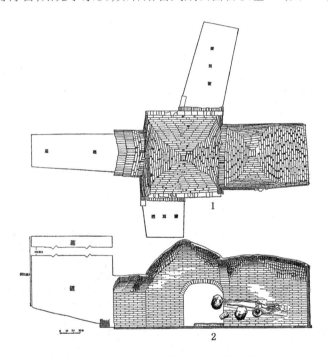

图1.4　河南洛阳烧沟1029号汉墓

上述对拱壳穹窿的定义有一个缺点值得注意:忽略了圆形(含椭圆形)、正多边形、梯形及异形平面的可能性,尤其是圆形平面穹窿,应该是最基本的发券穹窿,也是受力状况最完美的砌体穹窿,不过因为《中国大百科全书(建筑·园林·城市规划)》偏重于中国的状况,传统汉地范围内圆形平面的发券穹窿在数量上并不很典型,也非本书研究重点,所以在此仍旧借用其对拱壳穹窿的分类描述。至于其他的多边形平面,砌筑特征与方底穹窿类似,也可参考上述定义。

---

❶　中国大百科全书出版社编辑部.中国大百科全书(建筑·园林·城市规划)[M].北京:中国大百科全书出版社,1988:358.关于十字脊穹窿在中国最早出现的年代,后文将做详细讨论。

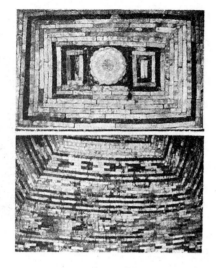

图 1.5　甘肃武威雷台汉墓后室西壁及顶部

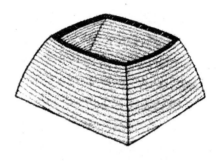

图 1.6　拱壳顶方弧形圜砌图

砌体穹窿的施工技术特点与拱券类似,一般需要支模板施工,典型如球面穹窿。但在古代中国的建筑穹窿中,也确实包含有无模施工的案例。球面穹窿与对角脊穹窿相比,二者在矢高上存在明显变化,"无模施工情况下,为了便于拱壳顶的施工,砖缝与水平面的夹角就逐步缩小,从而拱壳顶的矢高就逐步增大⋯⋯随着拱壳矢高的增大,拱壳对角线上的脊就明显起来❶"(图 1.6),其结果便是形成一些非常典型的对角脊穹窿实例。这揭示了球面穹窿、对角脊穹窿之间的演化关系和主要技术差异❷,也说明有模施工和无模施工很早便成为汉地穹窿的两种施工技术体系。

对于叠涩穹窿,《中国大百科全书(建筑·园林·城市规划)》指出:其"以叠涩方式砌筑,形式及结构上的受力状态同拱壳穹窿有很大区别。叠涩顶形式很多,有对角脊、多边形和圆形穹窿等❸。"叠涩穹窿的轮廓线与拱壳穹窿类似,但砌筑构造不同,"叠涩结构的砖缝是水平的,以砖层层出跳的方式成顶,拱壳结构的砖缝是与水平面成角的,即砖为层层斜砌向中央收拢而成顶⋯⋯在受力上拱壳顶是一种拱结构,故砖块是受压的,而叠涩顶的砖块不但受压还要受剪",从受力合理性上看,叠涩穹窿不如拱壳穹窿,但叠涩穹窿施工方便,砖的规格也少❹,例如河南襄城茨沟汉墓、洛阳北郊西晋墓等❺(图 1.7)。

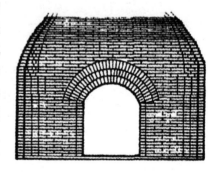

图 1.7　河南洛阳北郊西晋墓剖面

---

❶　中国科学院自然科学史研究所. 中国古代建筑技术史[M]. 北京:科学出版社,1985:178.

❷　但并非所有四脊较显著的对角脊穹窿都不必支模,仅限于矢高大的情况。矢高相对较小的对角脊穹窿应处于球面穹窿与不支模的对角脊穹窿技术上的过渡状态。

❸　中国大百科全书出版社编辑部. 中国大百科全书(建筑·园林·城市规划)[M]. 北京:中国大百科全书出版社,1988:358.

❹　中国科学院自然科学史研究所. 中国古代建筑技术史[M]. 北京:科学出版社,1985:179.

❺　陈菁. 汉晋时期河西走廊砖墓穹顶技术刍议[J]. 建筑师,2007(8):64.

上述五种穹窿类型概括了中国古代穹窿的主要技术和形态特征,相关古代实例也在各自定义中简略提及。关于建筑穹窿的分类的方式自然还有其他可能性,毕竟上述分类难以穷尽所有的类型,或将所有的古代实例一一对号入座,但对于我们理解后文将要讨论的墓葬穹窿,依然可以起到概念上的初步引导作用。

至于"拱壳"和"叠涩"二词的区分,本在于对不同力学特征的强调,原应用范畴并不仅仅限于建筑,所以也自然缺乏对建筑文化意象、内涵的关注,这一点是本书在穹窿研究中应该加以注意的方面。

2) 功能类型与工艺类型的关系

中国古代木构建筑体系发达,砖石等砌体建筑的功能类型相对有限,多见于宗教建筑、墓室、城墙(含门洞)、桥梁等建筑类型当中。设置有穹窿天顶的则包含宗教建筑、墓室及一些砖石门洞空间。不同的功能类型中,似乎反映出对特定穹窿工艺类型的某种偏好。

宗教建筑中,典型的砖石建筑当属无梁殿和砖石塔。

无梁殿在佛教、伊斯兰教、道教建筑中都有实例可寻,其穹窿常见叠涩结构,"明代清真寺的窑殿中也仍沿用叠涩穹窿❶"。"杭州凤凰寺无梁殿,殿面阔三间,每间的顶部各用一圆穹窿顶,明间上的穹窿顶较大,直径达 8.1 米,其方形平面与圆顶之间的过渡处理仍用河南襄城茨沟汉墓的方式:即以叠涩砌三角体作为方形墙角与圆形拱脚过渡❷。"这则资料关注的穹隅叠

图 1.8 陕西汉阴县平梁乡龙头庙无梁殿室内空间

涩处理同样是清真寺的案例。陕西汉阴县平梁乡龙头庙有一座明清之际的无梁殿,现为道教建筑,也是叠涩穹窿❸(图 1.8)。

由于砖塔本身主要靠层层水平垒砌砖块来构筑外围塔壁,其叠涩穹窿的例子就更加普遍,如嵩岳寺塔;而济南历城神通寺四门塔,采用方锥体叠涩❹(图 1.9),虽然严格来说不能算作穹窿,但也可视为石叠涩工艺的参考范例。

墓葬建筑中则拱壳穹窿与叠涩穹窿兼备,但早期以拱壳穹窿居多。球面穹窿、对角脊穹窿、盝顶穹窿的实例都有,十字脊穹窿墓室的早期实例发现于河南南阳(图 1.10)、湖北襄阳东汉晚期墓葬。叠涩顶墓室的早期实例则有河南襄城茨沟汉墓的中后室墓顶(图 1.11)、广州东汉墓(编号 5041)墓顶及内蒙古和林格尔东汉壁画墓等❺。

---

❶ 中国大百科全书出版社编辑部.中国大百科全书(建筑·园林·城市规划)[M].北京:中国大百科全书出版社,1988:113.
❷ 中国科学院自然科学史研究所.中国古代建筑技术史[M].北京:科学出版社,1985:180.
❸ 第三次全国文物普查不可移动文物登记表(编号 610921-0191),汉阴文管所陈连军所长提供。
❹ 中国科学院自然科学史研究所.中国古代建筑技术史[M].北京:科学出版社,1985:232.
❺ 中国科学院自然科学史研究所.中国古代建筑技术史[M].北京:科学出版社,1985:179.

图 1.9 济南历城神通寺四门塔

图 1.10 南阳市第二化工厂 M21 墓(局部)

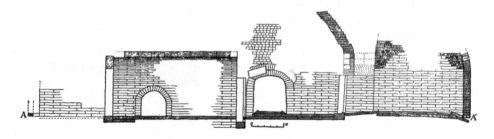

图 1.11 河南襄城茨沟汉墓剖面

又如砖石混合的鼓楼门洞例子:"银川清代鼓楼砖十字门洞,十字交叉处,先用石料做拱肋,然后砌砖券,结顶处用石垂莲柱❶"(图 1.12),但这种十字门洞是否应纳入穹窿范围,似可商榷。因为这种形态应该源自两个相互垂直的筒拱在十字交叉处形成的空间效果,不过一旦十字脊的顶点高于四边处门洞券顶的顶点,那么除了矢高较低这一点外,其与四面结顶的对角脊穹窿便难于做本质的区分,所以笔者倾向于将其归入穹窿的空间类型当中。这种空间在西亚、欧洲的清真寺、教堂中也很常见,如伊斯坦布尔圣索菲亚大教堂的门廊天顶、侧廊天顶,以及伊斯坦布尔东正教教廷的礼拜主室空间(图 1.13)。在工艺类型上,其总体上应属于发券穹窿的范畴,仍旧具有一定的矢高。

1.1.3 中国古代墓葬穹窿特征

1) 当代考古文献中的墓葬穹窿类型

墓葬穹窿虽然属于中国古代穹窿体系的一部分,但其随着墓葬平面形制和空间形制的不断发展,演化出极富个性的类型特征,具有了超出穹窿一般特征的独特性。例如前文穹窿定义中除盝顶穹窿和叠涩穹窿外,较少提到长方形平面、圆形平面(或椭圆形)、异形(梯形)平面、多边形平面(不仅仅包含正多边形)的情况,而这些在古代墓葬穹窿中反而是很常见的现象,且在各种墓葬穹窿类型中均有不同程度的体现。

---

❶ 中国科学院自然科学史研究所.中国古代建筑技术史[M].北京:科学出版社,1985:179.

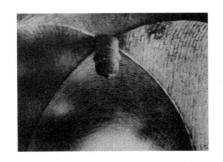 

图1.12　银川鼓楼砖十字门洞拱顶　　图1.13　伊斯坦布尔东正教教廷拱顶

与建筑学界对墓葬研究的侧重点不同,墓葬的营建技术和类型分析只占墓葬考古学很小的一部分内容,考古学家对墓葬穹窿营建技术的重视程度也在不同的历史时期呈现不同变化(近年有所加强),而且墓葬考古实例众多,分布区域广博,所以考古界对穹窿类型的系统研究不如建筑学界那样严格。在此有必要把考古文献中常用的墓葬穹窿术语罗列一下,以厘清概念,并且与建筑界的穹窿分类建立联系,使之各就各位,才方便开展后续的讨论。

考古学界常用的墓葬穹窿类型术语有四隅券进式穹窿、四面结顶式穹窿、四边结顶式穹窿、四边券进式穹窿、四角攒尖式穹窿、叠涩式穹窿等。

四隅券进式墓葬穹窿,即上文"拱壳穹窿"中的"十字脊穹窿",建筑学界还曾使用"十字形接缝拱壳顶❶"、"十字脊拱壳❷"等术语。"十字脊穹窿"这类名称强调十字脊特征,但这一"十字脊"并非凸出于曲面穹窿的形态特征,而"四隅券进式穹窿"一词则强调以四角为中心起点,层层发券向天顶汇聚这一砌筑特征,所以笔者认为后一称谓更能体现这种穹窿类型的技术和形态特点。"四隅券进式穹窿"这一术语在建筑史学著作中也常被采用,例如傅熹年主编的《中国古代建筑史》第二卷提到该穹窿类型时就沿用这一名称❸。与其他墓葬穹窿类型相似,这一穹窿形式对应多种墓葬平面,如梯形、长方形、腰鼓形,超出了《中国大百科全书(建筑・园林・城市规划)》提到的"方形"范围,但基本上仍旧满足具有"四隅"这一特征❹,所以在本书中,统一采用"四隅券进"这一反映典型技术特征的词汇来称呼这类墓葬穹窿。2001年出版的《中国古代建筑史》(第二卷)称"四隅券进砌法"属

---

❶　中国科学院自然科学史研究所.中国古代建筑技术史[M].北京:科学出版社,1985:179.
❷　常青.西域文明与华夏建筑的变迁[M].长沙:湖南教育出版社,1992:109,114-116.
❸　傅熹年.中国古代建筑史(第二卷)[M].北京:中国建筑工业出版社,2001:304.
❹　只有马鞍山的一个四边抹角呈六边形的实例除外,但推测其穹窿砌筑仍旧是以抹角处为一角来对待。

"近年暂定名❶",但蒋赞初先生在1981年中国考古学会第三次年会上已使用这一名称❷;1982年鄂城县博物馆《湖北鄂城四座吴墓发掘报告》却未见此名❸,仍以形态描述的方式加以说明;在1983年出版的《文物资料丛刊》第八辑中,又有三篇考古文章见此名称,同期另有一篇四隅券进式穹窿墓葬发掘报告则未采用该术语,同以形态描述的方式加以说明❹;1980年以前的各相关考古报告中则未见"四隅券进"一词,可以推测这一名称的沿用与确认大约是20世纪80年代初的事。

"四面结顶"一词与"四边结顶"在考古文献中意义完全等同,不必区分。但"四面(边)结顶"一词往往被认为同时等同于"四边券进"一词,则值得探讨。"四边券进"一词与"四隅券进"一词有对应性,用来指称"四隅券进"之外那一类的发券穹窿,而且这可能是比较合适的称呼,能够反映发券特征。但"四边券进"一词用的频率较少,常见的是"四面(边)结顶"一词。

国内建筑学者一般认可"四面结顶"的穹窿指的是一种发券穹窿❺,但这与考古界对"四面结顶"穹窿的使用范围是否一致呢?黄晓芬《汉墓的考古学研究》一书提到河南襄城茨沟汉墓时认为"主、侧室都造设四面结顶式穹窿顶❻",但该墓有七个墓室,中、后室采用的是叠涩穹窿,其余穹窿为发券穹窿,这并非是作者弄错了中室、后室的技术特征,仅仅是由于发券穹窿与叠涩穹窿都具有四面结顶的形态特征,所以笼统称之❼。

由此可以看出,"四面(边)结顶"一词较易误导人们单单根据形态特征来对方底穹窿进行技术归类,不是一个万无一失的用词。但因为这一术语的使用频率非常高,无法简单规避,所以本书中仍旧予以沿用,而不特别使用"四边券进"一词。然而对"四面(边)结顶"这个术语须加以严格限定,方才不会造成类型上的混乱。因此,笔者在本书使用的"四面(边)结顶"穹窿一词仅限于发券穹窿实例,如若遇到考古文献中存在以"四面(边)结顶"来形容叠涩穹窿的情况,则专门指出。如若难以分辨墓葬实例中穹窿的技术类型,则以"方底穹窿"概括。

四面结顶式穹窿砌筑特征是每皮砖在同一高度上,但砖面与水平面形成倾角,且越高每皮砖周长、边长越小,倾角也越大越陡。但这个定义的缺点是不适用于多边形和圆形平面,以至于在少量的多边形和圆形墓室穹窿的考古发掘报告中,往往仅简称"穹窿",而对其结构形式加以忽略。但在建筑学角度的探讨中,却不得不再

---

❶ 傅熹年.中国古代建筑史(第二卷)[M].北京:中国建筑工业出版社,2001:37.
❷ 蒋赞初.长江中游六朝墓葬的分期和断代——附论出土的青瓷器[M]//蒋赞初.长江中下游历史考古论文集.北京:科学出版社,2000:85-94.
❸ 鄂城县博物馆.湖北鄂城四座吴墓发掘报告[J].考古,1982(3):257-269.
❹ 南京市博物馆.南京郊县四座吴墓发掘简报;镇江博物馆刘建国.镇江东晋墓;益阳地区文物工作队,益阳县文化馆.湖南省益阳晋、南朝墓发掘简况;南京市博物馆.南京北郊五塘村发现六朝早期墓[M]//文物编辑委员会.文物资料丛刊(8).北京:文物出版社,1983:1-39,45-49,85-87.
❺ 常青.西域文明与华夏建筑的变迁[M].长沙:湖南教育出版社,1992:109,112.又如:龚恺.明代无梁殿[D].南京:南京工学院,1987:1.
❻ 黄晓芬.汉墓的考古学研究[M].长沙:岳麓书社,2003:134.
❼ "对此种技法有称'四角攒尖顶'的,也有称为'叠涩顶'的,本书行文中统称之为四面(边)结顶,是为穹窿顶的基本构造。"黄晓芬.汉墓的考古学研究[M].长沙:岳麓书社,2003:102.

加以细分。对于多边形和圆形平面,笔者建议可以采用例如"六面(边)结顶式穹窿""圆底穹窿"等称呼,以便一目了然。从空间形态特征来看,这种穹窿包含了《中国大百科全书(建筑·园林·城市规划)》定义中的球面穹窿、对角脊穹窿、盝顶穹窿三种类型,且正方形、长方形平面均多见。

"四面结顶"的球面墓葬穹窿常有发现,除洛阳烧沟汉墓实例外,又如库车友谊路晋十六国墓(图1.14)、湖南耒阳廖家山六朝墓等(图1.15),在形态特征上难以用四块三角形曲面体组合的简化模型来描述,其穹顶相对圆滑,且方圆交接自然,不过从砌筑方式和形态由来上看,可以认为它们仍旧属于"四面结顶"穹窿的技术范畴,每皮砖仍旧基本保持同一高度(角部砖的倾角与墙中处应有微妙不同)。但不同实例技术发展方向各异,如库车友谊路晋十六国墓、湖南耒阳廖家山六朝墓虽然时期相近,技术目的相同,工艺特征却各有千秋(图1.16、图1.17)。

图 1.14　库车 M14 晋十六国墓

图 1.15　耒阳廖家山一号墓全景

图 1.16　库车 M14 晋十六国墓前室内角处理　　图 1.17　耒阳廖家山一号墓内角处理

另有"四角攒尖"一语。首先这一用语形容穹窿并不是很合适,"攒尖"的文字意象与穹窿在形态上冲突,穹窿顶部应相对圆滑才是;另外"四角攒尖"一语在 20

世纪50年代曾被用来描述四隅券进式墓葬穹窿❶,而在当代则指的是四面结顶式的穹窿❷,内涵混乱。因此,笔者不赞成用此术语,在文献引用过程中,则直接准确归类。通过对"四角攒尖"一语使用情况的讨论来看,"四隅券进"一词在考古界也是逐步得到认可和采用的,早期对这类墓葬穹窿多是形态和砌法的细节描述,而无专门命名。

"叠涩式墓葬穹窿",该术语应无争议,穹窿技术特征与《中国大百科全书(建筑·园林·城市规划)》定义相同。但因有些叠涩穹窿实例置于长方形平面之上,所以在形态上有盝顶穹窿的特征,这是在引用文献时应注意说明的方面。

以上这些穹窿类型对应的墓室平面可有多种变化,甚至可能打破了前文引用的五种穹窿类型定义的界限,从而形成空间形态上的丰富性。

2) 中国古代墓葬穹窿的专属特征

与地面建筑的穹顶相比,墓葬穹窿有两处显著不同:①埋于地下;②为逝者而建。由这两条,衍生出墓葬穹窿独有的若干个性特征。

(1) 墓葬穹窿埋于地下,外表面不重要,仅仅是营建机制的客观结果而已;而内部装饰则相对重要,即便是清水墙面,也要讲究基本的观感,等级越高、越富足的墓主,一般越重视内部装饰的意义。

(2) 墓葬穹窿需满足并利用地下环境的物理特性:

a) 对防水防渗的要求与地面建筑不同,虽然大的防水问题通过墓葬选址解决,但穹窿本身仍要解决防渗和渗入水的排出问题(图1.18)。考古中可以看到一些未遭破坏和盗扰的墓室,打开后内部依然整洁,这也符合迁葬或者家人二次合葬的基本要求。

b) 施工过程中土的侧推力和穹窿完成后上部的土压力成为一个积极因素。可以推测:

图1.18 江宁上坊孙吴墓墓道底部排水沟

穹窿下部墙体砌好之后,外部可回填素土(或夯实),帮助抵消上部穹窿施工中产生的侧推力,这样下部墙体可以不必太厚,而穹顶上部的封土则可牢牢压紧穹顶。这两个因素通常是地面穹窿营建中不具备的。

c) 黏结材料可以就地取材,直接采用基址的原土。这或许也是选址的一个基本要求,因为周边土壤成分最终会渗透入砖缝当中,如土壤成分与青砖成分不合,当不宜在此建墓。

(3) 墓葬穹窿仅仅为墓主及其家族服务(往大的说,帝陵也没有实质上的不同,只不过皇帝"家天下"罢了),而不同于地面穹顶建筑那样具有更多的公共性。

---

❶ 湖南省博物馆.长沙两晋南朝隋墓发掘报告[J].考古学报,1959(3):75-105及图版部分.
❷ 河南省文物考古研究所,安阳县文化局.河南安阳市西高穴曹操高陵[J].考古,2010(8):35-45.

即便对于其家族,一旦墓门封闭,除非以后迁葬或者家人二次合葬,一般不会再进入墓室空间,也就是说,墓葬穹窿更多的是直接为逝者服务。这导致即便同时期、同类型、同等级的墓葬穹窿空间,也会有非常具体的个性差异;与地面穹窿相比,空间秩序也遵守不同的法则。比如,墓葬穹窿中常常会出现完全对等的并列双穹窿,适用于分室、并列合葬的夫妇墓的情况,而在地面建筑中双穹窿则不常见;又如前、后室双穹窿中,往往前室较高,后室跨度较大,难分主次穹窿,而在地面建筑中这种主次之分则是十分必要的。

(4) 墓葬穹窿反映出墓葬营建机制的特定要求。

a) 建有穹窿的地面建筑往往具有一定的体量和规模,或者属于一个建筑群落的一部分;而除规模极特殊的某些帝陵外,墓葬的建筑规模相对较小,营建周期短,穹窿空间相对矮小,其适用工艺有更大的选择性,在匠人的选用和组织上也应相对灵活。

b) 由于墓葬建筑规模相对较小,与地面穹窿相比,墓葬穹窿在整体营建工序中并不具有完全的独立性:墓室的基本空间秩序是沿平面展开的,且墓葬穹窿在结构上往往与其他墓葬空间密切混合,如耳室、侧室、甬道等券顶空间,穹窿的结顶并不必然意味着主体工程的结束;而地面穹窿常常架在高大的建筑结构上面,如忽必烈紫堡等无梁殿实例(图1.19),又如众多的砖塔穹窿,这些穹窿在施工组织上引导着某种竖向秩序,穹窿的结顶意味着这个主导性的竖向秩序的完成,这一时间节点在整体建筑营建中往往具有重要的象征性。反观中国宋代以前未出现楼阁式的砖(石)室墓葬空间秩序❶,即便是帝陵,这与古埃及金字塔的竖向空间结构和营建机制相比(图1.20),显现出本质的区别。可以看出,整个墓葬的空间秩序一方面受营建技术的制约(简单者如竖穴与横穴的技术区别),但更重要的是受墓葬文化机制的制约。

c) 墓葬穹窿的平面形态、空间形态及轴线控制特征不如地面建筑那样规整、严格,这或许与匠人手艺、具体场地限制有关,或许与特定墓葬文化有关(如风水)。

---

❶ 湖北光化县 M3 墓为上下分层式椁墓构造,上层一侧放置木棺,下层放置随葬明器,上下层之间特别设置小型梯子相连。该墓属于西汉中期,紧贴椁东壁内侧设可开闭的双扇木门,所以此墓可归入早期室墓类型,但该形制可能与木椁防积水的需要有关,且下层不具有墓室的尺度,所以不能看作是一个楼阁式的例子,而属于成都凤凰山 M1 墓一类的上下分层式。黄晓芬.汉墓的考古学研究[M].长沙:岳麓书社,2003:19-20,113-114.另有金代楼阁式墓葬——山西长治马厂镇安昌村金代双层楼阁式墓葬,上下两层共有砖墓室 17 个,但墓室很小,最小的 0.23 平方米,最大的 1.32 平方米,埋藏骨灰,非本书所讨论的真正意义上的砖室墓葬。http://news.sohu.com/20111201/n327566741.shtml(2011.12.2 浏览)。另外,河南林州桂林镇发现砖雕仿木三层楼阁式宋代墓葬,圆形墓室高 4.05 米,直径 2.52 米,2008 年 5 月发现。http://qinyuluo64554.blog.sohu.com/78646450.html(2012.6.20 浏览)。类似的还有甘肃和政县金代四壁仿木楼阁式砖雕墓,http://gansu.gansudaily.com.cn/system/2012/05/04/012470537_01.shtml(2012.6.20 浏览)。真正的楼阁式砖(石)室墓葬发现于山东嘉祥县钓鱼山宋墓 M2,底层为椁室,二层设水平门,棺木应从二层垂直放入底层,三层为穹隆室。此墓底层似有复原椁室的意味,所以不强调上下层的沟通,但底层未发现遗物;墓主应属于北宋晁氏家族。见:山东嘉祥县文管所.山东嘉祥县钓鱼山发现两座宋墓[J].考古,1986(9):822-826,851.宋辽金时期的楼阁式墓葬虽然不多,但应代表了墓葬文化的某种变化,尤其在北方。又,商丘永城芒砀山汉梁孝王王后李氏(崖)墓,在南回廊东段南侧有一仿楼阁式侧室,被称为储冰室。因该墓规模较大,该侧室并非主要墓室,故不属于本书讨论范围。http://lz.book118.com/readonline-55787-55068-4.aspx(2012.6.20 浏览)。明代藩王陵有上下双层楼阁式墓,见 http://blog.tianya.cn/blogger/post_read.asp?BlogID=3186722&PostID=30774953(2012.6.20 浏览),均不再讨论。

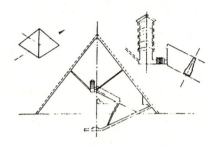

图 1.19　忽必烈紫堡　　　　图 1.20　胡夫金字塔剖面

d) 墓葬穹窿的空间跨度、高度、内部装饰(甚至用砖尺寸)除了满足运送、安放棺木和随葬品以及祭奠的功能需求外,还受墓葬礼制的决定,但因为墓葬的相对隐蔽性,墓葬穹窿的营建更可能出现僭越;而地面穹窿建筑由于其公共性与长期性,其对礼制的遵守则相对保守。

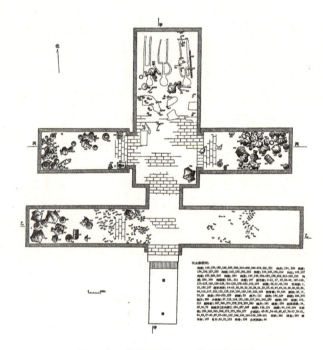

图 1.21　洛阳烧沟 632 号汉墓平面

e) 墓葬穹窿需要解决半球形空间与下部墓室平面之间的交接、过渡问题,而下部墓室平面与地面建筑的平面形态演变可能不同步,因而会产生与地面穹窿不同的形态类型和解决方案。

以上五点,与墓葬的空间功能与文化需求有关,但最终都影响到施工技术层面上,使得墓葬穹窿在中国古代呈现出其他功能类型无法比拟的丰富样态。

1.2 汉地砖砌墓葬穹窿的创生

1.2.1 汉地砖砌穹窿的出现

根据现有考古资料,已知的汉地早期砖砌穹窿出现于公元前1世纪的西汉末期,重要实例则是洛阳烧沟632号汉墓❶。这处穹窿位于632号汉墓的甬道之上(图1.21、图1.22),不同于洛阳烧沟1026号汉墓等实例那样位于墓葬前室❷(图1.23),可以看出632号汉墓还未分化出前堂、后室的平面形制,所以从年代上来看应该早于后者,称632号汉墓穹窿是已知汉地最早的穹窿实例还是比较客观的。尽管矢高很小,但四面结顶的发券特征很明显,所以从结构类型上看,洛阳烧沟632号汉墓穹顶属于砖拱壳穹窿。

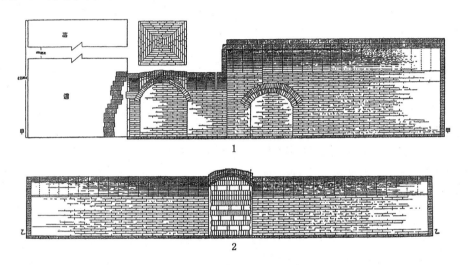

图1.22　洛阳烧沟632号汉墓剖面

汉地砖叠涩穹窿始见于东汉,较早的实例有河南襄城茨沟汉墓的中后室墓顶。该墓"建于公元二世纪三十年代,是一座多室墓,除了中后室墓顶用叠涩结构外,其他如左右前室、左后室等墓顶仍用拱壳结构,该墓叠涩顶是以斜头砖作叠涩砌,其之所以做成斜头,估计是要摹仿拱壳顶的外观。这些情况说明此墓的叠涩顶应是叠涩结构的初期形式,但斜头砖加工较麻烦,故以后都以普通条砖作叠涩砖。例如建于公元二世纪六十年代的和林格尔东汉壁画墓叠涩顶❸"。

汉地拱壳穹窿的另一种砌筑形式四隅券进式穹窿最早见于东汉末期的南阳盆地一带,已知实例有南阳第二化工厂21号画像石墓、十里庙砖厂(91)M11、地区电业局工地墓❹、襄阳刘表墓等。这种穹窿指的是一种以四边形平面的四角为中心

---

❶ 中国科学院自然科学史研究所.中国古代建筑技术史[M].北京:科学出版社,1985:178.
❷ 洛阳区考古发掘队.洛阳烧沟汉墓[M].北京:科学出版社,1959:45.
❸ 中国科学院自然科学史研究所.中国古代建筑技术史[M].北京:科学出版社,1985:179.
❹ 南阳市文物工作队.南阳第二化工厂21号画像石墓发掘简报[J].中原文物,1993(1):77-81.

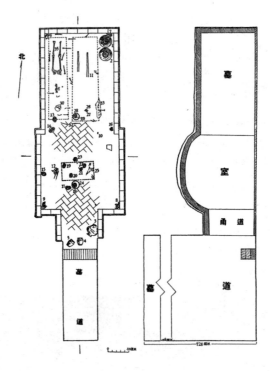

图 1.23 洛阳烧沟 1026 号汉墓

点各自层层发砖砌斜券,在四面墙中点平滑交脊,在顶部自然收为圆形穹顶的砖砌拱壳结构,随后大量出现于六朝时期。

1.2.2 关于汉地砖砌穹窿发生原理的不同观点

关于最早的汉地拱壳穹窿,有国内学者认为它的产生是两个筒拱顶在平面上呈十字交叉的结果,并以此来解释洛阳烧沟 632 号汉墓的生成:"其拱壳是甬道筒拱顶与两旁的耳室筒拱顶相互穿插形成的……在结构上采用方圈式是因为两个并列拱十字交叉、相互贯穿而形成的一种构造方式。即由拱角的四边随着拱的弧度,以平面为方圈的砌法,逐圈向中心收砌成顶❶。"上述观点其实有些自相矛盾,"由拱角的四边随着拱的弧度,以平面为方圈的砌法,逐圈向中心收砌成顶"的确是事实,但却很难看作是筒拱"十字交叉"这一技术思路的直接贡献。

从烧沟 632 号汉墓穹窿自身形态来看,虽然确实是位于两个筒拱十字交叉的位置,但两个筒拱并不等高,在砌砖方式上也并未延续两个筒拱的拱券形态和走向,而是向上逐圈隆起,并且不再采用并列拱的用砖方式,而是改为错缝发券,与并列筒拱在技术上有很大不同。其他汉墓实例也无法证明两个筒拱顶十字交叉这一技术思路是穹窿产生的本土经验。

从空间形态的发生原理来说,两个筒拱十字交叉导致的结果与穹窿完全不同:两个等高筒拱垂直相交,在建筑史上直接产生的是我们在古罗马建筑中常见的十

---

❶ 中国科学院自然科学史研究所. 中国古代建筑技术史[M]. 北京:科学出版社,1985:178.

字形肋骨拱顶❶(如两筒拱直径不同则为 X 形),这种拱顶的特征是四边均为等高拱券,拱的顶点与十字交叉点同高,无法形成中心明确隆起的空间,所以不是穹窿(图 1.24)。而烧沟 632 号汉墓这种四面结顶的穹窿形式恰恰近似于两个等高筒拱垂直相交这一空间事件中被十字形肋骨拱顶所遗弃的那一部分实体结构(图 1.25)。那古罗马人把两个等高筒拱垂直相交的目的究竟是什么?自然并非四面穹窿,所以也不会关注这一剩余部分的技术价值。在古罗马十字形肋骨拱顶创生的时期,这种四面结顶的拱壳穹窿并未发生,受到推崇的穹窿形式是万神庙那样的大尺度圆底穹窿(图 1.26),以及后来发展的近似于圆底穹窿的正八边形穹窿。正八边形穹窿应属于模仿圆底穹窿的技术经验而产生的(其中当然也包含了筒拱的起券技术),而不能直接看作是四个筒拱相互穿插的结果,由此也可推知两个筒拱顶十字交叉创生方底穹窿应属于错误的技术还原思路。另外,古罗马的穹窿砌筑材料还包括火山灰混凝土,也是其与汉地穹窿在技术上的主要区别。

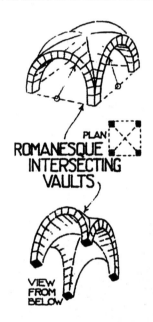 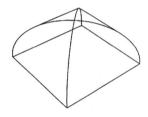

图 1.24 古罗马十字交叉拱顶　　图 1.25 筒拱交叉后被古罗马十字拱舍弃的四个曲面

另一种解释具有相对的合理性:四面结顶式穹窿"可以将之看作矩形平面上,砌筒拱双向对角交接而构成的建筑空间,也就是说,系由两个筒拱复合而成❷"。此提法将该穹窿描述为部分筒拱的对角组合,似乎相对准确,因为无论烧沟 632 号汉墓的穹窿形式如何发生的,都不妨碍我们从两个筒拱对角组合的角度来理解它的受力特征。但是,四面结顶的拱壳穹窿是否是如此创造出来的呢?若以"两个筒拱对角组合"这一思路来推断穹窿的创造过程,仍旧显得过于抽象、过于现代了,似

---

❶ 这种拱顶在公元 1 世纪前应已发展成熟,成为古罗马拱顶系统的重要特征。参见:常青.西域文明与华夏建筑的变迁[M].长沙:湖南教育出版社,1992:115.古罗马筒拱垂直相交的早期实例有格兰努姆的尤利纪念碑等,推测属于公元前 1 世纪的作品。参见:[英]约翰·B.沃德-珀金斯.罗马建筑[M].吴葱,等译.北京:中国建筑工业出版社,1999:12.

❷ 常青.西域文明与华夏建筑的变迁[M].长沙:湖南教育出版社,1992:112.

乎是当代人以自己的知识面来解读古代技术体系的结果。笔者认为这个过程应该比简单的"筒拱→穹窿"这样的技术发展模式更为复杂。

关于叠涩穹顶,有学者认为"它是在拱壳顶发展过程中从拱壳顶矢高增大后的砌筑方式中变异而产生的……叠涩顶的高跨比都很大❶",从河南襄城茨沟汉墓中,后室叠涩墓顶模仿拱壳穹窿内表面形态来看,似乎应该如此,即先有拱壳(发券穹窿),后有叠涩穹窿,至少砖室汉墓是这样。但这就引发一个叠涩穹窿与发券穹窿的产生究竟孰先孰后的问题。国内有学者对此做过探讨,认为"放射形的发券拱顶应在水平的叠涩拱顶之后出现,二者之间存在着前后演进关系❷",并将此观点作如下示意:

图1.26　古罗马万神庙剖面

叠涩券 → 叠涩穹窿
　↓　　　　↓
放射券 → 发券穹窿

以上观点可看作汉地之外拱顶系统发展的一般规律,例如公元前6000年塞浦路斯原始聚落的圆形平面遗址上可能就覆盖有叠涩穹顶;公元前14世纪迈锡尼的阿托雷斯宝库(Treasury of Atreus)为圆底的条石叠涩穹顶(图1.27);亚述帝国尼尼微城(Nineveh)的浮雕板中,也出现了高跨比很大的抛物线状穹窿顶(图1.28),应为叠涩手法砌成,属于西亚早期例子❸。这些穹顶实例说明了叠涩

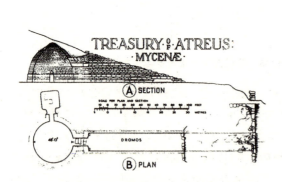

图1.27　迈锡尼阿托雷斯宝库

图1.28　亚述尼尼微城穹顶形象

---

❶ 中国科学院自然科学史研究所.中国古代建筑技术史[M].北京:科学出版社,1985:179.
❷ 常青.西域文明与华夏建筑的变迁[M].长沙:湖南教育出版社,1992:104.
❸ 常青.西域文明与华夏建筑的变迁[M].长沙:湖南教育出版社,1992:105.一说此浮雕板属于亚述古城Kalakh(卡拉),即今Nimruz(尼姆鲁兹)。见:http://en.wikipedia.org/wiki/Vault_(architecture)(2012.7.9).

穹顶在地中海以东地区的流行程度,并且在时间上要早于拱壳穹窿的发生。

汉地的情况如何?叠涩的墓顶空间在西汉并非毫无痕迹,但不能简单地归之为穹窿。例如西汉南越王墓(图 1.29),年代为公元前 2 世纪,早于汉地拱壳穹窿的发生时间。该墓各墓室顶部均为石材平铺,但在后室及其左右侧室顶部,中央的条石平搭在两边较低的石材上方,形成明显的隆起空间❶。这种叠涩的墓室空间在东汉继续得到发展,如济宁市普育小学校东汉晚期的石室墓(图 1.30)、沂南画像石墓,均为条石叠涩顶,且呈现出四面结顶的曲面特征;石叠涩墓顶在同期苏北徐州一带也有发现,如建于公元 151 年的彭城相缪宇墓❷(图 1.31)。从上述实例来看,大条石的叠涩拱顶(后期发展成为穹窿)从西汉到东汉持续发展,形成与小砖拱顶不同的技术系统。

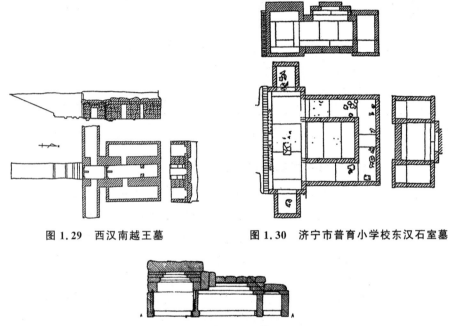

图 1.29　西汉南越王墓　　图 1.30　济宁市普育小学校东汉石室墓

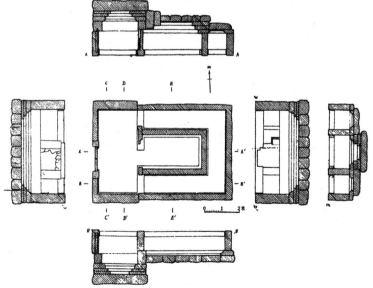

图 1.31　彭城相缪宇墓

---

❶ 黄晓芬.汉墓的考古学研究[M].长沙:岳麓书社,2003:86.
❷ 黄晓芬.汉墓的考古学研究[M].长沙:岳麓书社,2003:140-144.

但这种石叠涩的穹窿是否有条件成为汉地拱壳穹窿在形态与技术上的比照呢？从时间上看，石叠涩穹窿的真正形成要到东汉时期，晚于洛阳烧沟632号汉墓，则汉地拱壳穹窿的发生原理很难用上述叠涩券、放射券、叠涩穹窿、发券穹窿四者的关系示意图得到解释。况且砖叠涩穹顶直到公元132年的茨沟汉墓才出现❶，也许是同时受到砖拱壳穹窿和石叠涩穹窿技术的双重影响，而直接的诱因则可能是本土工匠为了施工的方便性和经济性，故将发券穹窿简化为叠涩穹窿的工艺做法。

以上讨论说明，汉地拱壳穹窿技术在创生原理上应该不同于域外的演变体系，具有一定特殊性，也就是说它可能是直接借助砖拱券技术通过四面结顶发展而来，而没有经过叠涩穹窿这一技术探索阶段，而且这个过程也不宜描述为"两个筒拱对角组合"而来，因为烧沟632号汉墓穹窿的错缝用砖方式与相邻筒拱的并列砖券技术完全不同。

但这不能证明汉地穹窿在技术传承上与域外系统毫无关系。对于汉地的砖构系统来说，从另外一种假设上看，同样存在着导致叠涩穹顶、拱壳穹顶出现顺序与世界其他地区不一致的可能性，即：砖拱壳穹窿技术先由域外传来，而后创生（或传入）砖叠涩穹窿技术，这样自然存在着先后易序。所以需要就汉地拱壳穹窿技术的起源与传承进行直接探讨，方可最终解决问题。

1.2.3 关于汉地砖砌穹窿技术起源的讨论

关于汉地拱券技术，其实包含三方面的内容：一是砖券（包括筒拱）技术的起源，二是四面结顶的拱壳穹窿的起源，三是四隅券进式拱壳穹窿技术的起源，后两者同属于拱壳穹窿。因为叠涩穹窿并非发券技术，所以本书不做单独讨论，而砖券技术是发券穹窿的基础，所以必须加以分析。

1）砖券技术起源

关于砖券技术的起源不外乎两种观点：一种认为汉地拱券为本土起源，一种认为是域外传入。刘敦桢先生主编的《中国古代建筑史》对由空心砖到砖券穹窿的演变过程作了推断❷，便未曾考虑域外技术因素的影响。但从已发掘的汉墓实例来看，空心砖折线拱和砖券拱之间并非演变和继承的关系，而往往并置出现，例如河南新野樊集M36墓（图1.32），主室顶部为背厚7 cm、刃厚5 cm的企口（又称"子母"）楔形砖券纵连拱顶，而侧室截面则为采用三块厚度一致的较大企口砖组成的折线拱❸（图1.33），两室墓顶的用砖方向相互垂直，该墓在樊集墓群中年代稍晚，应属于西汉晚期❹。有学者认为，这种在一座砖室墓内同时采用券顶和折线拱顶的现象应是两种文化背景的建筑技术相结合的产物，并且指出"券顶砖室墓在各地

---

❶ 据发掘报告描述，河南新乡北站区汉墓M6后室为四角叠涩内收的穹窿，不知是否确切，但断代为东汉中晚期，很可能不会早于茨沟汉墓的公元132年，所以本书仍以茨沟汉墓叠涩穹窿为这一类型的最早代表。新乡市文物工作队.河南新乡市北站区汉墓[J].考古,2006(3):39-44.
❷ 刘敦桢.中国古代建筑史[M].北京:中国建筑工业出版社,1984:68-69.
❸ 河南省南阳地区文物研究所.新野樊集汉画像砖墓[J].考古学报,1990(4):486-487.
❹ 宋治民.论新野樊集汉画像砖墓及其相关问题[J].考古,1993(8):743.

域登场时虽然存在时间差,但凡发现的券顶构造,从造型到技术都已很成熟❶"。这可证明券顶技术体系并非由企口空心砖的三角拱、折线拱体系逐步发展而来。甚至另有学者根据已发现的一些遗址实例认为,空心砖折线拱反而可能是受小砖发券拱顶技术的启发所创❷,同样不支持发券砖拱为本土起源的说法。当然这两种技术体系并非毫无交流,新野樊集 M36 墓等汉墓实例中可见楔形券砖上带有企口,可能是因为造墓工匠对域外砖券技术理解不够充分而在其上嫁接了一些本土技术元素的结果❸。

图 1.32　河南新野樊集 M36 墓　　图 1.33　河南新野樊集 M36 墓剖面

鉴于汉代开辟"丝绸之路"后,中原与西域经由新疆地区联系密切,曾有学者将西汉至元代中原与新疆的砖券技术按照时间顺序作过同期比较,认为"中原的拱券技术水平在明前是一直领先于新疆的❹",从而否定了拱券技术经新疆传入的可能性,由此认为拱券技术(典型如明代无梁殿)为本土发生的。但这种观点忽略了通过"海上丝绸之路"进行技术传播的可能性。

近年来,海上丝绸之路得到越来越多的关注,其与陆上丝绸之路一道,被看作古代中外文化交流的重要途径。据《魏略·西戎传》,"大秦道既从海北陆通,又循海而南,与交趾七郡外夷比,又有水道通益州、永昌,故永昌出异物。前世但论有水道,不知有陆道……❺",《魏略》编者为三国魏郎中鱼豢,所谓"前世"当指汉代和汉代以前,可见连通大秦(古罗马)的"海上丝绸之路"早于陆路对汉地已然产生影响。上述通达永昌(今云南保山)的海路其实是通过滇缅道出海的,另有一条由徐闻(位于雷州半岛)、合浦(属广西)出海的航线开发更早,《汉书·地理志》中便曾提到这两个港口❻,甚至有学者认为,"由珠江口向西通往东南亚和南亚的航线,是一条最古老的南海航线,早在先秦时就已开通❼"。虽然海上丝绸之路并不存在某个特定

---

❶ 黄晓芬.汉墓的考古学研究[M].长沙:岳麓书社,2003:162.
❷ 常青.西域文明与华夏建筑的变迁[M].长沙:湖南教育出版社,1992:114.
❸ 黄晓芬.汉墓的考古学研究[M].长沙:岳麓书社,2003:162.
❹ 龚恺.明代无梁殿[D].南京:南京工学院.1987:3.
❺ [西晋]陈寿,著;[南朝宋]裴松之,注.裴松之注三国志[M].邹德金,整理.天津:天津古籍出版社,2009:486.
❻ [东汉]班固.汉书(卷二十八下).金身佳,整理[M]//李学勤.二十六史:第1册.海口:海南出版社,1999:313.
❼ 吴松弟.两汉时期徐闻港的重要地位和崛起原因——从岭南的早期开发与历史地理角度探讨[J].岭南文史,2002(2):22.

的海港作为中国的起点,但历史上由于地理位置的不同,广州地区出发的海船贸易目的地为东南亚、南亚、西亚、东非等地(图1.34),与登州、宁波、连云港、福州、泉州等海上丝绸之路港口有较大的区别,"六朝时,海上诸国来中国,以至广州为航行的目的地,航程所需时间也是以广州为参照物来计算的❶"。可见南海航线的重要性。西域商人、胡僧等通过海路往来汉地,在六朝文物上也留下些许痕迹,例如孙吴、西晋长江下游墓中出土的堆塑罐上的胡人俑便可能是受此影响而出现❷(图1.35)。

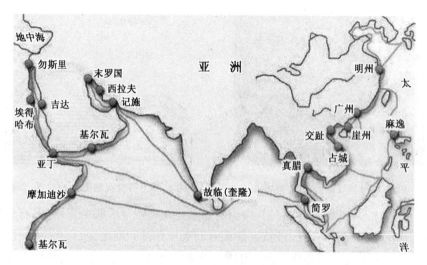

图1.34 海上丝绸之路

通过以上讨论,笔者认为,西汉时期存在着由域外传入砖拱券技术的海上通道。西汉晚期出现的汉地砖拱券技术很可能得益于"海、陆丝绸之路"带来的文化交流,从而被引入,而非本土折线拱技术演化的结果。

应该看到,西汉晚期的墓葬实例中也存在许多并列砖券拱顶的墓室结构,例如前文提到的洛阳烧沟汉墓群实例。这说明拱券结构

图1.35 西晋堆塑罐上的胡人俑

在中原几乎同时存在着并列砖券拱顶和纵连砖券拱顶两种技术形式,这只能认为是在拱券技术传入汉地的过程中,各地工匠按照自己对这种技术的不同理解,结合自己以往的折线拱经验加以具体应用造成的差异,甚至时间上纵连砖券拱顶(河南新野樊集M36墓)要稍早于并列券顶(洛阳烧沟汉墓),并不符合部分学者认为的由并列券顶发展到整体稳定性更强的纵连券顶这样一个所谓汉地系统的演变顺序❸。

---

❶ 王元林.广州、宁波等中国沿海外贸港口比较刍议[G]//[出版者不详]宁波与海上丝绸之路国际学术研讨会论文集.宁波;2005:80.
❷ 施加农.西晋青瓷胡人俑的初步研究[J].东方博物,2006(1):78.
❸ 龚恺.明代无梁殿[D].南京:南京工学院.1987:3.

2) 四面结顶的拱壳穹窿技术起源

西汉晚期,洛阳烧沟 632 号汉墓甬道出现了发券的墓葬穹窿。这距离砖券传入汉地并没有很长时间,自然会产生一个疑问:洛阳烧沟 632 号汉墓穹窿是否也是外域技术传入的结果?

首先来看这座墓葬穹窿的形态特征:该穹窿的平面形状为矩形,发券类型为四面结顶式,属方底穹窿的一种。这种方底穹窿的结构特征与域外技术体系是否类同?

早期的古罗马以圆形穹窿为主,但这不能说明古罗马并未产生对方底穹窿的需要,只是完美的方底穹窿需要实现方底与圆顶之间的技术转换,古罗马尚未解决这一难题。据常青教授研究,域外最早的方底穹窿实例出现于中亚的巴克特里亚一带,而中亚方底穹窿得以建造的关键在于其解决了方圆过渡中的穹隅处理方法,一般有三种❶:叠涩抹角穹隅,发券抹角拱(或凸角拱)穹隅,发券球面拱穹隅。这几种穹隅的具体做法见第五章详述,此处可以明确的是,这三种方式都是为了填补和过渡方底与圆形穹窿之间的四角空间(图 1.36),方底上部的穹窿仍旧为圆形底边不变,这与汉地最早出现的方底穹窿完全不同。笼统地说,早期汉地穹窿都是四面结顶样态的,四角有脊,即便脊部处理得比较圆滑,整个穹窿也并不是真正的半球形,不具有数学上的几何精确度,所以不同于中亚方底穹窿在四角的几何化空间处理。而且,中亚的早期方底穹窿上部水平截面基本为正圆,这就要求方底也是正方形的,与汉地常见的矩形不同。可以看出,汉地四面结顶式穹窿与中亚方底穹窿完全属于不同的技术体系,甚至关于穹窿应以何种形态为定义标准,汉地、西域也可能拥有完全不同的评价。换句话说,关于穹窿,汉地有自己不同的形态要求,仅仅是用域外的拱券技术解决自己的问题而已。

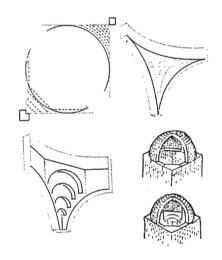

图 1.36　中亚穹隅处理手法　　　图 1.37　以弗所 6 号住宅遗址的入口门廊顶部

与洛阳烧沟 632 号汉墓穹窿平面特征类似的方底穹窿实例在土耳其以弗所(Ephesus)6 号住宅遗址的入口门廊部分曾经出现(图 1.37),但年代较前者为晚,

---

❶　常青.西域文明与华夏建筑的变迁[M].长沙:湖南教育出版社,1992:108.

为公元 2 世纪[1]，而且采用的是四隅券进式的砌筑手法。根据已知材料，在公元前 1 世纪这个时期，域外并未出现如同洛阳烧沟 632 号汉墓穹窿砌筑方式一样的方底穹窿。域外真正出现类似手法的实例大约是拜占庭时期，例如伊斯坦布尔圣索菲亚(St. Sophia)大教堂的门廊(图 1.38)，年代为公元 6 世纪[2]。

图 1.38　伊斯坦布尔圣索菲亚大教堂门廊顶部

图 1.39　敦煌莫高窟 285 窟

另外，敦煌莫高窟中有覆斗形顶的北朝洞窟实例，如西魏的第 285 窟(图 1.39)，属开凿后施以彩绘的洞窟，有国外学者认为是伊朗萨珊(Sassanid)穹窿的后续发展[3]，应为误。国内学者一般认为这种窟顶是模仿斗帐的[4]，但也并非与穹窿毫无瓜葛，如五代的第 61 窟(曹家窟)(图 1.40)和晚唐的第 100 窟(张家窟)，则为覆斗形窟顶与四角穹隅通过绘制手段生硬嫁接。这种组合在砌筑结构中是根本不必要的，也仅在覆以彩画的窟顶中才会出现。该做法说明开凿、绘制洞窟的工匠并不懂得中亚砖砌四角穹隅的实际作用，而把它与自己熟悉的汉地做法生搬硬套在一起。这也让我们更加确信，汉地的天顶形制与中亚方底穹窿完全属于不同

图 1.40　敦煌莫高窟 61 窟

的技术体系，四面结顶的砖砌拱壳穹窿更有可能是汉地工匠创生的，并非外域穹窿

---

[1]　根据土耳其以弗所遗址发掘现场的考古说明材料。以弗所为雅典-爱奥尼亚殖民者建立。
[2]　[美]西里尔·曼戈.拜占庭建筑[M].张本慎，等译.北京：中国建筑工业出版社，2000：59.
[3]　[德]阿尔伯特·冯·勒克科.中亚艺术与文化史图鉴[M].赵崇民，巫新华，译.北京：中国人民大学出版社，2005：200，207，209.伊朗萨珊帝国时期为公元 226—650 年。
[4]　如敦煌研究院的孙毅华女士。

的传承。当然,其技术基础仍然得益于砖券技术的引入。

以后世汉地穹窿达到的技术高度来看,洛阳烧沟632号汉墓穹窿还是一处不成熟的实例:矢高很小、下部四边完全为筒拱占据、券砖落在四个筒拱的拱券侧面,都是后世不常用的技法,甚至空间隆起的程度只能勉强让人承认其为发券穹窿,技术上还带有很多的试探性,毕竟无论域外还是本土,都没有技术上的先例可供借鉴。但这座穹窿体现了西汉晚期汉地砖券技术的活跃程度。部分当代学者认为,"当时砖造建筑技术进步之快是惊人的❶。"汉代工匠处理烧沟632号汉墓两个筒拱十字相交的顶面形式时,产生了与古罗马系统的交叉肋骨拱、中亚的方底穹窿完全不同的技术形式,具有自身的独创意义。

那么,汉地本无穹窿,如何产生对穹窿的需要呢?这似乎是一个悖论。笔者认为,从西汉文化交流的条件上来说,汉地穹窿的形态创生应该受到域外穹窿的启发,至少工匠们曾经耳闻,然后依靠业已掌握的砖券墓葬技术和崖墓技术进行技术创新,粗略模仿域外穹窿形态,进而形成自己的技术体系标准。

例如,徐州南洞山二号汉墓,主室出现矩形平面的崖墓穹窿(图1.41),而墓主为第10代楚王王后或者第12代楚王王后的可能性为最大❷,即公元前25年至公元前3年之间,这座崖墓是徐州地区最早的穹窿崖墓,约略与洛阳烧沟632号汉墓同时。该崖墓穹窿的出现在技术上应该看作是徐州楚王崖墓形制系列演变的自然结果,由其他早期楚王墓室的四阿顶技术变化而来,因此不需要技术的更新。与其他楚王墓相比,南洞山汉墓墓室规模相对较小❸,可能是尝试穹窿顶的一个有利条件❹,但在形态创生上却是非常大的变化,因为这意味着空间观念的替换。无论徐

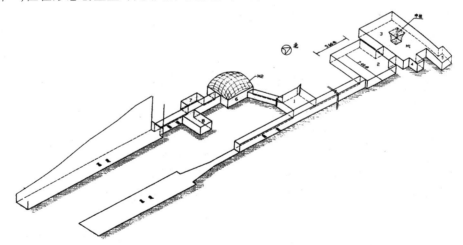

图1.41 徐州南洞山二号汉墓穹窿

---

❶ 黄晓芬.汉墓的考古学研究[M].长沙:岳麓书社,2003:102.
❷ 梁勇.从西汉楚王墓的建筑结构看楚王墓的排列顺序[J].文物,2001(10):71-84.
❸ 刘照建.徐州地区大型崖洞墓初步研究[J].东南文化,2004(5):30.
❹ 相邻的南洞山一号汉墓主室较二号墓大(但在楚王墓中仍属较小的),出现支撑顶部的石柱(擎天柱),可能与岩石强度有关;该柱顶沿抛物线放大,所以墓顶也有一定的曲面处理,似乎与二号墓室形成阴阳关系,但东洞山一号汉墓也存在墓室石柱,故难下定论。

州南洞山二号汉墓与洛阳烧沟 632 号汉墓谁先谁后,或者相互之间是否存在形态的传承关系,若无域外穹窿形象的启发,第一个汉地墓葬穹窿当不会无中生有。

由此,汉地砖拱壳墓葬穹窿的创生原理可以归结为:早期的汉地砖拱壳穹窿技术为本土创生,但是基于域外传入的砖券技术并受到域外穹窿形象的影响;因为文化上的差异,并不强求域外穹窿相对精准的球面形态标准,而是利用本土消化后的砖券技术经验创造出不同的穹窿技术体系和空间形态,这种不同也与汉地墓葬空间、域外地面建筑空间存在功能定位的差异有关。

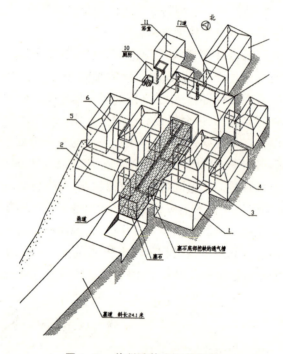

图 1.42 徐州驮篮山二号汉墓

但还有一个疑问:汉地砖拱壳墓葬穹窿在形态上是否与四阿顶完全无关?因为四阿顶作为四坡的墓葬空间在春秋时期就已出现,而且在形态上与四面结顶的穹窿确有相近之处。前文提到的敦煌莫高窟覆斗形窟顶也具有"四阿"之相,且与四角穹隅嫁接为整体,不能说与穹窿意象毫无关系。据《春秋左传》,成公二年八月,"宋文公卒。始厚葬……重器备,椁有四阿,棺有翰桧❶"。这是一种以墓室(或椁室)仿地面建筑"四阿"屋顶的现象,以体现事死如生❷,并在汉代崖墓中大量出现,如徐州驮篮山二号汉墓(图1.42)。但笔者认为四面结顶墓葬穹窿与四阿顶之间是一种技术与形态双重替代的关系,本质上并非继承与演化。这种关系类似于砖拱券对于折线拱的替代,而敦煌莫高窟的例子不具有技术上的说服力,另外,年代也较晚。不过虽然四阿顶墓室无法为四面结顶墓葬穹窿的出现提供技术上的支持,但却做了文化心理上的铺垫:由四阿顶而形成的汉民族审美习惯,自然易于接

---

❶ 张学岚,译.春秋左传[M]//管曙光.白话四书五经(下).长春:长春出版社,2007:194.
❷ 常青.西域文明与华夏建筑的变迁[M].长沙:湖南教育出版社,1992:112.

受四面结顶式穹窿,而不拘泥于圆顶方底的西域穹窿形象。

徐州南洞山二号汉墓的穹窿直接开凿于主室,说明西汉晚期此地的崖墓葬制开始发生微妙变化,因为很难认为穹窿仍旧是为了模仿汉地建筑的屋顶而出现的。因此可以说,从四阿顶到四面结顶式穹窿,墓顶的空间内涵发生了转换。与崖墓不同,最早的砖砌穹窿实例并未出现于墓葬主室上空,而是出现在洛阳烧沟632号汉墓的甬道位置,这个位置处于两个侧室之间,实为主室和两个侧室三者共享,推测其空间等级应该较高,并且在烧沟墓群中这个位

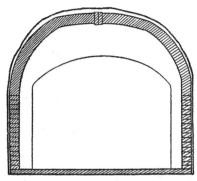

图 1.43 洛阳烧沟 1026 号汉墓前室剖面

置很快就演化成祭奠用的前室,如稍晚的洛阳烧沟1026号汉墓便出现前室穹窿(图1.43)。这些都意味着新的墓葬文化正逐步形成。至于西汉晚期徐州崖墓葬制与中原砖墓的不同之处则可另作讨论,本书不再展开。

3) 结论

关于汉地四隅券进式拱壳穹窿的技术起源及其传播脉络,相关因素比较复杂,目前学界研究也不多。因四隅券进式拱壳穹窿在汉地的出现晚于四面结顶式穹窿,不会影响对汉地砖砌穹窿起源讨论的有效性,故留待第五章详细分析。

根据上文讨论,笔者将汉地砖叠涩穹窿与四面结顶式穹窿技术与域外的技术联系如图1.44所示。

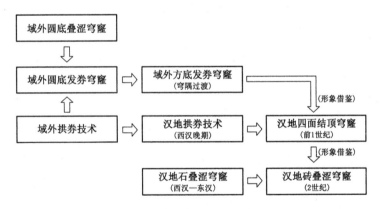

图 1.44 汉地砖叠涩穹窿、四面结顶式穹窿发生过程示意图

6世纪嵩岳寺塔叠涩穹窿工艺或有域外传入的可能,但不妨碍上述逻辑成立。

1.2.4 汉墓形制演变与本土穹窿创生的关系

虽然墓葬穹窿在中国古代穹窿实例中占据了相当大的比例,穹窿技术的演变在很大程度上涵盖了墓葬穹窿的发展过程,但上文对各种穹窿类型发展沿革的回顾中,有一个与墓葬穹窿密切相关的因素却无法旁及,这就是墓葬穹窿与墓室空间体系自身演化的关系。墓葬穹窿并非简单地把地面穹窿技术移植到地下,而应看成是墓室自身空间演化扬弃过程的结果。

1) 从椁墓到室墓

洛阳烧沟汉墓所在的河南地区是已知最早出现砖墓穹窿的地区,该地区砖墓的砌筑技术对穹窿的产生有着决定性的支撑作用,也就是说砖室墓是砖穹窿出现的基础,其本身形制的由来则要依附于汉地墓葬从椁墓到室墓的转变。

(1) "椁墓"与"室墓"的概念

在一些考古学者的研究中,已有意地将"椁墓"与"室墓"作为一对相互对照的概念来使用,前者的基本特征在于追求整个地下墓葬空间的密闭性和隔绝性,后者强调墓葬空间的内外开通性❶。可见,椁墓与室墓的区别不在于建筑材料,而在于棺木进入的方式:竖向还是横向,亦即:是从墓顶进入(墓道与圹底有较大高差),还是从设墓门的侧壁进入,或者说,墓内空间通过侧壁墓门向外开通(墓道与圹底相平或高差很小)❷。相应的墓圹基本上可由此分为竖穴式(椁墓)和横穴式(室墓),而"椁墓"与"室墓"的内部空间在本书中又都可称为"墓室"。

有学者认为,砖室墓葬是在前代木椁、石椁墓建筑技术日益完善的情况下发展起来的❸,但这种观点有些以偏概全,尤其大量的砖室墓为小砖券顶和穹窿顶,很难说其建筑技术源于木椁、石椁技术的完善。墓葬形制的变化必然与建造技术、建造材料的变化有关,但更重要的推动因素应源于平面模式的演变。

(2) 室墓形成的"三阶段说"

密闭、隔绝是中国传统竖穴椁墓的基本特征,汉代初期以后椁墓渐渐趋于衰退,汉代以前中原不曾存在的横穴室墓兴起,并迅速向汉帝国各地渗透、传播。根据黄晓芬的一些研究成果,室墓的形成经历了"椁内开通"、"向外界开通"、"祭祀空间的确立"三个阶段(图1.45),下面做一扼要的介绍❹:

第一个阶段由战国早期开始到汉代初年。先是楚国墓椁内出现装饰门窗及模造门扉❺,发生了椁室空间内部打通的现象;秦末汉初以后,开始注重朝斜坡墓道方向开设小门,由墓道通往椁室方向的模造门扉较受重视。如果说椁内空间的开通使得墓室空间连通形成一个整体,那么正对墓道方向固定设置的模造门扉则意味着地下空间开始以水平方向面对外部世界了。不过,模造门扉不具备实用功能,整个椁室仍旧符合椁墓密闭、隔绝的特征。

第二阶段大约对应着西汉中前期这一时间段。一些墓葬在面向墓道的椁壁上

---

❶ 黄晓芬.汉墓的考古学研究[M].长沙:岳麓书社,2003:15.

❷ 以棺木进入方式来区分椁墓与室墓,是仅就汉地墓葬文化主体而言,并不适用于吴越文化中的土墩墓,这类墓葬一般不挖墓圹,平地封土掩埋,从而可能出现从木椁(或石椁)侧壁进入的情况,例如绍兴印山越王允常墓,椁室前设封门及短甬道。东南地区大型土墩墓多位于山冈上,允常虽然因地形缘故,挖去岩土达16 000多立方米,但木椁下方积炭厚达1.65米,且椁上封土甚高大,总体上仍符合土墩墓的特征。参见:陈元甫.土墩墓一墩多墓问题讨论[J].华夏考古,2007(1):131.孙华.绍兴印山大墓的若干问题——读《印山越王陵》札记[J].南方文物,2008(2):28.林华东,梁志明.越王允常墓考[J].浙江学刊,1999(1):151-152.从现有资料看,棺、椁在中国出现的时间都在新石器时代,棺见于仰韶文化时期,椁见于龙山文化时期。参见:汪小洋,姚义斌.美术考古与宗教美术[M].上海:上海大学出版社,2008:129.

❸ 李蔚然.南京六朝墓葬的发现与研究[M].成都:四川大学出版社,1998:22.

❹ 黄晓芬.汉墓的考古学研究[M].长沙:岳麓书社,2003:68,90-93.

❺ 这里提到的椁墓模造门扉指的是完全模仿实物制作,并且能够开闭自如的小型门扉设施,不同于纯属刻画或死扇的装饰性门扉。

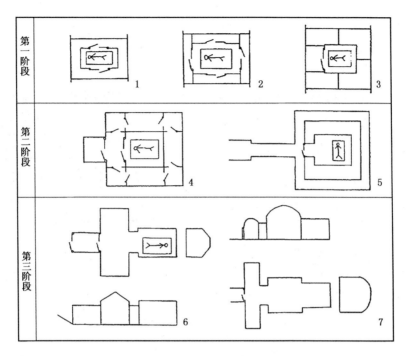

图 1.45 室墓形成的三阶段

开设双扇门扉,这一组门扉的高度在大型墓中可在 1.5～2.0 米左右,门扉可以自由关闭,实用性极强,象征着墓室与外界的真正开通。玄门❶的创立是室墓形成过程中的重要指标。另一重要变化是,在墓道与玄门之间增设拥有顶部构造的前甬道(羡道),这是横向(水平向)通行的室墓所必需的,与玄门结合,在空间序列上类似地面建筑的门屋部分。前甬道和墓门出现后,墓葬空间就一反密闭性椁墓传统,内外界完全开通的新型墓葬结构初步创生。

墓葬设施内部确立祭祀空间是椁墓向室墓完全转化的重要步骤,可以视为第三阶段。其主要内容包括两方面:一是祭祀空间和棺室空间的分离,一是墓室顶部的增高和扩大。

在西汉中期后半段,室墓已基本走向定型并迅速普及,拥有数千年传统的墓制在数十年内发生了前所未有的变化。河南洛阳市烧沟 M184 墓(图 1.46)、金谷园墓、陕县 M3022 墓、禹县白沙 M1 墓、禹县道 M31 墓(图 1.47)、郑州市乾元北街墓等实例,都在旧有的箱型侧板式椁上加以部分改造,或者把正对土圹水

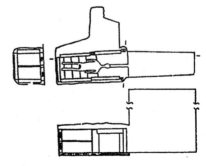

图 1.46 洛阳市烧沟 M184 墓

---

❶ 此处玄门不同于一般所说的墓门,开设位置在方形椁墓侧壁上,其外又出现了前甬道(即黄晓芬所谓的羡道),而墓门指的是室墓前甬道与外界相连通的门,位于玄门之外。在前甬道出现之前,玄门即墓门,前甬道出现之后,玄门指墓室门,有些墓中不设玄门。

平入口的椁侧封板做成模造门扉,或直接造设实用型的双扇门,即直接导入玄门,便造成单室型室墓的创立;而洛阳烧沟 M2 墓则是并列双棺室空心砖室墓的早期代表❶。

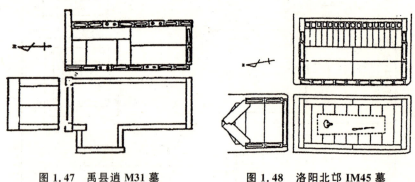

图 1.47　禹县逍 M31 墓　　　图 1.48　洛阳北邙 IM45 墓

2) 从平顶到穹窿

文献中关于墓顶升高的较早记载见于前文提到的《春秋左传》"宋文公卒……椁有四阿",常青教授据《礼记·檀弓》资料推测此椁室为崖墓或石椁❷,可惜并未获得考古证据的直接支持。木椁和砖椁的情况比较多见。河南地区空心砖墓的出现时期比较早,而长安周边地区采用小砖造墓的时期较早,开始时多用小砖筑壁,用木材盖平顶,陕西临潼县发现的战国晚期至秦代墓群中出现用小砖造墓年代最早的墓例❸。可见,早期墓室平顶为主流,即便是砖材用于构筑墓壁之后。

墓室顶部升高的考古实例始见于战国晚期墓葬,关中和河南等地出现的小型砖椁墓用空心砖搭建而成,墓顶则有平顶和两坡顶两种结构❹。西汉中期偏早的洛阳北邙 IM45(图 1.48)是一座空心砖墓,未设置玄门,基本上属椁墓类型,但通过盖顶空心砖有意识加高顶部,虽未完全呈现两坡顶形态,但已有"人"字形屋脊顶的意味。其墓葬空间对外界尚未完全开通,顶部却已然发生了变化,说明新兴的墓葬形制已经渗透到一般中小型墓葬中去了。除了空心砖外,西汉时期还用不规则子母砖构筑坡顶室墓。如河南省新野县樊集 M23 墓用小砖造墓❺(图 1.49),横入口处有玄门,属单室墓;其墓室顶部用子母砖做成两坡顶。依据玄门的开设和顶部空间的升高扩大,可以确定该墓进入了横穴室墓的成熟阶段。河南省宜阳县牌窑发现的西汉中期砖室墓(图 1.50),墓室入口设高 0.70 米的双扇玄门,平顶的前甬道和墓室坡顶构造业已成熟,也可视为成熟的单室墓❻。

---

❶ 黄晓芬.汉墓的考古学研究[M].长沙:岳麓书社,2003:99.
❷ 常青.西域文明与华夏建筑的变迁[M].长沙:湖南教育出版社,1992:112.
❸ 黄晓芬.汉墓的考古学研究[M].长沙:岳麓书社,2003:106.
❹ 张卓远.汉代画像砖石墓葬的建筑学研究[M].郑州:中州古籍出版社,2011:3.
❺ 简报断代为汉武帝至新莽时期.河南省南阳地区文物研究所.新野樊集汉画像砖墓[J].考古学报,1990(4):500.
❻ 黄晓芬.汉墓的考古学研究[M].长沙:岳麓书社,2003:99-100.乔栋,慕建中.洛阳北邙 45 号空心砖汉墓[J].文物,1994(7):34-35,90.河南省南阳地区文物研究所.新野樊集汉画像砖墓[J].考古学报,1990(4):475-508.

通过以上讨论可以发现,"从平顶到穹窿"不完全是"从椁墓到室墓"之后继起的过程,两者有一段时期上的交集。这意味着垂直的空间序列与水平的空间序列有着不尽相同的空间内涵,可能代表着古人在两个不同维度的追求。

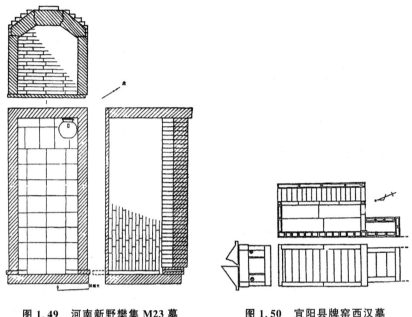

图 1.49　河南新野樊集 M23 墓　　　　**图 1.50　宜阳县牌窑西汉墓**

由折线拱顶到小砖券顶的技术演变前文已有所讨论,包含着由楔形砖券顶创造的高大圆弧形墓顶部空间到穹窿顶的诞生的复杂过程。从西汉晚期后半段的烧沟 M632 墓开始到西汉末期,由穹窿顶前堂和券顶后室这一代表性组合构成的前堂后室墓大量流行。

四面结顶式穹窿的出现是西汉砖室墓迅速发展的结果,并在整个汉代成为墓葬穹窿的主要类型。伴随石室墓的式微,纯粹由小砖砌筑的室墓则在东汉晚期才出现,成为一个与四隅券进式穹窿伴生的技术现象。

3)墓室材料的变化

墓葬形制的演变与建筑材料的变化并不同步,且有地域的差别。"汉代以前流行建造椁墓,各地的造墓建材几乎都使用木材。而综览东汉时期各大地域的造墓建材,有使用木材造墓的,也有使用砖材、石材,或同时混用砖、石材者,更有开山凿洞构筑崖墓的。同时,在造墓选材方面似乎存在地域性,如地处森林资源丰富的长江中下游一带及华南地域,采用木材造墓的方法延续了相当长的时期……尽管各地域在造墓建材上有所不同,但汉墓由椁墓向室墓转变的步调却是完全一致的……到了东汉时期,室墓在帝国各个地域得以推广普及之后,造墓建材的多样化也趋于收敛。东汉中期以后,各地的玄室构造都倾向于选择小砖(包括楔形砖)或石材来筑造。"❶可见,室墓形成之后,建筑材料与技术的变化才成为主导,毕竟除

---

❶ 黄晓芬.汉墓的考古学研究[M].长沙:岳麓书社,2003:153.

崖墓外,经济条件较好的墓葬更多地会采用砖墓❶。砖室墓葬首先是折线拱顶和券顶墓,折线拱顶还有着椁墓的影子(仿四阿室屋),到了室墓较为成熟的阶段,小砖券顶、穹窿顶墓中的砖砌技术对形制的影响力就非常明显了。不同材料需要基于不同技术来解决同类问题;不再采用本土原创的空心砖和子母砖,实质伴随着域外技术的移入,形成技术的替换。

1.3 汉地墓葬穹窿发展概况

1.3.1 砖砌墓葬穹窿

1) 砖砌穹窿的基本发展脉络

砖拱壳穹窿的出现解决了在方形平面上实现近似半球形顶盖的难题,在早期墓葬空间中很快得到大量使用。其中四边结顶拱壳在汉墓中发现得最多,而且在发展过程中高跨比渐变大,纵剖面的券形也由矢高相对较小的弧形、折线形变成以较高耸的抛物线形为主❷。穹窿矢高的由低到高,亦同时伴随着球面穹窿、对角脊穹窿、盝顶穹窿等多样化的发展,环境条件也不再限于地下,地面建筑类型中也得到一定程度的应用。随着矢高幅度的不同,也逐渐分化出有模施工与无模施工两种技术模式。

叠涩结构在东汉产生后并未获得推广,砖墓墓顶仍以拱壳穑窿为主,直到唐代叠涩结构方式才较为常见,随后的宋、辽、金的穹窿顶用叠涩结构仿木较多。随着墓室平面向多边形及圆形变化,叠涩多边形、圆穹窿顶大量运用❸(图1.51)。

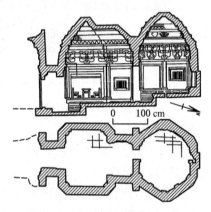

图 1.51　河南禹县白沙 M1 墓

已知最早的砖砌"十字脊穹窿"(即四隅券进式穹窿)产生于东汉末期,同样是方形平面的墓葬穹窿,这种穹窿并未出现早期矢高明显较小的现象,应属于技术已发展成熟的表征。但未见到这种穹窿在古代地面建筑中应用的实例。

以上各工艺类型之间的界限并非泾渭分明的,中国古代出现不少砌筑工艺相互混合的穹窿实例,例如浙江临安晚唐钱宽墓便是球面穹窿、十字脊穹窿两种砌筑手法的混用❹(图1.52);在已发现的穹窿实例中,空间形态混同特征的例子也有不

---

❶　与木材相比,砖的可获得性(与成本有关)和耐久性在东汉应表现出更明显的优势;砖能创造的墓室空间形态与形制(代表新的内涵)也非木材所能适应的。

❷　常青.西域文明与华夏建筑的变迁[M].长沙:湖南教育出版社,1992:112-113.

❸　中国科学院自然科学史研究所.中国古代建筑技术史[M].北京:科学出版社,1985:180.此期有些叠涩穹窿实例工艺并不纯粹,或包含部分券砖,尤其在较少仿木的收顶部分。

❹　浙江省博物馆,杭州市文管会.浙江临安晚唐钱宽墓出土天文图及"官"字款白瓷[J].文物,1979(12):18-22.

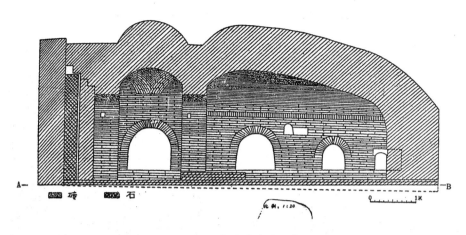

图 1.52 浙江临安晚唐钱宽墓剖面

少,如新疆吐鲁番高昌故城大佛寺经堂的土坯砖砌体穹窿,其四隅砌筑方式与十字脊穹窿手法完全相同(图 1.53),但上部则采用的是球面穹窿的施工工艺。由此可见,不论是传统的汉地,还是汉地工艺的关联域,穹窿工艺类型的混用、组合都是一个不容忽视的现象。

2) 东汉至六朝的砖砌墓葬穹窿

东汉时,矢高较大、四面结顶的墓葬穹窿较为盛行,拱壳矢高增大的原因,"可能是逐渐了解矢高增加可以减少拱脚处水平推力,创造出一种方便的拱壳施工方法,以及墓室室内空间要求增高等几方面原因的结果。拱壳越扁即矢高越小,则无模施工就越困难,而拱产生的水平推力也就越大;反之,拱壳矢高越大其砖缝与地面所成角度就越小,砌筑就较方便❶。"

叠涩穹窿的最早实例为东汉中期的墓葬穹窿,有学者总结其方圆过渡的技术特征"是在墙体四隅拱脚以下出挑数皮砖层,形成弧面三角形穹隅,上与穹窿相接。这种做法与中亚同类结构亦完全相同。穹顶断面为高跨比大于 0.5

图 1.53 高昌故城大佛殿经堂穹隅

的抛物线或椭圆❷"。但襄城茨沟汉墓叠涩穹窿保有早期技术特点和花纹小砖等汉地文化特征(图 1.54),自创的可能性仍旧较大。

长江中下游在东汉中期未发现穹窿❸。四隅券进式的墓葬穹窿主要流行时间为东汉末期至东晋末期,目前尚未发现南北朝时期的实例,其流行区域则仅限于长江中下游流域与钱塘江流域。长江中下游因木材丰富,在用砖上本来滞后,东汉以

---

❶ 中国科学院自然科学史研究所.中国古代建筑技术史[M].北京:科学出版社,1985:178.
❷ 常青.西域文明与华夏建筑的变迁[M].长沙:湖南教育出版社,1992:113.
❸ 黄晓芬.汉墓的考古学研究[M].长沙:岳麓书社,2003:144.

后却大量使用四隅券进方式来发砖券,是一种十分独特的技术现象。

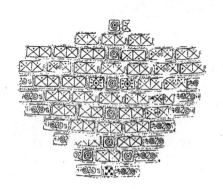

图 1.54　襄城茨沟汉墓后室西北隅花纹小砖　　图 1.55　河南新乡丁固城宋墓 M18

3) 砖砌墓葬穹窿在六朝以后的发展

四面结顶的墓葬穹窿在后世持续沿用,虽然各历史时期所占比重不一,但总体来看应属于墓葬穹窿中最重要的技术类型。从技术传承上来说,这种穹窿发端于中原,文化属性上适应性强,故对全国各地均有影响。

砖叠涩墓葬穹窿在唐宋以后流行一时(图 1.55),且应用地域范围较广。这除了和平面的多边形演化有关外,另有学者认为,胶结材料上的进步导致叠涩穹窿跨度有所增加,可能也是唐宋以后叠涩穹窿流行的原因之一❶。

四隅券进式墓葬穹窿在晚唐、五代的两处墓葬中留有少量的技术痕迹,之后各朝再无采用。

总的来看,前两种技术类型成为墓葬穹窿的主要形式,但因墓室平面的多样化,而各有侧重,以砖仿木的装饰风格盛行。

1.3.2　石砌墓葬穹窿

《礼记·檀弓上》提到的"昔者夫子居于宋,见桓司马自为石椁,三年而不成❷",是石椁墓室的较早记载。一直到西汉,室墓发展过程中也并非全部使用空心砖或者小砖,也有墓室采用石材砌筑。条石叠涩与砖的叠涩受力不同,因为整长的条石可以搭在两端墓壁或者下层石条上。条石叠涩顶早期可能有"四阿"的意味,实例如南越王墓墓室中间的高起现象;后来叠涩顶的内边缘连线出现弧形特

---

❶　常青.西域文明与华夏建筑的变迁[M].长沙:湖南教育出版社,1992:114.
❷　吴树平,等点校.礼记[M]//十三经:第 2 版.北京:北京燕山出版社,2007:180.

征,可看作穹窿,如东汉晚期济宁市普育小学校石室墓的石叠涩穹窿以及沂南画像石墓(图1.56);另外石叠涩顶在长江中下游也有发现❶。石叠涩仿四阿是本土创生的墓顶技术,并带动了石砌穹窿技术在中国的发展。这种石砌工艺的发展脉络与空心砖发展到折线券顶的方向不同,也与发券小砖穹窿的技术完全不同。石叠涩墓顶对高句丽(前37—668年)也有一定影响,有学者认为高句丽抹角叠涩墓是吸收来自辽东的中原文化的结果❷(图1.57)。山东招远辛庄镇墓则是宋代多边形平面和石叠涩的结合(图1.58)。

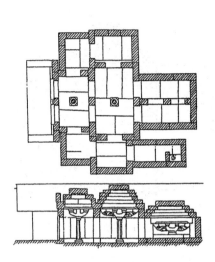

图1.56 沂南画像石墓

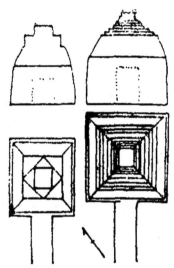

图1.57 集安禹山M1897墓

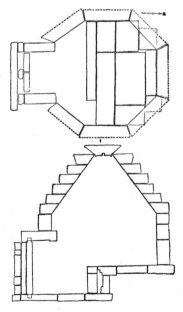

图1.58 山东招远辛庄镇宋墓

---

❶ 黄晓芬.汉墓的考古学研究[M].长沙:岳麓书社,2003:140.
❷ 王侠.高句丽抹角叠涩墓初论[J].北方文物,1994(1):36.

券顶和拱壳穹顶发展的技术成就,在石室墓中有两种发展方向:一种采用砖石并用的方式加以体现,砖券顶的例子如唐河县电厂石室墓(新莽时期)❶(图1.59);而下部为画像石、上部为砖穹窿的墓室直到汉末还很常见,如南阳的四隅券进式墓葬穹窿实例。另一种为纯粹的石拱壳,如山东嘉祥县钓鱼山宋墓M2(图1.60)。石拱壳中一个有趣的例子是济南东八里洼北朝壁画墓(图1.61),"墓室用不甚规则的石块按人字形垒砌而成,接缝未加灰土黏合。从距墓底1米高处,逐渐内收成穹隆顶❷"。虽然顶部用料呈人字形肌理,但从不用灰土黏合这一点来看,应为支模施工。

图1.59 唐河县电厂汉画像石墓西主室剖面

砖、石顶也可出现在同一处墓葬中,如江西吉水东吴大墓(图1.62)石叠涩穹窿与砖叠涩穹窿并存,五代的南唐二陵中的钦陵则是本土石殿顶技术与发券砖穹窿的组合体(图1.63、1.64)。

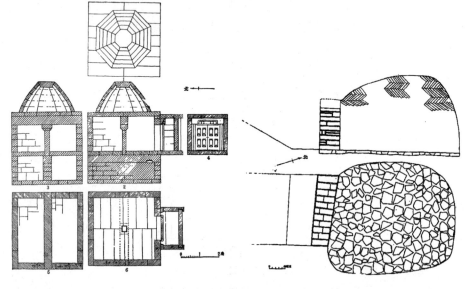

图1.60 山东嘉祥县钓鱼山宋墓M2　　**图1.61 济南东八里洼北朝壁画墓**

---

❶ 吕品,周到.唐河县电厂汉画像石墓[J].中原文物,1982(1):5-11.
❷ 邱玉鼎,佟佩华.济南市东八里洼北朝壁画墓[J].文物,1989(4):67.

1 中国古代墓葬穹窿发展概述　43

图 1.62　江西吉水东吴大墓

图 1.63　南京南唐钦陵砖拱壳顶

图 1.64　南京南唐钦陵石殿顶

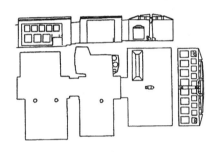

图 1.65　四川三台县郪江金钟山 M4 崖墓

1.3.3　崖墓穹窿

崖墓分布甚广,但穹窿顶并非主流。徐州诸多西汉楚王崖墓中,墓顶形态多样,有两坡顶、盝顶、弧顶❶,也有被描述为"四阿"的墓顶形象,即有正脊的"庑殿"式,崖墓穹窿便是在这些坡顶墓室之中创生的,有突如其来的感觉,如前文提到的徐州南洞山二号汉墓,约略与洛阳烧沟 632 号汉墓同时。东汉晚期的四川三台县郪江金钟山 M4 崖墓(图 1.65)情况也是这样,弧顶、坡顶各异,也有雕凿出的四面结顶式穹窿❷。

应该看到,崖墓穹窿与砌体穹窿在技术上全然不同,但形象上对砌体穹窿的发展有借鉴意义。另外,石窟寺中的穹窿顶在开凿技术和形态上与崖墓穹窿应有相关性,就如同砖室墓葬穹窿与佛教地宫在工艺上一定有类似之处一样,本书均不再展开讨论。

---

❶　梁勇.从西汉楚王墓的建筑结构看楚王墓的排列顺序[J].文物,2001(10):71-84.
❷　黄晓芬.汉墓的考古学研究[M].长沙:岳麓书社,2003:149.

2　四隅券进式墓葬穹窿分布与演变

四隅券进式墓葬穹窿属于中国古代墓葬穹窿的一种,据笔者所查阅资料,目前没有发现国外地下墓葬有采用四隅券进式墓葬穹窿的案例。

建筑学界之所以对这种穹窿加以关注,一方面它属于中国砖石拱券、穹窿体系发展脉络的一部分,作为整体中的个体类型出现;另一方面,建筑学界和考古学界有一个共同的认识:这种穹窿施工时不需要支模。但以上的认识仅仅限于对这种穹窿类型的基本理解。目前考古学界完成的关于这种穹窿的发掘报告已有一定量的积累,不过在建筑学界并未得到充分的收集与利用;关于四隅券进式穹窿墓葬在全国的分布,考古学界自身也未见详细的归纳。弄清楚中国古代四隅券进式墓葬穹窿的分布情况,成为本书研究的基础。

2.1　四隅券进式穹窿考古发掘状况

首先依据当代行政区划,将各省已经公开发表的四隅券进式穹窿墓葬资料归纳如表 2.1~表 2.8 所示,同时补充笔者采访确认的墓葬实例。因东吴末期与西晋初期在时间上有十余年的交叉,政权并不统一,不便简单将此时东吴墓葬均归入西晋,所以仍旧依照原考古资料上的年代提法保持不变。

表 2.1　河南省

序号	城市	名称	年代	四隅券进式穹窿位置	资料来源
1	南阳市	第二化工厂 21 号画像石墓	东汉末年至魏晋时期	单室	南阳市文物工作队.南阳第二化工厂 21 号画像石墓发掘简报[J].中原文物,1993(1):77-81
2		十里庙砖厂(91)M11 墓	随葬品具有东汉晚期特征	单室(据张卓远)	南阳市文物工作队.南阳第二化工厂 21 号画像石墓发掘简报[J].中原文物,1993(1):77-81;笔者对该文执笔者张卓远的采访
3		地区电业局工地墓	有东汉晚期特征随葬品丰富	单室(据张卓远)	南阳市文物工作队.南阳第二化工厂 21 号画像石墓发掘简报[J].中原文物,1993(1):77-81
4		桐柏县安棚画像石墓	东汉晚期	前室、后室、侧室	张卓远.汉代画像砖石墓葬的建筑学研究[M].郑州:中州古籍出版社,2011:230.南阳市文物研究所.桐柏县安棚画像石墓[J].中原文物,1996(3):22-25.对南阳汉画馆曹新洲副馆长的采访
5		邢营 M2 墓	三国时期偏早	单室	南阳市文物工作队.南阳市邢营画像石墓发掘报告[J].中原文物,1996(1):108-117
6		防爆厂 M208 汉墓	东汉晚期	"品"字形三室	南阳市文物考古研究所.南阳市防爆厂 M208 汉墓发掘简报[J].中原文物,2012(3):4-8,37

续表 2.1

序号	城市	名称	年代	四隅券进式穹窿位置	资料来源
7	南阳市	防爆厂住宅小区汉墓 M62	东汉晚期或略晚	"品"字形三室	南阳市文物考古研究所.南阳市防爆厂住宅小区汉墓 M62、84 发掘简报[J].中原文物,2008(4):4-13
8	南阳市	防爆厂住宅小区汉墓 M84	东汉晚期或略晚	"品"字形三室	南阳市文物考古研究所.南阳市防爆厂住宅小区汉墓 M62、84 发掘简报[J].中原文物,2008(4):4-13

表 2.2 湖北省

序号	城市	名称	年代	四隅券进式穹窿位置	资料来源
1	鄂州市	鄂城 M2215 墓	孙吴前期	前室	南京大学历史系考古专业,等.鄂城六朝墓[M].北京:科学出版社,2007:34-35,326,431
2	鄂州市	鄂城 M1002 墓（西山铁矿 M105 墓）	孙吴中期	前室	南京大学历史系考古专业,等.鄂城六朝墓[M].北京:科学出版社,2007:36-37,417,续附录 2。鄂城县博物馆.湖北鄂城四座吴墓发掘报告[J].考古,1982(3):257-269
3	鄂州市	鄂城 M2183 墓	孙吴后期	推测在前室	南京大学历史系考古专业,等.鄂城六朝墓[M].北京:科学出版社,2007:22-23,429
4	鄂州市	鄂城 M5014 墓	吴晋之际	推测在前室	南京大学历史系考古专业,等.鄂城六朝墓[M].北京:科学出版社,2007:26-27,439
5	鄂州市	鄂城 M2162 墓	吴晋之际	前室	南京大学历史系考古专业,等.鄂城六朝墓[M].北京:科学出版社,2007:28-29,313,327,428
6	鄂州市	鄂城 M2006 墓	西晋前期	前室	南京大学历史系考古专业,等.鄂城六朝墓[M].北京:科学出版社,2007:30-31,316,419
7	鄂州市	鄂城 M2174 墓	西晋前期	前室	南京大学历史系考古专业,等.鄂城六朝墓[M].北京:科学出版社,2007:36-37,428
8	鄂州市	鄂城 M2262 墓（石山农机厂 M2 墓）	西晋前期	前室、后室	南京大学历史系考古专业,等.鄂城六朝墓[M].北京:科学出版社,2007:39-40,316,347,433,续附录 2
9	鄂州市	鄂州新 1 墓（笔者暂名）	孙吴中晚期	前室、后室、侧室	鄂州市博物馆熊寿昌,未公开发表
10	鄂州市	鄂州新 2 墓（笔者暂名）	推测为东晋	推测为单室	鄂州市博物馆熊寿昌,未公开发表
11	襄阳市	襄阳 XZM1 墓（刘表墓）	东汉建安十三年（公元 208 年）	前室、中室	襄樊市博物馆.湖北襄阳城内三国时期的多室墓清理简报[J].江汉考古,1995(3):16-20,54
12	襄阳市	樊城菜越三国墓	三国早期	前室、后室	襄樊市文物考古研究所.湖北襄樊樊城菜越三国墓发掘简报[J].文物,2010(9):4-20
13	襄阳市	长虹南路 M16 墓	东汉中期偏晚	单室	襄樊市考古队.襄樊长虹南路墓地第二次发掘简报[J].江汉考古,2007(1):15-27
14	襄阳市	襄阳城东街 M8 墓	三国后期	前室	襄樊市文物考古研究所.襄樊贾巷墓地发掘简报[M]//襄樊市文物考古研究所.襄樊考古文集:第 1 辑.北京:科学出版社,2007:268-298

续表 2.2

序号	城市	名称	年代	四隅券进式穹窿位置	资料来源
15	襄阳市	贾巷 M7 墓	东汉晚期后段	前室	襄樊市文物考古研究所.襄樊贾巷墓地发掘简报[M]//襄樊市文物考古研究所.襄樊考古文集:第1辑.北京:科学出版社,2007:299-339
16		贾巷 M8 墓	三国时期至西晋	双前室	襄樊市文物考古研究所.襄樊贾巷墓地发掘简报[M]//襄樊市文物考古研究所.襄樊考古文集:第1辑.北京:科学出版社,2007:268-298
17		贾巷 M29 墓	初步判断属六朝时期	主室	襄樊市文物考古研究所王道文、王伟,未公开发表
18	十堰市	丹江口玉皇庙 M4 墓	西晋元康九年(公元 299 年)	单室	湖北省文物考古研究所,等.丹江口市玉皇庙汉晋墓发掘简报[J].江汉考古,2001(1):20-29

表 2.3 湖南省

序号	城市	名称	年代	四隅券进式穹窿位置	资料来源
1	长沙市	墓 22	两晋时期	主室	湖南省博物馆.长沙两晋南朝隋墓发掘报告[J].考古学报,1959(3):75-105
2		墓 23	两晋时期	前室、后室	湖南省博物馆.长沙两晋南朝隋墓发掘报告[J].考古学报,1959(3):75-105
3		墓 24	两晋时期	主室	湖南省博物馆.长沙两晋南朝隋墓发掘报告[J].考古学报,1959(3):75-105
4		墓 25	两晋时期	推测前、后室均有	湖南省博物馆.长沙两晋南朝隋墓发掘报告[J].考古学报,1959(3):75-105
5		墓 26	两晋时期	前室	湖南省博物馆.长沙两晋南朝隋墓发掘报告[J].考古学报,1959(3):75-105
6	益阳市	益阳县西晋李宜墓	西晋	推测在前室	益阳地区文物工作队,益阳县文化馆,湖南省益阳县晋、南朝墓发掘简况[M]//文物编辑委员会.文物资料丛刊(8).北京:文物出版社,1983:45-49
7		益阳县羊午岭东晋墓	东晋	前室、后室	益阳地区文物工作队,益阳县文化馆.湖南省益阳县晋、南朝墓发掘简况[M]//文物编辑委员会.文物资料丛刊(8).北京:文物出版社,1983:45-49
8	常德市	安乡西晋刘弘墓	西晋光熙元年(公元 306 年)或稍后	单室	安乡县文物管理所.湖南安乡西晋刘弘墓[J].文物,1993(11):1-12

表 2.4 安徽省

序号	城市	名称	年代	四隅券进式穹窿位置	资料来源
1	马鞍山市	马鞍山寺门口东吴墓	孙吴前期	前室、后室、左右侧室	王俊.马鞍山六朝墓葬发掘与研究[M].北京:科学出版社,2008:38-45
2		朱然墓	孙吴赤乌十二年(公元 249 年)	前室	王俊.马鞍山六朝墓葬发掘与研究[M].北京:科学出版社,2008:10-26
3		盆山 1 号墓	吴晋之际	前室、后室	王俊.马鞍山六朝墓葬发掘与研究[M].北京:科学出版社,2008:80-83.方成军.安徽东吴时期墓葬初探[J].安徽史学,1999(3):25-28

续表 2.4

序号	城市	名称	年代	四隅券进式穹窿位置	资料来源
4	马鞍山市	东苑小区 M2 墓	东晋早期	单室	王俊. 马鞍山六朝墓葬发掘与研究[M]. 北京:科学出版社,2008.84-94
5		当涂新市镇刘山村东晋墓	东晋初期或稍晚	前室、后室	王俊. 马鞍山六朝墓葬发掘与研究[M]. 北京:科学出版社,2008.146-151
6		林里东晋纪年墓	东晋建元二年（公元 344 年）	前室	王俊. 马鞍山六朝墓葬发掘与研究[M]. 北京:科学出版社,2008.124-130
7		当涂孙吴墓	孙吴	前室、后室	http://culture.ifeng.com/a/20160312/47808941_0.shtml

表 2.5 江西省

序号	城市	名称	年代	四隅券进式穹窿位置	资料来源
1	南昌市	南昌火车站 M5 墓	西晋晚期至东晋早期	推测前、后室均有	江西省文物考古研究所,南昌市博物馆. 南昌火车站东晋墓葬群发掘简报[J]. 文物,2001(2):12-41
2	九江市	瑞昌马头西晋墓	西晋前期	推测在前室	江西省博物馆. 江西瑞昌马头西晋墓[J]. 考古,1974(1):27-39

表 2.6 江苏省

序号	城市	名称	年代	四隅券进式穹窿位置	资料来源
1	南京市	江宁上坊孙吴墓	孙吴晚期	前室、后室	南京市博物馆,南京市江宁区博物馆. 南京江宁上坊孙吴墓发掘简报[J]. 文物,2008(12):4-34
2		江宁沙石岗天册元年墓	吴天册元年（公元 275 年）	前室	南京市江宁区博物馆. 南京江宁孙吴"天册元年"墓发掘简报[J]. 东南文化,2009(3):26-31
3		江宁殷巷其林村西晋墓（85JYM1）	西晋（可能已至两晋之交）	前室、后室	周裕兴,顾苏宁. 南京江宁晋墓出土瓷器[J]. 文物,1988(9):81-88
4		江宁殷巷 79JYZ M1 墓	发现西晋永兴二年（公元 305 年）纪年砖	前室	南京市博物馆. 南京殷巷西晋纪年墓[J]. 文物,2002(7):11-14
5		江宁殷巷 79M1 墓	孙吴晚期	前室	南京市博物馆. 南京郊县四座吴墓发掘简报[M]//文物编辑委员会. 文物资料丛刊(8). 北京:文物出版社,1983.1-15
6		江宁棱角山天册元年墓（上坊 79M1）	孙吴天册元年（公元 275 年）	前室	南京市博物馆. 南京郊县四座吴墓发掘简报[M]//文物编辑委员会. 文物资料丛刊(8). 北京:文物出版社,1983.1-15
7		江宁上湖 M2 墓	孙吴中期	前室	南京市博物馆,南京江宁区博物馆. 南京江宁上湖孙吴、西晋墓[J]. 文物,2007(1):35-49
8		江宁上湖 M3 墓	西晋早期	前室、后室	南京市博物馆,南京江宁区博物馆. 南京江宁上湖孙吴、西晋墓[J]. 文物,2007(1):35-49
9		江宁上湖东晋墓	东晋初期	单室	南京市博物馆. 南京江宁县上湖东晋墓[J]. 文物,1990(8):49-52
10		江宁谷里 M1 墓	西晋末东晋初	单室	南京市博物馆,南京市江宁区博物馆. 南京江宁谷里晋墓发掘简报[J]. 文物,2008(3):24-31

续表 2.6

序号	城市	名称	年代	四隅券进式穹窿位置	资料来源
11		江宁谷里 M2 墓	西晋末东晋初	单室	南京市博物馆,南京市江宁区博物馆.南京江宁谷里晋墓发掘简报[J].文物,2008(3):24-31
12		江宁麒麟镇西晋墓	西晋末东晋初	单室	南京市博物馆,江宁区博物馆,雨花台区文化广播电视局.南京市麒麟镇西晋墓、望江矶南朝墓[J].南方文物,2002(3):16-21
13		江宁黄家营第五号六朝墓	孙吴晚期	前室、后室	江苏省文物管理委员会.江宁黄家营第五号六朝墓清理简报[J].文物参考资料,1956(1):42-44
14		郭家山 M1 墓	东晋早期	单室	南京市博物馆.南京北郊郭家山东晋墓葬发掘简报[J].文物,1981(12):1-7
15		郭家山 M2 墓	东晋早期	单室	南京市博物馆.南京北郊郭家山东晋墓葬发掘简报[J].文物,1981(12):1-7
16		郭家山 M3 墓	东晋早期	单室	南京市博物馆.南京北郊郭家山东晋墓葬发掘简报[J].文物,1981(12):1-7
17		郭家山 M4 墓	东晋早期	单室	南京市博物馆.南京北郊郭家山东晋墓葬发掘简报[J].文物,1981(12):1-7
18		郭家山 M5 墓	东晋早期	单室	南京市博物馆.江苏南京北郊郭家山五号墓清理简报[J].考古,1989(7):597,603-606
19		郭家山 M6 墓	吴永安四年(公元 261 年)	主室、侧室	南京市博物馆.江苏南京市北郊郭家山东吴纪年墓[J].考古,1998(8):21-26
20		郭家山 M7 墓	吴永安二年(公元 259 年)	前室	南京市博物馆.江苏南京市北郊郭家山东吴纪年墓[J].考古,1998(8):21-26
21	南京市	郭家山 M8 墓	孙吴	前室	南京市博物馆.江苏南京郭家山八号墓清理简报[J].华夏考古,2001(1):25-28,49
22		郭家山 M9 墓 (NGM9)	东晋早期	单室	南京市博物馆.南京北郊东晋温峤墓[J].文物,2002(7):19-33
23		郭家山 M10 墓	东晋早期	单室	南京市博物馆.南京市郭家山东晋温氏家族墓[J].考古,2008(6):3-25
24		郭家山 M11 墓	西晋	单室	南京市博物馆.南京市郭家山 11 号墓发掘简报[J].东南文化,2009(3):32-35
25		郭家山 M12 墓	东晋太和六年(公元 371 年)	单室	南京市博物馆.南京市郭家山东晋温氏家族墓[J].考古,2008(6):3-25
26		老虎山晋墓 M1	东晋永和元年(公元 345 年)	单室	南京市文物保管委员会.南京老虎山晋墓[J].考古,1959(6):288-295
27		邓府山六朝墓(1953 年发现)	六朝	前室	李蔚然.南京南郊邓府山发现六朝墓葬[J].考古通讯,1955(2):52
28		邓府山 87YDM6 墓	孙吴	前室、后室	南京市博物馆.一九八七年至一九八八年南京邓府山六朝墓群清理简报[J].东南文化,1992(2):158-173
29		邓府山 87YDM30 墓	西晋	前室、后室	南京市博物馆.一九八七年至一九八八年南京邓府山六朝墓群清理简报[J].东南文化,1992(2):158-173
30		邓府山吴墓	六朝早期(孙吴)	前室、后室	南京市博物馆.江苏南京邓府山吴墓和柳塘村西晋墓[J].考古,1992(8):733-740
31		柳塘村西晋墓	西晋早期	前室、后室	南京市博物馆.江苏南京邓府山吴墓和柳塘村西晋墓[J].考古,1992(8):733-740
32		仙鹤山 M4 孙吴墓	孙吴晚期	前室	南京市博物馆,南京师范大学文物与博物馆学系.南京仙鹤山孙吴、西晋墓[J].文物,2007(1):22-34

续表 2.6

序号	城市	名称	年代	四隅券进式穹窿位置	资料来源
33		仙鹤山 M5 孙吴墓	不早于吴赤乌十年(公元247年)	前室	南京市博物馆,南京师范大学文物与博物馆学系.南京仙鹤山孙吴、西晋墓[J].文物,2007(1):22-34
34		仙鹤山 M7 西晋墓	西晋	前室	南京市博物馆,南京师范大学文物与博物馆学系.南京仙鹤山孙吴、西晋墓[J].文物,2007(1):22-34
35		仙鹤观6号墓	东晋早期	单室	南京市博物馆.江苏南京仙鹤观东晋墓[J].文物,2001(3):4-40
36		板桥富丽山1号墓	六朝早期,不晚于西晋(孙吴中期)	前室	李蔚然.南京南郊六朝墓葬清理[J].考古,1963(6):340-342. 李蔚然.南京六朝墓葬的发现与研究[M].成都:四川大学出版社,1998:24-25
37		板桥镇石闸湖晋墓	西晋永宁二年(公元302年)	前室	南京市文物保管委员会.南京板桥镇石闸湖晋墓清理简报[J].文物,1965(6):37-44
38		板桥杨家山1号墓	西晋	并列的双室	南京市博物馆,南京市雨花台区文管会.江苏南京板桥镇杨家山西晋双室墓[J].考古,1998(8):31-34
39		象山7号东晋墓	东晋早期	单室	南京市博物馆.南京象山5号、6号、7号墓清理简报[J].文物,1972(11):23-36
40		五塘村1号墓	孙吴中期	前室	南京市博物馆.南京北郊五塘村发现六朝早期墓[M]//文物编辑委员会.文物资料丛刊(8).北京:文物出版社,1983.85-87
41	南京市	五塘村2号墓	孙吴晚期	前室、后室	同上
42		高家山2号六朝墓	东吴至东晋初年	单室	李蔚然.南京高家山的六朝墓[J].考古,1963(2):108 李蔚然.南京六朝墓葬的发现与研究[M].成都:四川大学出版社,1998:22-23
43		唐家山孙吴墓	孙吴时期	前室、后室	南京市博物馆.南京唐家山孙吴墓[J].东南文化,2001(11):37-43
44		迈皋桥西晋墓	西晋末期	推测前、后室均有	南京市文物保管委员会.南京迈皋桥西晋墓清理[J].考古,1966(4):224-227
45		雨花台区石子岗M1东晋墓	东晋前期	单室	南京市博物馆.南京市石子岗东晋墓的发掘[J].考古,2005(2):35-40
46		雨花台区石子岗M2东晋墓	东晋早期	单室	南京市博物馆.南京市石子岗东晋墓的发掘[J].考古,2005(2):35-40
47		雨花台区尹西村西晋墓	孙吴末西晋初	前室	南京市博物馆.南京尹西村西晋墓[J].华夏考古,1998(2):29-34.
48		雨花台区安德门西晋墓(M4)	西晋	单室	南京市博物馆.南京雨花台区四座西晋墓[J].东南文化,1989(2):138-142
49		雨花台区农花村孙吴墓	孙吴天玺元年(公元276年)	前、后室均有	南京市博物馆岳涌提供资料
50		清凉山电力学校甘露元年墓	孙吴甘露元年(公元265年)	前、后室均有	李蔚然.南京六朝墓葬的发现与研究[M].成都:四川大学出版社,1998:23
51		幕府山五凤元年黄甫墓(幕府山2号墓)	孙吴五凤元年(公元254年)	前、后室均有	李蔚然.南京六朝墓葬的发现与研究[M].成都:四川大学出版社,1998:24-25

续表 2.6

序号	城市	名称	年代	四隅券进式穹窿位置	资料来源
52	南京市	碧峰寺 2 号墓	西晋初期	前室	李蔚然.南京六朝墓葬的发现与研究[M].成都:四川大学出版社,1998:25
53		南京林业大学六朝墓	六朝	单室	http://www.uux.cn/viewnews-40749.html
54		麒麟门科技创新园西晋墓	西晋	单室	http://news.sina.com.cn/c/2011-07-12/033122796303.shtml
55		雨花台区宁丹路东晋墓 M1	东晋早期	单室	南京市博物馆,雨花台区文化广播电视局.南京市雨花台区宁丹路东晋墓发掘简报[J].东南文化,2014(6):29-41
56		雨花台区宁丹路东晋墓 M9	东晋早期	单室	南京市博物馆,雨花台区文化广播电视局.南京市雨花台区宁丹路东晋墓发掘简报[J].东南文化,2014(6):29-41
57		江宁镇上湖 M4 孙吴墓	孙吴	前室	南京市博物馆,南京文物考古新发现——南京历史文化新探二[M].南京:江苏人民出版社,2006:29-33
58		雨花台区长岗村李家洼 M9 墓	东晋早期	单室	南京市博物馆,南京文物考古新发现——南京历史文化新探二[M].南京:江苏人民出版社,2006:36-42
59		雨花台区长岗村李家洼 M14 墓	孙吴至西晋	前室	南京市博物馆,南京文物考古新发现——南京历史文化新探二[M].南京:江苏人民出版社,2006:36-42
60		小行 M2 西晋墓	西晋	单室	南京市博物馆,南京文物考古新发现——南京历史文化新探二[M].南京:江苏人民出版社,2006:62-64.
61		六合横梁西晋墓	西晋	单室	南京市博物馆,南京文物考古新发现——南京历史文化新探二[M].南京:江苏人民出版社,2006:66-70
62		栖霞区大山口 M1 六朝墓	孙吴至西晋	前室、二后室	南京市博物馆,南京文物考古新发现——南京历史文化新探二[M].南京:江苏人民出版社,2006:77-82
63	扬州市	仪征三茅晋墓	孙吴或西晋	前室	尤振尧.江苏仪征三茅晋墓[J].考古,1965(4):209-211
64		胥浦六朝墓 M70	孙吴时期	"品"字形三室	胥浦六朝墓发掘队.扬州胥浦六朝墓[J].考古学报,1988(2):233-255
65	镇江市	镇江东晋 M5 墓（龙山 901 工地 M1 墓）	东晋	前室	刘建国.镇江东晋墓[M]//文物编辑委员会.文物资料丛刊(8).北京:文物出版社,1983:16-39
66		镇江东晋 M8 墓（磨笄山 M1 墓）	东晋	单室	刘建国.镇江东晋墓[M]//文物编辑委员会.文物资料丛刊(8).北京:文物出版社,1983:16-39
67		镇江东晋 M35 墓（阳彭山 M2 墓）	东晋晚期	前室	刘建国.镇江东晋墓[M]//文物编辑委员会.文物资料丛刊(8).北京:文物出版社,1983:16-39
68		镇江东晋画像砖墓（镇江东晋 M26 墓、畜牧场二七大队 M2 墓）	东晋隆安二年（公元 398 年）	推测前、后室均有	刘建国.镇江东晋墓[M]//文物编辑委员会.文物资料丛刊(8).北京:文物出版社,1983:16-39;另:镇江市博物馆.镇江东晋画像砖墓[J].文物,1973(4):51-58

续表 2.6

序号	城市	名称	年代	四隅券进式穹窿位置	资料来源
69	无锡市	宜兴晋墓 M1	西晋	前室、后室	罗宗真.江苏宜兴晋墓发掘报告——兼论出土的青瓷器[J].考古学报,1957(4):83-106.华东文物工作队.江苏宜兴周墓墩古墓清理简报[J].文物参考资料,1953(8):103
70		宜兴晋墓 M2	西晋	前室、后室	罗宗真.江苏宜兴晋墓发掘报告——兼论出土的青瓷器[J].考古学报,1957(4):83-106.华东文物工作队.江苏宜兴周墓墩古墓清理简报[J].文物参考资料,1953(8):103
71		宜兴晋墓 M4	西晋永宁二年（公元302年）	前室、后室	南京博物院.江苏宜兴晋墓的第二次发掘[J].考古,1977(2):115-122
72		宜兴晋墓 M5	西晋建兴四年(公元316年)左右	前室、后室、两侧室	南京博物院.江苏宜兴晋墓的第二次发掘[J].考古,1977(2):115-122
73	苏州市	吴县狮子山西晋墓 M2	元康三年（公元293年）纪年砖,西晋中晚期	前室、后室	吴县文物管理委员会张志新.江苏吴县狮子山西晋墓清理简报[M]//文物编辑委员会.文物资料丛刊(3).北京:文物出版社,1980:130-138

表 2.7 浙江省

序号	城市	名称	年代	四隅券进式穹窿位置	资料来源
1	杭州市	萧山航坞山晋墓 M1	随葬品显示典型东晋特征	单室	王屹峰,施加农.浙江萧山船坞山晋墓[J].南方文物,2000(3):18-22
2		萧山航坞山晋墓 M2	两晋之交	单室	王屹峰,施加农.浙江萧山船坞山晋墓[J].南方文物,2000(3):18-22
3		临安板桥五代墓（临安 M21 墓）	吴越国	前室	浙江省文物管理委员会.浙江临安板桥的五代墓[J].文物,1975(8):66-70
4		临安晚唐钱宽墓（临安 M23 墓）	晚唐	前室	浙江省博物馆,杭州市文管会.浙江临安晚唐钱宽墓出土天文图及"官"字款白瓷[J].文物,1979(12):18-22
5	湖州市	湖州杨家埠（东晋）五子墩墓	东晋	单室	王科,郭闻.湖州古墓乔迁、新家安在浙博[N].钱江晚报,2006-11-29:A10
6		安吉县高禹天子岗水库六朝墓	三国末至西晋初	前室	汪琴.安吉三国青瓷胡人骑羊尊[J].文物天地,2009(5):80-81.程亦胜.浙江安吉天子岗汉晋墓[J].文物,1995(6):28-39

表 2.8 山西省

序号	城市	名称	年代	四隅券进式穹窿位置	资料来源
1	大同市	尉迟定州墓	北魏文成帝太安三年（公元457年）	单室	大同市考古研究所.山西大同阳高北魏尉迟定州墓发掘简报[J].文物,2011(12):4-12,51

上文辑录墓葬实例来自笔者所查阅的公开发表的期刊文章,以及笔者所采访的专家学者,共涵盖8个省份、18个城市,除山西大同市外,粗略可以分为汉水流域、长江中游、太湖南北三个组团(图2.1)。计有河南8处、湖北18处、湖南8处、安徽7处、江西2处、江苏73处、浙江6处、山西1处,一共123处,共涉及不同位置的穹窿175个。这些实例中,经笔者推测为四隅券进式穹窿实例的墓葬有8处❶。本文未收入南阳市独山西坡汉画像石墓❷(图2.2),其前室四角处地面均发现有楔形石块,可作四角发券的中心,说明这座魏晋墓或许存在四隅券进式穹窿顶,但同时无法完全排除四面结顶式穹窿的可能性;其他可能具有四隅券进式穹窿的古墓尚有:南京栖霞山甘家巷M29墓(东吴)、M1墓、M34墓、M35墓(以上为西晋)、M5墓、M9墓(以上为东晋❸)、南京西岗西晋墓❹、南京大学北园东晋墓❺、南京高家山1、3、4号六朝墓❻、襄樊松鹤路M20墓(东汉晚期)❼等,但均因破坏严重,证据明显不足,所以不做收录。

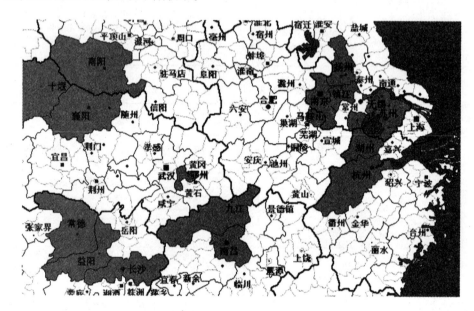

图2.1 四隅券进式穹窿墓葬地级市分布图(未包含山西大同)

上述实例中,江苏宜兴晋墓M1、M2为最早发现案例,发现时间在1952年12月,两篇与之相关的发掘报告先后发表于1953和1957年❽。在出土实例最多的南

---

❶ 不包含笔者暂名的鄂州新2墓。
❷ 南阳市博物馆.南阳市独山西坡汉画像石墓[J].中原文物,1985(3):36-39.
❸ 南京博物院,南京市文物保管委员会.南京栖霞山甘家巷六朝墓群[J].考古,1976(5):316-325.
❹ 南波.南京西岗西晋墓[J].文物,1976(3):55-60.
❺ 南京大学历史系考古组.南京大学北园东晋墓[J].文物,1973(4):36-50.
❻ 李蔚然.南京高家山的六朝墓[J].考古,1963(2):108.
❼ 韦正.襄阳地区汉末魏晋墓葬初探[M]//北京大学中国考古学研究中心,北京大学震旦古代文明研究中心.古代文明(第八卷)[M].北京:文物出版社,2010:212.
❽ 罗宗真.江苏宜兴晋墓发掘报告——兼论出土的青瓷器[J].考古学报,1957(4):83-106及图版部分.华东文物工作队.江苏宜兴周墓墩古墓清理简报[J].文物参考资料,1953(8):103.

京地区,最早发现的是1953年发掘的邓府山六朝墓,信息公布于1955年❶。

另外有些墓葬实例虽然被考古发掘报告或相关论文确定为四隅券进式穹窿墓葬,但据笔者判断,均为误定,所以不予收录。这些实例是:江西吉水晋代砖室墓❷,安徽马鞍山孟府君墓❸,山东省临朐大周家庄咸宁三年(277年)墓❹,山东省诸城县M1、M2西晋墓❺,湖北当阳刘家冢子东汉画像石墓❻,宁夏吴忠县关马湖汉墓M23、27、29❼,新疆库车友谊路墓葬M3❽。

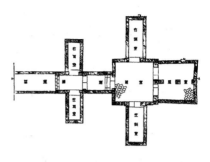

图2.2 南阳市独山西坡汉画像石墓

另外,笔者在若干网络资料上发现一些被认为带有四隅券进式穹窿的实例,包括湖南耒阳廖家山墓葬、广西贺州贺街古墓群、陕西汉阴平梁乡龙头寨佛地无梁殿、镇江辛丰东汉晚期墓等,根据对湖南省文物考古研究所高成林教授、广西贺州博物馆胡庆生馆长、广西考古所考古研究室熊昭明主任、陕西汉阴县文物管理所陈连军所长的采访,并结合网站报道图片判断,均为网络资料误定,限于篇幅,理由不再赘述。

从时期上看,需要注意的是,晚唐和五代在浙江仍有实例出现,而东晋与隋唐之间的整个南朝,尚未发现实例,虽然不能断言没有,但确实可以认为,东晋之后这种墓葬穹窿形制已经式微。

从地域上看,北魏的大同尉迟定州墓是一个特例。关于四隅券进式穹窿顶在此墓中出现的原因,发掘简报认为"拓跋鲜卑迁都平城后,出于政治、经济、军事等方面的原因,曾将被北魏灭亡的各个政权区域内的居民以及南北战场上俘获的人口大规模地强制迁徙到平城及其附近,约有16次之多,人口迁徙的总数最少也有百万余人。其结果是多种文化的传播,其中就包括了墓葬形制及葬俗,这可能是此种墓葬形制出现的原因❾"。与此相关的倪润安《北魏平城时代平城墓葬的文化转型》一文对尉迟这一姓氏做了族源分析❿,但尚不能确定是否与墓葬工艺传播有关。另外,郝军军质疑发掘简报对墓主的认定,认为此墓为女性单人墓,而尉迟定

---

❶ 李蔚然.南京南郊邓府山发现六朝墓葬[J].考古通讯,1955(2):52.
❷ 李希朗.江西吉水晋代砖室墓[J].南方文物,1994(3):30-33.亦称吉水东吴大墓,断代在东吴晚期至西晋。
❸ 王俊.马鞍山六朝墓葬发掘与研究[M].北京:科学出版社,2008.114-118.
❹ 宫德杰,李福昌.山东临朐西晋、刘宋纪年墓[J].文物,2002(9):30-35.
❺ 诸城县博物馆.山东省诸城县西晋墓清理简报[J].考古,1985(12):1114-1129.
❻ 韦正.六朝墓葬的考古学研究[M].北京:北京大学出版社,2011:123.沈宜扬.湖北当阳刘家冢子东汉画像石墓发掘简报[M]//文物编辑委员会.文物资料丛刊(1).北京:文物出版社,1977:122-130.
❼ 宁夏博物馆关马湖汉墓发掘组.宁夏吴忠县关马湖汉墓[J].考古与文物,1984(3):28-35.
❽ 刘宵.新疆库车友谊路墓葬M3的年代问题[J].重庆科技学院学报(社会科学版),2011(12):145-146.
❾ 大同市考古研究所.山西大同高北魏尉迟定州墓发掘简报[J].文物,2011(12):4-12,51.
❿ 倪润安.北魏平城时代平城墓葬的文化转型[J].考古学报,2014(1):33-37.

州应为买墓砖的男性,所以墓主不应是尉迟定州,但应与墓主关系密切❶。按照目前的资料来看,为何在北魏平城会出现一座四隅券进式穹窿顶墓,尚难找到直接的解释❷。鉴于其仅为孤例,与唐代之后浙江的零星案例类似,并不影响本书对长江流域四隅券进式穹窿顶墓的演变规律进行分析。

值得关注的是,早期实例之一的"南阳第二化工厂21号画像石墓"与东晋晚期实例"镇江东晋画像砖墓"(图2.3)都与墓葬的装饰性叙事机制有关,中间出现的诸多吴晋实例则十分素朴,清水墙面并无画像;晚唐浙江"临安晚唐钱宽墓❸"、"临安板桥五代墓(临安M21墓)❹"(图2.4)以石灰粉刷墓室内表面并施以彩绘,是东晋之后这种机制的再次反映。

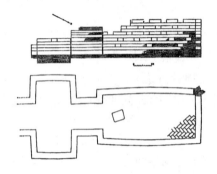 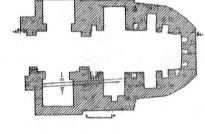

图 2.3　镇江东晋画像砖墓　　　　图 2.4　临安板桥五代墓平面

本书所谓墓葬建筑的装饰性叙事机制,是指通过建筑本体语汇之外的具象符号直接表达墓葬活动具体意愿的言说方式,主要用于呈现与特定墓主身份、经历、死后愿望、家族理想等相关的内容,有时与地上祭祀建筑的装饰叙事联系密切。具体手法是通过画像砖、画像石、砖雕、石雕、彩绘、铭文砖等依附于地下建筑本体的装饰手段直接陈述意旨;或者以砖雕、石雕、木雕等模拟具象的门窗、建筑构件等,模仿阳宅。这种机制不同于明器、墓志、地券等与建筑非直接相关的表达体系,也不同于地下建筑本体和建筑空间的意涵象征机制。这种依附于地下建筑的装饰机制起始于商周椁墓装饰❺,发展于椁墓向室墓的转变过程之中,例如楚墓中的装饰性门窗和模造门扉,至汉代画像石盛行之际成形。汉画像砖石是这一机制成就的一个高峰,但在南阳四隅券进式穹窿实例中,东汉晚期的南阳市防爆厂M208墓石料均为素平,已然表现出画像石直陈叙事的失语。

简而言之,四隅券进式穹窿墓葬的兴起、消亡与长江中下游墓葬文化中墓室空间的装饰性叙事特征的减弱与复苏有关,五代之后的墓葬出现大量以砖仿木、辅以

---

❶ 郝军军.北魏尉迟定州墓墓主身份再考[J].文物,2014(12):89-91.

❷ 北魏太平真君十一年(450年),魏太武帝南下攻宋,随后南北朝进入长期的和平对峙,"和平时期的较量,以文化为上,军事其次,这种较量最终演变成为对文化正统性的争夺"。北魏之"魏",上承曹魏,而曹魏承汉,在此强调的就是中原正统。这一孤例的出现,也许可以看作是模仿中原文化的一种尝试。参见:倪润安.北魏平城时代平城墓葬的文化转型[J].考古学报,2014(1):64.

❸ 浙江省博物馆,杭州市文管会.浙江临安晚唐钱宽墓出土天文图及"官"字款白瓷[J].文物,1979(12):18-22.

❹ 浙江省文物管理委员会.浙江临安板桥的五代墓[J].文物,1975(8):66-70.

❺ 张卓远.汉代画像砖石墓葬的建筑学研究[M].郑州:中州古籍出版社,2011:327.

彩绘的现象,都可认为是这种特征的再次强化。四隅券进式穹窿墓葬的流行,似乎成为中国叙事性墓葬文化之中的一个插曲,这可能与汉末开始的薄葬之风有关,也可能受到外域文化因素的影响。需要强调的是,四隅券进式穹窿墓葬仍有自己的隐喻语素,以非装饰性的方式表达独特的象征性。

2.2 四隅券进式穹窿形态演变分析

本书所辑录的四隅券进式墓葬穹窿实例虽然只构成一个相对权宜的范围,由于各种原因,可能会有所遗漏,在本书完成之后,必然仍将有新的四隅券进式穹顶墓葬被公之于世,但因为无法预料哪一处是"最后一个",是无法坐等的,这是研究得以展开的存在逻辑。笔者所要面对的是这些新实例所带来的考验❶,这就要求本书的分析必须扎实可靠,难以下结论的,不妨承认论据的局限;而且不能仅靠实例说话,实例之外的佐证非常重要,这也成为本书论证方式的特征之一。

另外,需要说明的是,以下讨论只能以笔者上文表格中采用的断代及形制推测为依据,因为个别墓葬可能会在日后出现断代上的调整❷,或者新发现的四隅券进式穹窿墓葬实例作为反例出现,所以以下推论只能看作是阶段性和开放性的。

2.2.1 四隅券进式穹窿主要形态特征的演变

主要形态特征指与四隅券进式穹窿结构特征密切相关的因素。

1)平面

根据笔者查阅资料,覆盖着四隅券进式穹窿的墓室形状可分为正方形、长方形、腰鼓形、异形(如多边形和梯形),这些不同形状可以看作汉代墓室平面类型的继承和发展,至少就常见的正方形、长方形、腰鼓形这三种类型来说,并不为四隅券进式穹窿所独有。但四隅券进式穹窿技术初期应用时,必然有所选择才能保证技术的有效性,也才能循序渐进地积累建造经验,所以,其平面特征的演变应该有规律可循。

另外,穹窿结构所覆盖的墓室空间在墓葬中承担着不同的功能,可区分为单室、前室、后室、侧室等不同功能类型,所以,在讨论其平面特征演变时,如果不考虑其在墓葬中所处的位置,是不可能把形制的演变说清楚的,至少觉察不到结构特征变化背后的功能诱因。

依照功能,可以把四隅券进式穹窿墓室分为:主棺室(含单室、后室、个别前室、中室以及并列的双主室❸),祭奠室(大多数为前室),副棺室(侧室)。依次讨论

---

❶ 这些新实例包含两种情况:一种是原有实例的重新发现,例如根据笔者对南阳张卓远的采访,南阳地区四隅券进式穹窿墓并不止正式报告中提到的那几座,其他几座残毁严重,资料完整性不强,以至难于整理、发表,发掘者也只是粗具印象,这些实例本书暂时无法辑入,但不排除以后可能会获得相关资料;另一种便是新发掘的实例。

❷ 如襄阳刘表墓的断代便曾徘徊在汉魏之间,最终才定在汉末,详见附录1;北京大学韦正对长沙晋墓24的断代有不同看法,认为应考虑汉末。韦正.襄阳地区汉末魏晋墓葬初探[M]//北京大学中国考古学研究中心,北京大学震旦古代文明研究中心.古代文明(第八卷)[M].北京:文物出版社,2010:212.

❸ 主室是相对于侧室、耳室而言的,前室、中室、后室以及双主室、单室在本书中均可称为主室。

如下：

a) 主棺室。四隅券进式穹窿最早出现于汉末的南阳盆地,南阳、襄阳10处汉末实例中4处为单室墓葬,其墓室即为棺室。南阳第二化工厂21号墓、襄阳长虹南路M16墓分别代表着东汉末期最早主棺室(含单室)四隅券进式穹窿实例的两种平面特征。

南阳第二化工厂21号墓墓向为286度,单室"平面近正方形,南北宽2.9米,东西长3米❶"。平面近似于正方形,除了满足墓室存放棺木的功能要求外,应与对画像石材料的直接挪用有关。与后世相比,四隅券进式穹窿技术正处于经验的积累阶段,采用基本正方形的平面也是合理的。但依墓向角度可知,墓门基本朝西,则东西向为进深方向,略长于墓室宽度10厘米,这可能属于正方形平面一个正常的误差范围,因为另一处汉末实例,南阳桐柏县安棚画像石墓(图2.5),其后室东西宽3.48米,南北进深3.44米❷,进深较宽度略小,所以综合判断,平面长宽之间较小的误差应与棺木沿何种方向摆放无关,不同于明显的长方形平面。

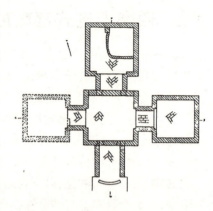

图2.5 南阳桐柏县安棚画像石墓

对比一下东汉中晚期中原一带其他穹窿类型墓室的平面情况：

河南新乡北站区汉墓M6❸(图2.6),后室为四角叠涩内收的穹窿,断代为东汉中晚期,平面尺寸为长(进深)2.64米,宽2.52米,近似于正方形,误差幅度与南阳第二化工厂21号墓类似。

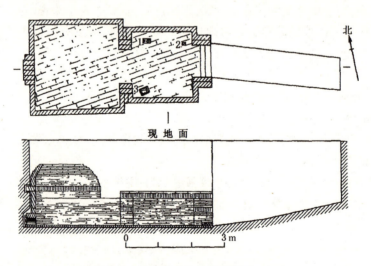

图2.6 河南新乡市北站区汉墓M6

---

❶ 南阳市文物工作队.南阳第二化工厂21号画像石墓发掘简报[J].中原文物,1993(1):77.
❷ 南阳市文物研究所.桐柏县安棚画像石墓[J].中原文物,1996(3):22-25.
❸ 新乡市文物工作队.河南新乡市北站区汉墓[J].考古,2006(3):39-44.

河南新乡老道井墓地东同古墓区 M6 墓❶(图 2.7)为前、后室砖墓,各墓室均为四面结顶式穹窿,年代属东汉晚期偏早。M6 墓后室(因前室有祭台,推测后室为棺室)为长方形,南北进深 3.06 米,东西宽 2.76 米。

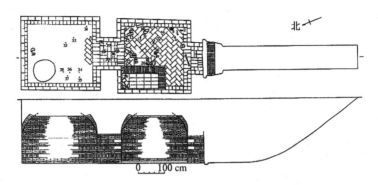

图 2.7　新乡市老道井墓地东同古墓区汉墓 M6

可见,在东汉中晚期其他中原穹窿形式中,已然出现正方形和长方形的区分,四隅券进式穹窿实例的近似正方形平面可以看作是对既有穹窿类型平面的继承,并非这一类型的早期专属模式。

另一处重要的四隅券进式穹窿实例——三国早期的南阳邢营 M2 单室墓平面则为较明显的长方形(图 2.8),"室内长 3.45、宽 2.99 米❷",同样是进深较大。可见,主棺室的四隅券进式穹窿平面已经由早期单室墓的正方形向长方形过渡,这说明技术手段在逐步成熟和拓展。

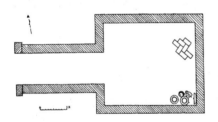　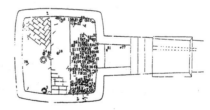

图 2.8　南阳邢营 M2 单室墓平面　　图 2.9　常德市安乡西晋刘弘墓平面

进入六朝时期以后,就四隅券进式穹窿主棺室平面总体而言,与其功能相适应(长江中下游地区六朝时期一般顺着进深方向摆放棺木),进深较大的长方形平面数量要明显多于正方形,尤其在东晋,因单室墓居多,所以正方形平面更少。但与东汉末期相比,六朝时期有比较标准的正方形平面实例出现,如湖南常德市安乡西晋刘弘墓(图 2.9),基本可被视为正方形平面单室墓,边长 3.6 米❸。而南昌火车站 M5 墓后室❹(东晋)(图 2.10),进深 3.42 米,宽 3.54 米,宽度大于进深,似为一

---

❶　郑州大学历史学院考古系,河南省文物局南水北调文物保护办公室.河南省新乡市老道井墓地东同古墓区汉墓清理简报[J].四川文物,2009(6):11-18,96.
❷　南阳市文物工作队.南阳市邢营画像石墓发掘报告[J].中原文物,1996(1):115.
❸　安乡县文物管理所.湖南安乡西晋刘弘墓[J].文物,1993(11):1-12.
❹　江西省文物考古研究所,南昌市博物馆.南昌火车站东晋墓葬群发掘简报[J].文物,2001(2):12-41.

特例,但该墓后室靠两侧壁各设有一处祭台,具祭奠功能,可能是宽度增大的原因。

相比之下,襄阳长虹南路 M16 墓的腰鼓形(弧方形)平面在技术上则显得有些谨慎了,并且一开始就成为四隅券进式穹窿的基本形式之一。

一般认为,腰鼓形平面是分别在三国、东晋开始出现于长江中下游地区的一种墓室形制❶,但个别案例在东汉的北方地区已经出现,如山西太原西南郊的两座东汉墓(墓 6、16)❷(图 2.11),可见,亦非四隅券进式墓葬穹窿的个别现象。

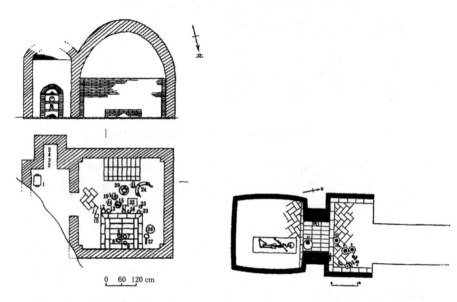

图 2.10　南昌火车站 M5 墓　　　　图 2.11　太原西南郊汉墓 6 平面

与四隅券进式穹窿相关的较早腰鼓形平面实例还有前、中两个棺室侧壁均外凸的湖北襄阳 XZM1 墓❸(图 2.12),已确定为刘表墓,属东汉末年❹。南阳第二化工厂 21 号画像石墓、南阳桐柏县安棚画像石墓仍旧采用砖石结构,同属南阳盆地的襄阳汉末实例却纯粹是砖筑,可能与南阳、中原之间的关系更紧密有关。较晚的腰鼓形平面实例有江苏南京老虎山晋墓 M1(图 2.13)、镇江东晋 M8 单室墓等❺。按其来由,除了平面外凸可增强对外侧土壤的抵抗能力、弧形墙面易形成更加圆融的穹窿以增强顶部的抗压性外,可能还和佛教观念的传播有关系,此处暂不讨论。另外,其也和不再采用石材建筑基墙有关,小砖砌筑才有弧形外凸的可能性。腰鼓形平面后来又继续发展为四边均外凸的样态,如长沙两晋时期的墓 22 主室❻(图 2.14)。

除矩形(含正方形、长方形)、腰鼓形平面外,还有少量异形平面出现。如梯形平面,此种主棺室发现得不多,仅见于襄阳樊城菜越三国墓(图 2.15),属三国早

---

❶　蒋赞初.长江中游六朝墓葬的分期和断代——附论出土的青瓷器[M]//蒋赞初.长江中下游历史考古论文集.北京:科学出版社,2000:85-94.
❷　山西省文物管理委员会.太原西南郊清理的汉至元代墓葬[J].考古,1963(5):264-269.
❸　襄樊市博物馆.湖北襄阳城内三国时期的多室墓清理简报[J].江汉考古,1995(3):16-20,54.
❹　http://www.xiangyang.gov.cn/contents/2553/365074.html(2012.7.21)
❺　刘建国.镇江东晋墓[M]//文物编辑委员会.文物资料丛刊(8).北京:文物出版社,1983:16-39.
❻　湖南省博物馆.长沙两晋南朝隋墓发掘报告[J].考古学报,1959(3):75-105 及图版部分.

期,前、后室均为四隅券进式穹窿,后室平面呈梯形,长(进深)3.58米,南宽(墓门方向)3.12米,北宽3.32米❶。这种平面的形成原因还不是很清楚,虽然南北差距不大,但很难用施工误差和挤压变形来解释,似乎有意为之,所以也不宜径直归入矩形一类。

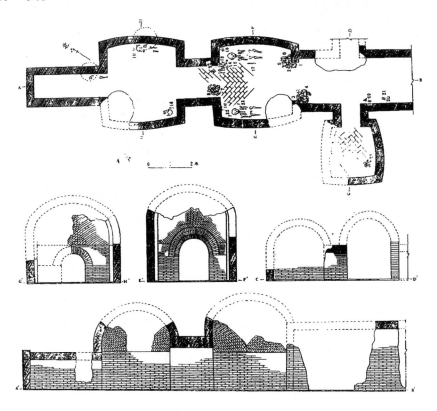

图 2.12 湖北襄阳 XZM1 墓

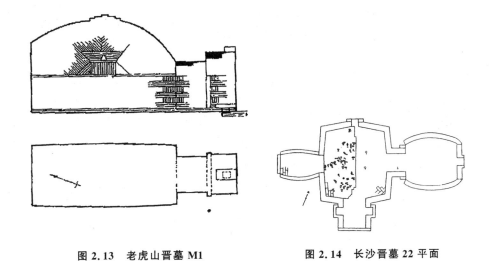

图 2.13 老虎山晋墓 M1   图 2.14 长沙晋墓 22 平面

---

❶ 襄樊市文物考古研究所.湖北襄樊樊城菜越三国墓发掘简报[J].文物,2010(9):4-20.

图 2.15　襄阳樊城菜越三国墓

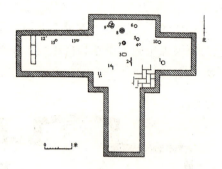
图 2.16　湖北鄂城 M2183 墓平面

b) 祭奠室。一般指前、后室墓中的前室,不摆放棺木,属祭奠空间,有的有祭台。这种空间中正方形(或近似正方形)的平面出现频率要高于主棺室。如长江中游地区的湖北鄂城 M2183 前室(孙吴)(图 2.16)、江西瑞昌马头墓前室(西晋),长江下游地区的安徽马鞍山朱然墓前室(孙吴)、江苏南京江宁殷巷 79JYZM1 前室(西晋)等❶。

另一处汉末实例——南阳桐柏县安棚画像石墓,其前室东西宽 3.46 米,南北进深 3.56 米❷,也近似于正方形。

其他类型的东汉穹窿实例中,也存在着近似正方形的祭奠室实例,如南阳新野县前高庙村汉画像石 M1 墓(图 2.17),属东汉晚期,其中室上覆穹窿的可能性很大❸,基本尺寸为进深 2.9 米,宽 2.85 米❹。西汉末期的洛阳烧沟汉墓 1026 号可能是最早的近似正方形前室的实例(四面结顶式穹窿),平面尺寸为进深 1.74 米,宽 1.88 米❺,说明在祭奠室的平面选用上,四隅券进式穹窿也存在着对更早穹窿类型的继承。

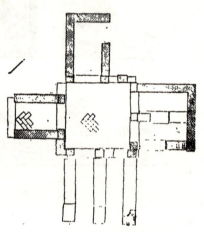
图 2.17　南阳新野县前高庙村汉画像石 M1 墓

从洛阳烧沟汉墓 1026 号实例可以看出一种向长方形前堂发展的趋势:进深小于宽度,即横前室,四隅券进式穹窿墓葬中也有这种现象。湖北鄂城 M2006 墓为西晋前期的横前室双后室墓(图 2.18),前室为四隅券进式穹窿,平面尺寸为进深 2.22 米,宽 3.26 米。最晚的具有四隅券进式穹窿特征的横向实例是浙江临安晚唐钱宽墓前室(图 2.19),南北进深 1.30 米,东西宽 1.86 米。这种显著的横长方形平面在主棺室中则未曾见到,后者普遍采用的是纵向长方形,此乃主棺室与祭奠室

---

❶ 以上参见附录 1。
❷ 南阳市文物研究所.桐柏县安棚画像石墓[J].中原文物,1996(3):22-25.
❸ 笔者认为其功能应对应一般而言的前室,但穹窿形制无法判断。
❹ 南阳地区文物工作队,新野县文化馆.新野县前高庙村汉画像石墓[J].中原文物,1985(3):3-7.
❺ 洛阳区考古发掘队.洛阳烧沟汉墓[M].北京:科学出版社,1959:45.

在长方形平面选用上的重要不同。

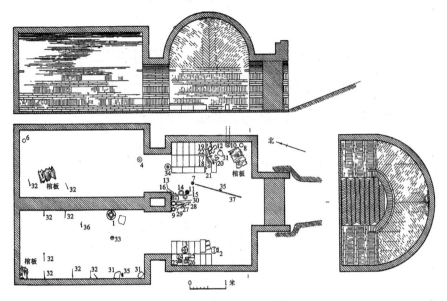

图 2.18　鄂城 M2006 墓

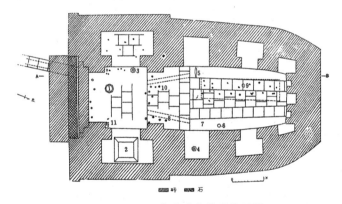

图 2.19　浙江临安晚唐钱宽墓平面

鄂城 M1002 墓前室穹窿为梯形平面(图 2.20),长短边分别为 2.32 米和 2.48 米,进深 2.54 米,属孙吴中期❶。该梯形平面与襄阳樊城菜越三国墓后室梯形平面的共同点是梯形的短边都在墓门方向。目前已知的这两例梯形墓室平面都出现在湖北三国时期。另外,前文提到的两个棺室均为腰鼓形平面穹窿的湖北襄阳 XZM1 墓❷,如果仅对比南北边长,两室均略呈梯形,这可能反映了湖北在汉末、三国时期的某种葬俗,而超越了曹魏(实际统治)、孙吴的政权分隔。

长江中游前室(祭奠室)为腰鼓形平面的四隅券进式穹窿实例可以湖南长沙的墓 23、26 为代表❸(图 2.21),这亦属两晋时期湖南的一大特征。长江下游腰鼓形平面实例尚未见到。

---

❶ 鄂城县博物馆.湖北鄂城四座吴墓发掘报告[J].考古,1982(3):257-269.
❷ 此墓前室应属祭奠室,但也有遗骨发现,可能与祔葬有关,所以暂不纳入祭奠室讨论.
❸ 湖南省博物馆.长沙两晋南朝隋墓发掘报告[J].考古学报,1959(3):75-105 及图版部分.

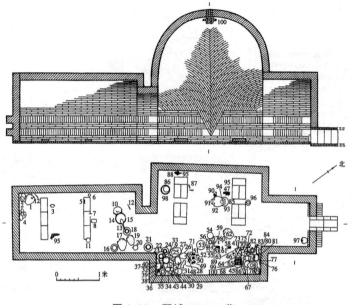

图 2.20 鄂城 M1002 墓

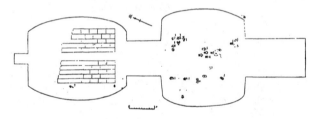

图 2.21 长沙晋墓 23 平面

安徽马鞍山当涂新市镇刘山村东晋墓中出现了一处六边形的四隅券进式穹窿前室（图 2.22），其形制为方形前室在入口一侧出现两个抹角，形成六边形。关于此前室，考古学界有学者怀疑其为"假前室"，并根据现场情况提出两种可能的形成原因❶：一种是建墓时有意为之，但目前还是孤例，并无佐证；另一种是因四隅券进式穹窿起券时出现偏差，不得已而调整下部墙基位置，也就是说是一种补救措施。但该墓前室平面尺寸较小，为 1.38 米（进深）×1.6 米，后室为 3.84 米（进深）×3.62 米，同样为四隅券进式穹窿，若说较小、较矮的前室穹窿反而出现施工困难似乎不合常理，可能将其视为墓门一侧的墙体呈折线外凸以增强此侧墙体的牢固性要更为合理一些，或者说是对腰鼓形

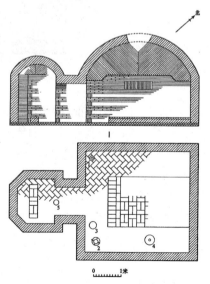

图 2.22 马鞍山当涂新市镇刘山村东晋墓

---

❶ 王俊.马鞍山六朝墓葬发掘与研究[M].北京：科学出版社，2008：146-151.

平面的一种借鉴。另外,这里应该包含了小前室和浅甬道的合并,属于非常个性的手法,带有一定偶然性,因为穹窿较小,所以虽为异形仍旧容易成功,但并未流行。

c) 副棺室。这一类棺室指的是主棺室或祭奠室所附的侧室,因进深较大能容下棺木,所以与仅存放明器的耳室很容易区分。

汉末的南阳桐柏县安棚画像石墓❶,其侧室进深3.02米,宽2.98米,近似于正方形。

六朝四隅券进式侧室穹窿实例不多,基本形状为长方形,如笔者暂名的鄂州新1墓侧室(孙吴)(图2.23)、南京郭家山M6墓侧室(孙吴);但也有平行四边形的,见于马鞍山寺门口东吴墓❷(图2.24)。以上实例均为孙吴墓,鄂州、马鞍山、南京是孙吴高等级穹窿墓集中之地,侧室采用四隅券进式穹窿应与墓葬等级有关。

 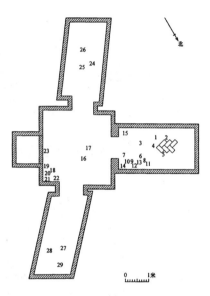

图 2.23　鄂州新1墓前室及侧室穹窿　　图 2.24　马鞍山寺门口东吴墓平面

综上讨论,可以看出最早主棺室、祭奠室、副棺室近乎正方形平面仍是主流,包括南阳第二化工厂21号墓、南阳桐柏县安棚画像石墓等;但外凸的腰鼓形面同时出现,如襄阳XZM1墓、长虹南路M16墓,且南阳、襄阳两地相距很近,这种初期形态差异性与技术起源的关系值得关注。

2) 矢高

与后期发展相比,早期四面结顶式穹窿矢高相对较小,那么四隅券进式穹窿是否也具有这种规律呢?下面试举几个长方形平面的例子:

南阳邢营M2墓(曹魏早期)(图2.25),主室长3.45米,宽2.99米,矢高1.69米❸。最大跨度×对角线长度为4.57米,矢高与其比值约为0.37。

鄂城M2215墓(孙吴前期),穹窿在前室,长方形平面尺寸为2.5米×2.8米,

---

❶ 南阳市文物研究所.桐柏县安棚画像石墓[J].中原文物,1996(3):22.25.
❷ 王俊.马鞍山六朝墓葬发掘与研究[M].北京:科学出版社,2008:38-45.
❸ 南阳市文物工作队.南阳市邢营画像石墓发掘报告[J].中原文物,1996(1):108-117.

穹顶至地面 2.32 米❶，由剖面图估算矢高约 1.28 米，与对角线之比约为 0.34。

鄂城 M2006（西晋前期），穹窿在前室，长方形平面尺寸为 2.22 米×3.26 米，穹顶至地面 2.46 米❷（内高），估算矢高约 1.42 米，与对角线之比约为 0.36。

宜兴晋墓 M1（西晋），后室穹窿顶点距地 5.05 米（图 2.26），长方形平面边长 4.5 米×2.2 米❸。估算矢高约 4.03 米，与对角线之比约为 0.8，为已知实例中最大的。

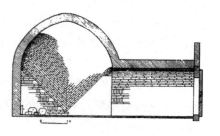

图 2.25　南阳邢营 M2 墓剖面

南京仙鹤观 6 号墓（东晋早期）（图 2.27），墓室为长方形，长 4.9 米，宽 2.8~2.95 米（此处取 2.9 米计算），内高 3.44 米❹，估算矢高约 2.36 米，与对角线之比约为 0.41。

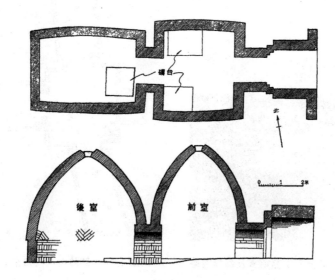

图 2.26　宜兴晋墓 M1

由以上不同时期的 5 处长方形墓室实例来看，矢高与对角线之比似乎相对稳定，特例不多。虽然所举实例数量有限，选择也较为随机，且未包含长宽比较大的平面状况，但可以看出并不存在随着年代的推移高跨比明显增大的普遍规律，原因应该是四隅券进式穹窿在汉地出现伊始便具有较为成熟的砌筑方式，而四面结顶式穹窿矢高逐渐增大的一个重要原因则是受到无模施工方式不断诱导。

再看一下几处数据较全的正方形平面实例矢高情况。

---

❶　南京大学历史系考古专业,等.鄂城六朝墓[M].北京:科学出版社,2007:34-35,326,431.
❷　南京大学历史系考古专业,等.鄂城六朝墓[M].北京:科学出版社,2007:30-31,316,419.
❸　罗宗真.江苏宜兴晋墓发掘报告——兼论出土的青瓷器[J].考古学报,1957(4):83-106 及图版部分.
❹　南京市博物馆.江苏南京仙鹤观东晋墓[J].文物,2001(3):4-40.

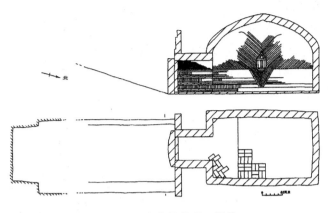

图 2.27 南京仙鹤观 6 号墓

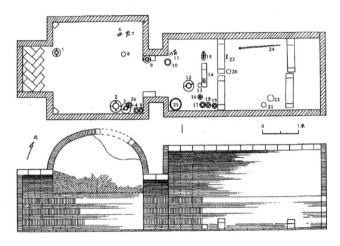

图 2.28 江宁沙石岗孙吴天册元年墓

马鞍山朱然墓(孙吴中期),前室为穹窿,边长 2.76 米×2.78 米,高 2.94 米❶,估算矢高约 1.96 米,与对角线之比约为 0.5。

南京江宁沙石岗孙吴天册元年墓(孙吴晚期)(图 2.28),前室为穹窿,平面近正方形,边长 2.5 米×2.46 米,高 2.52 米❷,估算矢高约 1.32 米,与对角线之比约为 0.38。

南京江宁殷巷 79M1 墓(孙吴晚期),前室为穹窿,平面近正方形,边长 1.75 米×1.64 米,高 2.20 米❸,估算矢高约 1.07 米,与对角线之比约为 0.45。

鄂城 M2162(吴晋之际),穹窿在前室,边长 2.9 米,穹顶至地面 3.04 米❹(内高),估算矢高约 1.91 米,与对角线之比约为 0.47。

瑞昌马头西晋墓(西晋前期),前室为穹窿,平面近正方形,长 3.32 米,宽 3.25

---

❶ 王俊.马鞍山六朝墓葬发掘与研究[M].北京:科学出版社,2008:10-26.
❷ 南京市江宁区博物馆.南京江宁孙吴"天册元年"墓发掘简报[J].东南文化,2009(3):26-31.
❸ 南京市博物馆.南京郊县四座吴墓发掘简报[M]//文物编辑委员会.文物资料丛刊(8).北京:文物出版社,1983:1-15.
❹ 南京大学历史系考古专业,等.鄂城六朝墓[M].北京:科学出版社,2007:30-31,316,419.

米,高 2.71 米❶,估算矢高约 1.06 米,与对角线之比约为 0.23。

南京江宁殷巷 79JYZM1 墓(西晋后期),前室为穹窿,平面近正方形,长 2.76 米,宽 2.80 米,高 2.44 米❷,估算矢高约 1.24 米,与对角线之比约为 0.32。

安乡西晋刘弘墓(西晋后期)(图 2.29),单室穹窿平面正方形,边长 3.6 米,内顶高 4.2 米❸,估算矢高约 3.3 米,与对角线之比约为 0.65。

南昌火车站 M5 墓(两晋之际),后室穹窿平面近方形,内长 3.42 米,宽 3.54 米,高 4.1 米❹,估算矢高约 2.6 米,与对角线之比约为 0.53。

宜兴晋墓 M1(西晋),前室穹窿顶点距地 5.18 米,边长 2.32 米×2.34 米❺,估算矢高约 3.9 米,与对角线之比约为 1.18,为数据完整的实例中最大的。

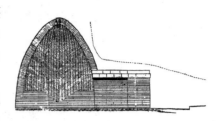

图 2.29 常德市安乡西晋刘弘墓剖面

通过对以上实例的解读,也可发现正方形平面实例中并不存在随着年代的推移矢高比明显增大的普遍规律,但正方形平面矢高与对角线之比变化幅度较大,因为这种穹窿平面更为合理,所以灵活性强,较易出现高耸的穹顶。由此在双穹窿的墓葬中,往往出现正方形居多的前室墓顶要高于长方形居多的后室墓顶的情况,即便宜兴晋墓 M1,前、后室高跨比均为最大,但正方形前室穹窿仍旧要高于长方形后室穹窿。

在穹顶形态上,不同地区和时期也会出现特殊的典型特征。例如一些南京的东晋前期墓葬,四隅券进式穹窿矢高和跨度均较大,形成宽大的高穹窿顶结构,这是与孙吴、西晋墓葬不同的地方。

据笔者查阅的四隅券进式穹窿数据资料,内顶高度一般不低于一个成人身高,这应该是控制穹顶高度的一个隐含要求(至少应便于施工与落棺),而穹顶距地高度与矩形长宽尺寸之间尚未发现有控制规律,详见后文对跨度的讨论。另外,穹顶距室内地坪高度还应与墓圹深度、墓葬最小覆土厚度有关,在施工前应有一个经验值来控制。因为地表覆土情况多有变动,在考古发掘时各墓墓顶与地表之间土层往往呈现薄厚不一的情况,所以尚难以倒推穹顶施工时预估内顶高度的方法。

已知实例中,穹顶距室内地坪高度最大的为南京江宁上坊孙吴墓前室穹窿,发掘时残高 5.36 米(图 2.30)。如将宜兴晋 M1 墓(周处墓)与 M2 墓(周处之子墓)(图 2.31)相互对比,等级更高的 M1 墓穹窿则更为高耸。南京江宁上坊孙吴墓高耸的穹窿与其宗室(或权臣僭越)等级相匹配,也可以说明这一现象。但这一现象

---

❶ 江西省博物馆.江西瑞昌马头西晋墓[J].考古,1974(1):27-39.
❷ 南京市博物馆.南京殷巷西晋纪年墓[J].文物,2002(7):11-14.
❸ 安乡县文物管理所.湖南安乡西晋刘弘墓[J].文物,1993(11):1-12.
❹ 江西省文物考古研究所,南昌市博物馆.南昌火车站东晋墓葬群发掘简报[J].文物,2001(2):12-41.
❺ 罗宗真.江苏宜兴晋墓发掘报告——兼论出土的青瓷器[J].考古学报,1957(4):83-106 及图版部分.

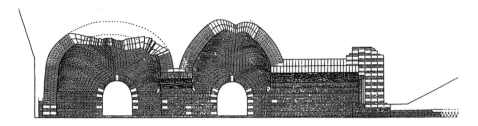

图 2.30　南京江宁上坊孙吴墓剖面

只能认为是反映一种持续的等级观念或者要求,而不宜把不同朝代的墓室放到同一个等级体系中去比较具体数据。实际上造新墓时也不可能与另一座深埋于地下的墓室作准确对比。

3) 墓壁(基墙)材料

穹顶下部墙体的用材有两种:一种是南阳地区出现的石材,与青砖混用;另一种为纯粹的砖砌体。

南阳第二化工厂 21 号墓,墓室墙体为砖石混合,"石材主要用作墓门和墓室门的门楣、立柱、门扉及墓室四角并墓壁中间的立柱、立柱以

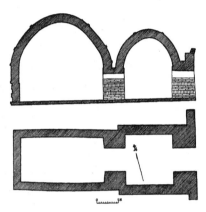

图 2.31　宜兴晋墓 M2

上承托券顶的横梁……南壁和北壁的骨架分别由三立柱和两根横梁组成,立柱中间填以砌砖。东壁中间只有一立柱,横梁分别放在南壁和北壁的东立柱上。西壁上开墓室门,由四立柱、两门扉、一条门楣石和两条短横梁组成❶"。以上材料说明四壁的结构形式类似于现代所谓的框架结构,青砖起到的是填充墙的作用。墓壁的这种结构形式随着画像石风俗的式微而消失,在三国两晋完全变为砖承重结构。例如三国早期的南阳邢营 M2 墓,石材便仅用于墓门,墓室全用青砖❷;东汉晚期或再略晚的南阳市防爆厂住宅小区汉墓 M62、84 为较纯粹的砖室墓❸。

画像石墓在魏晋时期的南阳墓葬实例中多有发现,例如南阳市独山西坡汉画像石墓(魏晋)、南阳市王庄汉画像石墓(魏晋)(图 2.32)、南阳市建材试验厂汉画像石墓(晋)等。六朝时期的画像石墓属于挪用汉墓的石材建墓,在南阳地区乃普遍现象,南阳第二化工厂 21 号墓也属于这种做法(但年代更早),因为"从画像石在墓中使用的位置来看,墓门两立柱画面布局不对称;墓壁南壁和北壁东立柱画面的大部分砌于墙体之内……门楣和门

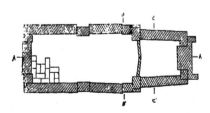

图 2.32　南阳市王庄汉画像石墓平面

---

❶ 南阳市文物工作队.南阳第二化工厂 21 号画像石墓发掘简报[J].中原文物,1993(1):77.
❷ 南阳市文物工作队.南阳市邢营画像石墓发掘报告[J].中原文物,1996(1):115.
❸ 南阳市文物考古研究所.南阳市防爆厂住宅小区汉墓 M62、84 发掘简报[J].中原文物,2008(4):4-13.

扉明显不相配套❶"。可见，石材框架的基墙并非四隅券进式穹窿的特有现象。

至于砖砌体的基墙则属于四隅券进式穹窿最常见的做法，其小砖砌筑的灵活性为发券位置的变化提供了可能。与其他墓顶类型相似，基墙常见三顺一丁交替出现的做法，但顶部和底部均保持顺砖。青砖材料中又有素砖和铭文砖、画像砖的区别，因无碍于结构做法，此处不做讨论。南阳桐柏县安棚画像石墓除石门和隅角石兽外全部为砖砌，本书将这种情况也归入砖砌体基墙类型。

4）发券位置

此发券位置指的是四隅券进式穹窿斜券的最低起券位置，是相对于穹顶与基墙的关系而言，而不关注穹窿起券点的具体距地尺寸。南阳第二化工厂21号墓中，下部基墙为石材框架，穹顶起券自然在基墙顶部，但与其年代差距相对不大的南阳邢营M2墓下部基墙纯为砖砌，穹顶斜券的最低起券位置在基墙下部距地两皮砖的高度上，几乎同期的南阳市防爆厂住宅小区汉墓M62、M84，起券位置也在穹顶分位线以下❷。可见，从四隅券进式穹窿在墓葬中应用的早期阶段，便出现了两种典型的发券位置，在此把前者称为类型一，后者称为类型二，这两种类型一直持续于整个六朝时期。值得一提的较大变化则是当基墙为侧室、耳室或甬道入口拱券所代替时，发券位置直接落在券顶，但这应属于基墙顶发券的变通，不能看作新的起券类型。

关于起券高度的不同，部分学者认为墙体中部起券位置越低，结构整体性越好。例如《南京仙鹤山孙吴、西晋墓》一文认为，四隅券进式穹顶的东吴M4墓（图2.33）前室"不是从裙墙之上中部斜砌结顶，而是从底部中央向上斜砌成倒'人'字形结顶，受力中心向下移动，较之M5那种常见的结顶方法更为牢固❸"。相似观点

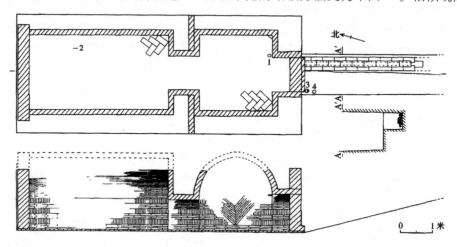

图2.33 南京仙鹤山M4墓

---

❶ 南阳市文物工作队.南阳第二化工厂21号画像石墓发掘简报[J].中原文物,1993(1):80.

❷ 依《营造算例》，"平水墙上系发券分位"。梁思成.清式营造则例(附:营造算例)[M].北京:中国建筑工业出版社,1981:166."平水墙"即本书所谓"基墙"、"墓壁"。

❸ 南京市博物馆,南京师范大学文物与博物馆学系.南京仙鹤山孙吴、西晋墓[J].文物,2007(1):22-34.

还可见于南京仙鹤观 M6 墓发掘报告❶,但这种做法是否能真的改善结构,值得怀疑。因为真正从较低位置发券的斜券数量仅为总体斜券数量的一部分,仍旧有基墙存在,不论这些基墙范围中的券体从哪个高度起券,它也不能抛开与其余斜券起券处水平交接的基墙墙面,两者仍旧要保持为同一垂直面,亦即在基墙顶面高度以下的三角形券面区域必然也是垂直面。这样一来这个局部三角形垂直面券体与上部券体的连接已显薄弱(不参与顶部曲面的塑造),二来此处呈垂直面的基墙反而因三角形券面的居中而分为三部分,对于抵抗侧向推力而言,这些砖砌墙体的整体性并不好。如若下部方形体量的墙壁整体性不好,上部穹顶便谈不上牢固。

在上文列出的一百多个四隅券进式穹窿墓葬中,能够确认的穹顶斜券最低起券位置伸入基墙内部的类型二墓葬实例只有 18 处,这也从一个侧面说明这种起券方式并非更加合理或必要,详见表 2.9。

表 2.9 类型二墓葬实例

省份	东汉晚期至三国	西晋	东晋
河南	南阳邢营 M2 墓,防爆厂住宅小区汉墓 M62、84	——	——
湖北	鄂城 M1002 墓,襄阳城东街 M8 墓 贾巷 M8 墓、贾巷 M29 墓(暂定六朝)	鄂城 M2174 墓,鄂城 M2262 墓 丹江口玉皇庙 M4 墓	——
湖南	——	长沙 24 墓(暂定两晋) 安乡西晋刘弘墓	
江苏	南京江宁上坊孙吴墓 南京仙鹤山 M4 孙吴墓 南京江宁黄家营第五号六朝墓	南京江宁谷里 M2 墓(两晋之际) 南京邓府山 87YDM30 墓	南京仙鹤观 6 号墓

上述实例中,前室、后室、单室均有单独采用类型二的,规律难寻;从时期上看,东晋较少采用;从地域上看,以南京、鄂城这两座曾经的都城出土较多,说明类型二可能属于一种等级制式,而非结构需求,但因实例有限,尚无定论。

类型一中有一个特殊实例需要说明,马鞍山当涂新市镇刘山村东晋墓后室基墙正常顶面位置出现了一个丁砖砌筑的直棂假窗,为避免穹顶斜券直接压在丁砖上,直棂窗上部又砌了四皮顺砖,导致基墙中间局部升高,这应是为了满足墓葬文化的形制要求而出现的灵活做法。

南京邓府山 87YDM30 墓(孙吴)则是类型二中的特殊实例,其后室穹顶伸入下部基墙的券砖形成一个矩形区域,落在地面以上三皮砖处,且内含以三块砖组成的"T"形部分(图 2.34、图 2.35),略似直棂假窗,原因不详。

5) 跨度(以下实例相关尺寸详见附录 1)

四隅券进式穹窿的内部跨度可从两个角度来认识,一个是矩形最大边长和最小边长,一个是最大和最小对角线长度,从力学意义上来说,后一数据对于正方形平面同样具有参考价值。正方形平面中,对角线长度最大的无疑是边长最大的,但因为标准的正方形在四隅券进式古墓穹窿实例中比较少,所以不具有广泛的典型意义,而且古代施工过程纯粹依靠匠人的手艺;相比之下,大跨度的长方形平面应

---

❶ 南京市博物馆.江苏南京仙鹤观东晋墓[J].文物,2001(3):4-40.

该更具难度,其最大长边也明显大于已知的正方形实例边长,所以在此仅讨论大跨度长方形平面的情况。

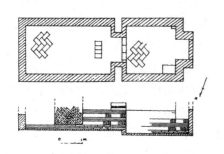

图 2.34　南京邓府山 87YDM30 墓　　图 2.35　南京邓府山 87YDM30 墓剖面(局部)

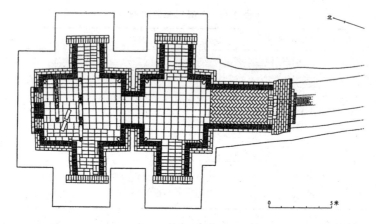

图 2.36　南京江宁上坊孙吴墓平面

目前已知的最大矩形长边实例是南京江宁上坊孙吴墓后室穹窿(图 2.36),长 6.03 米,宽 4.56 米,对角线跨度 7.56 米,应该也是最大的,这个墓前室尺寸 4.48 米×4.44 米,对角线跨度 6.31 米,也属较大跨度。这个实例属于孙吴后期宗室(或权臣)墓,跨度之大应与墓葬等级有关。

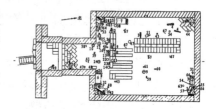

图 2.37　南京郭家山 M10 墓平面

其他跨度较大的实例有:南京郭家山 M10 墓(东晋早期)(图 2.37),单室,5.6 米×4.28 米,对角线跨度 7.05 米;襄阳樊城菜越三国墓,前室平面为长方形,长 4.58 米,宽 4.2 米,对角线跨度 6.21 米;南阳市防爆厂住宅小区东汉晚期墓 M84,前室长 3.1 米,宽 5.8 米,对角线跨度 6.58 米。

已知的最小矩形短边实例是南京郭家山 M6 墓侧室(孙吴晚期),长 3.3 米,宽 1 米,高 1.4 米(图 2.38),其高度低于一人身高,可算是特例。那么,长短边的尺寸和穹顶矢高是否有一定关系呢?把宜兴晋墓 M1(西晋)和南京江宁沙石岗孙吴天册元年墓(孙吴晚期)对比可知,两个平面尺寸相当的实例,四隅券进式穹窿的高度差别很大,对角线上的高跨比差异明显,所以不能说郭家山 M6 墓侧室宽 1 米、高 1.4 米的穹窿就是受制于宽度的结果,只能认为该侧室等级较主室为低(主室残高

2.1 米)。与此高度相似的南京郭家山 M11 墓(西晋)(图 2.39),单室,长边 3.55 米,短边 1.2 米,高 1.42 米,剖面形态近似于盝顶,可能受到后者的形态影响。该单室墓属西晋小型墓,墓主级别应较低。

另一个较小短边的例子是扬州胥浦六朝墓 M70 南后室,长边 3.27 米,短边 1.1 米(图 2.40),仅大于南京郭家山 M6 墓侧室,高度不详。

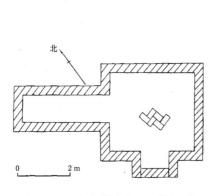

图 2.38　南京郭家山 M6 墓平面

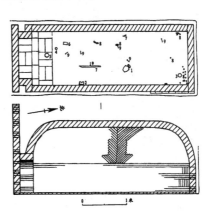

图 2.39　南京郭家山 M11 墓

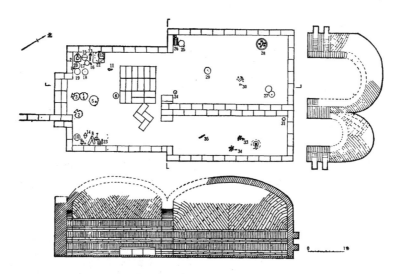

图 2.40　扬州胥浦六朝墓 M70

6) 券厚

穹顶厚度受两方面影响:一为用砖皮数,一为用砖大小。以同属南京孙吴墓的两处穹窿为例,南京江宁上坊孙吴墓穹顶为二皮丁砖厚(图 2.41),比较罕见,用砖丁顺都有;南京江宁沙石岗孙吴天册元年墓前室穹顶为一皮丁砖厚(图 2.42),用砖丁顺都有,丁砖为刀形砖,长 34 厘米,宽 15.5 厘米,厚 3～4.3 厘米;马鞍山朱然墓前室穹窿厚为一皮丁砖,但用砖较大,主要为 40 厘米×20 厘米×5.5 厘米,为其他墓所罕见,另有少量 36 厘米×18 厘米×5 厘米的用砖。

虽然中小型穹顶常采用一皮丁砖,但从施工工艺上说,较厚穹顶是否一定与大跨度穹顶相对应尚难定论,因为从穹顶正常受力上说,一皮砖已经足够了。更大的可能是穹顶较大厚度与大跨度都是等级和财富的体现。当然穹顶较厚对于防盗、抗震、抗渗都有一定作用,这里面也体现了一定的经验积累。

图 2.41 南京江宁上坊孙吴墓后室穹顶局部残状

图 2.42 南京江宁沙石岗孙吴天册元年墓前室穹顶(迁建中)

2.2.2 四隅券进式穹窿次要形态特征

次要形态特征指与四隅券进式穹窿结构特征非密切相关的因素,但对四隅券进式穹窿空间样态有显著影响。

1) 四隅

四隅券进式穹窿在四隅与墓壁交界处出现四种形态的做法:一种为券体与墓壁直接相连,无任何装饰构件;二为墓壁角部顶端水平挑出半砖(称羊角砖),外露的端面与两壁呈45°;三为墓壁角部顶端水平挑出石质兽头,兽头头颈中心线与两壁呈45°;四为墓壁角部顶面以下砌砖柱。

第一种做法较为常见,如南阳邢营 M2 墓,在基墙的四隅交叉顶点"各平置一砖,砌为抱角,同时券进收缩……❶",襄阳贾巷 M29 墓也是类似做法,唯抱角砖为两皮(图 2.43)。

第二种做法也较为常见,在123 处墓葬中至少有 26 处,且前、后室均有可能出现,每室数量从 1~4 个不等,主要作用除了起到抱角砖协助发券的作用外,还可作为灯台使用。发现此

图 2.43 襄阳贾巷 M29 墓隅角做法

---

❶ 南阳市文物工作队.南阳市邢营画像石墓发掘报告[J].中原文物,1996(1):115.

种做法的省份有湖北(1 处)、安徽(1 处)、江西(1 处)、江苏(23 处)四省,又以南京市最为集中,62 处墓葬中 22 处有此做法,其中孙吴 9 处、西晋 6 处、东晋 6 处,断代为孙吴至西晋的 1 处,仅就南京而言,各代流行程度很难说有绝对差异。需要说明的是,江西瑞昌马头西晋墓的四隅为较厚的悬脚灯台(图 2.44),长 0.19 米,宽 0.17 米,高 0.3 米,显示出地方做法的差异,除此之外各例所挑半砖均为一皮。但这种羊角砖做法并非四隅券进式穹窿独有,也就是说,并非专为发斜券而设,例如南京甘家巷前头山一号墓❶(六朝)、南京江宁索墅砖瓦厂一号墓❷(西晋),以及相当于魏晋时期的新疆库车友谊路墓群等(图 2.45)。

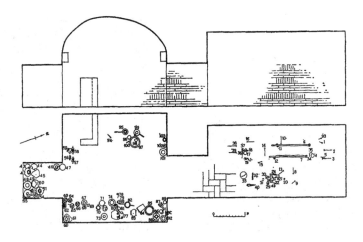

图 2.44 江西瑞昌马头西晋墓

 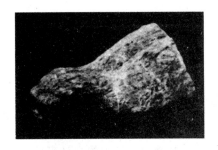

图 2.45 新疆库车友谊路墓群 M14 羊角砖　　图 2.46 南阳第二化工厂 21 号画像石墓龙头

第三种做法较少,但对墓室的空间品质影响较大。目前发现的实例有 6 处:南阳第二化工厂 21 号画像石墓(图 2.46)、南阳桐柏县安棚画像石墓、南京江宁上坊孙吴墓(图 2.47)、南京市防爆厂住宅小区汉墓 M62、南阳市防爆厂汉墓 M208、马鞍山当涂孙吴墓(2015 年发掘)。南阳第二化工厂 21 号画像石墓室四角各砌入一兽头,考古报告认为包含二龙二虎。南阳桐柏县安棚画像石墓,前室东南、西南二角距地 1.6 米的墓壁中各砌入一石羊(露出头部),面向前室中部。二羊形状相同,只雕出头、颈部分,西南角的头部稍大,身体部分为长条素石,应为砌入墙体部分。

❶ 金琦. 南京甘家巷和童家山六朝墓[J]. 考古,1963(6):305.
❷ 南京市博物馆. 南京狮子山、江宁索墅西晋墓[J]. 考古,1987(7):611.

南京江宁上坊孙吴墓，前、后室八个角均砌入石质兽头（形似牛头），但各兽头之间样态不尽相同。马鞍山当涂孙吴墓前室角部石雕据报道为牛头，后室尚未被发掘。南阳市防爆厂 M208 汉墓垫角石形态不详。南阳市防爆厂住宅小区汉墓 M62 发现 4 件石虎，应为垫角石。这些兽头可以起到羊角砖的作用，便于四隅发券。另外，有专家认为南阳第二化工厂 21 号画像石墓的兽头可以在发券时起到向心引导方向的作用❶，当然也可同时作为灯台。实际上这些隅角兽头还应具有更多的象征意义，留待后文讨论。这种四隅砌入兽头的做法并非四隅券进式穹窿所独有，也见于北方其他穹窿类型❷（图 2.48），反映的应是东汉、六朝墓葬文化的普遍特征。

图 2.47 南京江宁上坊孙吴墓前室西侧兽头位置

图 2.48 嘉峪关新坡 M7 前室隅角龙头

第四种做法较少，应属于第二种做法灯台功能的变通，同时起到加固角部的作用，但不参与发券。如鄂城 M5014 墓（吴晋之际）（图 2.49），南昌火车站 M5 墓（两晋之际），宜兴晋墓 M5，南京江宁谷里 M1、M2 墓（两晋之际，但砖台高度不详）等，笔者将襄阳城东街 M8 墓也归入此类，详见附录 1。

2) 基墙上部券体的异样砌法

在已知实例中，基墙以上穹顶部分的券体样态并非整齐划一，仍旧出现了多种变化，虽然对穹顶结构不会产生本质影响，但却大大丰富了空间品质的多样性。

a) 壁龛

发现多例，基墙立面呈"凸"字形，且会导致穹顶券体内出现数皮顺砖。主要包括南京

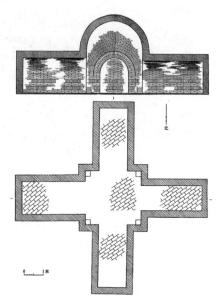

图 2.49 鄂城 M5014 墓

---

❶ 南阳市文物工作队. 南阳第二化工厂 21 号画像石墓发掘简报[J]. 中原文物，1993(1)：77-81.
❷ 陈菁. 汉晋时期河西走廊砖墓穹顶技术初探[J]. 敦煌研究，2006(3)：24.

郭家山M9墓、M10墓、M12墓(东晋),南京象山7号东晋墓(图2.50),仙鹤观6号墓(东晋)等,似乎属于南京东晋大家族墓的惯用手法。因为南京象山5、6、7号东晋墓同属王氏家族,7号墓墓主可能为王廙(王羲之的叔叔),5、6号墓基墙中均有壁龛出现❶,而郭家山M9墓、M10墓、M12墓同属东晋名臣温峤家族,仙鹤观6号墓墓主属广陵高崧家族。如此说属实,则南京林业大学六朝墓(2012年发掘,单室有壁龛,属六朝墓群)为东晋墓的可能性较大。

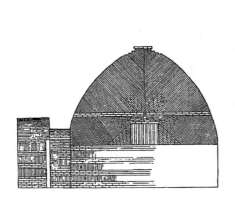

图2.50　南京象山7号东晋墓剖面

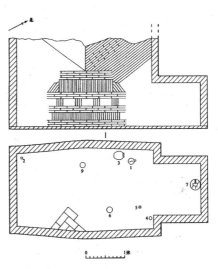

图2.51　马鞍山东苑小区M2墓剖面

b) 假窗

假窗指的是砖质直棂窗,会导致穹顶券体内出现数列丁砖,交错内凹。例如马鞍山东苑小区M2墓(东晋)(图2.51),南京江宁上湖M3墓(西晋),江宁谷里M1、M2墓(两晋之交),郭家山M5墓(东晋),郭家山M9墓、M10墓、M12墓(东晋),象山7号东晋墓,老虎山晋墓M1(东晋),仙鹤观6号墓(东晋),雨花台区宁丹路东晋墓M1,雨花台区长岗村李家洼M9墓(东晋)等。可见,此做法属两晋时期流行于马鞍山、南京两地的地方做法。

c) 其他券体变化

壁龛或假窗周边的一些异样砌法或多或少与二者相关。如上述出现假窗的13个墓葬,大多数在直棂窗上部和两侧出现了异常砌法,窗上部加砌顺砖以便在立砖和斜券砖之间形成过渡,窗两侧对称地砌一排45°斜砖以便"扶"住直棂窗。南京江宁谷里M1墓直棂窗上部顺砖之上还出现了更复杂的砌法(图2.52),但因墓顶已残,难以看出范围大小。江宁谷里M2墓直棂窗出现在深入基墙内部的券体三角区域内,在斜券内出现了丁顺的交替变化(图2.53)。南京仙鹤观6号墓起券位置接近地面,但显然与上部券体并非以直线相接,无法形成整体,原因也在于上、下两部分券体之间假窗的设置。也许是为了强调上部穹顶的整体性,南京象山7号东晋墓直棂窗上部顺砖之上出现了两皮沿周长贯通的顺砖,把上部穹顶与下部

---

❶ 南京市博物馆.南京象山5号、6号、7号墓清理简报[J].文物,1972(11):23-36.

券砖完全分开。这四个例子可以看作假窗这一元素的间接影响。

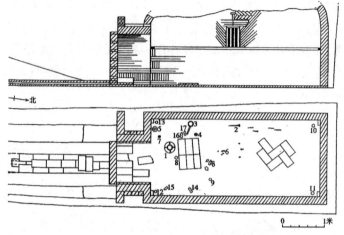

图 2.52　南京江宁谷里 M1 墓

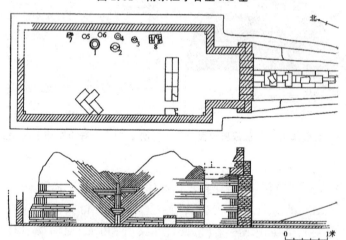

图 2.53　南京江宁谷里 M2 墓

有一处例子比较特殊：宜兴晋墓 M5（图 2.54），后室基墙上部中间位置先用对称斜砖发一弧形券面（弦长 1.9 米，矢高 0.4 米），再在其上发穹顶大券面，这一做法并无结构上的必要，具体原因不详。

由以上实例可以看出，在一些地区，四隅券进式穹顶的砌筑方式演变出很多灵活性，以与墓室某些功能要求相结合。壁龛和假窗导致券体砌法局部出现异质，会改变穹顶的圆融性，比如直棂窗部分就不会做成曲面，相当于垂直墙面的局部延伸，加之立面层次更为丰富，应该会使穹顶更为高耸，坏处则是削弱了穹顶的整体性和受力的合理性。

穹顶券体的其他变化砌法也有这种弊端。

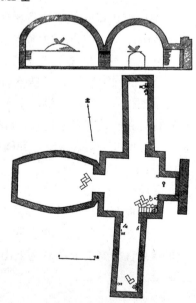

图 2.54　宜兴晋墓 M5

本来就基墙的砌筑而言,不论类型一还是类型二,不论下部基墙的丁顺秩序如何,穹顶斜券券脚一般可以做到落在铺地砖或墙身顺砖上(基墙中部出现券洞的情况除外),但穹顶内部的排列变化却会导致部分券脚落在另一个方向的斜砖上(如南京郭家山 M9 墓)(图 2.55)或台阶式排列的顺砖端头上(如南京郭家山 M5 墓)(图 2.56)。券砖排列方式变化过多,难免在排列变化处出现很多薄弱位置(比如无法使用整砖而用碎砖填塞),对整体受力不利。

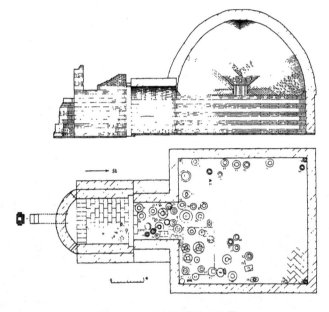

图 2.55 南京郭家山 M9 墓

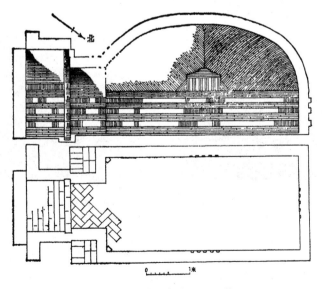

图 2.56 南京郭家山 M5 墓

3) 结顶

与四面结顶式穹窿券砖类似,到了穹窿上部结顶位置,四隅券进式穹窿的券砖倾角会越来越大,甚至接近 90°,这时就需要采取一定方式把这个顶部收住,整个穹窿才会牢固。基本的结顶方式也与四面结顶式穹窿类似,一般用砖或用压顶石,但也有特殊做法。

用砖有两种方式:一种是平砖,一种是立砖。前者如南京郭家山 M10 墓(东晋)等为二块平砖并列;南京老虎山晋墓 M1(东晋)为一整块菱形砖封顶;南京板桥六朝墓(六朝早期)由两块三角形砖相拼封闭;南京象山 7 号东晋墓顶部内凹出四层菱形藻井,最终以平砖收顶。南京之外的例子中,以平砖收顶的也有很多,这种呈方形或菱形的平砖收顶形式在考古报告中也常被称为"方胜"式。后者的例子如南京江宁沙石岗孙吴天册元年墓,四块立砖封顶(图 2.57);苏州吴县狮子山西晋墓 M2,以两块楔形立砖封顶;马鞍山朱然墓(孙吴),以三块立砖封顶(图 2.58);鄂城 M1002 墓(孙吴),"顶部正中并列镶嵌两块特别的青灰砖,砖的一端为圆形,横穿一孔,孔中横门着一根长约 0.4 米的铁穿钉,原来可能是用来悬挂物件用的",其做法比较特殊。四面结顶式穹窿也有立砖封顶的做法,如魏晋时期的新疆库车友谊路墓群(图 2.59)。

图 2.57　南京江宁沙石岗孙吴天册元年墓天顶(异地复原后)　　图 2.58　马鞍山朱然墓天顶(修复后)

图 2.59　新疆库车友谊路墓群 M13 天顶　　图 2.60　南京江宁上坊孙吴墓压顶石

压顶石的例子并不多,包括南阳第二化工厂 21 号画像石墓(东汉末年至魏晋),南阳桐柏县安棚画像石墓(东汉末年),宜兴晋墓 M1、M2(西晋),南京江宁上坊孙吴墓(图 2.60),南阳市防爆厂住宅小区汉墓 M62(图 2.61)。从级别推测,马鞍山当涂孙吴墓可能有压顶石,但因仍在发掘中,未见报道。

部分实例在顶部出现非结构性做法,如杭州临安板桥五代墓,穹顶圆形暗窗中镶嵌铜镜(图 2.62);杭州临安晚唐钱宽墓前室穹顶中心绘圆三重,中心圆内绘二十八金色圆点,圆外绘八角形。因为结构做法被遮蔽,推测可能类似于同样带有粉刷的南京老虎山晋墓 M1（东晋），为青砖封顶。这种非结构性的顶部处理属于四隅券进式墓葬穹窿的晚期变化。

图 2.61 南阳市防爆厂住宅小区汉墓 M62 嵌顶石　　　图 2.62 杭州临安板桥五代墓穹顶四灵八卦铜镜拓片

4）粉刷

四隅券进式墓葬穹窿内表面基本上为清水效果，但也有少量实例出现粉刷，使得室内空间样态发生本质变化，如南京老虎山晋墓 M1（东晋），室内和甬道砖壁上都粉刷有厚约 1 厘米的石灰一层；杭州临安板桥五代墓、临安晚唐钱宽墓，穹顶内表面都覆以石灰，并施彩绘。总体来看，石灰粉刷出现于四隅券进式墓葬穹窿发展的晚期，受到墓葬文化变迁的影响，与穹窿本身施工方式无关。

2.3　四隅券进式穹窿的分期与分区

虽然本书辑录的实例范围具有明显的阶段性特征，但这些已知实例的数量和分布广度（含时期和地域两个方面）已达到了相当的规模，应该能够比较充分地反映历史的真实，因而是有效的，可以据此初步探讨这一墓葬穹窿形式的传播、分布状况。

排除北魏孤例所在的山西省，从余下七省区的实例分布情况来看，首先地域分布涵盖了长江中下游地区（河南南阳属汉水流域）、钱塘江流域，时期上从东汉末期一直延续到五代，突破了考古界通常提到的"长江中下游地区"和"六朝"的视阈，所以应从更广阔的文化范围来对这一建筑类型的传播、分布加以研究。

2.3.1　分区

考古界学者一般将长江中下游墓葬按照中游、下游区分，四隅券进式墓葬穹窿自然从属于这个大的分区标准。关于长江中、下游的区分❶，本书以江西湖口为界，据此将豫、鄂、湘、赣的实例划入中游，皖、苏的实例划入下游，这也符合考古学界对长江中下游墓葬的基本划分。浙江省的实例属于钱塘江流域，实例不多，年代也较分散，考虑到这一区域与长江下游的太湖流域在文化、地理上有着很大的相关

---

❶　长江上、中、下游的区分，地理学界并无固定提法，如有以四川宜宾以西为上游，湖北宜昌以东为下游，宜宾至宜昌之间为中游的；也有宜宾以上为上游，宜宾至江西湖口为中游，湖口以下为下游的；还有宜昌以上为上游，宜昌与湖口之间为中游，湖口以下为下游的。

性,所以把这6处实例与长江下游并为一区,称为"长江下游及钱塘江流域"。

当然这个中、下游的大区域又可细分,如中游再分为汉水流域(汉魏地区、南阳、襄阳、十堰)、湘江—洞庭湖流域(长沙、益阳、常德)、赣江流域(南昌)、长江干流区域(鄂城、九江);下游细分为:长江干流区域(南京、马鞍山、扬州、镇江)、太湖流域(无锡、苏州、湖州)、钱塘江流域(杭州),但因各子区域实例不等,很多无法形成系统规模,这种分法是否有效还要等更多的实例发掘来支持和验证❶,所以最终的细节分析暂时还只能落到具体的城市上。

通过前文的各项分析可以看出,四隅券进式墓葬穹窿的内部形态具有一定的城市地域特征,如南京地区羊角砖的集中出现,两晋时期马鞍山、南京两地的关于壁龛和假窗的典型地方做法,发券位置分类中类型二在鄂城、南京的较多应用,南阳地区对画像石的使用,等等,都提醒我们形态特征演变因地域不同而表现出丰富的灵活性。而地域性在各个朝代又可能有着不同的表现方式,需要综合考虑。

总的来说,无论中游、下游,都存在着若干在六朝某一时期政治地位较高的中心城市,影响着四隅券进式墓葬穹窿在长江流域的布局与密度。从数量分布上看,江苏南京地区所占比例甚大,已知62处(按墓葬数量),约占总量的50%,显然和南京长期作为东吴、东晋首都有关;而湖北鄂州(曾名武昌)有一定规模的实例集中出现,也应和鄂州曾是东吴早期和末期的都城有关,这也间接证明了通常所言的"四隅券进式穹窿墓葬是一种高等级的墓葬形式"的说法;马鞍山素为六朝古都南京的畿辅之地,甚至有学者推测东吴景帝孙休定陵亦在此处❷,可证其地位之高;南阳曾为汉代"五都"之一❸,其四隅券进式穹窿画像石墓又同时从属于南阳汉画像石墓这一个大的文化现象;襄阳在汉末则为荆州牧治所;其他城市实例也或多或少有着自己的地域特征,但规模不大或者并不典型,所以不再展开讨论。

2.3.2 关于四隅券进式穹窿分期的讨论

1) 考古界关于长江中游六朝墓葬的分期

蒋赞初先生在1981年中国考古学会第三次年会上根据墓葬的形制和随葬品的演变规律,将长江中游六朝墓葬分为四期❹,即东汉末至孙吴时期、自西晋统一至东晋初期、东晋中后期、南朝时期,并总结特征如下:

(1) 第一期墓葬:除流行于东汉以来的"三顺一丁"式墓壁、券顶和地砖铺成席文外,还较早地出现了四隅券进式穹窿结构。

(2) 第二期墓葬:主室墓壁普遍向外弧出,表现为湖南地区六朝墓的特点之一,该样态的早期实例可上溯到孙吴时期;而在长江下游地区,这种弧形墓壁要迟

---

❶ 例如马鞍山和南京能否划到一个子区域尚待讨论,现有实例已然表现出不少区别,不少考古学者一直强调马鞍山六朝墓葬的特殊性,但马鞍山和南京在大如平面形制、小如直棂假窗的使用上又表现出共同的喜好。参见:王俊. 马鞍山六朝墓葬发掘与研究[M]. 北京:科学出版社,2008:序二(Ⅲ-Ⅳ).

❷ 马鞍山市文物管理所,安徽省考古研究所. 马鞍山宋山东吴墓发掘简报[M]//王俊. 马鞍山六朝墓葬发掘与研究. 北京:科学出版社,2008:59.

❸ 南阳市地方史志编纂委员会. 南阳市志[M]. 郑州:河南人民出版社,1989:936.

❹ 蒋赞初. 长江中游六朝墓葬的分期和断代——附论出土的青瓷器[M]//蒋赞初. 长江中下游历史考古论文集. 北京:科学出版社,2000:85-94.

到东晋中晚期才开始流行。本期少数大型墓的主室常为穹窿顶,并继续沿用四隅券进式砌造方法。从古武昌地区本期墓葬来看,西晋贵族厚葬之风很盛。

(3) 第三期墓葬特征未涉及穹顶,第四期墓葬无四隅券进式墓葬穹窿实例,均不再赘述。

在1987年发表的《长江中游地区六朝考古的重要发现》一文中,蒋赞初先生又将长江中游六朝墓葬分为三期❶:孙吴西晋、东晋和南朝,并认为:孙吴西晋时期的墓葬基本沿袭了东汉多室墓和厚葬的特点,但又有所简化;东晋时期墓葬与孙吴西晋墓葬相比,趋于简化和薄葬。

2) 考古界关于长江下游六朝墓葬的分期❷

蒋赞初先生将长江下游六朝墓葬分为三期❸:孙吴及西晋、东晋及刘宋、刘宋以后。

(1) 孙吴及西晋

从墓葬形制来看,此期以穹窿顶双室墓最具有典型性。穹顶墓的形制又可分为前、后室均为穹窿顶,以及前室穹窿顶、后室券顶两种样式。孙吴时穹顶双室墓的墓顶砌造不甚规整,前室常带有小耳室;但西晋时同型墓的穹顶砌法则十分规整,普遍采用四隅券进式,西晋穹顶墓一般不再附小耳室。主要有两大特征:

第一,孙吴时期墓葬保留有较多东汉旧俗。如附带小耳室的砖室墓是孙吴墓葬的显著特征之一,但东汉前期这种耳室在中原地区就已衰退,代之以较大侧室。又如穹顶双室墓是中原地区东汉时期流行的墓型,常在前室设奠、后室置棺。西晋时,中原地区已流行穹顶单室墓,但在江东地区的孙吴和西晋时期,穹顶双墓仍然流行。不过西晋时江东地区已能运用工艺相对进步的四隅券进式方法来砌造更为坚固而规整的穹顶墓。

第二,西晋时期除用四隅券进式砌造穹顶墓外,又出现了前室穹顶、后世券顶的双室墓。平面作"凸"字形的短甬道单室券顶墓开始多见,带小耳室的墓逐渐减少并趋于衰退,而叠涩顶墓则逐渐消失。

(2) 东晋及刘宋

此期在葬俗方面,受到中原地区更大影响,一些孙吴的旧俗渐趋消失。由此期墓葬形制来看,无论是穹顶双室墓,还是前室穹顶、后室券顶的双室墓均趋于衰退,而平面呈"凸"字形或刀形的短甬道单室券顶墓代之而兴。不过平面呈"凸"字形的穹顶单室墓仍有发现,且多为中型墓,这种墓制在中原洛阳西晋大中型墓中常见。

---

❶ 蒋赞初. 长江中游地区六朝考古的重要发现[M]//蒋赞初. 长江中下游历史考古论文集. 北京:科学出版社,2000:62-67.

❷ 关于蒋赞初先生关于长江中下游地区分期的观点,部分考古界学者的如下评论可供参考:对长江中下游的地理范围缺少必要的界定,所使用的材料主要限于南京和鄂州两地;没有运用严格的考古类型学方法,影响了对某些重要问题的进一步探讨;将长江下游孙吴西晋分为一期,将东晋纳入第三期,未能注意到东晋早期与孙吴中后期、西晋的关系。本书研究中部分避免了这些问题,但某一朝代初期与前朝的关系只能用对"迟滞性"的提醒来修正,尚无法做到以某一特定年份来做精确划分。参见:韦正. 长江中下游、闽广六朝墓葬的发现和研究[J]. 南方文物,2005(4):73.

❸ 以下参见:蒋赞初. 关于长江下游六朝墓葬的分期和断代问题[M]//蒋赞初. 长江中下游历史考古论文集. 北京:科学出版社,2000:74-84.

主要有三大特征:

第一,长江下游东晋墓葬既沿袭了孙吴和西晋时期江东地区墓葬某些旧俗,又继承了以洛阳为代表的西晋墓制,在建康地区似乎以后者影响为主。可见东晋时确实曾在江东地区恢复了某些中原传统葬制。

第二,从东晋墓葬主要形制特征来看,双室墓已接近尾声,平面"凸"字形的短甬道券顶单室墓上升为主要形制,平面呈刀形的短甬道券顶单室墓次之,带甬道的穹顶单室墓仍有发现。

第三,东晋墓葬随葬品组合较孙吴和西晋时期有了较大变化。

将长江下游地区孙吴及西晋墓归为一期似乎为老一代考古学家的共识,例如李蔚然先生研究南京六朝墓时也认为:"自公元229年孙权徙都建业,至公元317年西晋灭亡,前后八十八年。甘家巷后山发现的吴建衡二年墓,当西晋泰始六年(公元270年)。江宁上坊发现的吴天册元年墓,已属西晋咸宁元年(公元275年)。因此把这两个时期的墓葬合并在一起加以综述比较适宜❶。"

另外,宿白先生将长江中下游六朝墓葬分为四期❷:东汉末至吴初(3世纪初至3世纪中)为第一期,吴中期至东晋初(3世纪中至4世纪初)为第二期,东晋、刘宋合为第三期,齐梁陈合为第四期,与蒋赞初先生对下游地区的分法有细微差别,总体相似,唯第一期强调孙吴初期对东汉旧制的继承,故单独划出。

3)关于四隅券进式墓葬穹窿的分期讨论

以上所列观点乃考古界老一辈学者的研究成果,已有广泛影响。但据此也可看到,其中既有共识,也有前后不一致的地方,那么四隅券进式墓葬穹窿的分期是否应该直接拿这些观点作为依据呢?在此根据长江中下游两大分区,暂按朝代各自直接分期,由此所得的时期选项自然较上文的讨论在数量上要多一些,但好处是可以初步比较一下按朝代分期与按考古界老一辈学者观点分期对于四隅券进式墓葬穹窿的适用性。

表2.10仅包括已有较明确的时期断代的实例,并且考虑到葬制的相对延续性,属于朝代交替时期难以准确断代的墓葬在类型上归入前朝,如"吴晋之际"的归入吴,而笼统判断属于两个以上时期的实例则不统计,如长沙、鄂州的部分实例,共110处墓葬(不含尉迟定州墓)。

表2.10 各朝代实例统计

区域	东汉末期(A)	三国(B) 其中:曹魏(B1)孙吴(B2)		西晋(C)	东晋(D)	南朝以后(E)
长江中游流域(I)(豫、鄂、湘、赣)	AI:10处	BI1:4处	BI2:6处	CI:8处	DI:2处	
长江下游及钱塘江流域(II)(皖、苏、浙)			BII2:28处	CII:24处	DII:26处	EII:2处

---

❶ 李蔚然.南京六朝墓葬的发现与研究[M].成都:四川大学出版社,1998:22.
❷ 中国大百科全书出版社编辑部.中国大百科全书·考古学[M].北京:中国大百科全书出版社,1988:421.

根据此表可得出如下结论：

下游流行时间明显迟滞于中游，但中游数量明显逊于下游，似乎说明尽管这一穹窿形制最早出现于中游，但更为江东文化所接受。就中游而言，数量上以汉末、三国和西晋为主，而东晋数量较少，一方面不排除有些墓葬实例无法准确断代造成的表面现象，另一方面也不能忽略东晋之时中原士大夫南渡建康，受中原影响，中游墓葬文化的经济基础可能被部分抽离。就下游而言，三国、西晋、东晋三者数量相当。

若将表中两个区域作数量上的同期对比，三国时期长江中游流域与长江下游及钱塘江流域比率为0.36∶1，西晋时期为0.33∶1，东晋之时为0.08∶1。虽然上述比值不具有绝对的准确性，但东晋与前两期相比，变化殊大，说明东晋之时，两个区域在葬制上应该有很大不同，东晋与西晋分为不同的两期很有必要。

那么，三国和西晋是否值得分开呢？从数量上看，似乎变化不大，需要做其他特征统计（按表2.10编号）：

BⅠ1中，单室穹窿的1处，前室为穹窿的2处，前室、后室均为穹窿的1处；

BⅠ2中，双室墓前室为穹窿的5处，三室穹窿的1处，前室穹窿明显占优，可见尽管同处中游，魏与吴还是有所不同的；

CⅠ中，双室墓前室为穹窿的4处，前室、后室均为穹窿的2处，单室穹窿的2处。

就中游来说，因为总体数量较少，似乎可以参照蒋赞初先生的做法把三国和西晋合成一期，但又不便把东汉和东晋并入，因汉末数量已形成一定规模，特征明显，且有内部差异，而墓葬研究中也没有将两晋合并的主张，因此还是分为四期的好。东吴末期与西晋初期在时间上有十余年的交叉，但因讨论葬制变化时主要归纳各期的主要特征，所以应不会引起混乱。

BⅡ2中，前室为穹窿的14处，前、后室双穹窿的11处，其他多室穹窿的3处；

CⅡ中，前室为穹窿的4处，前、后室双穹窿的9处，单室9处，其他多室穹窿的2处。

就下游来说，西晋的单室穹窿为三国时期所罕见，前、后室双穹窿也要明显多于仅前室为穹窿的双室墓，所以西晋与三国（吴）应分列。

通过以上分析，笔者认为，无论长江中游流域，还是长江下游及钱塘江流域，宜按东汉末期、三国、西晋、东晋、南朝以后分为五期；按各自区域讨论时，则各按朝代分为四期。

在一些学者对中原地区魏晋十六国墓葬的分期研究中，第一期的断代在东汉献帝初平元年到曹魏正始之前，其特点是"数量稀少、修建简陋"，但相关分析主要以洛阳及附近地区为主[1]。宿白先生则主张魏至西晋（3世纪至4世纪初）的中原墓葬划为一期[2]，但所举墓例在正始之后，也以洛阳为主，是否赞同"东汉献帝初平元年到曹魏正始之前"为一期已很难判断。不过就本书墓例而言，南阳、襄阳

---

[1] 张小舟. 北方地区魏晋十六国墓葬的分区与分期[J]. 考古学报, 1987(1):36-37.
[2] 中国大百科全书出版社编辑部. 中国大百科全书·考古学[M]. 北京:中国大百科全书出版社, 1988:420.

虽属曹魏之地,但四隅券进式穹窿墓葬的特征却很难以中原主体特征来概括,墓葬年限也难以断定与曹魏正始时期的前后关系,所以此处仍旧按长江中游的分期来概括之。

前文提到的朝代变更之际葬制文化的迟滞性也值得注意,例如关于双室墓穹窿与单室墓穹窿之间的转变,有学者作如下描述:"在六朝早期的东吴、西晋时期,穹窿顶墓葬较多,且很多前后双室均为穹窿顶,这种形制的墓葬出现的最后时间在东晋早期,大致在公元350年前后,并且全都演变为单室穹窿顶墓❶。"这里似乎有一个疑问,因为是否为双穹窿室墓又和墓葬等级有关,不绝对代表葬制不一样,但不同时期应该均有高等级和低等级墓葬,双穹窿室墓的缺乏只能说明其不再是高等级墓制的象征了,所以分期的依据中实质也包含了等级与空间的对应关系。因此本书讨论说明,形态特征演变在不同地域有不同进度,以朝代分期只具有相对的参考作用,毕竟各种葬制因素不可能完全同步。

4) 各朝代四隅券进式穹窿典型特征

依据上文实例分析,将各朝代四隅券进式墓葬穹窿典型相关建筑特征简略归纳如表2.11所示:

表2.11 各朝代实例典型特征

区域	东汉末期	三国	西晋	东晋	南朝以后
长江中游流域(豫、鄂、湘、赣)	画像石墓典型;单室、多室墓均较多;弧壁、隅石常见;出现类型二式起券	前穹窿后券顶、前后双穹窿墓均较多;弧壁、类型二式起券较多;出现侧室穹窿;有单室穹窿	主室墓壁常向外弧出;类型二式起券较多;有单室穹窿	墓壁常向外弧出;仍有单室穹窿;总数量减少	
长江下游及钱塘江流域(皖、苏、浙)		前穹窿后券顶、前后双穹窿墓均较多;出现典型高等级墓葬;羊角砖较常见;类型二式起券较多;出现侧室穹窿	前穹窿后券顶、前后双穹窿墓均较多;出现典型高等级墓葬;直棂假窗、羊角砖常见;类型二式起券较多;出现单室穹窿	单室墓常见;直棂假窗常见;壁龛常见;羊角砖较常见	数量少;穹顶内部粉刷

由表2.11可以看出,长江中游在东汉末年便已表现出足够的丰富性和成熟程度,长江下游地区的墓葬演变较长江中游则表现出一定的迟滞性。不过这种迟滞性不仅仅限于长江中下游流域之间,中原葬制的影响始终紧随,尤其在西晋这一政权统一时期。有学者认为,西晋中期中原墓葬的主流简化为单室墓,"迄今发现的中原120座魏晋墓中,单室墓约占90%❷",那么相较于长江流域的单室穹窿墓的流行情况,后者明显为晚。另外,中原对长江中游地区也在某些方面产生同步影响,如西晋中后期中原墓葬同样以弧方形砖室墓为主流❸。

以上分期特征仅是将四隅券进式穹顶墓所有实例看作一个整体加以分析的结果,如果将某一地区的实例单独拿出,是否可能会有一些分期上的特殊现象出现?

---

❶ 南京市博物馆.南京北郊东晋温峤墓[J].文物,2002(7):28.

❷ 该资料发表时间为2004年。李梅田.中原魏晋北朝墓葬文化的阶段性[J].华夏考古,2004(1):50-51.

❸ 李梅田.中原魏晋北朝墓葬文化的阶段性[J].华夏考古,2004(1):52.

也就是说,同一城市在同一朝代的不同时期是否有着脱离总体规律、产生突变的可能性？但诸多城市中,在墓例数量上达到一定规模的实在不多,只有南京的62处墓葬具有讨论的价值。

某种程度上,东晋的建立意味着汉族政权在北方的失败,但大量的北方权贵和士人随之前往南方,定都建康(吴时称为建业),并没有适应很强、很快的过程,北方文化与江南文化之间产生了激烈碰撞。就南京的东晋早期墓葬而言,此时"一改江南东吴、西晋时多室、双室、单室墓并行的局面,而突然出现以平面凸字形的单室墓成为主流的现象,墓顶结构有穹窿顶和券顶两大类。这并非本地墓葬形制自行演变的结果,而是南渡的北人在获得政治强力和礼仪优势的情况下,带来了中原传统的丧葬习俗,这是西晋官方丧葬礼制在江南的延续。而随葬品尤其是明器的种类和组合发生了更大的改变……体现出鲜明的中原西晋葬俗特点。政治动荡下的移民群体带来的北方葬俗打断了南方墓葬的发展轨迹,但也吸收了后者的一些内容。也就是说,两晋之际南方墓葬变化的原因是非常清楚的❶"。相信四隅券进式穹窿便是这一时期被北人墓葬吸收的内容之一,可能与技术上的优势和在东吴时期的等级象征有关。"大致到了穆帝永和中期,也就是350年左右,此前还较多的穹窿顶单室墓也基本消失,墓葬面貌只有券顶单室墓一种,或带甬道,面貌十分单一。此外先前常见的直棂假窗也突然不见了,墓壁上仅有灯龛,并开始有外弧的趋势……大约在375年以后,假窗重新出现在墓壁上,而墓葬整体的形制变化不甚显著❷"(图2.63)。就南京地区四隅券进式墓葬实例反映出的特征来看,也确实符合上述归纳,在东晋中晚期确实没有发现四隅券进式穹窿实例,可证实四隅券进式穹窿的应用完全从属于南京墓葬形制变化的大背景之下。

基于类似观点,李蔚然先生对南京地区六朝墓葬的分期与笔者对整个长江下游地区四隅券进式墓葬的分区有所不同:除了将东吴、西晋视为一期之外,又将东晋分为两段,以公元317年司马睿建立东晋王朝至司马聃永和十二年(公元356年)为东晋前期,特征为:此期南京墓葬形制远不如孙吴和西晋时复杂多样,有的已消失不见,如束腰形前、后室双穹窿顶,前、后室四隅券进式顶,前室穹窿顶、后室券顶以及平顶墓等;有的已减少,如凸字形平面单室穹窿墓;有的却得到很大发展,如凸字形平面券顶墓。以东晋升平至南朝刘宋昇明为下一期,特征为:墓葬形制向单一化方向发展,穹窿顶已不见等❸。李蔚然先生关于东晋分期的分界点(公元356—357年)与上述引文的"公元350年左右"相差无几,二者的研究均揭示了南京东晋墓葬的特殊性。这种分期上的特殊性一方面源于地理、历史上的个性特征,另一方面也与研究者将所有南京六朝墓葬视作专属对象加以研究有关。将南京地区东晋前期单独列为一期的还有魏正瑾、易家胜两位学者,但依据、强调的是东晋早期青瓷器的特点❹。

---

❶ 耿朔.最后归宿还是暂时居所?——南京地区东晋中期墓葬观察[J].南方文物,2010(4):81.
❷ 耿朔.最后归宿还是暂时居所?——南京地区东晋中期墓葬观察[J].80.该文将东晋墓葬中期规定为穆帝永和晚期至升平年间.
❸ 李蔚然.南京六朝墓葬的发现与研究[M].成都:四川大学出版社,1998:28-30.
❹ 魏正瑾,易家胜.南京出土六朝青瓷分期探讨[J].考古,1983(4):353.

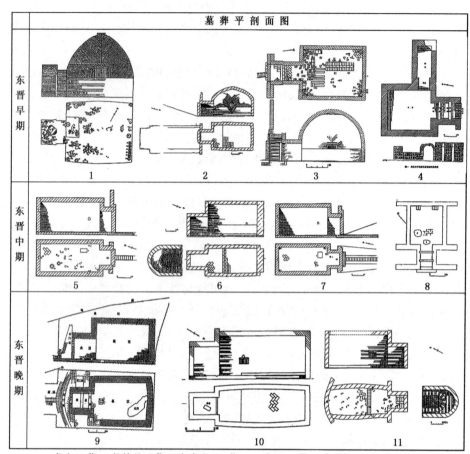

图 2.63　南京地区东晋墓葬分期示意图

1. 象山M7墓 2. 仙鹤观M6墓 3. 郭家山M10墓 4、5. 象山M8墓 6. 仙鹤观M2墓 7. 象山M10墓 8. 幕府山大墓 9. 富贵山大墓 10. 司家山M5墓 11. 仙鹤观M3墓

南京的东晋四隅券进式穹窿均属单室墓,多数属于东晋早期❶,参照上述考古学者的观点,东晋早期宜单独分期。但2008年公布的一处四隅券进式穹窿墓葬实例郭家山M12墓已知属东晋太和六年(公元371年)(图2.64),晚于"公元350年左右"这一参考点,也打破了耿朔、李蔚然等学者根据早期发掘成果作出的东晋中期"穹窿顶已不见"的论断。那么该如何为这座墓例的分期定位?

郭家山M12墓有直棂窗、壁龛,依照公元350年左右至370年之前假窗曾短暂消失的观点,这个墓例属于370年之后的情形,似乎应该单列。但因为我们毕竟是为四隅券进式穹窿进行分期,这个实例已经证明中期"穹窿顶已不见"观点不成立,假窗等非结构性因素即可以看作是伴随早期穹窿的自然延续,加之M12墓的单室平面特征、穹窿特征均未见十分特殊的方面(墓顶已残),从穹窿、墓室与东晋早期的相似性来看,不应单独划分。

在此尝试将南京地区四隅券进式穹窿进行分期:

---

❶　郭家山M9墓(NGM9)无论墓主为温峤还是其夫人,均应为东晋早期。老虎山晋墓M1为东晋永和元年(公元345年),也属早期。

2 四隅券进式墓葬穹窿分布与演变　87

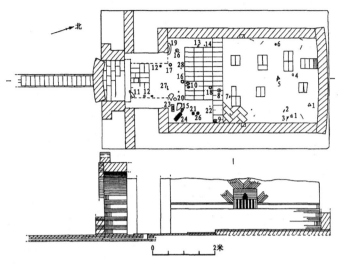

图 2.64　南京郭家山 M12 墓

首先,南京四隅券进式穹窿吴墓中未发现明显断代为孙吴早期的实例❶,孙吴早期实例见于马鞍山、鄂州等南京以西地区,符合四隅券进式穹窿墓葬形制由西向东传播的总体规律。由南京的孙吴中晚期实例来看,均为双室墓(其一为主侧室墓),分双穹窿和穹窿、券顶组合两种形式,应属等级差异所致,其中双穹窿所占比例约为50%。总体来说,孙吴时期实例特征稳定,邓府山吴墓、郭家山 M8 墓、邓府山 87YDM6 墓、板桥富丽山1号墓、唐家山孙吴墓等断代较为模糊,也正说明孙吴墓葬特征的相对统一性。

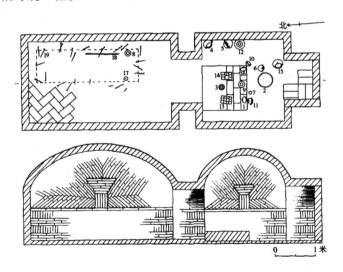

图 2.65　南京江宁上湖 M3 墓

其次,西晋早期与孙吴末期有15年左右的交叉❷,所以南京地区的西晋早期

---

❶　据表 2.6 所列实例,吴墓中年代较早的仙鹤山 M5 墓不早于公元 247 年,远远晚于孙权称帝的公元 222 年。

❷　孙吴末年为 280 年,西晋初年为 265 年。

墓都应是晚于公元280年的,较早的江宁上湖M3墓已经出现假窗(图2.65),为一显著变化。出现少量单室墓(但无法精确断代),可看作是对中原西晋单室墓形制的一种呼应,为另一变化。未发现侧室穿窿,却出现并列的双室,也是不同于孙吴之处。所以还是将其四隅券进式穿窿与孙吴分开,但整个西晋却不便再分。

东晋的情况如前文讨论,也看作一个整体。

简略将南京地区四隅券进式墓葬穿窿典型相关建筑特征归纳如表2.12所示(断代模糊的暂不计入❶),特征中强调的是各期的区别,相似之处如常见之羊角砖等特点则不再纳入:

表2.12　各朝代南京实例特征

	孙吴	西晋	东晋早中期
空间特征	均为双室墓,双穿窿和穿窿、券顶组合均有	出现少量单室墓,出现假窗,未发现侧室穿窿	均为单室墓,假窗、壁龛常见
穿窿数量	32	24	17

虽然南京的东晋早中期墓葬穿窿归为一期,但中期数量已明显下降。相比之下,政治地位较南京为低,同属江苏的镇江直至东晋晚期仍有四隅券进式穿窿墓葬出现,则可以看作是江南文化在与南渡政权主流话语之间相互适应时表现出的迟滞性所致。从南京与镇江的不同表现可知,即便是同一区域内部,不同城市之间也会有些许差别,所以关于长江中下游地区墓例总体规律的归纳仍旧只是一个相对笼统的结论,并不能因为对南京的分析恰巧与整个下游地区基本吻合就夸大整体结论的广泛适用性。

因为能够形成足够规模加以对比的城市并不多,其他城市如马鞍山、鄂州与南京的实例在数量、丰富性上都不具可比性。虽然已有学者对马鞍山、鄂州六朝墓葬作了分期的尝试,如马鞍山地区分为东吴及西晋早期、西晋中期及东晋早期、东晋中期至南朝❷,鄂州分为孙吴时期(又分为前期、中期、后期及吴晋之际)、西晋时期(分为前期、后期及两晋之际)、东晋时期(前期、后期)、南朝时期(前期、后期)❸,但都不便随即将其作为对四隅券进式墓葬穿窿分期的依据,以至无法在城市层面上超出南京一隅得出更具广泛性的补充结论。

---

❶ 包含:高家山2号六朝墓,邓府山六朝墓(1953年发现),江宁谷里M2墓,江宁谷里M1墓,南京林业大学六朝墓,雨花台区长岗村李家洼M14墓,栖霞区大山口M1六朝墓。

❷ 栗中斌.谈马鞍山地区六朝墓葬的分期及类型[M]//王俊.马鞍山六朝墓葬发掘与研究.北京:科学出版社,2008:198-201.

❸ 南京大学历史系考古专业,等.鄂城六朝墓[M].北京:科学出版社,2007:307-325.该部分为蒋赞初撰文。

3 四隅券进式墓葬穹窿营建机制

3.1 无模施工的起券实例

绪论中提到过两种可以完全不支模施工的发券结构：贴砌筒拱和四隅券进式穹窿，除此之外还有其他类型，在此分为拱顶和穹顶两种略作介绍。

3.1.1 无模施工的拱顶

不支模板、贴砌斜券筒拱的历史，可以追溯到埃及卢克索拉姆西斯二世神庙旁的土坯筒拱建筑，距今 3200 年（图 3.1），这种贴砌筒拱在北非一带称为"努比亚拱"（图 3.2），中亚称为"阿以旺拱"，如公元前 7 世纪亚述尼姆罗德（Nimrod）城王宫的下水道遗址便是以贴砌法发券，稍后同为亚述帝国都城的科尔沙巴德（Khorsabad）宫殿也曾见此做法（图 3.3）；公元 3 世纪出现于新疆克孜尔石窟的土坯砌纵券顶，是我国境内最早的阿以旺拱实例❶，其他的境内实例还有河南焦作山阳北路西晋 M1 墓等，同样采用贴砌拱顶（图 3.4）。

笔者推测，最早的不支模筒拱建筑实践，可能并非斜砌筒拱（努比亚拱），而是整体倾斜的筒拱，这个筒拱水平时是支模的，但倾斜时（主要是拱顶倾斜）则可以做到不支模。比如一个上坡的通道空间，如果采用筒拱形式罩顶，筒拱便与水平面成一夹角，此时的筒拱有两种用砖（石）方式：纵向（与筒拱走向平行）与横向（与筒拱走向垂直）。从笔者看到的小亚细亚若干实例来看，石材多采用纵向（或横纵混合），其中较小的石材错缝纵联砌筑的实例肯定支模，例如

图 3.1　埃及拉姆西斯二世神庙旁土坯筒拱

图 3.2　非洲的努比亚拱工艺

---

❶　常青.西域文明与华夏建筑的变迁[M].长沙：湖南教育出版社，1992：106.据笔者现场调研，此实例似指第 20 窟。科尔沙巴德宫殿下水道实例资料出处同相应插图，即《弗莱彻建筑史》。

棉花堡遗址某半圆形剧场后侧山坡上的一处筒拱通道(图3.5);而含有并列纵砌成分的实例所用石材较大,每皮石材与下皮之间的黏结面应无法抵抗石材自重,推测也应支模,如棉花堡遗址某竞技场的底层筒拱通道;而砖材多采用横向砌筑,如伊斯坦布尔圣索菲亚大教堂上二层通道的拱顶(图3.6),筒拱与水平面成角,横断面上的每皮砖均可贴砌,而且有的斜券一直延伸到转角处的十字交叉点上,说明此拐角的四分拱顶构造也应该是不支模完成的(图3.7)。不支模施工中唯一的问题是,这些拱顶实例每皮砖间砂浆较厚,甚至有一砖厚(推测与节省成本有关,砂浆应比红砖便宜),在斜券上抹这么厚的砂浆,需要严格控制其塌落度❶。

图 3.3　亚述帝国科尔沙巴德宫殿贴砌筒拱　图 3.4　河南焦作山阳北路西晋 M1 墓贴砌券顶

虽然上述实例与最早的北非努比亚拱实例相比年代都要晚得多,但上述推测应是支模的拱券技术发生过程中一个自然的结果,努比亚拱的产生有可能是受整体倾斜的筒拱工艺启发的。

就上述两种无模施工的筒拱而言,其拱券形状也和有模施工的筒拱一样,可以是半圆、抛物线、尖券等诸多形式,满足施工后筒拱整体横断面上各种力学模式要求。就贴砌的每皮斜券

图 3.5　土耳其棉花堡某半圆形剧场通道

而言,以抛物线形较常见。曾有学者对无模施工的努比亚拱做如下分析:"泥工们根据静力规律和材料阻力以及科学的直观理解来工作。土坯不能弯曲,不能剪切,所以抛物线形拱符合弯矩图,避免了不规则弯曲造成的压力❷。"四隅券进式穹窿的每一皮砖所形成的曲线同样也是近似抛物线的。

---

❶　这一工艺的缺点已为拜占庭建筑的研究者所熟知:"4世纪时,砖块和灰泥砌体之间的厚度比率大约是1:1,到了6世纪时则接近2:3。这个事实或许只能用节省砖块的愿望来解释。不管怎么样,过度使用灰泥会有一个无法避免的结果,那就是灰泥变干时建筑物逐渐倾斜,并且这个过程一定开始于建造的过程中,在大型建筑物上这种现象尤其严重,就像我们在圣索菲亚大教堂观察到的一样;但是几乎所有的拜占庭建筑物都显得不规则和畸形,这与其中使用了大量的灰泥有关。"〔美〕西里尔·曼戈.拜占庭建筑[M].张本慎,等译.北京:中国建筑工业出版社,2000:8.

❷　刘重义.哈桑·法希雨土坯建筑[J].世界建筑,1985(6):62.

图 3.6　伊斯坦布尔圣索菲亚大教堂坡道拱顶　　图 3.7　伊斯坦布尔圣索菲亚大教堂坡道转角

3.1.2　无模施工的穹顶

无模施工的穹顶非只"四隅券进式"做法一种,较小跨度的圆形穹顶可以直接砌筑(图 3.8),例如笔者在新疆调研期间看到的土坯囊坑砌法就是如此(图 3.9)。另外,参与本课题"四隅券进式穹窿仿建实验"的工匠师傅有过不用模板砌筑烧砖用的穹窿形砖窑的经验,这都是当代可见的无模施工的穹窿实例。

图 3.8　伊朗不支模的土坯穹窿　　图 3.9　新疆库车某村囊坑

在考古发掘与古建研究中,也有关于无模施工穹顶(拱壳)的推测,原因在于拱壳矢高越大,其砖缝与地面所成角度就越小,因此带来砌筑上的方便,使得无模施工成为可能。"东汉时,矢高较大,四面起坡的穹窿顶较为盛行❶",这被认为体现了无模施工的优势。在考古报告中,也可以发现四面结顶墓葬穹窿非常高耸的情况,类型上应属对角脊穹窿,很大可能就是以无模施工法完成的。前述穹窿形砖窑实际上也同样属于矢高较大的砌法。

根据一些拱壳顶实例资料,可以看出拱壳顶无支模的衬砌方式,"即自发券分位线开始,由下往上层层内倾、斜砌,使每层形成一个方弧形的环。这样一圈圈逐步缩小,直砌至方形平面的中心而形成一个矢高较大的穹窿顶❷"。典型的国内墓

---

❶　中国科学院自然科学史研究所. 中国古代建筑技术史[M]. 北京:科学出版社,1985:178.
❷　同上。

葬实例可以河北赞皇东魏李希宗墓❶、洛阳涧西16工区82号墓等为代表(图3.10)。后者墓顶自砖斗拱以上由方形逐渐收缩为圆形尖顶拱,年代为西晋晚期至南北朝❷,此例脊线并不突出,虽非标准的对角脊穹窿,但其矢高应可保证能够无模施工完成。国外例子中,伊斯坦布尔圣索菲亚大教堂门廊的收顶有类似手法,穹顶本身似乎也可不支模❸,平面还是长方形的。

图3.10 洛阳涧西16工区82号墓东剖面

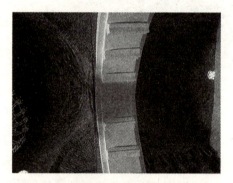

图3.11 乌兹别克斯坦布哈拉 Degarron 清真寺穹顶

在四隅券进式穹窿的国外实例中,偶尔也可见到长方形平面的例子,如乌兹别克斯坦布哈拉省(Bukhara)沙漠地带的Degarron清真寺,两个副穹窿采用四隅券进式,且都是长方形平面(图3.11)。依照伊斯坦布尔圣索菲亚大教堂内部的长方形穹顶平面等实例,能够看出在中亚、西亚一带,教堂或者清真寺的次要空间是可以出现长方形平面穹顶的,这是值得注意的一个现象。

在笔者看来,无模施工或者以简易支模方式来建造穹顶一直是建筑师或者匠人的自觉追求。中亚较小尺度的穹顶就有使用土模或砂模来支撑的情况。1496年佛罗伦萨的特鲁瓦大教堂也曾使用近30米高的土堆来支撑施工中的穹顶❹。伯鲁涅列斯基在建造圣玛利亚百花大教堂的八角形穹顶时(图3.12),依靠相当精确的计算和测量系统,通过"砂岩石链"、"铁链"、"木链"以及数道水平拱等结构手法,利用控制尺寸严格的异形砖块、施工严谨的灰泥等材料形成"鱼骨形构造",并结合穹顶内增设水平圆环的手法(图3.13),有效地抵消了石材向内倾滑的力量,成功地建造出双壳穹顶的基本框架,从而摆脱了对鹰架的依赖(图3.14);阿尔伯蒂在其《建筑论》中认为,"鱼骨形构造"能把支撑力较弱的构造和支撑力较强的构造有机地结合在一起,这种技巧对于那些不方便使用拱鹰架的建筑物来说是不可或缺的,并感叹:"即便是那些铁石心肠和满怀嫉妒的人,在看到这么一座体形庞

---

❶ 石家庄地区革委会文化局文物发掘组.河北赞皇东魏李希宗墓[J].考古,1977(6):382-390,372.

❷ 河南文化局文物工作队第二队16区发掘小组.洛阳涧西16工区82号墓清理记略[J].文物参考资料,1956(3):45,50.

❸ 国外研究者对拜占庭筒拱、半圆形穹顶(Domical vault)、交叉相贯穹顶(Cross-groined vault)施工过程的描述中未见支撑模板的情况,尤其在谈到筒拱起券时强调如何防止砖块的滑动并要快速施工,符合本文的相关推测。圣索菲亚大教堂门廊属于其中交叉相贯穹顶的情况,而教堂的主穹顶因为内含诸多小拱肋,加之拜占庭建筑普遍的施工期间变形的情况,推测应靠鹰架来施工。[美]西里尔·曼戈.拜占庭建筑[M].张本慎,等译.北京:中国建筑工业出版社,2000:10-11.

❹ [美]罗斯·金.圆顶的故事[M].陈亮,译.上海:上海社会科学出版社,2003:46.

大、高耸入云而建造过程中又完全没有梁柱或复杂的木架网来支撑的辉煌建筑时……又怎能不由衷地赞扬总建筑师皮卜的伟大?"另外,伯鲁涅列斯基督造的圣灵大教堂穹顶也使用"鱼骨形构造"设计。16 世纪时小桑加诺也尝试过这种建造方式。在波斯和拜占庭的一些穹顶中,可以找到与圣玛利亚百花大教堂穹顶类似的互锁式砖造结构,一些学者认为伯鲁涅列斯基有可能受其影响❶。

 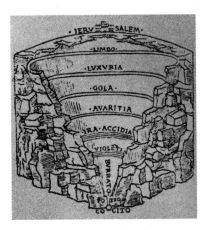

图 3.12　佛罗伦萨圣玛利亚　　　图 3.13　圣玛利亚百花大教堂穹顶内圆环
　　　　 百花大教堂穹顶　　　　　　　　　　构造示意

图 3.14　意大利古代穹顶鹰架　　　图 3.15　土耳其塞尔丘克 Sirin 镇教堂穹顶

3.1.3　无模施工的穹隅

穹隅指的是圆形穹窿与方底平面之间的四个角部(或者多边形平面的多个角部),其处理方式较多,有的做法与四隅券进式穹窿的角部做法完全一致,明显不必支模。另外,有些砖砌帆拱穹隅实例也可能是不支模的,每皮砖沿一段水平的圆弧斜砌,随高度增加圆弧逐渐变长,但相对穹窿而言,长度毕竟都不大,应该可以做到不必支模板,原拜占庭地域中这种实例较多,例如笔者所见土耳其塞尔丘克 Sirin 小镇上的一座教堂(图 3.15)。

---

❶　以上参见:[美]罗斯·金.圆顶的故事[M].陈亮,译.上海:上海社会科学出版社,2003:46,78-79,98-114,168.皮卜即伯鲁涅列斯基(Filippo Brunelleschi),1446 年圣玛利亚百花大教堂穹顶基本封顶,顶端小塔楼奠基。

总的来说，无论拱顶或穹顶，无论国内国外，不支模应该是所有发券技术的一种追求。除了可以节省工期、成本之外，一定有建筑师或工匠对手艺的主动探索在里面，因为这是一种创造性的体现。与以上拱顶、穹顶实践的探索类似，四隅券进式穹窿工艺同样是这种无模技术追求的一部分，而这些技术追求的发源地或多或少都与中东-中亚一带有关，这里也正是穹窿技术的发源地。无论四隅券进式穹窿工艺的源流如何，不用券模的施工方法都应该有着技术和文化上的长期准备。

3.2 四隅券进式穹窿仿建实验

3.2.1 以南京江宁上坊孙吴墓前室穹窿为仿建对象的原因

穹窿的仿建实验是四隅券进式穹窿研究的必要支柱，其经验与结论不可或缺。本实验以南京江宁上坊孙吴墓前室穹窿作为仿建对象(图 3.16)。选定的原因在于上坊孙吴墓穹窿在这种穹窿类型中具有典型性，具体表现在以下几点：

(1) 南京江宁上坊孙吴墓断代为东吴晚期，属于四隅券进式穹窿墓葬在长江中下游大量建造的典型时期。

(2) 南京为孙吴首都，上坊墓墓主为孙吴宗室成员❶，墓葬等级很高，符合考古界一般认为的四隅券进式穹窿常用于高等级墓葬的观点，所以也具有形制等级上的典型性。

(3) 上坊墓形制等级较高，其施工工艺也应反映成熟做法，用砖、施工质量均相对较好。

图 3.16　南京江宁上坊孙吴墓前室穹窿

(4) 上坊墓前室穹窿平面尺寸为 4.48 米×4.44 米，残高 5.36 米，后室平面尺寸为 6.03 米×4.56 米，残高 4.61 米，穹顶厚度 0.72 米，规模很大(图 3.17)。这两个四隅券进式穹窿的方底面积，在(近似)正方形平面、长方形平面同类穹顶中，都各自是考古实例中最大尺度的。考虑到本研究阶段的实验目的及难度，故选定基本为正方形平面的上坊孙吴墓前室穹窿为最终仿建对象。

图 3.17　南京江宁上坊孙吴墓后室穹窿

图 3.18　南京江宁沙石岗天册元年墓前室穹窿

---

❶ 南京市博物馆，南京市江宁区博物馆.南京江宁上坊孙吴墓发掘简报[J].文物，2008(12)：32.

(5) 穹顶和工艺痕迹得到保留的四隅券进式墓葬穹窿极少,据笔者初步调查,已知有南京江宁上坊孙吴墓、南京江宁沙石岗孙吴天册元年墓(异地保护)(图3.18)、马鞍山朱然墓(图3.19)以及湖北鄂州一座发掘后被重新掩埋于地下的六朝墓葬得到保存,其余大部分实例都被拆解了,只有测绘图和照片留存,不具备原真的数据采集和施工模仿条件,所以南京江宁上坊孙吴墓穹窿便成为十分珍贵、足具代表性的现场标本。

图3.19 修复后的马鞍山朱然墓前室穹窿

图3.20 修复后的南京江宁上坊孙吴墓前室穹窿

3.2.2 实验目的

根据以往学者推测,四隅券进式穹窿砌筑时不需支模,但国内没有实际的建造实验来证实这种推测。曾有少数四隅券进式古墓穹窿因残损严重,需要修复成原貌,例如南京的上坊孙吴墓实例(图3.20~图3.22)和马鞍山孙吴朱然墓实例,但施工队都没能做到完全不支模、不借助水泥砂浆来复原,否则在砌筑过程中就会塌掉❶,且马鞍山孙吴朱然墓的复原效果也并不理想。

图3.21 修复后的南京江宁上坊孙吴墓前室天顶

图3.22 整修后的南京江宁上坊孙吴墓后室

---

❶ 根据对这两处穹顶复原工程施工方宜兴市金陵文物保护研究所张品荣所长的采访。

虽然国外有类似的施工案例,例如中亚有很多土坯砖的四隅券进式穹窿,确实不必支模砌筑,不过它们是用在地面建筑上的(图 3.23);德国 Kassel 大学的一个生土建筑实验小组,模仿中亚四隅券进式穹窿,采用土坯和灰泥(黏土),不支模板,成功砌筑了一些实例❶(图 3.24、图 3.25),但这个小组没有用红砖或青砖完成的作品。

图 3.23　一座施工中的伊朗四隅券进式穹窿　　图 3.24　德国 Kassel 大学实验作品 1

所以,需要有一个成功的实验来证明不支模板、以青砖黄泥砌筑四隅券进式穹窿的可行性,才能对国内四隅券进式墓葬穹窿的独特施工工艺进行有效研究,而且,以青砖黄泥、不支模板砌筑四隅券进式穹窿的实验与国外的例子并不雷同,有一定互补性。

本课题研究阶段的实验目的是:按照上坊墓前室平面尺寸的 2/3 比例(规整为 3 米边长)仿建穹窿,摸索四隅券进式穹窿的无模施工经验,检验前期施工图纸和施工方案的有效性,在施工中摸索、体味四隅券进式穹窿的发券和结

图 3.25　德国 Kassel 大学实验作品 2

顶过程,了解大角度下贴砌青砖的方式,熟悉黄泥的材料性质和配比情况,为后续阶段按照 1∶1 比例仿建上坊墓前室穹窿做经验上的准备。

3.2.3　实验意义

本土四隅券进式穹窿仿建实验的成功将具有三方面的意义:

首先,该实验完整展示了四隅券进式穹窿的风采和变化,学界可以据此对这种穹窿技术的中外源流关系作合理推测,进而对我国古代穹窿技术成就在世界穹窿体系中的定位有一理性的判断,推动中国砖石建筑体系的系统发展和完善。

其次,无模施工的穹窿砌筑工艺是和四隅券进式穹窿的物质遗存相伴相随的非物质遗产,是保护文物工作内容不可分割的一部分,同时也是更难以阐释说明的

---

❶ Gernot Minke. Building with Earth:Design and Technology of a Sustainable Architecture[M]. Birkhäuser-Publishers for Architecture,P. O. Box 133,CH‑4010 Basel,Switzerland. 2006:125‑126.

一部分,实验的成功将证明这一非物质文化遗产确实存在过,从而为延续这一遗产提供生命力;同时这一实验还兼带证明了黏土砂浆的独特效力,而这些传统砌筑工艺的发掘与重建对于物质遗产的保护、非物质文化遗产的传承都有实践上的意义。即便类似工艺在中亚一带至今仍旧是活着的传统工艺,但我国汉末、六朝时期成熟的四隅券进式墓葬穹窿拓展了青砖贴砌技术在地下环境的使用,是与中亚地区不尽相同的做法,这必然依赖于本土工匠对这一外来工艺的重新把握和部分创新,从而形成汉地自己的技术特点,所以毋庸置疑的是,无模施工的砖砌穹窿工艺完全可视为本土化的文化遗产。

第三,本实验的成功便于我们充分理解以南京江宁上坊孙吴墓为代表的这一类大型墓葬穹窿在技术上的杰出成就,为上坊大墓真实而全面的展示提供可信的技术基础,为相关文物展示和形制复原提供传统工艺上的支撑。

仿建实验的过程详见附录2。

3.2.4 实验体会与相关分析

1) 关于曲面控制

在平面尺寸确定后,对矢高和对角线的控制非常重要。虽然矢高和对角线方程均根据上坊墓相关数据等比例缩小而来,似乎借助了近现代数学手段,但这种手段仅仅是为了保留更多的仿建意味,在完全新建一座穹窿时有着更多的可能性,但控制仍应是预先设计的。相信古代工匠在砌筑四隅券进式穹窿之前,一定有简单的放线阶段,控制穹顶和主要位置的曲线变化,例如对角线和墙中线位置的控制曲线,手段可以是简单易得、方便弯曲定型的竹片模架等材料。这种模架并不受力,不同于支撑模板,目的是控制关键点的空间位置,引导施工。德国 Kassel 大学的生土建筑实验小组在砌筑一些非四隅券进式穹窿之时,采用一些可以旋转、类似某种圆规的杆件来控制穹窿曲面,也是同样的目的(图 3.26)。

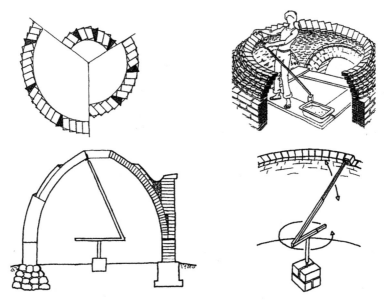

图 3.26 德国 Kassel 大学实验控制券砖位置的方式

2) 关于砌筑材料

因为青砖本身为预先烧制，施工中可选择性较小，黏结材料就显得更加重要，也即要求黄泥要保持足够的黏性。仿建实验的黄泥水灰比适中，在砌筑最上部几皮砖时未出现整砖滑落的现象，黄泥在拍实后黏性很好，在工匠松手的瞬间青砖下滑幅度不超过 5 毫米；为减少黄泥的变形，砌筑穹顶上部时掺入少量的细砂也很有助益；青砖本身适当洒水不能过干，等等这些都是确保砌筑实验成功的体会。

3) 无模施工法中券砖的受力状况

施工中券砖或部分券体为何不会塌下来？其实如果仅看 1/4 穹窿，则完全可以参考努比亚拱的结构原理，每一皮砖遇到的情况与努比亚拱每一皮砖的情况类似，如果都是楔形砖（上下表面的短边不等长，呈梯形），只要黄泥的黏结性能良好，每一块砖放上去时粘得牢，则整皮砖砌完后肯定不会滑落。但我们在砌 1/4 穹窿时，用的是长方形砖，砖与砖之间并非紧贴，那么某一块砖没有掉下来，只能说全靠黄泥的黏性，这就要求每皮砖与前一皮砖之间必须错缝，才能保证已经完成的那部分穹窿成为一个整体，每一皮砖实际上是靠黄泥错缝黏结在一个结构整体上的。另外，即便是最上面一皮砖，已经倾斜到很陡的角度，向下滑的力仍旧只是砖重的一个分力，例如85度时，这个下滑分力约为砖重的 98.4%，黄泥承担的荷载仍有些许减小，另外一个分力压向下皮砖，不管多少（85度时仍可达到砖重的 17.6%），都会使得下皮砖压得更紧，更不易掉下。各皮砖都会给下皮砖一个压力，累积的效果只会让穹窿更牢靠。等到整个穹窿封顶，就成为一个稳固的整体。

如果不采用错缝砌筑，那就会出现仅靠上下皮黄泥和两侧黄泥的黏结力（摩擦力）维持的弯曲状悬臂，结果肯定会折断、坍塌。同理，努比亚拱如不采用楔形砖，而以标准砖不错缝砌筑也会坍塌。虽然与努比亚拱相比，一个倾斜的筒拱纵剖面与四隅券进式穹窿的 1/4 剖面更像，上下皮砖之间的受力特征更相似，但并不妨碍上述讨论的有效性。

3.3 典型四隅券进式墓葬穹窿营建机制探讨

因其规模、年代特征与保存状况，南京江宁上坊孙吴墓可以看作四隅券进式墓葬穹窿的典型实例，同时"四隅券进式穹窿仿建实验"的参照对象为南京江宁上坊孙吴墓的前室穹窿。由此，我们可以依照"仿建实验"中的若干施工体会对上坊孙吴墓四隅券进式墓葬穹窿的营建机制做一探讨，同时参考考古与古建研究中已有的若干成果，对四隅券进式墓葬穹窿这一类型的营建特征做一梳理。

3.3.1 材料要求

1) 墓砖

"仿建实验"中所用青砖较小，种类单一，不能完全反映古代墓砖情况。古代墓砖按形状可以分为标准的长方体砖、刀形砖（较长的侧面一头厚、一头薄）、楔形砖三种。以南京地区为例，李蔚然先生认为刀形砖到东晋基本被淘汰，可能与砌筑技术的发展有关，其最常见的使用部位在券顶，在四隅券进式穹顶中的使用并无规律可言,依照已知实例,也没有必然性。关于楔形砖,李蔚然先生认为,南京地区的楔形砖在"东晋晚期已然出现,主要流行于南朝❶",但在上坊孙吴墓穹顶中已经可以看到这种砖的大量使用(图3.27),可能属于墓主身份等级很高时四隅券进式穹顶的主要用材,此时用料、施工更加讲究。不过在这种穹顶的发券过程中,楔形砖并非必需的或排他的,这一点在本研究所做四隅券进式穹顶仿建实验中可得到证明。上坊孙

图 3.27 南京江宁上坊孙吴墓后室楔形砖(整修前)

吴墓穹顶厚度为丁砖两皮,或者顺砖四皮,虽然楔形砖也偶有当作顺砖使用的情况,但明显作为丁砖更加合理,且丁砖也并非全是楔形砖,所以其在上坊孙吴墓穹顶的合理用量大约应少于一半。

关于用砖大小,由于各地政权不统一或者技术流传阶段不同,同期的各地用砖尺寸并不统一,李蔚然先生对南京地区长方形墓砖的各期尺寸变化作过归纳❷:孙吴和西晋时期,一般长35厘米,宽17厘米,厚5厘米左右;东晋时尺寸较小,长约32厘米,宽16厘米,厚4.5厘米左右,个别帝王墓用砖较大,但非四隅券进式穹顶墓葬。然而南京上坊孙吴墓的标准长方体砖(不含铺地砖)长35~36厘米,宽17.3~18厘米,厚4.4~5厘米,江宁沙石岗天册元年墓用砖长34厘米,宽15.5厘米,厚4.3厘米,均只能与李蔚然先生归纳的数据大体相仿;南京市郭家山11号墓(西晋)砖长32厘米,宽14厘米,厚4厘米,反而接近上述东晋用砖尺寸。由此可看出,同地、同期的墓砖(如孙吴)尺寸并不十分严整,一些小的尺寸误差有时在同一墓葬中也会出现,原因在于制坯、烧制过程中出现的变形。郭家山11号墓用砖尺寸接近东晋,或许与晋代官尺长度较孙吴时有所调整有关,从而服从于晋代整体规律,这也从一个侧面说明孙吴与西晋不必笼统归于一期。这里尚未考虑非四隅券进式穹顶墓葬的情况,实际变化可能更多一些。如南京幕府山两座孙吴五凤元年墓,墓砖尺寸均长38厘米,宽18厘米,厚5厘米,明显较大❸。另外,还要考虑旧砖新用等特殊情况带来的复杂性。

墓砖上常见花纹可能与不同批次或不同窑厂(或工匠)需要做记号相区别有关,但同时也有助于增强灰泥的黏结力,这种现象在佛塔用砖中也很常见,比如西安小雁塔的手印砖(图3.28),以及辽宁兴城白塔峪塔青砖底面的沟槽(图3.29)。在努比亚拱流行的埃及,传统工艺中也存在着在土坯砖上用手指划出斜纹槽的做法,目的同样是加强砖坯与灰泥之间的吸附力❹。另外,墓砖并不全是青灰色,在一些古墓现场可以看到也有个别红色的,这与烧制时的还原程度有关。

墓砖尺寸应遵循何种法度?笔者认为有两个因素:第一是砖模与官尺(营造

---

❶ 李蔚然.南京六朝墓葬的发现与研究[M].成都:四川大学出版社,1998:37.
❷ 李蔚然.南京六朝墓葬的发现与研究[M].成都:四川大学出版社,1998:36.
❸ 南京市博物馆.南京郊县四座吴墓发掘简报[M]//文物编辑委员会.文物资料丛刊(8).北京:文物出版社,1983:1-15.
❹ 刘重义.哈桑·法希与土坯建筑[J].世界建筑,1985(6):62.

尺)的关系。从三国到东晋,官尺从 0.2304 米变化到 0.2445 米[1],但总的来说,墓砖长度与官尺的比值在 1.5∶1 左右,这可能是一个规律。第二应是整砖数与墓室整尺数之间的关系,一般应争取完全用整砖或整砖夹杂较少的半砖砌完四边形的一边。

图 3.28　西安小雁塔的手印砖　　图 3.29　辽宁兴城白塔峪塔青砖底面的沟槽

2) 灰浆

一般认为砌筑四隅券进式穹窿的灰浆为黄泥,有时可能掺入糯米汁以增强黏性。在针对南京江宁上坊墓所作的《六朝墓灰浆以及砖样品成分分析》中却没有在灰泥中发现有任何有机物的成分,当然《六朝墓灰浆以及砖样品成分分析》无法回答在一千余年的地下环境中,有机物是否已经完全分解,所以检测不出的问题。不过依照本课题仿建实验的经验,只要黄泥水灰比适当,基本不必再加入其他材料改善黏性。笔者推测,在典型的四隅券进式墓葬穹窿砌筑过程中,应该不必加入糯米汁。

在《六朝墓灰浆以及砖样品成分分析》中发现 $CaCO_3$ 成分,意味着穹顶灰泥中除基本成分黄泥外,还有石灰,而墓前黄土、封门土等处均不含有 $CaCO_3$ 成分。依照仿建实验的经验,加石灰的目的可能并非专为改善黏性,也许还与抗渗、防潮有关。

3.3.2　营建工艺与施工组织

1) 施工组织与匠人来源

1952 年 12 月发现的宜兴晋墓 M1、M2 是考古界首先发现的四隅券进式穹窿墓葬,分别为西晋名臣周处墓与周处之子周札墓。两墓穹窿施工质量差别明显。周处墓墓顶砌造紧密,应由地方政府督造,名匠承建,墓砖文字"议曹朱选将功吏杨春工杨普作"可作证明[2]。周札墓砌造较松,砖缝间嵌有陶片,应无官方督造背景。

笔者同样怀疑上坊孙吴墓有着官家的匠人组织。这种官方组织的墓葬施工可以印证一般所认为的四隅券进式穹窿墓葬属于三国、两晋高等级墓葬的观点。官方的施工组织和建筑质量、建筑工艺可以为这种墓葬穹窿树立标准,供非官方组织的工匠参照与模仿。

---

[1] 吴承洛.中国度量衡史[M].北京:商务印书馆.1993:191.
[2] 罗宗真.江苏宜兴晋墓发掘报告——兼论出土的青瓷器[J].考古学报,1957(4):87.

2) 技术流变的合理性

据"仿建实验"的感受,四隅券进式穹顶的最终形态与匠人的手艺密切相关。如李蔚然先生便认为,板桥富丽山1号墓(孙吴中期)前室四隅券进式穹顶"呈方锥式,接缝处呈菱形",清凉山电力学校甘露元年(公元265年)墓前室四隅券进式穹顶近方锥形❶,均应为四角方圆转换过于生硬。而四隅和收顶均较圆滑的例子也有很多,如上坊孙吴墓这样的高等级工程。

但技术的演变并不必然意味着技术更加先进。与"四隅券进式穹窿仿建实验"相比,上坊孙吴墓穹顶的发券情况要更加复杂一些,可就此略作探讨:上坊孙吴墓前、后室均为四隅券进式穹顶,但起券位置各墙略有差别,一般而言位于四组"三顺一丁"墓砖垒砌结束之处,但遇有拱券(耳室、甬道处)的,则在券顶起券;十分特殊的是,后室后壁有两处券形壁龛,两壁龛之间的穹顶券体则在第一组"三顺一丁"墓砖结束之处起券,并不与其他各墙强求一致。但这种起券高度、位置的变化并不一定是合理的,关于这一点,第2章已有详细讨论。由于古代纯手工经验的缘故,不严谨的技术变革时常会出现,技术流变并不一定向着合理的方向。

3.3.3 四隅券进式墓葬穹窿营建机制与墓葬营建的关系

1) 穹窿平面与墓室规模

东汉时期,墓室规模往往取决于墓室的数量,而非单一墓室的尺度。但前堂后寝的"吕"字形墓定型之后,墓室的大小(实际是穹窿的大小)成为等级的重要表征。

墓室的尺寸往往是足尺的,如《后汉书·礼仪志》注举献帝禅陵引《帝王世纪》云:"不起坟,深五丈,前堂方一丈八尺,后堂方一丈五尺,角广六尺❷。"这样,通过官尺就把墓砖、墓室(穹窿)、墓葬的整个尺度关系统一起来。穹窿的平面尺寸并不具有独立性,须与墓葬相关尺寸协调。

在四隅券进式穹窿墓葬中,东汉末期开始出现祔葬墓,如南阳桐柏县安棚画像石墓。虽然祔葬者与原墓主死亡时间难免不同,但从已知的祔葬墓例来看,祔葬墓都是一次建造的❸。由此可知,侧室的四隅券进式穹窿与主室应同期完工。

2) 墓室构造及施工做法

(1) 墓壁砌法

上坊孙吴墓前后两室的墓壁都基本平直,呈规则的正方形和长方形❹。但东吴之时,已有墓室两侧墙壁呈显著外凸形,亦即某些文献所称的"船形墓",例如马鞍山采石翠螺山东吴墓(长方形外凸❺)、马鞍山朱然家族墓96MYAM1(东吴,前

---

❶ 李蔚然.南京六朝墓葬的发现与研究[M].成都:四川大学出版社,1998:23-24.
❷ [南朝宋]范晔.后汉书·礼仪志下[M]//李学勤.二十六史(第一册).海口:海南出版社,1999:735.《帝王世纪》为西晋皇甫谧撰.
❸ 齐东方.三国两晋南北朝时期祔的葬墓[J].考古,1991(10):947.
❹ 《简报》中提到后室中部略向外弧凸,但从发表的平面图看并不明显。南京市博物馆,南京市江宁区博物馆.南京江宁上坊孙吴墓发掘简报[J].文物,2008(12):4-34.
❺ 马鞍山市文物管理所.马鞍山采石翠螺山东吴墓发掘简报[M]//王俊.马鞍山六朝墓葬发掘与研究.北京:科学出版社,2008:86。

室正方形外凸❶)(图3.30)。墙体外凸的目的应该是以类似拱券的形态抵抗土壤的侧向推力,避免墙体开裂,但对于"四隅券进"而言,可能有着额外的好处。马鞍山东苑小区M2墓属东晋早期❷,长方形平面,两侧墙体外凸,使得长方形的长宽比有所改善,应该有利于四角的起券,也使得狭长的空间中部略微放宽,看起来更像一个穹窿。

图3.30 马鞍山朱然家族墓

图3.31 南京江宁上坊孙吴墓"三顺一丁"的甬道壁及封门墙

上坊孙吴墓墙壁砌筑采用三顺一丁的砌法❸(图3.31),这在六朝砖墓中十分常见,案例众多,在此不再一一列举。值得关注的是三顺一丁与两顺一丁、四顺一丁等的区别。以上坊孙吴墓砖为例,砌筑墓壁的长方形砖尺寸为:长35～36厘米,宽17.3～18厘米,厚4.4～5厘米❹,如果是三顺,则三皮砖基本厚度为13.2～15厘米,加上中间的两道灰缝,约在16～17厘米,再加上与侧砌丁砖之间两道灰缝宽度的调节,近似于丁砖的高度,所以总体看来,三顺与一丁相间形成的各层次厚度基本相同,墙壁砌筑效果较其他选择要更为美观、整体。这一规律同样适用于其他案例的墓砖尺寸,本书认为这是"三顺一丁"砌法普遍流行的原因之一❺。而基墙"三顺一丁"间隔砌法的装饰性,与四隅券进式墓葬穹窿斜向发券、十字交脊形成的装饰效果,共同加强了清水工艺特征的丰富性。

(2) 防渗措施

对于基墙、拱券与穹顶而言,其砖砌结构的基本构造要求都是防渗。一方面青砖本身要有足够强度,不会轻易压碎或迅速老化;另一方面,黏结材料应有一定的抗渗性,这就要求墓葬整体材料的抗渗措施一齐改善与加强。

(3) 墓葬营建技术的演化

墓葬工程往往是先挖墓圹,再造墓室,但也有直接平地起坟再加封土的,似乎

---

❶ 王俊.马鞍山孙吴朱然家族墓时代及墓主身份的分析[M]//王俊.马鞍山六朝墓葬发掘与研究.北京:科学出版社,2008:222.

❷ 马鞍山市文物管理所.马鞍山东苑小区六朝墓清理简报[M]//王俊.马鞍山六朝墓葬发掘与研究.北京:科学出版社,2008:94.

❸ 三顺指的是平砖顺砌,一丁指的是侧砖丁砌,为诸多文献针对墓壁砌法的习惯用语。为与完全平砌的三顺一丁相区别,又有表述为"三横一竖"的。

❹ 南京市博物馆,南京市江宁区博物馆.南京江宁上坊孙吴墓发掘简报[J].文物,2008(12):4-34.

❺ 在六朝实例中也存在着四顺一丁等砌法,例如湖南益阳晋代李宜墓,但三顺一丁在长江中下游四隅券进式穹窿墓例中较其他砌法普遍。参见:益阳地区文物工作队,益阳县文化馆.湖南省益阳县晋、南朝墓发掘简况[M]//文物编辑委员会.文物资料丛刊(8).北京:文物出版社,1983:45-49.

是吴越传统土墩墓做法的延续,如宜兴晋墓 M1(周处墓❶),那么穹窿基墙抵抗穹顶的侧推力就只能完全依靠自身,其经验与本课题的仿建实验类似,这样墓葬营建技术的变化就直接影响到穹窿的施工了。

对于基墙、拱券与穹顶而言,除了基墙要承担拱券与穹顶的荷载之外,三者共同的结构特征是抵抗土壤荷载。对基墙而言是土壤的侧向荷载,结果基墙也逐渐采取了与拱券类似的技术措施,逐渐外凸,甚至南朝时四面墙体围合最终略呈椭圆形,这也可看作是统一技术体系内部的相互影响。

穹窿是墓室营造的重点与难点,施工组织、施工质量的差别最明显的反应在穹窿效果上。四隅券进式墓葬穹窿具有等级象征性,同时也在垂直维度上拓展了墓室的空间内涵,这一点更是墓葬其他组成部分所无法比拟的。

---

❶ 罗宗真.江苏宜兴晋墓发掘报告——兼论出土的青瓷器[J].考古学报,1957(4):84-85.

4 四隅券进式墓葬穹窿空间内涵

4.1 汉与六朝时期阴阳两界的关系

4.1.1 汉至六朝时期的"阴曹地府"观念

华夏先民的灵魂观念至少在新石器时代晚期已然形成❶,例如良渚文化、红山文化中玉器已经作为随葬品出现,表明死后人(主要是巫或王)与物(礼器或法器)之间仍有持续的相关性。而棺椁、墓室的次第出现意味着对逝者在阴间生活的不同定型化配置,也标志着阴曹地府观念的系统化。

《礼记·表记》载:"夏道尊命,事鬼敬神而远之❷","鬼"即祖先之魂灵;而至少在战国宋玉的《招魂》中,我们已经可以看到"幽都"一词:"魂兮归来,君无下此幽都些!土伯九约……❸",这个死后所"下"的"幽都"中除有诸多逝者外,还有形态诡异的"土伯",由此必然有着相对系统的社会结构;另外十分重要的一点是:生人不但可以通过招魂手段与逝者的灵魂相沟通,而且生人是了解"幽都"中的结构与情形的,这一点,对秦汉以后汉地墓葬空间的定型化有着特殊意义。

为什么生人能够了解"幽都"的情形呢?当然首先是因为"幽都"或者"阴曹地府"本身属于人类自身的想象与建构,并且把自己建构出来的事物信以为真,一旦成规模传播并系统化,便具有"集体无意识"的心理学特征,而梦境和濒死复生者的体验复述则成为生人"幽都"经验的主要来源。另一方面,"阴曹地府"属于古代宇宙模型建构的一个组成部分,属于人类对自然认知的一种有意识的需求(无论其是否正确),尤其是在主要宗教体系广泛影响人类生活之后,彼岸世界(天堂、仙界、净土等)、俗世、地狱(阴曹)共同构成古人需要面对的完整世界;出于对灵魂的关心,关于"阴曹地府"的知识建构(对于墓葬文化而言是一种阴曹空间建构或社会关系建构)就成为一种必须主动追求的东西,而其来源则可归之为天启或者宗教领袖的先知先觉。

这个"阴曹地府"是一个地下世界,古人认为它是地下真实存在的,诸多汉代墓

---

❶ 约一万八千年前旧石器晚期的北京周口店山顶洞人已把居住地分为"上室"、"下室",下室为死者墓地,死者周围和身上撒赤铁矿粉粒并随葬燧石器、石珠等物,其作用学术界有争论。参见:何晓昕,罗隽.风水史[M].上海:上海文艺出版社,1995:13.

❷ 吴树平,等点校.十三经:第2版.[M].北京:北京燕山出版社,2007:236.

❸ [战国]屈原.楚辞[M].长春:吉林摄影出版社,2003:158."九约"为反复弯曲之意。关于《招魂》的作者,素有屈原、宋玉之争,本文依参考文献;关于招魂的对象,也有"生魂"、"亡魂"的不同观点,所以本文仅讨论"幽都"一句,暂不涉及"魂兮归来,君无上天些"中"魂"与"天"的关系。何新《诸神的起源》认为"幽都"在昆仑山下。转引自:何晓昕,罗隽.风水史[M].上海:上海文艺出版社,1995:19.

葬通告文书、买地券可以证明这一点。例如湖北省江陵县凤凰山168号汉墓出土竹牍,有文字云:"十三年五月庚辰,江陵丞敢告地下丞:市阳五大夫燧少言与大奴良等廿八人……可令吏以从事。敢告主❶。"从以上文字中可以看出,汉代人不但相信这个"阴曹地府"的存在,了解地府中的社会结构,而且现实世界的官吏和"地下丞"、"主❷"是可以沟通的,或至少相信地下丞能够明白竹牍内容,并将墓主人等收纳于阴曹秩序之中。

既然这个"阴曹地府"归根到底是古人有意无意地主动建构,这个地下世界的构成当不会无中生有,那么它与现实世界的对应关系如何? 有学者认为,通常情况下,"尤其是在北方,古人是根据世俗社会的现状来想象幽冥世界的,在出土的无数墓葬中,都反映出这一点:死后世界与生前社会一般无二,所以需要陪葬大量的日常用品。这种陪葬并不是纯粹的情感需要,更是人们想象中死后实际生活的需要。不但死后的生活方式与生前一般无二,而且幽冥世界的社会组织,也与生前社会保持一致❸"。这种观点具有广泛的影响,也就是人们常说的"事死如事生",类似表述较早见于《荀子·礼论篇第十九》:"丧礼者,以生者饰死者也,大象其生以送其死也,故事死如生,事亡如存,终始一也❹。"丧制在此已上升到"礼"的高度。

而关于鬼府或者冥都,在东汉至六朝曾经形成两个系统,一个是东汉形成的泰山系统,一个是大约三国时开始出现、南朝齐梁时系统化的蜀中系统,即丰都鬼域系统❺。泰山为鬼府在《后汉书·乌桓传》❻《三国志·魏书·方技传》❼中均有记载;与泰山经常并提的还有"蒿里❽"、"梁父"或"梁甫",都指的是泰山周围的小山❾。而丰都鬼域在南朝方系统化,与泰山系统相比,在三国、两晋时期虽不属主流,但可以部分解释为何六朝时期长江上游地区未出现四隅券进式墓葬穹窿,蜀中文化的宇宙模式与汉地其他地区如此不同,葬制自然两样。

佛教传入中国后,地狱之说广泛流行,"东汉桓、灵之时,安世高的早期译经如《佛说十八泥犁经》《罪业应报教化地狱经》,对地狱的描绘就已经相当详细了❿。"但总的来说,佛教的地狱观念在东汉与六朝并未冲淡中国本土阴曹地府对世俗社会的镜像,某种程度上,阴曹地府甚至是一个与世俗社会类似的、可沟通的人情社

---

❶ 李均明,何双全.秦汉魏晋出土文献:散见简牍合辑[M].北京:文物出版社,1990:77.
❷ 笔者推测"主"字下可能有缺文,或为"主臧君"一类的简称。阴曹中"主臧君"、"主臧郎中"的上下级配置见于长沙马王堆三号汉墓出土的木牍。参见:何晓昕,罗隽.风水史[M].上海:上海文艺出版社,1995:18.
❸ 王青.西域文化影响下的中古小说[M].北京:中国社会科学出版社,2006:195-196.
❹ [战国]荀况,著;杨倞,注.荀子[M].上海:上海古籍出版社,1989:116.
❺ 王青.西域文化影响下的中古小说[M].北京:中国社会科学出版社,2006:200-201.
❻ 乌桓"使护死者神灵归赤山。赤山在辽东西北数千里,如中国人死者魂神归岱山也。"杜经国.二十五史:第1册[M].郑州:中州古籍出版社,1996:406.
❼ "但恐至太山治鬼,不得治生人……"杜经国.二十五史:第2册[M].郑州:中州古籍出版社,1996:189.
❽ 蒿里又称高里,"泰山为冥府中最高枢纽所在,而蒿里则是死人聚集的地方;前者相当于汉之都城,后者则相当于汉之乡里。"见:赵雪野,赵万钧.甘肃高台魏晋墓墓券及所涉及的神祇和卜宅图[J].考古与文物,2008(1):88.
❾ 蒲慕州.墓葬与生死:中国古代宗教之省思[M].北京:中华书局,2008:204-205.
❿ 王青.西域文化影响下的中古小说[M].北京:中国社会科学出版社,2006:203.

会，而非地狱般的罪业惩罚之所。

4.1.2 阴阳沟通的形式特征

虽然地下世界与现实世界在社会结构基本模型上具有很大的相似性，但严格地说，并非所有细节在阴阳两界都完全一致。《荀子·礼论篇第十九》在提出"事死如生，事亡如存"之后，却言道"……充耳而设瑱，饭以生稻，唅以槁骨，反生术矣……荐器则冠有鍪而毋縰，瓮庑虚而不实，有簟席而无床笫，木器不成斫，陶器不成物，薄器不成内，笙竽具而不和，琴瑟张而不均，舆藏而马反，告不用也。具生器以适墓，象徙道也。略而不尽，貌而不功，趋舆而藏之，金革辔靷而不入，明不用也。象徙道，又明不用也，是皆所以重哀也。故生器文而不功，明器貌而不用❶。"这里对葬礼明器明确提出"貌而不功"、"貌而不用"的要求，实质是以形式上的象征性来达到与阴曹世界的沟通或者满足阴曹世界的要求，虽然强调"事死如生"，但真正为生人所用的、真实完整的世俗器物是不能作为明器埋葬的，生与死之间有着严格的界限。是故，墓葬中才出现众多陶井、陶灶、陶车马、陶猪圈、陶粮仓、陶屋、陶楼，陪葬诸多陶俑，正是以其非真而像真，才成为明器。《后汉书》注引《礼记》云："明器，神明之也。孔子谓为明器知丧道矣，备物而不可用也❷"，与以上观点类同。

皇陵神道两侧的石"象生"，也可认为是据此而设，其与埋于地下的陶俑都符合《论衡·薄葬篇第六十七》所提到的"故作偶人以侍尸柩❸"的方式。另外，许多与生活器具类似的盘、罐之类，质量很差，完全没有实用价值，也跟其属明器有关。从这个意义上说，"事死如事生"并不是一个完整的论断。

1935年出土的一个东汉殉葬瓦盆上有文字云："天帝使者告张氏之家三丘五墓、墓左墓右、中央墓主、冢丞冢令、主冢司令、魂门亭长、冢中游击……东冢侯、西冢伯……今故上复除之药，欲令后世无有死者。上党人参九牧（疑通枚），欲持代生人；铅人，持代死人；黄豆瓜子，死人持给地下赋。立制牡厉，辟除土咎，欲令祸殃不行。传到，约敕地吏，勿复烦扰张氏之家。急急如律令❹。"这是以各种"略而不尽，貌而不功"的明器陪葬以完成象征、送达阴曹的直接实例。

买地券上的文字内容也有类似的不实特征，如南京的一方孙吴建衡二年铅地券刻有"地三顷直钱三百万"，一方西晋泰（太）康六年铅地券刻有"地方十里宜（直）钱百万"，同属建康，年代相隔不过15年，但地价差异巨大❺，应非确数。

应该看到，除大量的非实用性明器外，墓葬内也会出土很多非明器的文物，如各种金银珠宝首饰，这应属于死者生前所用或者所爱之物（并非明器），由于无法作伪，才用以陪葬。金银珠宝的多寡也与当时的经济条件和墓葬等级有关。

---

❶ [战国]荀况,著;杨倞,注.荀子[M].上海:上海古籍出版社,1989:116-117.
❷ [南朝宋]范晔.后汉书·礼仪下[M]//李学勤.二十六史:第1册.海口:海南出版社,1999:735.
❸ [东汉]王充.论衡[M].陈建初,蒋骥骋,张晓莺,译.长沙:岳麓书社,1998:859.该书866页将"孔子又谓,为明器不成,示意有明"译为"孔子又说,虽然用作殉葬的器物做得不怎么精致,但还是表示了人们认为人死后还有神明的意思"。可见,明器在随葬死者的同时,与真实器物确有区别。
❹ 王青.西域文化影响下的中古小说[M].北京:中国社会科学出版社,2006:197-198.
❺ 李蔚然.南京六朝墓葬的发现与研究[M].成都:四川大学出版社,1998:52.

《荀子·礼论篇第十九》中的"反生术"一语也值得重视,"生稻"、"槁骨"的选用正与生人相对,隐含阴阳相反之意,这种"反生"的做法在南朝神道石柱上也得到体现。依照伊东忠太的考察,在南京及周边地区三对神道石柱的铭文中出现了对称反书的现象(图4.1、图4.2),分别是:南京梁萧侍中(萧景)墓神道双石柱——"右方正字而左书,左方反字而右书",丹阳太祖文皇帝(萧顺之)墓神道双石柱——"右方反字而左书,左方正字而右书",句容南康简王(萧绩)墓神道双石柱——"左右皆正字,右者左书,左者右书❶"。调查时间稍晚,但约略与伊东忠太《中国建筑史》同时出版的朱希祖《六朝陵墓调查报告》一文中也提到了南京地区梁代幕区石柱"反文"或"逆读"的现象,包括临川靖惠王萧宏墓、安成康王萧秀墓、句容南康简王萧绩墓、建安敏侯萧正立墓、新渝宽侯萧瑛墓等,依据该文,较早注意此现象的尚有晚清莫友芝(1811—1871)《金石笔识》等文字❷。

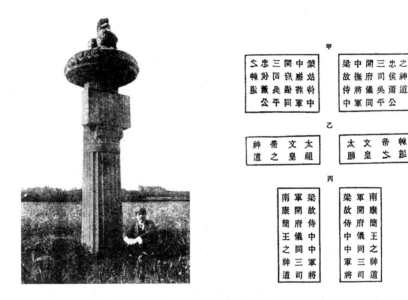

图4.1　萧侍中神道石柱　　图4.2　南京地区三对神道石柱铭文内容

铭文的这种写法当然不是为了美观,而是一种阴阳观念的体现。反书(反字或者左书)是给死者或者阴曹地府看的,而且直接影响神道的建构和空间内涵。这是六朝以前"阴曹地府"观念影响建筑形制的一个典型事例。

就墓室而言,至少穹窿或者基墙上的直棂假窗是符合"事死如生,事亡如存"同时"略而不尽,貌而不功"这一特征的;另外,汉代壁画墓中墓顶的日月星辰也为示意性画法❸。那么,墓葬穹窿本身是否也要符合类似的葬制要求?《荀子·礼论篇

---

❶　[日]伊东忠太.中国建筑史[M].北京:商务印书馆,1998:225-226.
❷　郑振铎.近百年古城古墓发掘史(外一种:朱希祖.六朝陵墓调查报告)[M].长沙:岳麓书社.2010:146-160.
❸　"烧沟六十一号墓的墓室顶部平脊十二块长形砖上,描绘出一幅长3.5米、宽0.35米的日月星辰图。依次为太阳、北斗(大熊星座)、五帝座(御夫座)、贯索(北冕座)、毕宿、心宿、鬼宿、月亮、虚宿、危宿、河鼓、右旗、织女、柳宿、参星(即辰星)。整个画面上红色云气缭绕,仿佛星辰流动,极富韵律变化……汉代人完全把五宫星辰神圣化、人格化了。"王蓓.洛阳汉墓壁画艺术探究[D].开封:河南大学,2009:8.

第十九》提到"故圹垄,其貌象室屋也;棺椁,其貌象版、盖、斯象、拂也❶",指出墓圹象征着室屋,另据《春秋左传》,成公二年八月,"宋文公卒。始厚葬……重器备,椁有四阿,棺有翰桧❷",又以椁室象征四阿室屋,虽然不尽相同,但实际上墓圹即是椁室的四壁外轮廓应无本质矛盾。所以说,墓葬空间具有系统的象征性早已有之,墓葬穹窿虽然已非室屋之貌,但其在葬制中所要承担的象征功能仍要得到重视和谨慎分析。

4.1.3 东汉至六朝葬制文化的影响因素

1)薄葬观念的影响

葬制虽然为逝者服务,但毕竟是受生人掌控的,生人对葬制的控制与改革是葬制发展变化的原因。

曹操和曹丕的薄葬观念对曹魏葬制有很大影响。《晋书》卷二十《礼中》记载:"而魏武以礼送终之制,袭称之数,繁而无益,俗又过之,豫自制送终衣服四箧……文帝遵奉,无所增加……汉礼明器甚多,自是皆省矣❸。"

其实对厚葬的质疑在春秋战国时期已经较为常见,例如《吕氏春秋·安死》:"今有人于此,为石铭置之垄上,曰:'此其中之物,具珠玉、玩好、财物、宝器甚多,不可不扣,扣之必大富,世世乘车食肉。'人必相与笑之,以为大惑。世之厚葬,有似于此……是故大墓无不扣也。而世皆争为之,岂不悲哉?❹"《墨子·节葬》虽不否定鬼神,也从浪费财富、不利天下的角度反对厚葬,认为,"……古圣王制为葬埋之法,曰:'棺三寸,足以朽体,衣衾三领,足以覆恶。以及其葬也,下毋及泉,上毋通臭,垄若参耕之亩,则止矣。'死者既以葬矣,生者必无久哭,而疾而从事,人为其所能,以交相利也。此圣王之法也❺"。可见,薄葬观念的目的不外乎两种,既防盗墓,又无损世俗经济,其思想来源则在墨家、法家、儒家各有不同程度的体现。另外,东汉前期思想家王充的无神论思想值得重视,其也与薄葬有关,他认为人死后归为灰土,无神鬼可言,当"以薄葬省用为务❻",但从汉代、六朝时期来看,不信鬼神的观念并非主流。

总的来说,薄葬应该主要看作曹魏的葬制,但有一定的延续性,如曹魏至西晋初期的中原墓葬,主要特征均是在汉制基础上的"薄葬",从墓葬形制和随葬品两方面对汉墓的奢华进行了简化❼。蒋赞初先生依据文献与考古资料对魏晋丧葬制度进行考证时也指出:孙吴西晋时期的墓葬基本沿袭了东汉多室墓和厚葬的特点,但又有所简化❽。可以认为,孙吴墓葬在形制上承继了东汉旧制,只是规模有所缩

---

❶ 郭超,夏于全.传世名著百部:第二十一卷[M].北京:蓝天出版社,1998:121.
❷ 春秋左传[M].张学岚,译//管曙光.白话四书五经:下.长春出版社,2007:194.
❸ 杜经国.二十五史:第2册[M].郑州:中州古籍出版社,1996:(晋书)109.
❹ [战国]吕不韦.吕氏春秋(卷十)[M].四部备要版.台北:中华书局,1971:3-4.
❺ 钟雷.老子·庄子·大学·中庸·尚书·墨子[M].哈尔滨:黑龙江人民出版社,2004:695.
❻ 转引自:张剑光.入土为安[M].扬州:广陵书社,2004:81.
❼ 李梅田.中原魏晋北朝墓葬文化的阶段性[J].华夏考古,2004(1):50.
❽ 蒋赞初.长江中游地区六朝考古的重要发现[M]//蒋赞初.长江中下游历史考古论文集.北京:科学出版社,2000:62-67.

小。那么,孙吴葬制是否与薄葬无关?

简单来讲,三国时蜀汉、孙吴都有一些大臣主张薄葬。诸葛亮遗命薄葬,孙吴的张昭、诸葛瑾、吕岱、吕蒙也主张薄葬,可知孙吴葬制并非铁板一块,加上西晋、东晋部分延续了曹魏的薄葬观念❶,四隅券进式穹窿顶墓葬的流行推测应与此相关。但这种薄葬观念大约更多地出于经济或保护墓葬的目的,而非无神论、慢待死者的体现。

南阳和襄阳已知的12处汉末和曹魏初期四隅券进式穹窿顶墓葬,是第一批四隅券进式穹窿顶实例,也是在这种薄葬之风的背景下发展起来的。南阳画像石墓中对旧画像石大量挪用,穹窿顶则为清水砌筑,不事粉刷,符合当时薄葬风气,虽然究其背景应该还是当时的社会经济状况所致。这种穹窿顶形式传入孙吴之后,在曹魏便不再多见,反而盛行于长江中下游的吴地。这种源于汉魏的清水工艺可能是薄葬风气对盛行厚葬的孙吴墓葬的不多影响之一。可将马鞍山孙吴朱然墓与洛阳曹魏正始八年墓等实例做一对比(图4.3、图4.4):"二者都是前室方形穹窿顶、后室长方形券顶,不同的是朱然墓没有耳室,且前、后室间没有甬道相通,此种无甬道的形制见于略早于正始八年墓的洛阳涧西16工区M56墓和曹植墓,总体形制与曹植墓更加接近。以朱然墓为代表的孙吴墓随葬品也以继承汉墓传统组合为主,但较中原曹魏墓更加丰富,如出土了大量的漆器和青瓷器,铜器和金银饰物也较为常见;朱然墓封土之上可能原有'享堂'一类的建筑物。长江下游地区在汉末的军阀混战中受到的冲击小于中原,其经济条件使得孙吴墓葬可能较多地保持汉墓奢华的传统❷。"可见,所谓"薄葬"对孙吴的影响,多体现在墓室形制上,而非随葬品的丰俭程度。

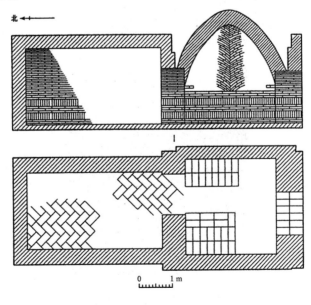

图 4.3 马鞍山朱然墓

---

❶ 张剑光.入土为安[M].扬州:广陵书社,2004:86.
❷ 李梅田.中原魏晋北朝墓葬文化的阶段性[J].华夏考古,2004(1):51.

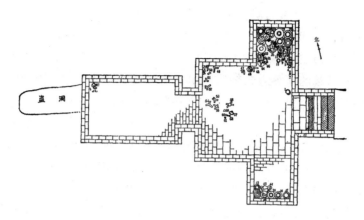

图 4.4　洛阳曹魏正始八年墓平面

2）宗教因素的影响

一般认为,印度佛教在东汉明帝永平年间正式传入汉地中原,即公元 1 世纪的六七十年代,汉明帝"夜梦金人"的记载见于诸多佛教典籍或史籍当中,例如《弘明集·牟子理惑论·卷第一》❶等。又据《三国志·魏书卷三十》注中所引《魏略·西戎传》:"昔汉哀帝元寿元年,博士弟子景卢受大月氏王使伊存口授《浮屠经》……❷",则已知的最早接触可能提前至公元前 2 年。

东汉末期,一些与佛教有关的装饰纹样开始在中下游墓葬中流行,例如莲花。南阳第二化工厂 21 号画像石墓穹窿顶有莲花纹压顶石;南阳桐柏县安棚画像石墓压顶石底面图案为莲蛊及莲子;南京上坊棱角山孙吴天册元年墓中也可以看到莲花砖纹(图 4.5),青瓷人物堆塑罐中亦有莲花坐佛,说明东吴时佛教在南京一带的

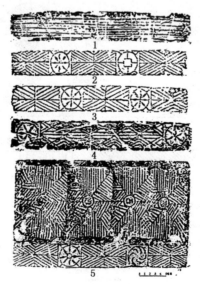

图 4.5　南京上坊棱角山孙吴天册元年墓莲花砖纹

---

❶　[梁]僧祐.弘明集[M].上海:上海古籍出版社,1991:5.
❷　[晋]陈寿.三国志·魏书[M]//李学勤.二十六史:第一册.海口:海南出版社,1999:864.

传播程度;但这一趋势至西晋有所中断,到南朝刘宋之后,莲花纹才在墓砖上重新大量出现,分析其原因有二:一是晋代玄学、道教盛行,对佛教有所冲击;二是佛教还仅处于统治阶层中个别人物的信仰阶段,远未达到可以"普度众生"的程度❶。第2章曾提到许多四隅券进式穹窿墓室平面墙体外凸可能和佛教的传播有关系,比如外凸的侧壁象征圆弧状的船舷,表达一种以船形得"渡"的愿望,是部分学者基于佛教理念的一种推测❷,也是一个值得重视的切入点。

道教同样兴起于东汉。南京上坊棱角山天册元年墓青瓷人物堆塑罐中的道士像已显示出道教因素在长江中下游的影响,这也是南京地区出土的唯一一具佛道塑像合于一器的堆塑罐;另外,据李蔚然先生的观点,堆塑罐应为对佛教"浮屠"或者"灵庙"的模仿,为供奉佛祖或者道教祖师而特制❸,虽非定论,但作为宗教对墓葬文化影响的一种可能性,自有其价值。

总的来说,宗教元素虽未成主流,但在阴曹世界的建构和墓室内涵形成过程中,肯定会起到或多或少的作用。

3) 仙人世界、佛教元素与阴曹世界的关系

由来已久的成仙思想经常在六朝画像砖中得到体现,后者试图构筑的是与阴曹世界目的类似的一种空间结构。死者所去的仙人世界与阴曹世界似乎并非相互替代的关系,而是一种在墓葬文化中共生的关系,但不稳定,也不属于同一符号体系。

长江中下游地区在东汉时期已经出现了含有成仙元素的墓葬,如江苏高淳东汉墓画像砖中的《升仙》图❹;六朝后期,江南出现了更多的画像砖,死后成仙的意味非常浓厚,如丹阳鹤仙坳墓、吴家村墓(图4.6)、金家村墓,南京西善桥宫山墓等(图4.7),均出现竹林七贤、荣启期(春秋时期高士)或者仙人拼贴砖画❺,象征死者与其并列为仙。

有学者认为,"这些规格化了的壁画或浮雕的作用主要应该是为了希望借图像之力而使墓主人有安乐的'死后生活',其作用就如随葬明器一样,明器可供死者在死后世界中使用,画中的世界亦可以成为死后真实的世界,让死者的灵魂能够进入其中。这种情况与古埃及墓室壁画有相似之处❻。"但仙人世界与阴曹世界在中国文化中基本上是分属于两个系统的,不同于古埃及丧葬文化中对死者去向的明确规定,而且古埃及丧葬文化的分析实例多为法老墓(有时表现为神庙❼),汉代、六

---

❶ 李蔚然. 南京六朝墓葬的发现与研究[M]. 成都:四川大学出版社,1998:47-48.
❷ 傅亦民. 论长江下游地区船形砖室墓[J]. 南方文物,2005(1):61-68.
❸ 李蔚然. 南京六朝墓葬的发现与研究[M]. 成都:四川大学出版社,1998:93-94. 堆塑罐与佛教信仰有关这一观点有一定影响,例如有学者认为"它是糅合了儒佛道三家思想为一体的产物,是佛教思想初传阶段经典、教义、偶像皆不完备时的寄托物……东吴西晋时佛教徒们定做堆塑罐,生前供奉、死后随葬"。毛颖. 孝道与六朝丧葬文化[J]. 东南文化,2000(7):80.
❹ 李国新. 画像砖艺术鉴赏[M]. 杭州:浙江大学出版社,2006:107-108.
❺ 郑岩. 魏晋南北朝壁画墓研究[M]. 北京:文物出版社,2002:63-64,223-232.
❻ 蒲慕州. 墓葬与生死——中国古代宗教之省思[M]. 北京:中华书局,2008:198.
❼ 徐永利,李靖. 古埃及神庙空间序列解读——兼谈古埃及建筑语言的开创性意义[J]. 华中建筑,2007(9):167-170.

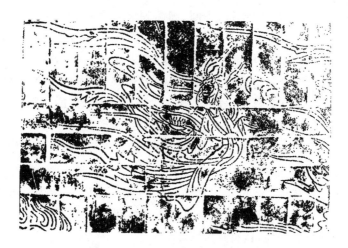

图 4.6 丹阳吴家村南朝墓仙人像

图 4.7 南京西善桥宫山墓向秀、刘伶、阮咸、荣启期像

朝墓的画像砖已涉及豪族或富裕的平民。古代埃及和古代中国的比较让我们看到汉地葬俗的多元和复杂,甚至是矛盾。

通过以上讨论,可以发现在东汉形成了若干种对丧葬文化必然产生影响的元素:阴曹地府观念、佛教地狱观念、与道教相关的成仙观念,并在东汉末期均已形成一定势力,它们的交错发展进而影响了六朝的葬制葬俗。当然仙人世界与阴曹世界并非绝对矛盾的关系,因为阴曹世界也有一番天地,这个天地与世俗世界中的天地似乎难以分别。一些古代故事可证明冥界之中天地的存在,例如三国时期《列异传等五种》载有:"临淄蔡支者,为县吏。会奉命谒太守,忽迷路,至岱宗山下,见如城郭,遂入致书。见一官,仪卫甚严,具如太守。乃盛设酒肴,毕,付一书,谓曰:'掾为我致此书与外孙也。'吏答:'明府外孙为谁?'答曰:'吾太山神也,外孙天帝也。'吏方惊,乃知所至非人间耳❶。"泰山为鬼府,此文可证明冥界天地与世俗天地二者的混同,而世俗天地与仙人世界又是同一个宇宙模型的组成部分。但因生死相隔的观念也很强大,仙人世界与阴曹世界又从未因此在墓葬空间中得到有意识的统合❷,加之佛教观念的竞争,使得三者在墓葬文化之中始终是边界相对模糊、时而杂处的独立系统。

---

❶ [魏]曹丕,等撰;郑学弢,校注.列异传等五种[M].北京:文化艺术出版社,1988:24-25.
❷ 道教发展过程中曾出现"鬼仙"一说,认为生前道行死后可以延续,继续修为"鬼仙",但此说一来较晚,二来仍无法弥合仙人世界与阴曹世界的阴阳之隔。

东汉晚期与佛教或升仙元素相关的墓葬实例较多，装饰题材常突出表现天文图和升仙图，主室顶部常绘有莲花纹，如河南密县打虎亭一号墓鲜艳的莲花纹在前堂券顶中央，"埋葬设施经过这番造型改革和绘画装饰后，人们想象中的天上、地上、地下的复杂世界就形象而统一地凝聚在这个有限的玄室空间里了❶"。

4）荫泽后世的目的

抛开对阴曹世界的建构不论，"汉代一般民众对待死者及死后世界的想象，有相当大的部分是为了生者本身的利益而发展出来的。厚葬之风俗，也正是源于相同的心态❷"。前文东汉殉葬瓦盆文字"欲令祸殃不行"、"勿复烦扰张氏之家"等句，也是如此目的。马鞍山朱然墓铭文砖上的铜钱纹、"富且贵"、"富且贵、至万世"、"富贵万世"等吉语均是如此❸。

一些研究中国葬俗的西方学者将此称为生者与死者的"互惠关系"："在研究祖先崇拜的核心问题——生者与死者之间的'互惠'关系时，我们将会发现，祖先崇拜习俗要求生者关心死者，以偿还他们所欠死者的恩情。除此之外，生者还希望通过关心死者进一步给自己带来好处，希望通过祖先的荫庇实现他们所向往的那种美好生活：金银成堆、五谷满仓、子孙满堂❹。"

但何晓昕认为这种关系的自觉与东汉佛教的传入有非常紧密的关系："是佛教所主张的轮回因果报应思想与中国民间的各种灵魂不灭的鬼神思想，以及与祖先崇拜相结合而产生出的一套生者与死者之间的'互惠'关系。"❺总之画像砖、铭文砖反映的是礼制和宗教观念在世俗心态中的变迁。

4.2 形制演变过程中的汉墓空间内涵

4.2.1 与四隅券进式穹窿墓葬有关的两个基本室墓类型

西汉中期椁墓仍旧存在，但中期后半阶段室墓已基本走向定型。东汉晚期出现了四隅券进式穹窿墓葬，其平面形制可以分为两种：单室墓，前、后室（可带侧室）墓。这两种平面形制从何而来？它们又反映东汉时期人们的何种丧葬观念？

黄晓芬在研究中将室墓分为回廊型、中轴线配置型（横长前堂式、前堂后室式、三室式）、单玄室型三类，其中后两种即包含了南阳四隅券进式穹窿墓葬中的平面类型，可见，这两种平面形制在四隅券进式穹窿出现之前已基本发展成熟。

1）"吕"字形前、后室墓形制的由来

"吕"字形前、后室墓属于中轴线配置型墓的一个子类型（前堂后室式）。中轴

---

❶ 黄晓芬.汉墓的考古学研究[M].长沙：岳麓书社，2003：134-135.
❷ 蒲慕州.墓葬与生死——中国古代宗教之省思[M].北京：中华书局，2008：218.
❸ 王俊.马鞍山六朝墓葬发掘与研究[M].北京：科学出版社，2008：12.尽管很多墓葬中存在铭文砖，四隅券进式穹窿墓葬仍旧可以看作清水风格，因为清水是相对于粉刷而言的；但本书谈及清水时，有时也会以之与画像砖墓、仿木砖雕墓、彩绘墓等做对比，所以不包含画像砖墓、仿木砖雕墓等富含装饰意味的情况。
❹ 爱米莉·阿亨.中国乡村的悼亡仪式//何晓昕，罗隽.风水史[M].上海：上海文艺出版社，1995：22.
❺ 何晓昕，罗隽.风水史[M].上海：上海文艺出版社，1995：23.

线配置型墓最早出现时间可上溯到西汉早期❶,初期这种新形制仅限于个别地域的崖墓,如徐州狮子山崖墓(图4.8)、北洞山崖墓、驮篮山崖墓等,东汉以后则发展成为汉地墓葬形制的主流;从西汉大型墓整体状况来看,其形制变化的主流是由回廊型室墓在省略回廊设施后向中轴线配置型室墓转变的❷。西汉中期以后,崖墓以外的石室、砖室墓等也开始出现中轴线配置型平面。公元前122年左右的广州南越王墓就是采用石材建造的中轴线配置型前堂后室墓,其后室及其左右侧室顶部中央盖石明显凸起,造成玄室内顶部空间升高;山东巨野红土山墓代表了形制比较单纯的中轴线配置型前堂后室式石室墓(图4.9),其室内地面有意设置前后高差,将整个主室空间分为前、后两室。

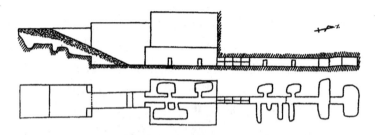

图4.8　徐州狮子山崖墓

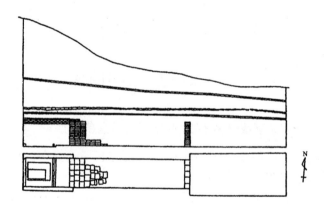

图4.9　山东巨野红土山墓

不过笔者认为,这两座墓都不具有真正的前室,只能称为前、后室墓发展过程中的过渡阶段。笼统来看,黄晓芬所谓的中轴线配置型横长前堂式墓的"前堂",仍非真正的前室,应属于前甬道(羡道)与侧室的交汇空间。第1章曾提到过洛阳烧沟632号汉墓,其穹窿位于前甬道与两个侧室的交汇空间之上,但即便有了穹窿的强调,尚不能称之为"前室",因为不具有独立功能和专属的空间内涵。第一个真正意义上的"吕"字形前、后室墓应该是洛阳烧沟1026号汉墓,上述黄晓芬的研究实例均可以看作是该形制出现的准备。

---

❶　黄晓芬.汉墓的考古学研究[M].长沙:岳麓书社,2003:82-88.另有索引者除外。
❷　省略回廊的原因应与开凿崖墓的技术特征有关,宜为横穴且沿纵深方向开凿;另外,崖墓区也是椁墓较不发达的地区,如徐州。

2) 单室墓形制的由来

西汉中期后半阶段非木构的单室墓出现,如河南省永城县柿园壁画墓是开山凿洞筑造的崖墓(图4.10),可归属于单玄室型室墓(含8个侧室或耳室,下限在汉文帝时期❶);另外,黄晓芬认为陕西省咸阳市龚家湾一号墓为西汉末期单玄室型室墓的代表例(图4.11),其玄室为石板砌造的单体构造,并推断因大型墓中属单室墓的为数不多,可能属于省略回廊设施后一时出现的特殊形制❷。不过在笔者看来,黄晓芬《汉墓的考古学研究》所举的一些前堂后室室墓例也只有一个真正的主室,虽不能简单看作单玄室,但可以推测,中轴线配置型室墓最简化的形态就是单玄室。所以,单室与中轴线配置型室墓之间并非由简入繁的关系,室墓发展初期,单室的发展可能与多室平行,两者是同一来源、同一时期不同程度的简化(图4.12)。

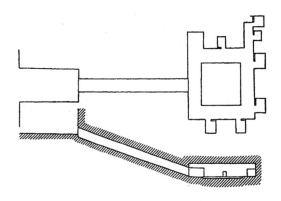

图4.10 河南永城柿园壁画墓

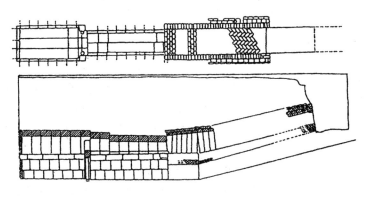

图4.11 陕西咸阳龚家湾一号墓

4.2.2 长江中下游及河南地区汉墓平面形制演变

长江中下游流域是四隅券进式墓葬穹窿流行的主要区域。另外,南阳地区同时受到长江流域与中原地区墓葬形制演变的影响,所以有必要对长江中下游地区、

---

❶ 阎道衡.永城芒山柿园发现梁国王壁画墓[J].中原文物,1990(1):32.
❷ 黄晓芬.汉墓的考古学研究[M].长沙:岳麓书社,2003:82-88.

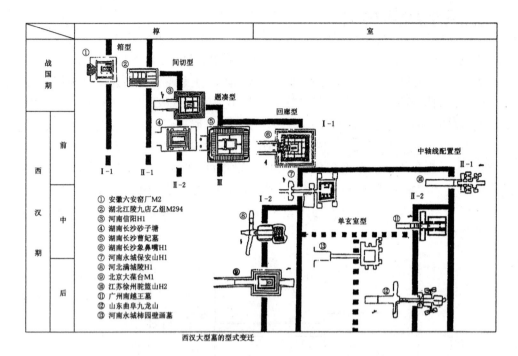

图 4.12 中轴线配置型、单玄室型墓的出现过程(黄晓芬整理)

河南地区汉墓平面形制演变做一梳理,以便理解汉末四隅券进式穹窿墓葬空间内涵的由来过程。

1) 长江流域汉墓平面形制演变

(1) 西汉

长江中游[①]:西汉中期开始出现木构单室墓。湖北省光化县 M3 墓为上下分层的椁墓构造(图 4.13),下层放置青铜器等陪葬品,棺木放置于上层一侧。"该墓未造设墓道,却在紧贴椁东壁内侧造设高 2 米、宽 1.60 米可以开闭的大型双扇门扉,其造型和制作同实物完全一致。此门扉的设置场所空间窄狭,尽管制作上实用性强,实际上却不具备开闭功能。但从对外界的开通意识及制作手法和形式上看,这一组门扉显然已经脱离了模造门扉的范畴,带有玄门色彩,故可将该墓归类于早期单玄室型室墓。"西汉后期,"又新出现了中轴线配置型室墓及少数回廊型室墓。这一时期无论椁墓或室墓,造墓建材基本上都是以木材为主"。

湖北省荆州市瓦坟园 M4 墓(图 4.14)、纪南城毛家园 M5 墓属西汉后期单玄室型木构室墓;另外,黄晓芬认为湖北省随州市安居镇汉墓属于用砾石筑造的中轴线配置型前堂后室式室墓(图 4.15),但如果把此墓(属西汉晚期)视为前堂后室式,其中轴线便难以确定,所以笔者认为此墓宜视为单室墓带侧室(或耳室)形制,并且这里的侧室顶部为砖券顶,主室为土坑(四壁用粗沙、鹅卵石混合填充[②]),也不宜视为一个成型的前堂后室式的空间等级模式。

[①] 黄晓芬.汉墓的考古学研究[M].长沙:岳麓书社,2003:111-114.另有索引者除外。
[②] 随州市博物馆.随州安居镇汉墓[J].江汉考古,1987(1):5.

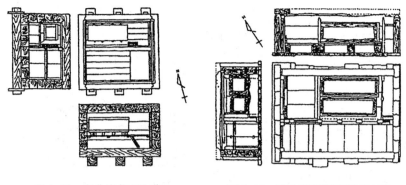

图 4.13 湖北光化 M3 墓　　图 4.14 湖北荆州瓦坟园 M4 墓

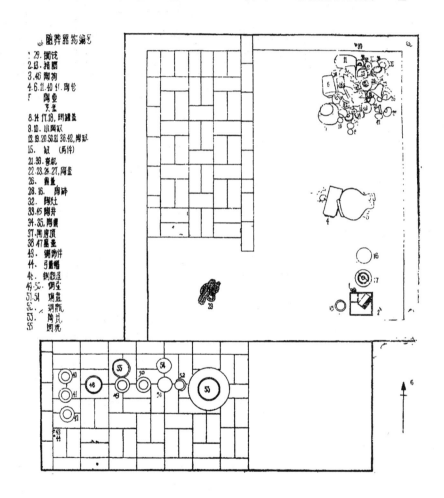

图 4.15 湖北随州安居镇汉墓平面

长江下游❶：西汉中期开始出现单玄室型室墓，江苏仪征烟袋山汉墓（木构）墓圹平面呈"凸"字形（图 4.16），木室南侧壁板设双扇玄门（外侧为随葬品区域），应属于单

---

❶ 黄晓芬. 汉墓的考古学研究[M]. 长沙：岳麓书社，2003：115-117.

玄室型室墓。西汉晚期的单玄室型室墓例子有南京市大厂区陆营汉墓(图4.17)、邗江县姚庄 M101 墓、邗江县扬寿乡 M104 墓、扬州市 M6 墓。在原椁壁上开设玄门,意味着室墓形式的模仿和导入,都可看作单玄室型室墓,因为木构,其顶部一般均为平顶。

图 4.16　江苏仪征烟袋山汉墓　　　图 4.17　南京大厂区陆营汉墓

(2) 东汉❶

长江中下游地区在东汉早期墓葬中开始出现木材和砖、石材混用现象,本地区较早的楔形砖券顶墓❷则以江苏省邗江县甘泉 M2 墓为代表(图 4.18);东汉中期渐趋使用砖、石材筑造室墓,以中轴线配置型与单室型砖室墓为形制主流,其中包含我们在南阳四隅券进式穹窿墓葬中看到的两种平面。但中期砖室的顶部几乎都采用楔形砖构成券顶,还未发现穹窿顶;东汉晚期中轴线配置型砖室墓比较流行,湖南省长沙市沙湖桥 AM41 墓(前室穹窿顶)(图 4.19)、湖北省云梦县癞痢墩 M1 墓(图 4.20)是中轴线配置型前堂后室式室墓的代表❸。

2) 河南汉墓平面形制演变

西汉早期的河南中小型墓葬资料表明,"该地域用小砖及空心砖为建材造墓相对其他地区都要早,初期阶段以砖棺❹墓为多。郑州、洛阳周边还发现有战国晚期的空心砖墓,代表西汉建造空心砖墓之滥觞……从战国晚期出现空心砖开始至西汉早期阶段,这种空心砖墓的构造形制不是一般文章所报道的砖室墓,应属于椁墓❺。"西汉晚期以降的形制变化可以河南新乡凤凰山汉代墓葬演变为例,"原先的竖井式墓道无

---

❶ 黄晓芬.汉墓的考古学研究[M].长沙:岳麓书社,2003:141-144.

❷ 拱顶与券顶在黄晓芬的研究中是两个不同的概念,拱顶指空心砖折线拱顶,券顶则为小砖砌筑的圆拱顶。

❸ 湖北省云梦县癞痢墩 M1 墓为较为明确的前、后室墓形制(含侧室);而湖南省长沙市沙湖桥 AM41 墓则可商榷,如以双后室、前室的组合为主要形式特征,可归为前、后室墓形制(含侧室),但南北两组侧室与双后室尺寸、形制类似(但墓主身份等级应不同),共享前室,似可据此增加一种集中式双轴线的墓葬形制,类似的还有马鞍山寺门口东吴墓等其他祔葬案例。湖南省长沙市沙湖桥 AM41 墓发掘报告中对各室的定位与本书不同,本书所谓"前室"被定位为"主室","侧室"被定位为"耳室",前甬道被定位为"前室",因该发掘报告未记录棺木(或棺钉等)、遗骨出土位置,所以本书仍旧坚持根据空间等级推测而来的原有判断,"侧室"尺度可容棺木,当非"耳室";另外,也未见前室券顶、主室穹顶的组合。参见:李正光,彭青野.长沙沙湖桥一带古墓发掘报告[J].考古学报,1957(4):58-63.

❹ 疑为"椁"。

❺ 黄晓芬.汉墓的考古学研究[M].长沙:岳麓书社,2003:99.

论是下棺还是人们出入都十分不便,遂将墓道加长,底部做成斜坡或阶梯式,同时墓室加长加宽,开始出现前、后室墓,即前室置放随葬品和祭奠物,后室葬棺❶"。西汉晚期出现的河南早期穹窿顶可以看作前、后室砖墓得以形成的一剂催化剂,这一点可以从洛阳烧沟汉墓群中 632 号汉墓向 1026 号汉墓的演变趋势中得到证明。

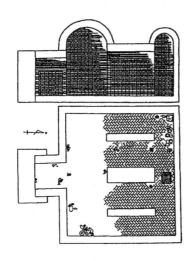

图 4.18　江苏邗江甘泉 M2 墓

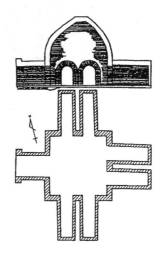

图 4.19　长沙沙湖桥 AM41 墓

河南省东汉早期中轴线配置型前堂后室式室墓比较常见,南阳市周边承袭西汉末期以来的墓制,画像砖(石)墓流行;东汉中期中轴线配置型和单室型墓趋于成熟和完善,成为这一时期墓葬形制的主流;东汉晚期回廊型室墓完全消失,普遍盛行中轴线配置型和单室型墓,画像砖(石)墓同时有所增加❷。

东汉时期典型的河南单室穹窿墓葬实例可以新乡五菱村 M112 墓为代表❸(图 4.21),典型的前、后室穹窿顶墓葬可以新乡市北站区 M6 墓❹、新乡老道井墓地东同古墓区 M6 墓❺、

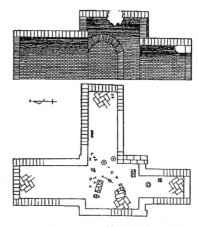

图 4.20　湖北云梦癞痢墩 M1 墓

---

❶ 刘习祥.新乡凤凰山战国两汉墓地研究[J].中原文物,2007(6):49.该文将凤凰山战国两汉墓形制分为:土坑竖穴墓(战国晚期)—半土坑半土洞墓(秦汉之际)—宽墓道土洞墓(西汉早期前段)—墓道墓室等宽墓(西汉早期后段至中期)—墓道窄于墓室墓(西汉晚期)—长斜坡墓道宽墓室墓(东汉),实质关注的是入葬的行为模式。

❷ 黄晓芬.汉墓的考古学研究[M].长沙:岳麓书社,2003:130-135.

❸ 长方形单室平面,小砖砌筑,穹窿顶。新乡市博物馆.河南新乡五陵村战国两汉墓[J].考古学报,1990(1):109,129,133.

❹ 前、后室墓,后室为叠涩穹窿,前室坍塌,形制不详,属东汉中晚期。新乡市文物工作队.河南新乡市北站区汉墓[J].考古,2006(3):41.

❺ 前、后室墓,均为穹窿,东汉晚期偏早。郑州大学历史学院考古系,河南省文物局南水北调文物保护办公室.河南省新乡市老道井墓地东同古墓区汉墓清理简报[J].四川文物,2009(6):12,96.

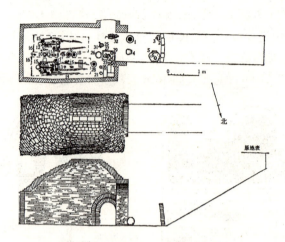

图 4.21　河南新乡五陵村 M112 墓

新乡王门村东汉 M1、M2 墓❶为代表(图 4.22)。其中新乡王门村东汉 M1、M2 墓与南阳部分四隅券进式穹窿墓葬同属东汉晚期穹窿墓葬实例❷。另外,南阳方城党庄汉画像石墓为前单室后双室墓❸(图 4.23),前室据推测可能为盝顶,年代为东汉末期,可作为南阳四隅券进式穹窿墓葬在平面形制、装饰风格上的对比案例。

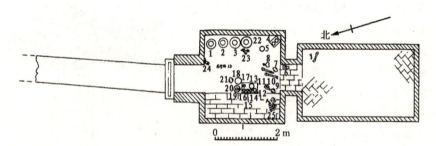

图 4.22　新乡王门村东汉 M2 墓平面

4.2.3　室墓的仪式空间

由于椁墓与室墓中都存在木、石、砖这三种材料为主体建材的情况,所以由椁墓到室墓的变化不能仅仅归之于建筑材料与技术的变化,而更多的是墓制空间仪式的变化带来的。需要指出的是,仪式空间和象征性在墓葬开始出现的那一刻就已然存在了,至

图二　画像石墓平面图

图 4.23　南阳方城党庄汉画像石墓

---

❶ 两墓均为前、后室墓。赵争鸣,赵军,朱旗.河南新乡市王门村汉墓[J].考古,2003(4):91.

❷ 河南东汉末年穹窿墓葬实例还有河南安阳西高穴二号墓等,但此墓争议颇多,暂不讨论。

❸ 南阳地区文物队.方城党庄汉画像石墓——兼谈南阳汉画像石墓的衰亡问题[J].中原文物,1986(2):47.本书所谓"前室"在该文称"中室"。

少商代之前墓葬中的随葬品及其摆放位置使得整个丧葬行为充满了仪式感。

1) 室墓形成过程中仪式空间的发展❶

在黄晓芬提出的室墓形成过程的"椁内开通"、"向外界开通"、"祭祀空间的确立"三个阶段中,均可看到与送葬人相关的仪式空间及其象征性的发展变化,本质上是葬制与习俗的演进。

(1) 第一阶段

战国早期的楚墓首先出现了椁内的装饰门窗及模造门扉,应是以木椁来象征居住的室屋,即"事死如生,事亡如存",同时"略而不尽,貌而不功"的反映。秦末汉初,开始注重朝斜坡墓道方向设门,模造门扉逐渐固定在正对墓道的方向,应该是将墓室作为"阴宅"观念的加强,然此时的丧葬行为并未转换到完全水平向进入墓室,水平向的仪式空间尚未正式形成。但椁内空间性质出现了新的变化,战国中晚期,一些楚墓逐渐把贡献祭祀品集中放置在头厢内,或有意地放在模造门扉之前,预示着由前到后的水平序列空间的分化。

(2) 第二阶段

面向斜坡墓道方向开设的双扇门可以自由关闭,实用性极强,象征着墓室空间向外界水平开通。另外,在这一阶段,从外界通向后棺室的通道上均为双扇门,而设在耳室、侧室及回廊设施内的门扉都为单扇,这种主次分明的门扉配置方式,恰好能同阳宅建筑的"正门"、"户"相对应。也可以认为,到此时,墓室空间具有了更浓厚的"事死如生"的味道。对来世的向往,或将墓室当作死者地下居所的观念,应是推动木椁墓向砖室墓演变的重要推动因素❷。

墓门、前甬道与"玄门"结合是横向(水平向)通行的室墓所必需的,因为不同的入葬方式导致不同的空间序列,并蕴含着横穴墓与竖穴墓空间内涵的本质区别。但实际上墓门主要是服从于水平空间序列的行为需要而设,与真正的宅第大门相比,仍具有"略而不尽"的象征意义。至此,水平的空间序列正式形成,但仪式空间的分化还不是很发达。

(3) 第三阶段

祭祀空间和棺室空间的分离与确立是促使椁墓向室墓完全转化的一个重要步骤。当墓葬创出墓门、前甬道与"玄门"之时,祭祀品就相对固定供献在玄门和棺室门之间的位置了。最早这一空间较小,以后逐渐增大,并铺垫加设底板,或者增高顶板,使其作为供献祭祀品的特殊空间固定下来。随着祭祀空间的确立和扩大,古来墓室以墓主居中的配置形式也逐渐发生变化,以棺为中心的空间开始后移,祭祀空间与棺室空间比例关系逐渐相对分明起来,既相互独立,又同为墓室的空间主体。祭祀前堂和后棺室的相对独立,标志着室墓的成熟和水平向仪式空间的充分展开。以前堂后室为中心空间变为室墓的基本形制,并持续影响着以后各朝各代。

细分下来,这一阶段的三种不同室墓类型有着不同的表现:

---

❶ 以下参见:黄晓芬.汉墓的考古学研究[M].长沙:岳麓书社,2003:90-93.另有引注者除外。
❷ 蒲慕州.墓葬与生死——中国古代宗教之省思[M].北京:中华书局,2008:200.

a) 回廊形室墓的空间序列

回廊形室墓在服从水平向送葬模式的同时，保留了较多的椁室墓空间特征。回廊的来源在于椁墓内外椁之间的空间，打通后成为连续回廊。此处空间本与中央棺室的下葬方向一致，即由上而下，用途是搁置随葬品，在回廊形室墓出现后，此处仍旧是摆放随葬品的❶，在流线上属于中轴线流线的岔路，在前室功能分化出来之后，形制上的重要性自然会被削弱。

就目前所知，"回廊是汉代新兴的墓葬形制，最早见于西汉的木椁墓，是诸侯王、列侯的一种特殊葬制……尔后，这种回廊形逐渐扩大到其他类别的墓葬中去，包括崖洞墓、砖室墓和石室墓……在西汉晚期，已有如'郁平大尹'（郡太守）一类的官吏，便僭制享用这种形制了❷"。新莽时期的南阳唐河县电厂画像石墓虽然可以分列出横前室、后室、侧室，但仍具有强烈回廊型墓的意味（图 4.24），且画像风格与郁平大尹冯君孺人墓中画像完全相同❸，可以推知此时回廊形室墓的空间序列是与画像内容相关联的，除回廊后部外，前室（实为回廊一部分）、后室、侧室（实为回廊一部分）的立柱、门楣上均有剔地浅浮雕像，其内涵与重要性当然也各不相同。正因为这种室墓形制有着强烈的高等级意味，所以直到晋代仍有采用，如江西吉水大墓❹（图 4.25），后室周边为双重回廊，外侧回廊与前室、侧室开通，可惜该墓已被盗，出土器物不多，难以判断回廊的使用情况。

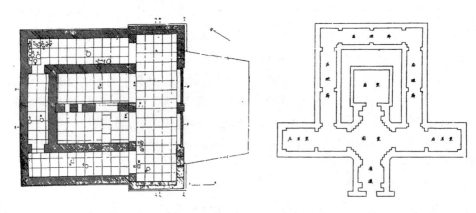

图 4.24　南阳唐河电厂画像石墓平面　　　图 4.25　江西吉水大墓平面

b) 中轴线配置型室墓的空间序列

南阳唐河县电厂画像石墓已然分化出前室、后室、侧室，说明在西汉末期（含新莽）室墓对中轴线空间序列的逐渐重视。室墓省略回廊之后，水平向的送葬行为便在一个较为单纯的交通流线上进行，由墓道进入墓门，经前甬道进入前室或者一处甬道与对称侧室入口交汇的空间，之后进入中室、后室，至于玄门，则已在许多室例中消失。将棺木送达棺室后，送葬人员反方向退出。陪葬或者合葬的棺木如果不

---

❶ 在对战国楚墓的研究中，黄晓芬将楚国椁墓分为箱型椁和间切型椁两种，后者是前者的发展，回廊空间主要在后者的实例上演变过来。黄晓芬. 汉墓的考古学研究[M]. 长沙：岳麓书社，2003：63-64, 94.

❷ 赵成甫. 南阳汉画像石墓兴衰刍议[J]. 中原文物，1985(3)：71.

❸ 《南阳汉画像石》编委会. 唐河县电厂画像石墓[J]. 中原文物，1982(1)：5-11.

❹ 李希朗. 江西吉水晋代砖室墓[J]. 南方文物，1994(3)：30-33.

进入主棺室,则可能放在侧室。

典型的木椁墓与中轴线配置型室墓可谓大相径庭,而到了东汉晚期,砖室墓成为主流,前、后室之间出现单元空间的轴线组织关系,也是椁墓所不具备的。这些都成为四隅券进式穹窿墓葬自身空间内涵得以建立的前提条件。

c) 单室墓的空间序列

单室墓是室墓省略回廊之后的极端形势,但由墓道进入墓门,经前甬道进入墓室的主轴线并没有发生变化。此时随葬品一般置于棺侧和棺前,有时棺前设有祭台,但不一定正对棺木,可能与避让送葬人员进出流线有关。

2)"前堂后寝"模式的确立

从龙山文化创造出椁墓至汉代以前,墓室一直保持着平顶构造。室墓开始也以平顶为特点。随着祭祀空间和棺室空间分离,墓室的顶部构造明显增高、扩大,直至发展出折线拱顶,再进一步向小砖券顶、穹窿顶变化。比较墓室内各空间的顶部构造,前室顶部往往较其他各室都要高,统率着墓室空间的样态特征,这一类前室构造常被称为"前堂"。可以认为,中轴线配置型前堂后室式室墓代表着室墓走向完全成熟后的构造形制❶。

西晋《帝王世纪》提到汉献帝禅陵"前堂方一丈八尺,后堂方一丈五尺❷",以及《晋书·卷三十三·王祥传》所记"穿深二丈,椁取容棺。勿作前堂……棺前但可施床榻而已❸",可证实前堂与"椁"(后堂)尺度与功能均有所不同。现在一般称为"前堂后室",功能可定位为"前堂后寝"或者"前奠后棺",也就是后室安放棺木,前室为面向后室的祭奠空间,这可从诸多东汉、六朝墓葬前室发现的祭台得到证明。

图 4.26 朱然墓前、后室棺木的位置

特殊情况下合葬的棺木也可能置于前室,如马鞍山朱然墓前室放置朱妻棺木(图4.26),但这应该是后室未能为第二次葬入的棺木预留足够的空间造成的,当非葬制的常态。

真正可以看作前堂后室墓的较早实例是山东省曲阜市九龙山鲁王墓(图4.27),共5座,已发掘的4座墓的"玄室空间基本以墓道、羡道、前堂、后室为中轴,左右对称配置耳室和侧室,属于典型的中轴线配置型前堂后室式室墓❹"。洛阳烧沟1026号汉墓是中原地区的早期实例。

---

❶ 黄晓芬.汉墓的考古学研究[M].长沙:岳麓书社,2003:92.

❷ [南朝宋]范晔.后汉书·礼仪志下[M]//李学勤.二十六史:第1册.海口:海南出版社,1999:735.

❸ 杜经国.二十五史:第2册[M].郑州:中州古籍出版社,1996:179.

❹ 一、二号墓为西汉中期,三号墓为西汉晚期。黄晓芬.汉墓的考古学研究[M].长沙:岳麓书社,2003:84-85.黄晓芬认为西汉中期河南省永城县前窑村石室墓及与此墓邻近的梁王崖墓僖山一号墓、二号墓属较早的中轴线配置型前堂后室式室墓,但依其参考文献,应属单石室墓及回廊崖墓。见:黄晓芬.汉墓的考古学研究[M].长沙:岳麓书社,2003:100.商丘地区文化局,永城县文化馆.河南永城前窑汉代石室墓[J].中原文物,1990(1):7-12.河南省文物研究所,永城县文物管理委员会.河南永城芒山西汉梁国王陵的调查[J].华夏考古,1992(3):130-139.

从洛阳烧沟汉墓的例子来看,折线拱顶或者券顶出现后,未形成前、后室格局的墓葬,主室顶部均高于侧室、甬道;出现前、后室格局的墓葬,基本上前室顶高于后室,即便是采用横前堂券顶的墓室,如墓1035❶(图4.28)。前堂后寝模式中,随着前堂跨度、矢高的同步增大,前堂的地位得到更多强调❷。

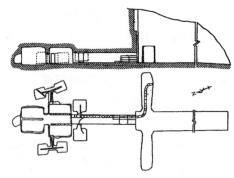

图4.27　山东省曲阜市九龙山鲁王墓

另外,前堂后室模式与放置随葬品的仪式空间的演变相辅相成,以河南新乡凤凰山战国至汉代墓葬为例,一般战国晚期随葬品置于小龛内或棺两侧;至西汉中期则在墓道或墓室一侧挖小龛或置于棺一侧;到西汉晚期则多在墓室近门处和棺前,形制已接近前、后室墓;在东汉时期就逐渐演变成前、后室墓,即前室放置随葬品,后室置棺❸。

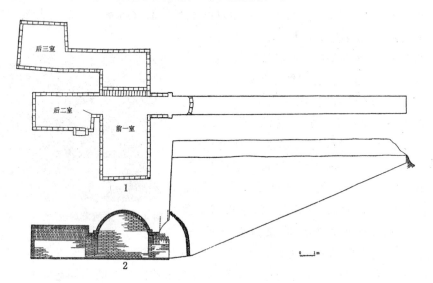

图4.28　洛阳烧沟汉墓1035

3) 室墓的等级象征

东汉室墓的主室大小差异不大,也就是说东汉室墓的整体规格差异在于墓中单元空间个数的不同,以至参照椁墓由墓室空间规格大小来辨别墓主人身份差异的方法也就失去了意义。在墓葬制度上,中央和地方、当权者与一般贵族之间本存在着明显的等级差别,到了东汉以后,对等级的控制趋于松弛,地方官宦、豪族也可根据自己的政治势力及经济实力来筑造不同规模的室墓。但东汉墓在形制方面仍旧存在着与墓主的身份、地位之间的对应关系。比如,回廊型东汉室墓较其他墓葬

---

❶ 洛阳区考古发掘队.洛阳烧沟汉墓[M].北京:科学出版社,1959:73.
❷ 这一点应属前、后室墓发展过程中的主流现象,但不排除个别的例外,如鄂城M2262墓,后室穹窿进深很大,其穹顶高于前室穹窿;但前室为正方形平面的四隅券进式穹窿墓葬中,这种情况罕见。
❸ 刘习祥.新乡凤凰山战国两汉墓地研究[J].中原文物,2007(6):49.

形制要少得多,可以判明墓主的身份几乎都归属地方诸侯王级别,特别是主室全长超过10米者都属于王侯墓。但东汉晚期以后,回廊型室墓固有的等级特色则完全消失。因此,东汉墓的规格和形制特征与其说是反映社会的等级制度,不如说是象征墓主人的实力和财富更符合事实❶。由此,墓葬等级才会集中反映在墓顶形态、用砖大小和砌筑、装饰工艺上。

西晋时期室墓的等级差异与东汉注重墓室个数的做法不同。有学者认为,"北方地区西晋时期虽然双室墓和单室墓都有,但双室墓并不比单室墓的等级高……西晋时期的峻阳陵墓地和枕头山墓地,共铲探出28座墓,清理发掘了两座。报告认为,'这些墓无疑都是晋墓,而且墓主可能是贵族'。发掘和铲探出的各墓尺寸、结构表明,这些墓全是单室,规模最大。在墓地位置中最尊的峻阳陵墓地1号墓和枕头山墓地1号墓,主要表现在墓道的长宽都高于其他各墓。从这两处墓地中的墓葬来看,墓内设施、尺寸、墓道的长宽,与等级密切相关,而墓室多少与等级关系不大❷"。因为西晋时期南北方政权统一,所以北方地区反映的墓葬等级特征应该可供长江地区参考。另外,"无论是南方还是北方,西晋以后的许多多室墓都与祔葬有关,这些墓如排除祔葬墓室,仍然可以按照各地区不同时代的墓葬演变和等级制度加以分类❸"。由此我们可以理解,在长江流域的四隅券进式穹窿墓葬中为何会经常出现侧室(祔葬室)这一现象——这些侧室并不影响墓葬的等级定位,而且可以看到,其实长江流域的祔葬墓也不是西晋之后才发展起来的,早在孙吴时期就有实例出现,如马鞍山寺门口东吴墓、南京郭家山M6墓,以及笔者暂名的鄂州新1墓等,而南阳桐柏县安棚画像石墓则成为东汉晚期的特例。

4.3 中国古代墓葬穹窿的象征性

4.3.1 穹窿的一般象征性

用来描述建筑顶部曲面空间形态时,常见的术语有"穹窿"、"穹顶"、"穹庐"等3种。

"穹庐"一词最早散见于《史记》❹,另有云匈奴"以广野为闾里,以穹庐为家室❺"。关于《汉书·匈奴传》中"穹庐"一词,有唐代颜师古作注曰:"穹庐,旃帐也。其形穹隆,故曰穹庐❻。"有学者认为,北方游牧民族的"穹庐"观念应该与中原文化的"盖天说"类似,都是基于对"天"的直接认识,甚至地处北方的红山文化遗址中的

---

❶ 黄晓芬.汉墓的考古学研究[M].长沙:岳麓书社,2003:154-155.
❷ 齐东方.三国两晋南北朝时期祔葬墓[J].考古,1991(10):946-947.
❸ 齐东方.三国两晋南北朝时期祔葬墓[J].考古,1991(10):946-947.
❹ 如《匈奴列传》:"匈奴法,汉使非去节而以墨黥其面者不得入穹庐。"[汉]司马迁.史记[M].北京:线装书局,2008:461.
❺ [西汉]桓宽.盐铁论(卷三八备胡篇)[M]//郭超,夏于全.传世名著百部:第5卷.北京:蓝天出版社,1998:99.
❻ 周寿昌.汉书注校补[M].上海:商务印书馆,民国二十六年:980.

三环石坛也可视为"迄今所见史前时期最完整的盖天宇宙论的图解❶"。而"穹庐"观念所体现的应该是一种"天圆地圆"的宇宙观，与汉地的"天圆地方"有所不同❷。相对于"穹窿"偏重于对形态的描述，"穹庐"在暗含对宇宙模式象征的同时，更是直指北方游牧民族的居住空间，而在汉地，除非皇穹宇、祈年殿之类祭祀建筑，世俗"室屋"是不会同时象征天地或者宇宙模式的。

古代西方同样赋予穹窿以天宇的象征性。万神庙穹顶上的众神之像是对穹窿象征天宇这一观念最好的注解（图4.29），基督教堂对穹顶的装饰与处理仍旧源于宗教崇拜。但在西方，以穹窿来象征天宇并非仅仅出于宗教的原因。古希腊人认为"圆形、球形是最完美的几何图形，所以天体也必然是球形的。柏拉图认为神是好的，球是最完美的形式，因此宇宙也必然是球形的……❸"。总之，穹顶代表着西方人对宇宙模式的认识。

图4.29 古罗马万神庙内景

图4.30 伊斯坦布尔新皇后清真寺天顶

穹顶在清真寺中是否也象征着天宇？一般来说，因为伊斯兰教反对偶像崇拜，真主安拉"前无始后无终，无方位、无定所。这种宗教规定为礼拜殿的平面布局提供了很大的灵活性，礼拜殿只是穆斯林集体参拜的场所❹"，所以其宗教仪式与基督教不同，不需要明确地将穹顶形态与天堂相比附，从而使得清真寺穹顶笼罩下的空间有着更多的人间奢华。土耳其伊斯坦布尔卡帕勒市场的拜亚兹大门上写着阿卜杜勒·哈米德二世题写的横匾——"真主喜爱经商的人❺"，真实说明了穆斯林生活在伊斯兰文化中和宗教有着亲密的统一性。再看伊斯坦布尔各个清真寺中轻盈而华丽的穹顶空间（图4.30），似乎也充满了尘世的欢乐。在《古兰经》中有如下经文可做解释："你应当借真主赏赐你的财富而营谋后世的宅院，你不要忘却你在今世的份额❻。""在今世行善者，得享美报❼。"与基督教堂相比，今世的伊斯兰礼拜

---

❶ 杨福瑞.北方游牧民族穹庐观念及对居住文化的影响[J].贵州社会科学,2009(7):123-124.

❷ 孙险峰.北魏鲜卑人的宇宙观——从鲜卑人的祭天礼制看宇宙观的变迁[J].自然辩证法研究,2010(11):82-84.

❸ [英]W C 丹皮尔.科学史及其与哲学和宗教的关系[M].李珩,译.桂林:广西师范大学出版社,2001:28.

❹ 桑春.论新疆伊斯兰教建筑设计中的宗教观念[D].南京:南京艺术学院,2006:25.

❺ 徐永利,钱祥伍.天堂之间——伊斯坦布尔历史建筑解读[J].时代建筑,2005(5):160-165.

❻ 古兰经[M]马坚,译.北京:中国社会科学出版社,1981:28;77 小节.

❼ 古兰经[M].马坚,译.北京:中国社会科学出版社,1981:9:10 小节.

空间本身便是人间天堂。故此，有学者认为伊斯兰建筑的穹顶不能被看作是"天国的幻影，也不需要多少采光，因而更多地作为建筑外部造型在构图上的统帅者出现❶"。但在新疆地区我们也经常可以看到清真寺穹窿上顶起一弯新月形装饰(图4.31)，似乎可以证明穹顶与天穹的关系并未完全割裂，穹顶的象征性转变为一种外部隐喻。

图4.31　新疆库车大寺　　　图4.32　10世纪以后北印度希呵罗型印度教塔庙

至于印度的穹顶建筑(不含泰姬陵等伊斯兰建筑)，更多反映的是印度教(婆罗门教)、佛教的宇宙观，建筑形式则以希呵罗天祠(图4.32)及穹顶石窟为代表。印度文化被看作亚洲"表现世界之轴和宇宙中心的母题"之本源❷。根据印度宗教的古老传统，"当印度教和佛教的修行者在曼荼罗中心时，天空被视作一个顶部有着圆洞的巨大穹隆形帐篷，中心的祭坛是上下界之间的通道，通过这里人的灵魂可以到达上部世界。中心与北极星之间的联系可以被看作是神圣的帐篷之轴——天轴。整个天空围绕着它旋转❸"(图4.33)。由此，处于建筑垂直轴线顶端的穹窿对天宇的象征性就很明显地表达出来了。

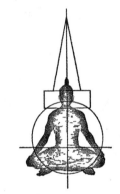

图4.33　佛塔所反映的人体小宇宙

总的来说，穹顶"造就了拜占庭、伊斯兰和印度三个伟大的建筑风格的崇高特色❹"，以至有学者认为，穹窿因其象征性过于明显，是不能作为居住空间的屋顶使用的❺。但意大利文艺复兴时期的圆厅别墅，属于世俗的居住建筑，也采用穹窿(图4.34)，说明穹窿用于住宅并非普遍的禁忌。有学者认为圆厅别墅穹顶的突破意义在于，"从此以后，在西方只要有'权力'、'财富'就可以

---

❶　冯江.穹隆：美学缠斗与技术演进中范型的建立[J].华中建筑，2007(12)：145.

❷　[意]马里奥·布萨利.东方建筑[M].单军，赵焱，译.北京：中国建筑工业出版社，1999：11.

❸　王晓帆.中国西南边境及相关地区南传上座部佛塔研究[D].上海：同济大学.2006：137.佛塔地宫也有采用穹顶的，如嵩岳寺塔，除技术要求外，可能也与穹顶可以做宗教内涵的解释有关。另外，河南邓州福胜寺塔宋代地宫六角攒尖顶部嵌有铜镜，也应与对宇宙模式的表达有关。河南省古代建筑保护研究所，河南省文物研究所.河南邓州市福胜寺塔地宫[J].文物，1991(6)：38-47.

❹　[英]Z S Makowski.穹顶的发展历史及其现代世界成就[J].王克洪，译.华中建筑，1988(2)：73.

❺　根据笔者对东京大学包慕萍女士的采访.

选择被'宗教'禁止的建筑形式——'穹窿'❶"。那么穹窿是否可以用于卧室呢？塞浦路斯岛上的基罗其梯亚(Chirokitia)仍旧延续着古老的穹窿顶❷(图 4.35)，而且肯定具有卧室功能。另外，"穹庐"本身也有卧室功能，说明这种禁忌即便存在，也不会是世界范围内的。但应该看到，以穹窿来覆盖睡觉、炊事等居住空间，更多是一种居住模式和建造技术动态平衡中的定势。一旦居住功能分化到必须形成不同的房间方能满足各种需求，较简单的生土穹窿(或穹窿状棚屋)工艺便难以适用了，而穹窿便更多地留存在分化出来的起居室、客厅等中心空间上，不过这个时候仍旧不能把穹窿与卧室的分离简单看作是一种文化禁忌，其原因应该在于卧室空间在居住建筑中社会化程度较低，所以不适于担当住宅设计的统率性空间，这也是穹窿象征性向世俗高等级空间延伸的一种表现。

图 4.34 意大利维琴察圆厅别墅

图 4.35 基罗其梯亚古代穹窿

4.3.2 墓葬穹窿的空间内涵

伊斯兰陵墓建筑也有覆盖穹顶的实例，如新疆喀什香妃墓、吐鲁番额敏塔建筑群墓葬(图 4.36)，以及印度泰姬陵，但均属于地面建筑。本书所讨论的墓葬穹窿仅限于地下墓葬。

1) 墓葬穹窿与天宇

汉代以前应该已经产生以墓室作为宇宙象征的做法，例如秦始皇陵，《史记·秦始皇本纪》记载其陵墓"以水银为百川江河大海，机相灌输，上具天文，下具地理❸"。由《史记》对秦始皇陵地下情况的描述可知，阴曹世界同样具有天地结构，或者说，玄宫也要对天地空间加以象征。对墓室的称呼"玄宫"、"玄室"之中的"玄"字，依《道德经》"玄之又玄，众妙之门❹"一语，本身便应包含阴阳两个方面，故并不排斥"天"的存在。辽代契丹族的墓葬穹顶中多次出现星象图，也是穹庐观念向冥界的延伸，穹顶自然是象征天宇的❺(图 4.37)。辽墓穹窿对天宇的比附来自北方游牧民族的"穹庐"观念，但同时接受了汉地"天圆地方"观念，从而采用方形前室平面和

---

❶ 詹和平.西方古代建筑穹窿的演变及其意义[J].南京艺术学院学报(美术与设计版),2009(6):66.
❷ 詹和平.西方古代建筑穹窿的演变及其意义[J].南京艺术学院学报(美术与设计版),2009(6):65.《弗莱彻建筑史》中基罗其梯亚的英文拼法为 Khirokitia。
❸ [汉]司马迁.史记[M].北京:线装书局,2008:35.
❹ 钟雷.老子·庄子·大学·中庸·尚书·墨子[M].哈尔滨:黑龙江人民出版社,2004:3.
❺ 河北省文物研究所,等.宣化辽代壁画墓群[J].文物春秋,1995(2):1-23.

正多边形或圆形的后室平面(图4.38),上部均覆穹窿,显现出两种观念的兼容。

图4.36 吐鲁番额敏塔墓群

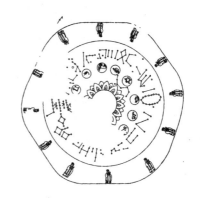
图4.37 宣化下八里五号辽墓后室顶部星象图

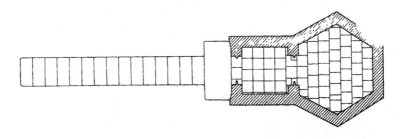

图4.38 宣化下八里五号辽墓平面

应该看到,虽然我们今天以"穹窿"一词来称呼汉地墓室的顶部结构,但这一用法并未见于古代文献。对于墓室或其部分空间,古代多见"玄宫"、"玄室❶"、"玄堂❷"、"前堂"、"后堂"、"椁❸"、"题凑之宝❹"、"梓宫"、"便房❺"、"筒❻"之类的笼统称呼,还有更笼统的"宅"、"兆❼"或者"神舍❽",而未见像今天一样以某种特定词语对其进行形态描述。那么,当我们讨论墓葬穹窿的象征性内涵时,是否有张冠李戴之嫌? 这一词是否适用? 也就是说,古人也许根本不会承认"玄宫"的顶部与"穹窿"的象征性内涵有什么关系。

笔者认为本书的相关讨论仍旧是有效的,可以从两个方面理解:

其一,墓葬穹窿的象征性是其形态本身带来的,由西域至汉地的形态借鉴与传承非常明显,其形态内涵也因此具有同一性、延续性。描绘同类形态的"穹窿"一

---

❶ 黄晓芬.汉墓的考古学研究[J].长沙:岳麓书社,2003:24.

❷ 洛阳出土的晋太康八年张朗墓志云:"刊石玄堂。"洛阳区考古发掘队.洛阳烧沟汉墓[M].北京:科学出版社,1959:45.

❸ 《后汉书·礼仪志》:"前堂方一丈八尺,后堂方一丈五尺。"《晋书·王祥传》:"椁取容棺。勿作前堂。"

❹ 《吕氏春秋·节丧篇》:"国弥大,家弥富,葬弥厚……题凑之宝,棺椁数袭,积石积炭,以环其外。"郭超,夏于全.传世名著百部:第5卷[M].北京:蓝天出版社,1998:53.

❺ 《汉书·霍光传》:宣帝地节二年(公元前68年),霍光病逝,皇帝恩赐"梓宫、便房、黄肠题凑各一具,枞木外藏椁十五具。"杜经国.二十五史:第1册[M].郑州:中州古籍出版社,1996:243.

❻ 齐东方.三国两晋南北朝时期衬的葬具[J].考古,1991(10):945.

❼ 乐山市崖墓博物馆.四川乐山市沱沟嘴东汉崖墓清埋简报[J].文物,1993(1):40-50.

❽ 黄晓芬.汉墓的考古学研究[M].长沙:岳麓书社,2003:272.

词,其对应的英文为"Dome",在西方语境中除了用于称呼古罗马建筑或者基督教建筑的穹顶外,也可用于指称清真寺的穹顶,均含有象征天宇之意。

其二,天宇为穹窿之形。有古代文献为证,汉代扬雄撰《太玄经》云:"天穹隆而周乎下。"晋代范望注曰:"穹隆,天之形也,浑天象之包有于地下者也❶。"第二个"穹隆"是明显的名词用法,正说明"穹窿"可象征天。而以"穹窿"来称呼地面上隆起部分的则最早见于东汉《越绝书》的苏州穹窿山(见第1章)。墓葬穹窿正是可比喻为天穹的墓圹隆起部分。

所以我们今天以"穹窿"来直呼墓室顶部,并不会对研究造成误导。墓顶形态符合穹窿的定义,而且墓室穹窿的含义与域外相通,所以,至少在中国古代的两汉、六朝时期,墓室的营造过程中应该纳入了对"穹窿"内涵的期许。墓葬穹窿仿效天宇这一推想,更可通过诸多汉代墓室顶盖画像石的图案来得到证明,甚至暗示着"天圆地方"的空间转换(图4.39)。六朝墓葬穹顶前室中,时常会发现铁帐杆或陶帷帐座,如果依据帐杆将帷帐形态复原,则会出现一个四坡顶的形象(图4.40),功能推测与祭品摆放有关。此帷帐形态同四阿室屋,则穹顶象征天宇是合情合理的解释。

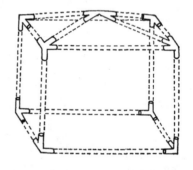

图4.39 陕北绥德汉墓天顶纹样　　图4.40 洛阳曹魏正始八年墓铁帷帐复原示意图

但具体某一墓室是象征室屋,还是象征天地,不同时期的古人会做出不同选择。唐宋以后,墓室仿木特征明显,圆形墓顶虽然仍旧可以称其为"穹窿",但难免含义混乱。此时墓葬穹窿的采用除了缘于形态审美习惯的延续性外,恐怕更多的是一种物理效用和施工技术上的要求。"穹窿"一词在古代未能用于描述墓室,可能也与墓室空间内涵的摇移不定有关,也就是说,按照"穹窿"的本义,用它来指代"室屋"有诸多不当。

2) 地下空间序列的整体象征性

很多墓葬实例表明,墓室各部分空间的象征性内涵是不能割裂的。例如江苏泗阳樊氏画像石墓(前室为穹窿,约属曹魏时期)(图4.41),"在构图处理方面,它服从墓室的建筑结构。在南北两壁及通道的每一块石面上雕刻一组画像,垒砌起来就成了连景式的图像❷"。另有学者对陕西延家岔东汉画像石墓(前室为穹窿)做如下分析(图4.42),"前室红日高悬,象征'阳世',所以前壁画像内容为人世间

---

❶ [汉]扬雄,撰;[晋]范望,注.太玄经[M].上海:上海古籍出版社,1990:106.
❷ 淮阴市博物馆,泗洪县图书馆.江苏泗阳打鼓墩樊氏画像石墓[J].考古,1992(9):811-830.

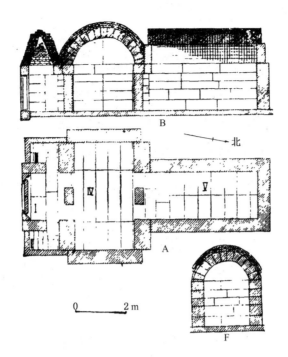

图 4.41　江苏泗阳樊氏画像石墓

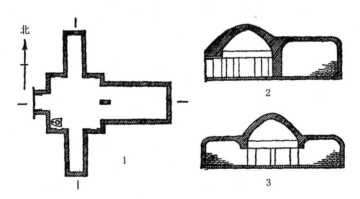

图 4.42　陕西延家岔汉画像石墓

的现实生活;墓顶剖面半圆形,顶置太阳,好像与当时流行的'天圆如张盖'的宇宙学说相符合。月亮在后室门面上方中央,象征'阴间',画像内容则为死后登仙幻境[1]"。又如河南唐河针织厂汉画像石墓(图 4.43),"墓室门楣、门框、门扇的画像内容与驱疫避邪,严守门户的思想有关;主室门框的画像内容,与保护死者的思想有关;前室画像石的内容反映了墓主人生前的种种活动,似把前室作为迎来送往的客厅。主室是停放墓主人尸体处,画像题材多系历史故事并和'升仙'思想有关。侧、后室无画像,是放置随葬品的地方。墓室顶部多刻日、月、星宿、长虹等图,表示天空[2]"。该墓属东汉早期石砌平顶墓,但此时的墓葬仍使人产生前室到底是象征天空还是客厅的疑惑,因为上述分析似乎有些矛盾。笔者认为莫不如认为前室象

---

[1] 戴应新,李仲煊.陕西绥德县延家岔东汉画像石墓[J].考古,1983(3):237.
[2] 周到,李京华.唐河针织厂汉画像石墓的发掘[J].文物,1973(6):26-40.

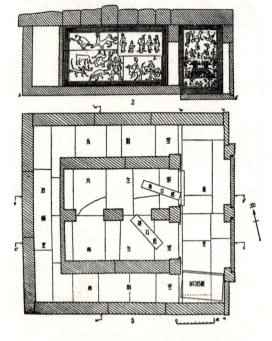

图 4.43 唐河针织厂汉画像石墓

征前院更为妥当。

"综合汉代画像石墓的画像的分布情况,可以看出:表现神仙天界的画像,大多安排在墓室的顶部或四壁上部(包括上横额)。描写墓主人世生活的画面,则安排在墓室四壁的中部。表现历史故事的画面,或安排在生活场景之下,或穿插在生活场景之中。前室是墓主男性的外部活动世界,重现墓主的政务、交际、出行等活动。中室(无中室者亦安排在前室一部分)是庄园中的庭堂部分,表现日常享乐的宴饮百戏以及财产田地等内容安排在这里。后室象征墓主的内寝及后园,表现寝卧、宴饮等家室活动。中小型的画像石墓往往不在后室刻画图像……它反映出汉代人们的宇宙观与人生观,是汉代人们企图在墓室中重现天地宇宙与人生模式的体现❶。"

空间序列的整体象征性表现为两个空间维度:水平向与竖向,竖向仅仅是为墓主服务的,而横向则与送葬人的行为有关。只有祭祀行为所在的前室表现出阴阳共存的意义——为生人所用,事后却被封于地下,在观念上成为阴曹世界的一部分。因为"事死如事生",所以前室应同样具有与阴曹世界相符的、为死者所用的空间内涵。看似是装饰语汇的序列空间,但每一处装饰语言都充满了象征性。

3) 地上、地下空间序列的关系

丧葬祭祀仪式与地面、地下空间都有关系。在《南京江宁上坊孙吴墓发掘简报》的"墓葬位置与墓地遗存"部分,提到一些地面建筑的痕迹:"3 个灰坑内填有大量碎砖瓦片及人面纹瓦当❷"(图 4.44),由此推测墓前原有陵寝类墓地建筑。另据

---

❶ 周学鹰.解读画像砖石中的汉代文化[M].北京:中华书局,2005:137.
❷ 参见该文"初步认识"部分。南京市博物馆,南京市江宁区博物馆.南京江宁上坊孙吴墓发掘简报[J].文物,2008(12):4-34.

《马鞍山朱然墓的再研究》一文,朱然墓"墓后室券顶正中有一早期盗洞,盗洞内填土中包含许多六朝板瓦和筒瓦残片,推测墓上可能原有'享堂'之类的建筑❶";又如马鞍山宋山墓,墓道出土一块六朝筒瓦,以及一块正方形三爪龙纹砖,"说明至少在东吴时期,大型墓葬封土上面应当有享堂、寝殿之类建筑❷"。以上实例说明了类似上坊孙吴墓地面建筑存在的普遍性。

图 4.44　南京江宁上坊孙吴墓现场瓦当

虽然墓祠、享堂属于葬后祭祀所用,与送葬流线并非同时存在,但汉代墓葬与地面的祠堂建筑、汉阙建筑仍旧应该看成有内在关联的整体,形成完整的墓葬建筑群,装饰部分同样如此,"汉代地上石祠堂画像与地下墓室画像石之间存在着密切的内在联系❸"。地上、地下、画像砖石的表达,一起组成完整的空间序列。在墓门关闭之前,这一建筑群的组合与送葬者的行为模式形成一个整体;墓门关闭之后,墓葬与地面建筑、神道、石象生一起,与祭祀者的行为模式在心理观念上暗合为一个整体。在这一点上,倒是与古埃及丧葬空间模式有共同之处。

4) 关于券顶和棺木象征性的补充

东汉与六朝的前堂后寝模式有两种墓顶选择:穹窿与券顶,券顶首先出现。那么,券顶除了技术上的优势外,是否也有象征性内涵?

笔者在参观敦煌莫高窟时,了解到有学者认为弧顶式的卧佛窟象征着棺木❹(图 4.45);在六朝前堂后寝模式墓葬中,后室也常常用券顶,是否有相同内涵?从马鞍山朱然墓、南京上坊孙吴墓的棺木来看(图 4.46),朱然墓棺顶板呈拱顶型,与券顶有相似性,而上坊孙吴墓则不明显,可见,同一朝代内也无定制。因为券顶更多是结构需要,而棺木仅需放置在墓室之中,并无抵抗顶部荷载的需求,所以券顶墓模仿棺材的可能性较小,形态上不能严格对应。

图 4.45　敦煌莫高窟卧佛窟

图 4.46　上坊孙吴墓木棺出土情形

---

❶ 王俊.马鞍山朱然墓的再研究[M]//王俊.马鞍山六朝墓葬发掘与研究.北京:科学出版社,2008:239.
❷ 栗中斌.马鞍山市宋山墓的年代和墓主身份考[J].东南文化,2007(4):39-44.
❸ 周学鹰.解读画像砖石中的汉代文化[M].北京:中华书局,2005:122.
❹ 敦煌研究院张毅华女士的观点。

如果不考虑等级因素,穹窿与券顶在后室往往互换,穹窿可以象征天宇,券顶是否也有可能？新疆森木塞姆石窟49号洞窟弧形天顶上可看到一只踩着黑色圆轮的大鸟、一只圆轮中的白兔(图4.47、图4.48),分居在弧顶上部中心线的两端,应该象征着日月的轮回；临安板桥五代墓后室拱顶镶嵌一四灵八卦镜,镜面四边铸青龙、白虎、朱雀、玄武(无蛇),前室穹窿顶上嵌一圆形铜镜❶,推测应有类似寓意,那么券顶与穹顶应有相同的象征性。可见,券顶并不妨碍表达天穹的内涵。但券顶象征天宇有着形态上的局限,更无法准确表达"天圆地方"的内涵,所以,其注定只能作为穹顶之后的备选,等级上不如后者。

 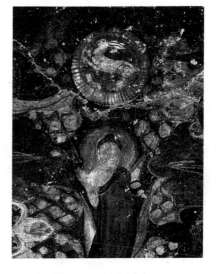

图 4.47　新疆森木塞姆石窟 49 号洞天顶 1　　图 4.48　新疆森木塞姆石窟 49 号洞天顶 2

与券顶相比,穹窿在承重和跨度上具有技术上的优势,同时符合葬制变化中对前室象征性的要求,也体现出空间序列上与后室的显著不同:流线上后室是单向出口的,而前室至少是前后双向出口的,甚至由于侧室常与前室连通,而成为多向的。这些因素的综合,导致了内涵丰富的墓葬穹窿的发生。但券顶墓室首先完成了对墓室"室屋"形象的解构,具有过渡意义,为穹窿的兴起起到先行铺垫作用。

棺木本身也有象征性。内蒙古巴林左旗出土的辽代木棺彩绘、装饰效果很像一座建筑,甚至在木棺前挡下方绘出开启的门扇❷(图4.49)；河北正定天宁寺凌霄塔地宫出土文物中的3座银棺(不晚于北宋),河南邓州市福胜寺塔地宫出土的银质外棺(宋代)❸(图4.50),均为建筑形象。江苏宝应县泾河出土的南唐木棺前端装饰有非常逼真的"木屋"❹,实际是作为木棺的象征性入口或"门屋"

---

❶ 浙江省文物管理委员会.浙江临安板桥的五代墓[J].文物,1975(8):66-70.
❷ 张兴国.内蒙古巴林左旗出土彩绘木棺[J].文物,2009(3):93-94.
❸ 刘友恒,樊子林.河北正定天宁寺凌霄塔地宫[J].文物,1991(6):28-37.河南省古代建筑保护研究所,河南省文物研究所.河南邓州市福胜寺塔地宫[J].文物,1991(6):38-47.福胜寺塔地宫银质外棺在原文中称为"银椁",下有"椁床",但"椁"一般指紧贴墓圹不可移动的墓室外皮,可移动葬具的应称为"棺"。就外棺与内棺而言,外棺象征建筑,内棺则未必。
❹ 黎忠义.江苏宝应县泾河出土的南唐木屋[J].文物,1965(8):47-51.

来使用的(图 4.51),木棺本身即为建筑。

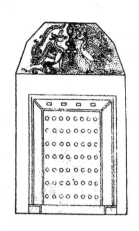

图 4.49　巴林左旗辽代彩绘木棺前挡　　图 4.50　河南邓州市福胜寺塔地宫银棺前档

棺木象征室屋,正符合穹窿、券顶对天宇的象征,这个观念可能发生较晚,否则与先秦的墓室"室屋"形象矛盾❶。券顶发生的时候,也是棺-椁关系逐渐发生变化的时候,所以墓葬的符号表达上具有一定的系统完整性。符号"所指"的转变过程在时间上晚于椁墓向室墓转化的过程,对应的正是前文讨论的"从平顶到穹顶"的时期。如果说室墓形成的第二阶段"玄门(正门)"与"户"分别还意味着主室与侧室属于"室屋"的话,那么到了汉末、六朝,至少在长江中下游,第二阶段的符号意义已经被替换了。

图 4.51　江苏宝应泾河南唐 1 号棺前木门屋

5) 假窗和壁龛意象解读

假窗和壁龛意味着室内空间,显然与穹窿对天宇的比附相矛盾。但假窗最早出现于西晋时期的长江下游地区,而非孙吴,这完全可以看作是西晋墓葬文化对孙吴文化冲击的结果。概括地看,墓葬穹窿象征天宇这一较为纯粹的空间意象在孙吴灭亡之后,已经慢慢为其他墓葬文化意象所渗透、替换,继而开始解体了。这种迹象在西晋已悄然出现,而孙吴的确可以看作是四隅券进式穹窿墓葬发展的高峰期。据此角度,在四隅券进式穹窿分期上将西晋与孙吴分开是合理的;从穹窿本体象征性来看,四隅券进式穹窿较之后世持续存在的其他类型要纯粹。

4.4　四隅券进式穹窿墓葬的空间内涵

墓葬穹窿代表的竖向空间内涵需要与墓葬水平空间序列结合为整体,才能得到合理的解释和定位,只有与墓葬结合的穹窿才具有值得期待的研究意义。所以,

---

❶　墓室"室屋"意象的解构可能在秦始皇陵时期就开始了。

本书在此选择南京江宁上坊孙吴墓这一典型四隅券进式穹窿墓葬案例,将其穹窿寓意纳入整个空间系统当中,对其墓葬整体做一建筑学意义上的空间解读。

南京江宁上坊孙吴墓发现于 2005 年 12 月,2006 年 8 月发掘工作结束(图 4.52)。由南京市博物馆、南京市江宁区博物馆联合撰写的《南京江宁上坊孙吴墓发掘简报》发表于 2008 年第 12 期的《文物》杂志上。该文对墓葬位置与墓地遗存、墓葬形制与结构做了客观的记录,叙述重点则放在出土器物上,建筑学上的关注相对缺失。根据《发掘简报》,该墓墓向 165 度❶,砖室长 20.16 米,宽 10.71 米,由封门墙、石门、甬道、前室、过道、后室组成,前、后室的两侧对称有耳室,后室后壁底部有两个壁龛,前、后室均为四隅券进式穹顶,是迄今发现的规模最大、结构最复杂的孙吴墓葬(图 4.53)。下文仅围绕墓室部分做一解析。

图 4.52 南京江宁上坊孙吴墓发掘现场

图 4.53 南京江宁上坊孙吴墓(修复后)

4.4.1 墓室平面功能解读

1) 前室与后室的功能设置

该墓为"吕"字形双室墓,后室因为有三对石棺座的发现,自当为棺室,前室功能如何判定?因此墓早年曾遭严重盗掘❷,随葬品位置对判断两室功能关系帮助不大。不过,依照以往案例研究,双室应为"前奠后棺"(又称前堂后寝)式,即前室应为祭奠之用。前、后室的这种功能关系在长江下游许多大型六朝墓中都得到体现,例如江苏南京板桥镇石闸湖晋墓(图 4.54),相关《清理简报》特别指出"祭台应为文献资料中所说的'神位'❸"。安徽马鞍山东吴朱然墓似乎是一特例:朱然的棺具置于后室,其前室另有一棺❹,似与前奠后棺式相矛盾。但考虑到此墓为夫妻合葬墓,分两次先后入葬,原因较易得到解释。朱然身为东吴左大司马、右军师,根据发掘报告,朱然的棺木比普通棺木尺寸要大得多,葬具规格较高,棺旁随葬品也甚

---

❶ 墓向角度:以墓门、甬道的中轴线在墓室内部的任意一点为原点,其正北方向沿顺时针转至墓门方向所扫过的角度。

❷ 南京市博物馆,南京市江宁区博物馆.南京江宁上坊孙吴墓发掘简报[J].文物,2008(12):4-34.

❸ 南京市文物保管委员会.南京板桥镇石闸湖晋墓清理简报[J].文物,1965(6):37-44.

❹ 安徽省文物考古研究所,马鞍山市文化局.安徽马鞍山东吴朱然墓发掘简报[M]//王俊.马鞍山六朝墓葬发掘与研究.北京:科学出版社,2008:10-26.

为丰富,以与其身份相符,这样后室便没有空间再容纳其他棺木,后入葬的朱妻之棺只能摆放在前室❶,所以从建墓的初衷来看,朱然墓仍旧是前奠后棺式的。根据笔者查阅考古资料,"吕"字形双室墓的这种使用方式,在考古学界已是一种普遍的看法。

上坊孙吴墓前室四角起券处均嵌有兽首形灯台,一侧壁面有烟熏的痕迹,很可能意味着前室的祭奠活动结束后,在此处留下最后一盏灯,以便人员退出,砌筑封门墙时此灯可能仍在燃烧。这些都与"前奠后棺"的功能定位相吻合。

2) 墓门与棺位的避让关系

上坊孙吴墓的平面还有一个特点:甬道及墓门并不居中,相对南北中轴线而言,明显偏东。这种墓门避让中轴线的做法在六朝墓中较

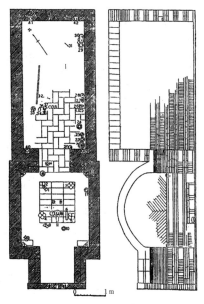

图 4.54 江苏南京板桥镇石闸湖晋墓

为普遍,不应简单归纳为因地制宜的一种现场施工处理手法,而应反映某种得到普遍认同的葬制观念。一般认为,墓室空间存在着对生活世界的模仿,即遵循着"事死如生"的观念。传统居住院落中,无论规模大小,院门并不会直接与堂屋空间贯通,要么偏于一隅,要么通过影壁、屏风相隔,这已经成了居住模式中的某种风水习惯,进而对墓室空间的平面关系产生了影响。

在墓室中,需要墓门着重避让的其实是墓主的棺木,尤其是端头短板面(墓主头侧❷)。据笔者粗略分析,中国古代设有墓门的室墓中存在着以下几种方式来满足墓门与棺位的避让关系:

(1) 棺正、门移

上坊孙吴墓中,后室南北向并置三具棺木,墓主居中,处于南北中轴线位置,头部朝南,即墓门方向,墓门、甬道相对于中轴线移向东侧,以示避让。

马鞍山东吴朱然墓中,后室仅一具棺木,因盗掘侧翻,难以判断原来位置,很有可能置于中轴线上;但前、后室之间的过道(券洞)偏于中轴线东侧,前室门(墓门)略偏于中轴线西侧,前、后室门洞相互避让,目的仍然是避免墓门正对墓主头部。

(2) 门正、棺移

指的是墓门在纵向中轴线上,而纵向放置的棺木不在此轴线上。例如南京人台山东晋兴之夫妇墓❸,为夫妻合葬单室墓(分二次葬入),棺木分居中轴线两侧,

---

❶ 王俊.马鞍山朱然墓的再研究[M]//王俊.马鞍山六朝墓葬发掘与研究,北京:科学出版社,2008:243.

❷ 六朝时期长江中下游地区墓向一般与墓主头向相同,即墓主棺木主流葬制是沿纵向放置,头部朝向墓门;其他地区偶有特例,如广西梧州市北山1号墓(东晋),但马鞍山地区六朝墓中,都是头向墓门。详见:马鞍山市文物管理所,安徽省考古研究所.马鞍山宋山东吴墓发掘简报[M]//王俊.马鞍山六朝墓葬发掘与研究,北京:科学出版社,2008:62.

❸ 南京市文物保管委员会.南京人台山东晋兴之夫妇墓发掘报告[J].文物,1965(6):26-33.

墓门居中，通过棺木的左右摆放来达到避开墓门的目的。

又如南京象山7号墓❶（东晋）（图4.55），单室墓，未曾被盗，居中设有简短甬道（分内外两进）。内置棺木三具，纵向平行放置，墓主居中，头向墓门，按理应与墓门中线重合。但从墓室靠近甬道处放置的陶案几位置和葬具遗物位置来看，中棺应是偏开纵向中轴线摆放的，显然是有意为之。陶案几应是棺木及随葬品完全就位，抬棺人员撤出之后摆放的（不管是分几次葬），不存在为抬棺人员留出口的问题，其偏离中轴线只能解释伴随主棺一起偏离中轴线，目的是避开墓门。

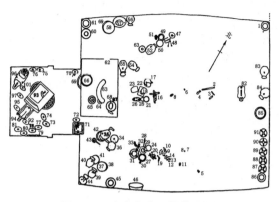

图4.55　南京象山7号墓平面

（3）门正、棺横

指的是墓门在纵向中轴线上，但棺木沿横向摆放，墓主头部自然避开，例如辽宁朝阳地区的一些圆形、椭圆形隋唐墓❷（图4.56）。但垂直于纵轴线布置棺木似乎仅见于原北朝地区。

图4.56　辽宁朝阳于家窝铺隋唐墓平面

（4）棺前设重门

指的是棺木沿纵轴线居中，墓门同样居中，但二者之间增设至少一道主室门（玄门），以达到分隔的目的，例如南京明墓中的赵辉墓、长兴侯夫人墓、金英墓等❸（图4.57）。

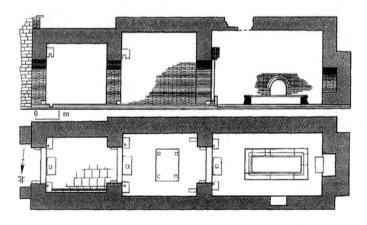

图4.57　南京明代金英墓

---

❶　南京市博物馆.南京象山5号、6号、7号墓清理简报[J].文物,1972(11):23-36.

❷　吕学明,吴炎亮.辽宁朝阳隋唐时期砖构墓葬形制及演变[J].北方文物,2007(4):32-39.并非所有圆形墓都采用横向置棺，朝阳张秀墓采用的就是门正、棺移的方式，出处同❶。

❸　夏寒.南京地区明代大型砖室墓形制研究[J].东南文化,2007(1):40-48.

(5) 门、棺轴线成角

双室墓及多室墓常见。指的是墓门、后室均居于各自中轴线上,但二者并不共线,而是呈一微弱角度以达到避让的目的。但这种现象还有一种原因是受现场条件及施工误差的影响所致,所以目前只能暂时当作一种可能性加以关注。

既然棺木可以偏移,那么偏于中轴线的哪一侧? 朱然墓后室券洞偏于中轴线左侧(以墓门方向为正向,即墓主头的方向),亦即朱然棺木很可能偏于中轴线右侧;南京象山 7 号墓中,墓主的棺木同样居于中轴线右侧(以墓门方向为正向),两者都是偏于右侧,而这正是六朝期间"以右为尊"观念的体现❶。如果遇到墓主棺木居中的情况,则墓门偏左,例如上坊孙吴墓、马鞍山(东吴)宋山墓(图4.58),实质同样是"以右为尊"。可见,墓门与棺位的相对关系还受到更多葬制因素的影响。

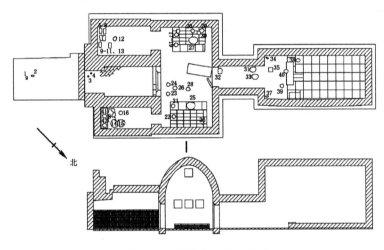

图 4.58　马鞍山宋山东吴墓

关于墓室各空间的相对关系,还有一点值得注意,如果主室(含前、后室)两侧的附带空间不是耳室,而是对称祔葬的狭窄棺室,这两组相对侧棺室的位置关系已知有三种可能性:一为相互错开,并非正对,如马鞍山寺门口东吴墓❷;第二种如东汉晚期的长沙市沙湖桥 AM41 墓❸(图 4.59),前室两侧各一对侧室,基本两两正对,原因可能与侧室墓主身份基本等同有关;第三种如河南安阳市西高穴二号墓❹(图 4.60),前、后室两侧均有对称侧室(后部的侧室发现棺木),但以侧室门与前、

---

❶　关于六朝尊右的习俗,可详见:王志高,王俊.马鞍山孙吴朱然家族墓时代及墓主身份的分析[J].东南文化,2008(5);马鞍山市博物馆.安徽马鞍山寺门口东吴墓发掘简报[M]//王俊.马鞍山六朝墓葬发掘与研究,北京:科学出版社,2008:44,227-228.该书中马鞍山市文物管理所《安徽省马鞍山市朱然家族墓发掘简报》一文提出"以左为尊",并举马鞍山宋山东吴墓为例,认为前室的左侧侧室为厨房(以墓门方向为正),右侧侧室为储粮室,而灶神为大,故"以左为尊"。但笔者认为,左侧侧室空间明显较右侧为小,且从出土器物来说,只能判断出右侧为储粮室,说左侧为厨房有些勉强,故本文仍取"以右为尊"之观点。

❷　马鞍山市博物馆.安徽马鞍山寺门口东吴墓发掘简报[M]//王俊.马鞍山六朝墓葬发掘与研究,北京:科学出版社,2008:40.

❸　李正光,彭青野.长沙沙湖桥一带古墓发掘报告[J].考古学报,1957(4):58-63.

❹　河南省文物考古研究所,安阳县文化局.河南安阳市西高穴曹操高陵[J].考古,2010(8):35-37.

后室相隔。上述前两例格局实质上类似,均属同一家族内的特定处理,且其前室仍旧起到三组棺室共同"前奠"的作用,且最重要的墓主棺木也躲开了墓门中线;第三例情况比较复杂,但后主室的棺木依石葬具位置判断应垂直于墓葬纵向轴线,也躲开了墓门。

这类情况并不仅限于六朝墓葬,而是作为一种普遍现象加以关注,尤其在一些中大型墓葬中更加显著❶,上坊孙吴墓符合这一基本规律。

3) 耳室功能推测

上坊孙吴墓前室、后室的东西侧壁各有一个耳室,主室与两个耳室的关系

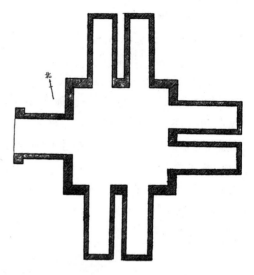

图 4.59 长沙市沙湖桥 AM41 墓平面

类似传统建筑中的"一堂二内",应属于一种有特定意味的功能空间。在《南京江宁上坊孙吴墓发掘简报》中对后室之西侧耳室功能做过推测,"因集中出土有多件伎乐俑、坐榻俑等,疑是象征宴乐之所❷"(图 4.61)。现场能够提供的其他线索不多,本书仅能根据其他墓葬出土情况对其余耳室的功用略作推测,权作补充。

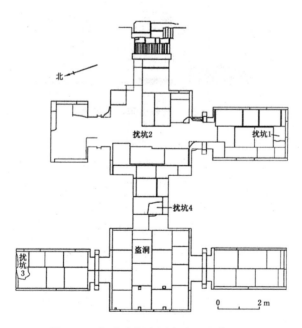

图 4.60 河南安阳市西高穴二号墓平面

---

❶ 在一些汉代以后的小型单室砖墓中,可能有一些反例出现,这与墓室尺寸限制、对葬制的遵守程度降低等原因有关,甚至有些砖墓不设墓门,等于又恢复到汉代椁墓的形式,只不过以砖代木,这些都会对上述结论有所影响。但对于中大型墓而言,应属普遍现象。

❷ 南京市博物馆,南京市江宁区博物馆.南京江宁上坊孙吴墓发掘简报[J].文物,2008(12):3-34.

首先对前、后室的耳室做一区分。依照上文，前、后室之间是"前奠后棺"的关系，但依照"事死如生"的比附，两者关系又可描述为"前堂后室"或者"前堂后寝"。也就是说，后室应该是一个居住空间的定位，而前室则是一个礼仪空间，或者相对内室而言，是一个相对外向的院落空间，如此，前、后室之间才能实现"前奠后棺"的关系。由此看来，后室的两个耳室（以及后壁的两个壁龛）应该更加偏重室内居住行为的模式，而前室的耳室则应与居住的直接联系不大。

图 4.61　上坊墓伎乐俑

《南京江宁上坊孙吴墓发掘简报》推测后室之西侧耳室疑是象征宴乐之所，属于与墓主起居生活紧密联系的部分，放在后室自当有合理之处。随葬品中还有一些物品与墓主起居直接相关，例如唾壶、洗、果盒等，应属后室之物，但具体应归于东侧耳室还是后壁龛，则难以判定。另外，毛笔、书、刀等也应属后室之物，但可能属于棺内配饰。

有一些与院落相关，与墓主起居没有直接关系的陶制随葬品应出自前室耳室，例如灶、筛、杵、扫帚、磨、簸箕、碓房、牛车、车厢、鸡舍、羊圈、畜屋、马、猪等。之所以将其归入耳室，是因为前室主体空间乃祭奠之用，不宜堆置，砌筑耳室的目的则应象征院落中的各种辅助用房（下房）。

以上对前、后耳室的功用和象征性内涵作了初步解读，其依据是前室象征院落，后室象征起居的室屋。那墓室穹窿的象征性是否支持这一前提？

4.4.2　墓室空间意象解读

1) 穹窿的象征性

汉代穹窿顶是我国墓室形制的一个显著变化，但应该强调的是，穹窿顶并非完全取代了券顶，直至六朝，仍旧有"吕"字形双室墓采用前室穹窿、后室券顶的形式。可见，穹窿并非排他性的墓室空间形制，其与墓室平面的结合需要与该墓室的功能、等级相匹配。

值得关注的是墓室穹窿的象征性。"春秋以来，墓椁仿木构'四阿'的现象可以间接说明，以墓主人生前的住居形制再现于墓室，是当时理想的冥居空间。但砖石拱顶中方底穹窿顶的出现，则显示了空间概念上的变化……河南襄城茨沟汉墓穹顶的封顶石上，刻有一只蟾蜍，象征月亮与天穹。从这里，我们可以发现砖石拱顶与天象观之间的关系❶。"亦即穹顶与方形平面的结合寓意着传统的"天圆地方"观念。这一观念从考古发掘的文物上可得到证明。汉魏时期的六壬式盘可视为象征天地的缩微模型（图 4.62、图 4.63），式盘上可旋转的圆盘是天盘，下面固定的方盘为地盘，象征天圆地方；天盘中心是北斗，围绕北斗有六壬十二将，周边是二十八

---

❶　常青. 西域文明与华夏建筑的变迁[M]. 长沙：湖南教育出版社，1992：122.

宿。当时的术士就是以六壬式盘来占卜吉凶的❶。

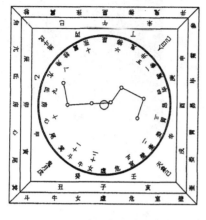

图 4.62　西汉六壬式盘图

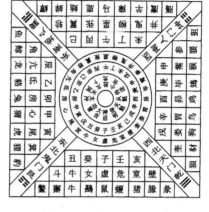

图 4.63　六朝六壬式盘图

墓室中存在对天象的模拟,唐代众多皇族陵墓中以穹窿象征天宇已经成为十分普遍的做法,例如关中地区的长乐公主墓(图 4.64)、懿德太子墓,"星辰随意点缀,尚未见有以直线相连者,二十八宿并未明确画出,但是在视觉上却给人一种现实样态星空的感觉";又如同属唐代的吐鲁番阿斯塔那 38 号墓(图 4.65),"主室顶部和四壁上部绘天象图,中央绘有五星,银河由东向西穿过,四周用白色圆点画出二十八宿,呈四方形构图,各宿中星与星之间用直线或弧线相连❷"。

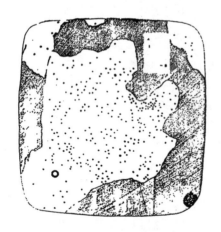

图 4.64　长乐公主墓天顶画

图 4.65　吐鲁番阿斯塔那 38 号墓天顶画

上坊孙吴墓处于汉与唐的连续演变之间,其穹窿寓意不可能不受影响,虽然墓室内部尚未发展到以壁画具象表达天宇的程度,但其压顶石的浮雕神兽可能包含了这一意味。《发掘简报》中提到类似的六朝做法,指出墓室藻井多彩绘或浮雕莲花图案❸,可能是受到佛教关于天界描述的影响,虽然与中国传统的天穹意象不尽

---

❶　金身佳.敦煌写本宅经葬书与古人的天人合一理念[J].湘潭大学学报(哲学社会科学版),2007(4):137.

❷　以上两例见:李星明.唐代墓室壁画研究[M].西安:陕西人民美术出版社,2005:175,183.

❸　南京市博物馆,南京市江宁区博物馆.南京江宁上坊孙吴墓发掘简报[J].文物,2008(12):3-34.

相同，但也可理解为对天界的一种明喻。至于上坊孙吴墓压顶石底面的神兽，可惜已残破(图4.66)，恐一时难以判断为何种类，也许应与四隅兽首雕塑联系起来考虑❶。

前文提到，"吕"字形双室墓的前堂有可能意味着庭院空间(中庭)，则前堂使用穹顶以象征室外空间就非常合适，这与目前发现的众多使用穹顶形式的"吕"字形双室墓情况相符、大型六朝墓也多在前室采用四隅券进式穹窿，而后室则可采用券顶。至于上坊东吴墓前、后室均采用四隅券进式穹窿，似乎更多反映了等级制度的影响，但后室穹窿的形状不可能完全与天宇象征无关，下文将作进一步探讨。

图 4.66　上坊孙吴墓压顶石底面的神兽

2）四隅的象征性

上坊东吴墓墓门方向略偏东南，总的来说平面纵轴基本为南北向。其前、后室四角起券处均嵌有兽首形灯台，但仔细观察，可以发现这八个兽首有着微妙的差别(图4.67、图4.68)，归纳如表4.1、表4.2所示。

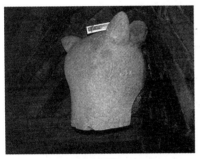
前室西北

前室东北

前室东南

前室西南

图 4.67　上坊孙吴墓前室兽首样态

---

❶　上坊孙吴墓兽首带角，均呈张嘴样态(虽然幅度不同)，但仅下牙床画出牙齿，与牛、羊等偶蹄目反刍动物不具上门齿的情形类似，因双角较为粗壮，故笔者认为更近似牛首。

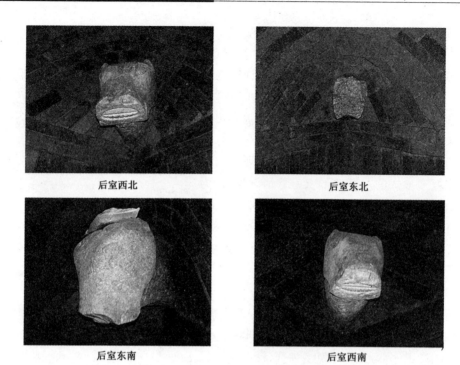

图 4.68 上坊孙吴墓后室兽首样态

表 4.1 前室兽首样态

兽首方位	角	耳	眼	鼻	口
西北	完好	完好	三角形,位于头部侧面,双层眼皮	三角形	微张(嘴角闭合)
东北	破坏	破坏	三角形,位于头部侧面,双层眼皮	近圆形	微张(嘴角闭合)
东南	完好	完好	三角形,位于头部侧面,双层眼皮	三角形	微张(嘴角闭合)
西南	破坏	完好	圆形,位于头部正面,三层眼皮	圆形	张嘴(嘴角张开)

表 4.2 后室兽首样态

兽首方位	角	耳	眼	鼻	口
西北	破坏	破坏	近圆形,位于头部正面,三层眼皮	圆形	张嘴(嘴角张开)
东北	仅余颈部,头部无存				
东南	破坏	破坏	三角形,位于头部侧面,双层眼皮	破坏	微张(嘴角闭合)
西南	破坏	破坏	三角形,位于头部侧面,双层眼皮	三角形	微张(嘴角闭合)

　　如果说方底穹窿寓意着"天圆地方",那么就存在着"天圆"与"地方"两种空间形状之间难以对应的四个直角如何诠释的问题。《大戴礼记·曾子天圆》有云:"如诚天圆而地方,则是四角之不掩也❶。"正因为在古代盖天说宇宙模式中,方形大地的四角无法被圆形天穹所覆盖,所以四隅被当作天地之间的四个门户来解释。"按照后天卦位和八卦象数理论,西北角属乾卦,《说卦》言'乾为天',为天门,天门为出。西南角属坤卦,《说卦》称'坤为母',人生于母,故为人门,人门为生。东南角属

---

❶ [汉]戴德,辑;[清]孔广森,撰.大戴礼记·大戴礼记补注[M].济南:山东友谊出版社,1991:116.

巽……《易·困》虞翻注：'巽为入'，为地门，地门为入。东北角属艮卦，为鬼门，鬼门为死……《易·观》郑玄注：'艮为鬼门。'由此可见，天门、地门、人门、鬼门作为宇宙的门户分别与出、入、生、死相联系，象征宇宙间阴阳消长，万物化生，生灭循环的运动规律❶。"

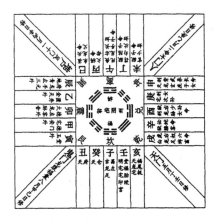
图 4.69　阴宅图（金身佳整理）

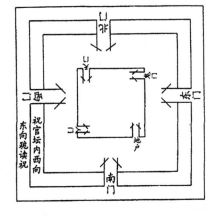
图 4.70　祭坛位列之图

敦煌藏经洞中发现有宅经 24 件文书、葬书 13 件文书，体现了隋唐五代时期敦煌地区术士、学者对中原及其他地区风水方术的总结❷。其中文书 P.2615a 绘有《五姓开门户法图》，金身佳根据敦煌文书 P.3865《宅经》绘制的《阴宅图》中（图 4.69），四隅之定性均与上文"天门、地门、人门、鬼门"相同❸。北宋王洙等编撰、金代张谦重校的《重校正地理新书》卷十四有"明堂祭坛法"，中有《祭坛开天门、地户、人门、鬼门，主人祭官祝生及执事者位列之图》❹，四隅之定性亦同（图 4.70）。甘肃高台魏晋时期耿少平、孙阿昭合葬墓，约略与孙吴墓葬同时，其出土的墓券（买地券）上可以看到有与方位有关的、反映风水堪舆的卜（阴）宅图（图 4.71），与《宅经》完全对应❺。

最早的汉地穹窿墓葬之一——徐州南洞山二号汉墓的主室平面中，在东北角的位置开一斜甬道与一号墓甬道中部的侧室沟通❻，此隅角为"鬼门"所在，似可以看作是二号墓墓主（王后）通往一号楚王墓的灵魂通道，但也不排除偶然巧合的可

---

❶ 以上均见：李星明.唐代墓室壁画研究[M].西安：陕西人民美术出版社，2005：203.
❷ 金身佳.敦煌写本宅经葬书与古人的天人合一理念[J].湘潭大学学报（哲学社会科学版），2007（4）：137.
❸ 金身佳.敦煌写本宅经葬书研究[D].兰州：兰州大学：2006：23，79.
❹ 金身佳.敦煌写本宅经葬书校注[M].北京：民族出版社，2007：215-219.
❺ 赵雪野，赵万钧.甘肃高台魏晋墓券及所涉及的神祇和卜宅图[J].考古与文物，2008（1）：86-90.关于风水卜（阴）宅，该文耿少平、孙阿昭合葬墓资料可供参考："该墓埋葬的时间为十二月廿三日，按照《宅经》所云，十二月生气在亥壬，土气所冲的方向在申庚。《户经》云：'每年有十二月，每月有生气死气之位。但修月生气之位者福来集，月生气与天道月德合其吉。路犯月死气之位为有凶灾。'正因此，该木牍卜宅图上的墓门方向选在了靠近亥戌的西北方向和辰巳所对应的东南方向，但墓葬东南方向为祁连山，根据堪舆术书《三元经》所述'修来路即无不吉，犯抵路未当安'的原则，墓门方向在辰方是不妥当的。因为该墓群位于祁连山北麓洪积砾石平原，自古为'不毛之地'，整体处在可耕种的绿洲南方，所以墓道向北即是'修来路'。在实际的墓葬发掘中，该墓葬的方向确实是按照'来路'而为西北方向。"
❻ 刘照建.徐州地区大型崖洞墓初步研究[J].东南文化，2004（5）：27-28.

能性。

再来看上坊孙吴墓的情况,前、后室都具穹窿形式,但一个世界中不能存在两个天地,所以笔者倾向于认为前、后室两处穹窿联合为一个整体象征着同一处天地系统。其中后室之所以不采用常见的券顶而用穹窿,应该是墓葬等级制度的体现,毕竟一处建筑空间的最终完成不仅仅受单一的象征性要求的控制,而是各种文化因素合力的影响。

前、后室两处穹窿象征着同一处天地系统恰与如下分析相符合:前、后室总共八处兽首中有六处遭到破坏,而且后室东北角兽首遭到彻底破坏,似乎历史上发生过一次有意损毁的事件❶。是谁有意为之姑且不去管他,如果说后室西北、东北角兽首以及前室东南、西南角兽首分别对应墓室整体的天门、鬼门、地门、人门,那么代表鬼门的东北角兽首被彻底打掉便较易得到理解,可以概略解释为是对死生通道的一种阻断。再看后室西北角和前室西南角兽首的情况,二者均带有圆形且位于头部正面

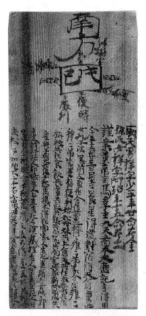

图 4.71 甘肃高台耿少平、孙阿昭墓买地券

的眼睛和完全张开的嘴部,与其他几处嘴部微张且带有位于脸侧三角形眼睛的兽首明显不同,前两者的三层眼皮更显特殊,而西北角和西南角分别对应着天门、人门,似乎完全张开的口部正暗示着"出、生"这两种通道。

兽首的实用功能可以理解为是一种灯台。穹窿墓室在四角设置灯台是一常见现象,不过较多是以半砖挑出。应该看到的是,同样南北向的墓室中,也有四隅灯台处理方式完全相同的,如马鞍山朱然墓,即用的是常见的半砖挑出❷。同时并非所有穹顶的墓室都是南北向的,但目前发现的非南北向且四角有兽首的案例不多❸,南阳第二化工厂 21 号墓可算一例,

图 4.72 南阳第二化工厂 21 号墓虎头

其在墓室四角嵌置有四个朝向中心的石刻兽头。据相关《简报》,两个为龙头、两个为虎头❹(图 4.72)。该墓墓向为 286 度,基本上可看作西向(墓门方向)。按《简报》描述,一虎头位于墓室右前方,应为西北方;另一虎头位于左前方,应为西南方;一龙头位于墓室右后方,应属东南方;另一龙头位于左后方,即东北方❺。如以南

---

❶ 贺云翱. 南京江宁上坊孙吴大墓墓主试考[J]. 东南文化,2009(1):64-66.
❷ 安徽省文物考古研究所,马鞍山市文化局. 安徽马鞍山东吴朱然墓发掘简报[M]//王俊. 马鞍山六朝墓葬发掘与研究. 北京:科学出版社,2008:10-26.
❸ 2016 年上半年仍在发掘中的当涂孙吴墓资料不详,未来其牛首特征应可以与上坊孙吴墓做一对比。
❹ 南阳市文物工作队. 南阳市第二化工厂 21 号画像石墓发掘简报[J]. 中原文物,1993(1):77-81.
❺ 对龙、虎的判定暂依照该《简报》中对龙、虎的区分,但《简报》中把有角的石雕称为虎,把无角的石雕称为龙,似正好相反,暂且存疑。不过上述判断不影响对上坊东吴墓的讨论。

向为正,龙和虎正好居于南北轴线之左右,符合"左青龙、右白虎"的四神之别❶;如若单纯看四隅的区别,则在于西北、西南、东南的兽头均为张口,惟东北方兽头闭口,这是否同样是对墓葬中十分敏感的"鬼门"的一种因应,值得重视。虽然上坊孙吴墓兽首的情况比南阳第二化工厂 21 号墓的例子要复杂,且有些细节一时也难以准确解答(如前室东北角兽首的鼻孔近似圆形),但后者的龙、虎兽首提醒我们,把上坊孙吴墓兽首嘴角张、闭的现象与天门、地门、人门、鬼门联系起来具有很大的合理性。

魏晋时期嘉峪关新城 M7 墓前室四隅也出现砖雕龙首,有学者认为是模仿中国传统斗帐四角的龙头装饰构件而来❷,但其研究、对比对象是四面结顶的穹窿形式以及敦煌的覆斗形窟顶,四隅券进式穹窿并无可与斗帐四角相比附的四角阴脊,且一旦斗帐模式用于墓室,便难免要考虑四隅象征性的问题。按照与斗帐比附的思路,上坊墓室兽首的微妙差别仍旧得不到解释。前文提到 1935 年出土的东汉殉葬瓦盆上文字中有"魂门亭长"、"东冢侯、西冢伯"等称谓,也可能与此处讨论的"人门"、"鬼门"有关,并且强调墓室方位的重要性。以上实例均可以看作对上坊墓方位分析适用性的部分佐证。

镇江东晋画像砖墓(市郊隆安二年墓)发现有兽首人身画像砖(图 4.73),位于后室,"或为《山海经》故事的变异。敦煌壁画中也有类似的怪人,考证是带着假面具作腾跃捉拿状的打四方之鬼的方相氏。敦煌壁画中把它画在东西南北四隅,此墓的这种画像砖都嵌在左右壁上下前后的四角,与打鬼的方相氏作用极为相似❸"。镇江东晋画像砖墓同样强调了四隅的象征性,方相氏显然是守护墓主的,那么四隅也应被视为一种"门户"。其与上坊孙吴墓看待四隅的方式似乎有所不

图 4.73 镇江东晋画像砖墓兽首人身像

---

❶ 范晔《后汉书·礼仪下》中提到葬制,"中二千石以上有辒,左龙右虎,朱鸟玄武",尚难判断是否直接反映在画像砖石上,但四川东汉画像砖中发现有辒车的形象;另外,一般认为二千石属画像砖石墓中官吏的最高等级,应该会影响到画像砖的内容。参见:杜经国.二十五史:第 1 册[M].郑州:中州古籍出版社,1996:55.二千石又分中二千石、真二千石、比二千石等级别,又有认为二千石不同于上述三者,故并存为四等级的。参见:阎步克.也谈"真二千石"[J].史学月刊,2003(12):15-21.关于汉代画像砖石祠、墓主人一般不超过二千石的观点,参见 http://www.chiculture.net/0505/html/d37/0505d37.html(2012.6.5 浏览).东汉墓常见四神铜镜铭文"左龙右虎辟不羊(祥)"一语,画像砖石墓中龙虎的位置关系应类同。参见:《南阳汉画像石》编委会.邓县长冢店汉画像石墓[J].中原文物,1982(1):21.龙、虎、羊为穹窿墓中常见石兽,上坊孙吴墓压顶石的残破石兽有角有须,有可能是龙。

❷ 陈菁.汉晋时期河西走廊砖墓穹顶技术初探[J].古建园林技术,2009(2):16-17.

❸ 镇江市博物馆.镇江东晋画像砖墓[J].文物,1973(4):51-58.方相氏"以戈击四隅",驱方良(吃死人脑子的怪物)。见:孙作云.敦煌画中的神怪画[J].考古,1960(6):31.

同,可能与其四角基本对应东西南北四个正向有关(尤其是南北两角)。总的来说,并不妨碍我们对穹窿象征性的理解。

南阳桐柏县安棚画像石墓前室发现东南、西南隅角石羊,石羊形状相同,但西南角羊头稍大;另外,后室东北角被矮墙围合。此三处分别对应地门(东南)、人门(西南)、鬼门(东北),是否因此三个隅角的处理才有所差别值得注意;但发掘报告认为墓中发现的石羊、陶羊以及墓顶的莲子图压顶石均可能与此墓的佛教色彩有关❶,所以原因可能比较复杂,暂不宜给出确定的解释,毕竟以矮墙围合东北角极其少见,因无遗骨、棺材,也看不出与棺木放置的关系。不过此墓有四处穹窿,宜当作一个整体天地看待。

至此可以认定,上坊墓后室因穹窿(天宇)的存在,只能寓意这里也是一处院落,后室与两侧的耳室定义为"一堂二内"的关系就不是很恰当,应该是第二进的厢房,但前、后室之间仍旧是"前堂后寝"的关系。前室象征开敞的院落,穹顶象征天空,加上后室穹窿(有些实例为券顶)对天宇的模仿,后室棺木象征屋室,那么上坊东吴墓就是一处有层次的两进院落。该"阴宅"更符合院落式的阳宅,而院落式阳宅的风水禁忌在阴宅得到某种程度的重现也就不难理解了。到了东晋,单室穹窿众多,穹窿与棺木的关系类似于上坊东吴墓后室的情况,也只能用院落关系来解释。另外,墓室空间并非阴曹地府本身,仅仅类似于阳间的一个居住单元,是阴曹世界的细微组成部分。生人对地下空间的定位与创作有宏大的宇宙模型,也有具体而微的墓室设计,并因其系统性对世俗的丧葬行为产生深刻而生动的影响。

4.4.3 墓葬等级解读

与四面结顶式穹窿相比,一般提到四隅券进式穹窿墓室时,对其结构上的优势多有如下描述:"它可以将墓顶上的封土重量均匀地传向四壁,因此可以有效地提高抗压能力。大型单室跨度较大的墓室都采用这种结构❷。"但四隅券进式这种结构优势并不是在每一座墓葬中都得到充分发挥,例如马鞍山东苑小区 M2 墓(东晋早期),四隅券进式穹顶,"墓室平面呈腰鼓形,墓总内长 4.77,墓室长 3.47,甬道长 1.3、宽 1.07 米❸",墓室外凸最宽处尺寸按照平面图中所示甬道宽度等比例折算,可知为 1.74 米左右。这种尺寸的跨度根本不需要四隅券进式的结构做法,券顶、四面结顶均可做到,其平面形式也并非穹窿顶最适宜的正方形。又如上坊孙吴墓本身,其后室为长方形平面,虽然长度较前室(正方形平面)为大,但也并未砌筑出更为高大的穹顶,同为四隅券进,反而是尺寸较小的前室更为高耸。可见,"四隅券进"虽然较"四面结顶"有着更大的结构潜力,但并未在此方向上得到更多重视,对"四隅券进"的采用更多的在于墓制等级以及穹窿本身的象征性上。

已发现的四隅券进式墓室,墓主身份等级均较高贵,或为皇族成员,或为高官大吏,这说明相对于较早出现的四面结顶,四隅券进意味着更高的墓葬等级。这种

---

❶ 南阳市文物研究所.桐柏县安棚画像石墓[J].中原文物,1996(3):22-25.
❷ 刘自兵.三峡地区砖(石)室墓建筑研究[J].东南文化,2007(2):21-29.
❸ 马鞍山市文物管理所.马鞍山东苑小区六朝墓清理简报[M]//王俊.马鞍山六朝墓葬发掘与研究.北京:科学出版社,2008:86.

较高等级在孙吴时期可能意味着较为正式的官方认可,其采用应有官方背景,例如马鞍山朱然墓采用四隅券进式穹窿墓室,而其家族墓则并未采用❶。但到了两晋时期,这种较高等级的墓葬形式随着孙吴的灭亡,逐渐转变为一种地方贵族的等级象征,具有大族墓葬的特点。例如宜兴西晋周处家族墓,南京郭家山东晋王氏家族墓,象山东晋王氏家族墓、温氏家族墓,仙鹤观高崧家族墓,老虎山颜氏家族墓等,拥有四隅券进式墓室的墓主常为大族的族人或高官的后人、家属,本身未必官居高位。可见,两晋时期的四隅券进式穹窿墓室代表了家族的社会地位,而非固定在墓主本人的身份、等级上。

上述南京族葬中,王氏家族、颜氏家族已知是南迁大族❷。六朝时期,聚族而葬已成定制,"既是其宗法制度和家族观念的反映,也是丧葬礼俗中孝道观念的体现❸"。在长江中下游地区,这种显赫的大族早在东汉末年便已出现,以至孙吴吴郡"四姓"(朱、张、顾、陆)并称,以与北方"八族"比肩,吴郡四姓及其他江南大族一直活跃到南朝灭亡❹,他们与南迁的北地豪族一起为四隅券进式穹窿墓室的流行提供了丰厚的文化和经济基础。穹窿在族葬墓室等级中的呈现方式则有两种:一种是家族比邻的墓葬大量采用四隅券进式穹窿类型,另一种是同一墓葬中的主室和侧室(祔葬室)均采用这种穹窿样式。

上坊孙吴墓为已知规模最大的孙吴墓葬,前、后室均为四隅券进式穹顶,那么它的等级在孙吴时期应该比前室四隅券进式穹窿、后室券顶的形制等级更高一些。本书推测,因其砌筑技术的复杂性及高等级葬制,还可能有着官属的匠师队伍。但从南朝以后四隅券进式穹顶仅零星出现,六朝时之北朝也未见采用来看,这一葬制高等级象征并未在整个中国墓葬史上产生久远的影响。

---

❶ 朱然家族墓墓主有其子、其父两种说法,暂无定论。

❷ 中国大百科全书出版社编辑部.中国大百科全书·考古学[M].北京:中国大百科全书出版社,1988:421.在东晋南迁南京的原北方大族后人墓葬中,似乎并不存在墓向与郡望之间的关联。出于山东琅耶(邪)的颜氏后人的老虎山M1墓葬指向基本朝北,但老虎山也被认作是颜氏的江南祖墓;同样出于山东琅邪的王氏墓葬,如郭家山M5墓向指向南京城区,象山7号墓向西南(与邻近的其他王氏墓葬朝向也有较大差异);广陵(今江北淮安)高崧家族的仙鹤观6号墓,墓向指向东南,由此可以推断东晋墓向的选择应该更多与风水以及具体墓穴物理环境要求有关。参见附录1中各墓资料。

❸ 毛颖.孝道与六朝丧葬文化[J].东南文化,2000(7):82.

❹ 冻国栋.六朝至唐吴郡大姓的演变[M]//武汉大学中国三至九世纪研究所.魏晋南北朝隋唐史资料.武汉:武汉大学文科学报编辑部编辑出版,1997:19-27.

5 四隅券进式墓葬穹窿源流与消亡

5.1 四隅券进式墓葬穹窿工艺起源分析

5.1.1 中亚、西亚四隅券进式穹窿的流行与分布

根据笔者境外调研及资料查询,已知土耳其、伊朗、阿富汗、乌兹别克斯坦存在着四隅券进式穹窿实例。虽然是否仅此四个国家并非定论,但足以让我们认识其广泛性,其真正范围应该涵盖更大的区域,例如上述四国限定的区域范围内——从小亚细亚直至帕米尔高原,从咸海至波斯湾,都可看作四隅券进式穹窿的分布区域。考虑到四隅券进式穹隅的做法传播到新疆,努比亚拱诞生于北非,那么整个中东、中亚(含新疆)地区都可看作这种技术的关联域。

1) 土耳其

前文曾对以弗所的一处门廊穹顶做过介绍,是笔者所见的年代最早的西亚四隅券进式穹窿,年代为公元 2 世纪。以弗所属于雅典-爱奥尼亚殖民文化,小亚细亚本属文化融汇之地,四隅券进式做法很可能来自当地更早的工艺传统。

另一处与四隅券进式工艺相关的土耳其实例是马尔马拉海南岸埃莱格米的一座教堂建筑——建于 1162 年的圣阿伯奇乌斯教堂❶,其与四隅券进式穹窿不同,是圆底半穹窿(图 5.1),以贴砌手法起券,左右两侧贴砌部分在下部柱廊中点处相交后,交点上部的三角形区域却采用水平券,砌至一定高度后,水平券上部再采用贴砌,上层两个贴砌部分相交后,又采用水平券砌筑中央部分,直至半穹顶的封边拱券。笔者认为,该穹窿贴砌部分的目的一定是不支模,而非装

图 5.1 土耳其圣阿伯奇乌斯教堂半穹窿

饰花纹,否则没必要在外部再施以粉刷,进而可推测,上下两个高度层次上的水平券三角区域也可能不支模板。因为贴砌部分已经将水平券长度两度缩小,不支模

---

❶ [美]西里尔·曼戈.拜占庭建筑[M].张本慎,等译.北京:中国建筑工业出版社,2000:128,134.

施工难度已经降低,这与笔者所推测的一些水平券砌筑的三角形帆拱区域不必支模属于同样的道理。由此也可推知,一些尺度较小的拜占庭建筑的水平券圆底拱顶也存在着不支模的可能,由于材料不多,也不属本文重点,故不展开讨论。另外,贴砌手法不限于解决筒拱和方底穹窿的起券问题,也常用于圆形或正多边形穹顶起券,与方底相比,不需要转换直角,其发券难度应该更小。由此也不难理解马鞍山当涂新市镇刘山村东晋墓为何把四隅券进式工艺应用于抹角后的前室上了,有境外作参照,其模式也不算罕见。

图 5.2　希腊塞萨洛尼卡的圣凯瑟琳教堂局部

与贴砌穹窿工艺相关的拜占庭实例还有很多,大都规模很小,极易忽略,如希腊北方的塞萨洛尼卡的圣凯瑟琳教堂外立面顶部的半个小穹窿❶(图 5.2),尽管不大,出挑也不多,但必须承认它也是一处贴砌穹窿。这个实例说明,贴砌穹窿工艺的流传区域其实已经跨过了马尔马拉海到达了欧洲。

2）伊朗

本书第 1 章曾提到,最早的穹窿形象出现于西亚,四隅券进式穹窿在汉地之外流行之地则涵盖西亚与中亚。目前尚难以判断西亚、中亚何处是四隅券进式穹窿的创生之地,但伊朗实例众多,并对周边地带产生影响,应是不争的事实。这些实例属地上或半地上建筑,穹窿均露出地面(图 5.3),除居住功能外(图 5.4),还应包含公共建筑(如宗教建筑)(图 5.5),年代跨度较大,有古代遗迹,也有当代所建(图 5.6)。

图 5.3　伊朗四隅券进式穹窿 1

图 5.4　伊朗四隅券进式穹窿 2

图 5.5　伊朗四隅券进式穹窿 3

---

❶　[美]西里尔·曼戈.拜占庭建筑[M].张本慎,等译.北京:中国建筑工业出版社,2000:152-155.

图 5.6　伊朗四隅券进式穹窿 4

一些实例穹窿跨度较大(图 5.7),有可能存在超过上坊孙吴墓后室跨度的个案,而且也存在基墙内设券洞的情况(图 5.8);另外,还有穹顶部分设券洞的做法(图 5.9)。砌块尺度应大于汉地青砖,推测均为中亚、西亚常见的土坯(图 5.10)。土坯券块与水平面的倾角变化较多,有些穹顶券块分明是下部尖券角度的延续(图5.11),其形态与汉地四隅券进式穹窿已有很大差异,但券洞以上部分基本工艺仍应类似。

3) 乌兹别克斯坦

属中亚,仅见一处实例——布哈拉 Degarron 清真寺穹顶(图 5.12),但有特殊意义,为陶质火烧砖砌筑的长方形平面穹窿,属 11 世纪,有学者认为其工艺受伊朗影响❶。四隅券进式穹窿在乌兹别克斯坦被称为 Balkhi,但相关研究很少❷。

4) 阿富汗

公元前 1 世纪巴克特里亚(Bactria,首都在今阿富汗巴尔赫)出现一座蓄水厅(图 5.13),是已知最早的中亚、西亚实例❸,但工艺也有特

图 5.7　伊朗四隅券进式穹窿 5

---

❶　根据乌兹别克斯坦学者 Askarov 的观点及其所提供的资料。

❷　根据乌兹别克斯坦学者 Askarov 的观点及其所提供的资料。据笔者查阅资料,有境外学者以 quadripartite arched roof 来称呼四隅券进式穹顶,以 crescent-shaped arched roof 来称呼贴砌筒拱。见:http://www.3ei.org/images/peru05paper.pdf(2010.2.5 浏览)。在笔者研究过程中,就此穹顶类型曾采用两种翻译:quadripartite arched brick-domes 与 domes topping off from four corners 。前者曾用于与中亚学者的交流,能够被接受,后者与笔者对四面结顶式穹窿的翻译 domes topping off from four sides 相对应,用于 2012 年总 07 期《建筑学报学术专刊》文章《汉地砖砌穹窿起源刍议》上。

❸　常青.西域建筑文化若干问题的比较研究[D].南京:东南大学,1990:78-79.

殊性,详见后文讨论。

图 5.8　伊朗四隅券进式穹窿 6

图 5.9　伊朗四隅券进式穹窿 7

图 5.10　加沙地区的土坯制作

图 5.11　伊朗四隅券进式穹窿 8

图 5.12　乌兹别克斯坦布哈拉 Degarron 清真寺

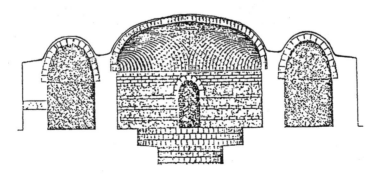

图 5.13　公元前 1 世纪巴克特里亚蓄水厅剖面

同伊朗一样,四隅券进式穹窿属于阿富汗的传统工艺。德国 Kassel 大学的一个生土建筑实验小组,模仿阿富汗四隅券进式穹窿,采用土坯和灰泥(黏土),不支模板,成功砌筑了一些实例。这些实例形态组合变化丰富,体现了这一工艺在造型能力上的潜力。

5.1.2 穹窿与方底的结合方式

四隅券进式穹窿是解决穹窿与方底结合的一种方式,在这种方底穹窿出现之前,如何填补圆形穹窿与方底平面四隅处的缺口,中亚、西亚甚至印度一带出现了多种做法,并一直延续至今。在下文对这四种基本穹隅的介绍中❶,由于讨论的重点仅在于穹隅类型,与汉地穹窿工艺的传承并不直接相关,所以有关实例的年代并不限于汉代以前,地区也不限于域外。

1) 叠涩抹角穹隅

穹窿与方底四隅之间的缺口用三角形斜面封堵,该斜面通过砌块的层层叠涩出挑来形成,上接穹窿分位线,交接处为圆形曲线的一部分,如年代较晚的新疆哈密一处寺庙遗址❷(图 5.14)。典型汉地也有一些实例,如第 1 章曾提到的杭州凤凰寺无梁殿穹顶便是如此(图 5.15)。

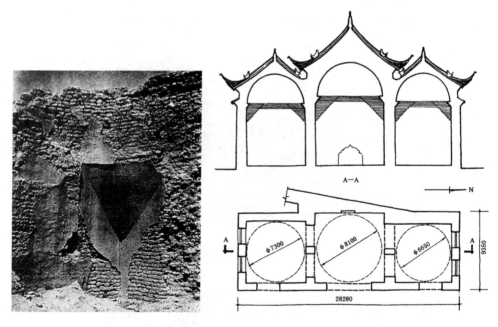

图 5.14 新疆哈密某寺庙遗址　　图 5.15 杭州凤凰寺无梁殿平、剖面

---

❶ 常青.西域文明与华夏建筑的变迁[M].长沙:湖南教育出版社,1992:108.本书增加一种水平券抹角做法。另外,伊斯兰建筑、印度建筑中还有以若干小拱组合来完成方圆过渡的方式(极端形式如蜂窝拱),其基本单元型并未超出上述四种形式。巴克特里亚蓄水厅的资料同该实例插图。

❷ [德]阿尔伯特·冯·勒克科.中亚艺术与文化史图鉴[M].赵崇民,巫新华,译. 北京:中国人民大学出版社,2005:208.

2）水平券抹角穹隅

与叠涩抹角穹隅在外观上的区别是四隅的三角形区域各边均为弧形，且为曲面，原因在于穹窿与方底四隅之间的缺口为多层券砖水平封砌，券砖与水平面之间有倾角，多出现在穹窿下部方底各边为拱券承托的情况，如土耳其伊斯坦布尔的中世纪肖拉救世主教堂（图 5.16）。从形态上看，叠涩抹角穹隅与水平券抹角穹隅都属于帆拱❶。

图 5.16 伊斯坦布尔肖拉救世主教堂室内   图 5.17 印度德里伊斯兰建筑发券抹角拱穹隅

3）发券抹角拱穹隅

又称凸角拱穹隅。以数层逐渐增大跨度、相应升高的垂直券从隅角逐渐出挑至穹顶分位线之下，封堵隅角的同时形成颇具装饰性的拱龛（图 5.17）。

4）发券球面拱穹隅

这种做法可以看作是发券抹角拱穹隅的改进，垂直券之间完全融合，不再分层，形成上接穹顶的球面拱穹隅。球面拱穹隅还发展出斜券砌筑的形式，这样，穹隅的外轮廓线与基墙交界处便不是垂直关系，而是出现倾角。本书把垂直券的球面拱穹隅称为类型 A（图 5.18），斜券贴砌的球面拱穹隅称为类型 B，后者在回鹘高昌时期的新疆高昌故城大佛殿经堂（图 5.19）、吐鲁番柏孜克里克千佛洞 79 窟中被采用（图 5.20）。这两种类型均发展出四隅券进式的穹窿类型，但只有类型 B 采用的贴砌斜券确认可以不支模完成，且与汉地四隅券进式穹窿本质相关。

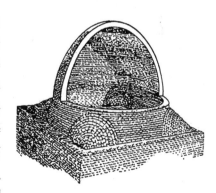

图 5.18 球面拱穹隅类型 A

---

❶ 帆拱一词对应的英文为 pendentive，也可翻译成"穹隅"，但发券穹隅（抹角拱或称突角拱，squinch）与帆拱是有区别的，从工艺特征上来说，帆拱以水平券或叠涩解决四角的过渡问题，不必垂直发券，形态上也不内凹，与上部穹窿过渡相对自然。如果仅以帆拱直接收顶形成穹窿，则可称为 sail dome（vault）或 pendentive dome，形态上与一个正方形的帆的四角固定后被风吹鼓成的曲面颇为相似。参见：http://en.wikipedia.org/wiki/Dome(2012.6.10 浏览）。

图 5.19　新疆高昌故城大佛殿经堂穹隅细部

图 5.20　柏孜克里克千佛洞 79 窟穹隅

5.1.3　西域四隅券进式穹窿生成原理

西域四隅券进式穹窿的实例要早于汉地，工艺类型分为两种：一种可以公元前 1 世纪巴克特里亚的蓄水厅为代表，扩大的四角穹隅在方底的四边墙体中间交脊，穹顶脊线呈十字形。但这座穹窿的发券并非贴砌的斜券，每皮券砖组成的券面与地面垂直，属于发券球面拱穹隅

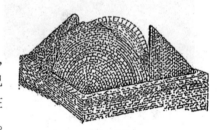

图 5.21　四隅券进式穹窿（垂直券）未封顶样态

类型 A 做法的延展，无法排除支模建造的可能性（图 5.21）。另一种采用贴砌斜券完成，本身是球面拱穹隅类型 B 工艺的发展，不必支模板，采用这种手法的早期域外穹窿实例可见前文曾经提到过的土耳其以弗所公元 2 世纪的住宅门廊穹顶，而汉地的这种穹窿则在公元 3 世纪左右的汉末才出现于南阳。

一般认为西亚、中亚四隅券进式穹窿实例主要采用土坯筑成，但也确实存在以火烧砖为材料的例子。建筑材料采用土坯还是火烧砖并非汉地与域外四隅券进式穹窿的技术的主要区别，差别主要源于地上、地下的功能之分。

综合考虑筒拱—贴砌筒拱—发券穹隅—四隅券进式穹窿的发展过程，可以把四隅券进式穹窿生成逻辑梳理如下（图 5.22）。

5.1.4　四隅券进式墓葬穹窿与西域实例比较

1）施工工艺

汉地的四隅券进式穹窿借助贴砌斜券完成，很多专家认为这种穹窿不需要支模施工，这也为本课题所做仿建实验所证实。除了砌块材料这一最大的不同，汉地与西域穹窿实例在基墙上部无模发券工艺上完全一致，推测结顶方式也相似。伊朗实例有券砖伸入拱券之间较低位置的做法，原理上类似于上坊孙吴墓后室的耳室之间的情形，但伊朗实例为尖券（见图 5.11）；另一处伊朗实例在隅角发券位置

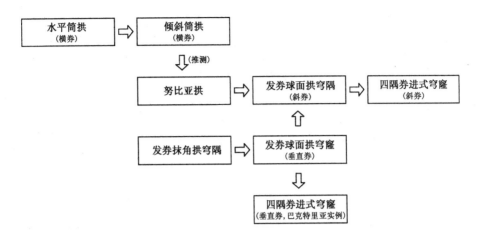

图 5.22　四隅券进式穹窿发生过程示意图

伸出羊角砖(图 5.23),与汉地相同❶。穹顶分位线以下的基墙部分,伊朗实例未见汉地以"三顺一丁"为代表的丁顺交替砌法,但土耳其地面建筑外墙上石材、红砖丁顺交替砌法很常见(图 5.24),与汉地在工艺上没有本质区别,也很难说谁影响谁;基墙中如果出现半圆形拱券,两地做法不很一致,汉地常见拱券高于基墙(例如前、后室或单室的门洞处)的情况,穹顶券砖落在拱券顶部,伊朗实例中尚未发现拱券高于基墙的。

图 5.23　伊朗四隅券进式穹窿 9　　图 5.24　土耳其老皇宫局部

黏结材料基本相同,上坊孙吴墓砂浆中含有少量的石灰成分,但仍以黄泥为主,即汉地实例总体上是采用黄泥砌筑的,与西域采用黏土相同。

上文讨论的四隅券进式穹窿工艺在西域的准备过程非常完备,汉地则无此过程,但这种穹窿墓例在汉末的南阳盆地甫一出现,技术类型便很丰富、成熟,所以理性推测汉地当无法自己仓促创生。从工艺起源和出现时期上判断,汉地四隅券进式穹窿应属西域工艺影响汉地的结果,这一点在常青教授《西域文明与华夏建筑的变迁》一书中已有所揭示❷,通过本书研究可将其明确化。

---

❶　因为羊角砖并非四隅发券所必需,所以此处羊角砖也有可能作为灯台使用。
❷　常青.西域文明与华夏建筑的变迁[M].长沙:湖南教育出版社,1992:114.

2）功能类型比较

功能类型是汉地四隅券进式穹窿与西域最大的不同。汉地四隅券进式穹窿属于墓葬建筑的一部分，深埋在地下，生人短暂进出，功能非常单一；西域则为地上或半地上建筑，功能类型丰富，与日常生活、宗教、仓储等建筑类型密切相关。西域四隅券进式穹窿虽为地上建筑的一部分，但并非全部采用粉刷遮盖，外观也不同于汉地其他类型的地面穹窿建筑那样有较多的遮盖与改观，这可能与大多数实例建筑等级较低有关。可见，四隅券进式穹窿工艺在西域的普遍性和普通性，不同于汉地墓葬中的高等级定位。

3）空间形态比较

西域实例以正方形平面为主，偶有圆形平面（但此时不能叫做四隅券进式了），也有长方形平面的实例，如布哈拉清真寺，推测由于其两侧空间为长方形平面（次要空间），才采用四隅券进式穹窿来砌筑。可见，至少在公元11世纪之前，中亚地区已知道四隅券进式穹窿可以解决长方形平面的穹窿问题。与其他砌体穹窿类型比较，这可能是四隅券进式穹窿在技术上的一个优势，因砌筑的手工性和非几何性，才具有适用性很强的拓扑特征。由此，汉地实例才出现腰鼓形、体型、平行四边形、抹角多边形等平面形态，跨度出现了由1米边长到近6米边长的变化❶。总的来说，汉地穹窿平面变化更多。至于穹顶的形态、矢高，汉地与西域各自都有较

图5.25　土耳其以弗所6号住宅遗址门廊

大起伏，情形基本类似。土耳其以弗所的门廊穹顶基本立在壁柱上，符合门廊对空间的要求（图5.25），汉地墓葬则无此开敞的做法。

西域砖砌体建筑中，往往通过变化丰富的砌法形成花纹来达到装饰效果。这一点在大多数西域四隅券进式穹窿实例上得到体现，从而与汉地实例在外观上形成一个共同特征：清水墙面较多。

4）结论

汉地四隅券进式穹窿明显传自西域，但不能仅仅因为工艺的传播情况而忽略汉地墓葬穹窿自身的独特成就。一方面，因墓葬空间对精神性的特定要求，以及汉地实例在功能类型上的单一性，汉地四隅券进式穹窿对于宇宙模式的象征是非常明确的，这种对形式内涵的强调超过西域普通生活空间的穹顶，后者更多是一种技术手段的结果，适于就地取材的土坯以及不支模的手工操作，与中亚、西亚的气候条件也有关系。另外，因伊斯兰建筑穹顶对天堂的比附并不是建筑图式象征的首要特征，所以在西域宗教建筑中，四隅券进式穹窿的象征性恐怕也不如汉地墓葬显

---

❶　当然，叠涩或四面结顶的汉地墓葬穹窿也可实现长方形平面，但在同样矢高比的前提下，与四隅券进式穹窿相比，其结构可靠性较弱，对黏结材料的要求更高。

著。另一方面,地下的青砖穹顶与地面的土坯穹顶在技术细节上应有所不同,在防潮、抗震等方面也面临新的挑战。这种技术的成熟与完善应是在汉代青砖墓葬的技术基础上完成的。

可以说,汉地四隅券进式穹窿的技术成就基于西域的传承,但自身又有独到的技术高度与形式内涵。

5.2 四隅券进式穹窿的传入与消失

5.2.1 传播流线分析

河南南阳、湖北襄阳的若干实例体现出东汉末期的典型特征,虽然考古学界在具体实例断代上还十分谨慎,但根据已有资料,认为东汉末年在南阳盆地首先出现四隅券进式墓葬穹窿应是有说服力的。

1) 四隅券进式穹窿首现于南阳盆地的原因

东汉时期,南阳、襄阳地区无论在政治、地理和文化特征上都具有一定的特殊性,这种个性特征为四隅券进式墓葬穹窿技术的出现提供了适宜的土壤。

(1) 较高的政治地位

南阳在东汉属南阳郡,三国时期归魏(图5.26),仍属南阳郡。东汉时期,南阳具有特殊的政治地位,"东汉的开国皇帝——刘秀,家在南阳郡的蔡阳县(今湖北省枣阳县境),因此南阳有'帝乡'之称。加之,刘秀起事所用的人,多出自南阳一带。其后,他们都成了达官贵人,名赫一世,亦为南阳这一地名增添了名声。除此之外,南阳尚有'帝都'之称。刘玄与王莽军作战,在围宛城的过程中,曾于公元二十三年二月在宛城外的淯水(今称白河)沙滩中,设坛场即皇帝位,就是更始帝。后攻下宛

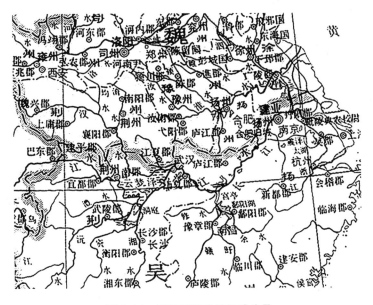

图 5.26 三国时期魏吴疆域分界

城,遂入而都之。宛城俨然一'帝都'❶"。宛城(今南阳市宛城区)在秦时即为"南阳郡"的郡治所在,西汉之时,宛城与当时的洛阳、临淄、邯郸、成都合称"五都❷"。

前文曾讨论到四隅券进式墓葬穹窿意味着较高的墓葬等级,"帝乡"、"帝都"的声望以及众多东汉官宦贵族故乡的地位为高等级墓葬形式的创立提供了条件,至少可以说,南阳具有这种资格。

南阳盆地的南部城市襄阳同样具有较高的政治地位,虽无"帝都"之称,却是汉末刘表任荆州牧时的治所,刘表死后便采取四隅券进式穹窿墓葬。襄阳郡曾为南郡的一部分,虽出现较晚,但与南阳郡同属荆州。襄阳素为战略要地,直至清代仍有"夫襄阳者,天下之腰膂也❸"的说法。

汉末南阳盆地人才辈出,庞统(襄阳)、黄忠(南阳)、甘宁(临江)等都是魏、蜀、吴三分天下的直接参与者。当代南阳、襄阳二市对诸葛亮躬耕之地的争夺正是两地在汉末行政区划、地域文化上都具有难解难分的相关性造成的,也侧面说明南阳盆地在当时社会政治文化方面的发达程度,以及这一区域在三国文化孕育与发展中的作用。

(2)南北交汇的地理、经济特征

南阳虽然地处中原,但同时属于长江流域,这一点前文已经有所论述。南阳和襄阳分属南阳盆地南北两端(图5.27),向南与长江中下游平原相连。白河流经南

图5.27 南阳盆地地形图

---

❶ 南阳市地方史志编纂委员会.南阳市志[M].郑州:河南人民出版社,1989:936-937.东汉南阳郡在曹魏时期局部曾分设为南乡郡。

❷ 南阳市地方史志编纂委员会.南阳市志[M].郑州:河南人民出版社,1989:936.

❸ [清]顾祖禹.读史方舆纪要.卷七十五·湖广总论//黄艳峰.近三十年来对魏晋南北朝时期有关今襄樊地区历史研究的综述[J].襄樊学院学报,2010(6):28.

阳,在襄阳一带汇合唐河注入汉水,白河古称"淯水",《三国演义》第十六回回目便曾提到。地处汉水流域是南阳、襄阳的典型地理特征❶。

从地理气候分布带上说,南阳郡又属于秦岭-淮河沿线地区,农作物南北混合特征明显。东汉南阳人张衡在《南都赋》中说南阳郡"其水则开窦洒流,浸彼稻田……其原野则有桑漆麻苎,菽麦稷黍……归雁鸣鸧,黄稻鲜鱼,以为芍药❷"。可见,稻作经济与渔猎经济并重,同时并不排斥旱田。经济类型与上层建筑密切相关,从文化类型上看,南阳自然也应具有不同于中原之处,而襄阳则更不宜与中原混同。

(3) 楚文化因素

在室墓出现和祭祀空间出现的过程中,楚地墓葬形制的变化使其成为中国古代墓葬形制变化的先导区域,这提醒我们可以从楚地本身的文化特征来看四隅券进式穹窿墓葬盛行这一事实。《汉书·地理志》载:"楚有江汉川泽山林之饶,江南地广……饮食还给,不忧冻饿……信巫鬼,重淫祀❸。"楚文化特征为葬制的丰富变化提供了可能性❹。

南阳(宛)、襄阳曾为楚地。从地理特征上说,流经南阳盆地的唐白河作为汉江水系中流域面积最大的一条支流,航运历史悠久,楚怀王六年(公元前323年)"鄂君启金节"中记载淯水(白河)西岸的"鄂"(汉代南阳郡西鄂县,今南阳市东北)已经是航运的起点,"说明早在战国时期,人们已经开始利用盆地内的水道和汉水来沟通南阳盆地与汉中、江汉乃至广大江南地区之间的交通了❺"。

由当代考古发掘可知,河南南部的淮河流域和南阳地区是河南楚文化遗存分布的中心区域,楚文化的遗迹在南阳多有发现❻。而且南阳楚文化可以独立成区(与湖北郧阳有文化关联),从而与信阳区(与湖北随州有文化关联)、淮阳区在河南楚文化中呈鼎立之势❼。

南阳地区淅川下寺楚墓群与和尚岭、徐家岭楚墓群是已知河南省规模最大的两处楚国贵族墓群❽。根据下寺考古发掘的材料,有些学者甚至认为楚都丹阳就位于丹水、淅水交汇处的龙城遗址(属淅川)❾,虽难属定论,但也可推知南阳地区应为楚地的传统组成部分。还有学者关注下寺楚墓反映出的楚文化与中原文化的关系,认为淅川春秋楚墓出土的遗物具有典型的楚民族地方特色,同时又与中原地区出土的同时期同类型器物有许多相似之处❿。这正符合南阳地区作为文化交叉

---

❶ 南阳盆地有少量淮河水系,流域面积占盆地总面积的10.55%;有更少量的黄河水系,流域面积占盆地总面积的0.1%。陈炜祺.汉代南阳盆地经济地理初探[D].武汉:武汉大学,2005:5-6.
❷ [东汉]张衡,原著,张震泽,校注.张衡诗文集校注[M].上海:上海古籍出版社,1986:178-180.
❸ 杜经国.二十五史:第1册[M].郑州:中州古籍出版社,1996:111.
❹ 李泽厚先生认为"汉文化就是楚文化,楚汉不可分",指的是意识形态的一些方面,尤其在文学艺术领域。本文关注墓葬风俗的微观层面,虽然不排除楚汉文化交融的现象,但楚汉的分别仍较为显著,区域性的差别必定是长期存在的。参见:李泽厚.美学三书[M].合肥:安徽文艺出版社,1999:74.
❺ 陈炜祺.汉代南阳盆地经济地理初探[D].武汉:武汉大学,2005:12,22.
❻ 曹桂岑.河南楚文化的发现与研究[J].华夏考古,1989(3):63.
❼ 马世之.河南楚文化的考古发现和研究[J].中原文物,1989(4):44.
❽ 木易.《淅川和尚岭与徐家岭楚墓》简介[J].考古,2005(7):20.
❾ 马世之.河南楚文化的考古发现和研究[J].中原文物,1989(4):42-43.
❿ 李陈广.南阳地区楚文化的发现和研究[J].中原文物,1992(2):39.

区域的独特性,但首先来说,"典型的楚民族地方特色"应得到重视。东周与汉并不是相距久远的两个朝代,在汉代南阳地区,楚地葬俗仍应有潜移默化的影响力。

考古界认为,豫南地区"到西周晚期,特别是邓国灭亡之后,楚文化逐渐成为主导因素。所以,豫南地区春秋战国时期的墓中楚文化因素占主导地位的墓都定为楚墓❶"。就南阳境内而言,楚文化遗迹还有西峡县楚白羽城、方城县楚长城、桐柏县昶国铜器、新野县曾国铜器、南阳市春秋铜器、南阳市若干楚墓以及丹江沿岸的一些楚墓,"考古发现起自春秋早期直至战国中晚期,初步形成了独立的分期体系❷"。

纵观长江中下游地区的四隅券进式穹窿墓葬,可以对应于东周楚文化与吴越文化分布的广大区域。今天南阳虽然常常被视为中原的组成部分,通过以上分析可知,其在文化归属上与襄阳相近,也并未与其他地区实例相去甚远,反而更可能因南阳盆地文化交叉的地域属性,在葬制上推陈出新。

(4)葬俗文化因素

南阳楚文化的独立分区主要是依据大量楚墓的发掘,可见,其楚墓葬俗应有明确的个性特征,但楚墓对东汉葬俗文化的影响仍旧只能就其地域独特性笼统而言,具体葬制上却不便牵强。除此之外,南阳、襄阳所在的汉水流域(图5.28),还有着不同于周边地域的葬俗文化,不但罕见,而且起源较早。这种称为"寄死窑"或"自死窑"的遗迹在汉水流域中游广泛分布于湖北郧县、郧西县、丹江口市、十堰市、竹溪县、河南淅川(属南阳)、陕西安康等地,指的是山崖上的一种特殊窑洞,"当地民众说这是自古传下来的风俗,认为人老后不中用了,到了60岁就被送进窑中,用土石把洞封死,只留一个小口送三天或七天饭,然后让老人食尽而死",其风俗兴起应在春秋时期以前,后世废止时间不详❸。虽然"寄死窑"并非丧葬地,老人死后会重

图5.28 汉江流域示意图

---

❶ 樊继福.豫南地区楚墓的文化表象分析[J].安阳师范学院学报,2007(3):61.
❷ 李陈广.南阳地区楚文化的发现和研究[J].中原文物,1992(2):41-42.
❸ 潘世东.汉水流域"寄死窑"大文化观系统阐释[J].郧阳师范高等专科学校学报,2004(5):27-28.

新安葬，但仍可看作葬俗文化的一部分。本书对此不作详细讨论，但从中可以看出，流域的影响甚至可以打通通常所说的南北文化隔阂，将河南、陕西、湖北的部分地域连缀成一个整体。这种视角也是本书一直强调南阳属于长江流域的原因所在。

南阳葬俗文化的独特性还表现在汉代画像石（浅浮雕）墓上，当然襄阳也有画像石墓发现❶。东汉早期，南阳地区墓葬已表现出不同于周边河南地区的特征，承袭西汉以来的墓制，画像砖石墓流行❷。虽然汉画像石墓在全国的分布区可以大致归纳为五个区域，但与陕北、四川等地相比，由"山东省全境、江苏省中北部、安徽省北部、河南省东部和河北省东南部组成的广大区域"、"以南阳市为中心的河南省西南部和湖北省北部地区"，这两个区域"早在西汉中期汉画像石墓就已出现和开始流行，是汉画像石的两大发源地❸"。与其他地区相比，南阳汉画像石"反映达官富商生活的画像、天文星象画像、神鬼辟邪升仙画像、角抵戏画像以及舞乐戏画像的内容最多，而反映农业生产活动的画像则极为少见……天文图像是南阳汉画像石最独特的内容，其发现的数量之多，位居全国之首❹"。这一类与天文有关的内容，有时是以隐喻的方式出现的，例如南阳第二化工厂21号墓，墓室南壁中柱上有一持木槿花的奴婢图（图5.29），木槿花"具有朝生夕陨、与日同放的特点，而被赋予同日月运行一样周而复始的神秘性❺"。

图 5.29 南阳第二化工厂 21 号画像石墓奴婢图

2）两条可能的传播流线

对四隅券进式穹窿的流布加以探讨，有助于揭示汉地穹窿与外域的关系。本书已对汉代砖拱券技术的传入进行过讨论，那么汉代斜砌并列拱的方法是否也随之传入？笔者认为也是如此，因为本土折线拱与斜砌并列拱之间的技术共性更少。简单地说，不支模板、贴砌斜券的技术由筒拱运用到穹窿上，这一过程是在中东、中亚地区完成的。就四隅券进式穹窿本身技术特征而言，目前没有发现东汉以前汉地有贴砌斜券的技术实例，四隅券进式穹窿更像是一种直接的建筑技术移植。

关键是，中国东汉末年开始出现的四隅券进式穹窿是如何传入汉地的？

若论汉地与中亚之间的文化交流途径，首先需要讨论的便是陆上丝绸之路，这条路经中国西北（河西走廊、新疆）、中亚连通古代欧洲与中国的帝都（长安、洛阳）。前文曾提到新疆确实存在贴砌斜券筒拱的实例，但没有看到整个穹窿全部由四隅

---

❶ 襄樊市考古队.襄樊长虹南路墓地第二次发掘简报[J].江汉考古,2007(1):15-27.
❷ 黄晓芬.汉墓的考古学研究[M].长沙:岳麓书社,2003:130.
❸ 徐永斌.南阳汉画像石艺术[M].郑州:河南大学出版社,2007:2-3.其中，鲁、苏、皖、豫四省交界处的徐州是汉画像石的分布中心之一，画像石的兴盛无疑与两汉十三个楚王，五个彭城王有密切关系。"今鲁南、苏北、皖北在汉代是楚国（彭城）的封地，汉代的楚王所辖的疆域是祠堂画像石发现最多的地方"，此处祠堂指的是墓地旁对地下墓主进行祭祀的地面建筑。详见：朱存明.图像生存——汉画像田野考察散记[M].南宁:广西人民出版社,2007:16,44,47.西汉代秦带来楚汉文化的交融，以至有些学者认为汉文化就是楚文化，徐州汉画像石与楚文化的关系值得关注，其可能与楚王制度层面的建构有关。
❹ 徐永斌.南阳汉画像石艺术[M].郑州:河南大学出版社,2007:15.
❺ 南阳市文物工作队.南阳第二化工厂21号画像石墓发掘简报[J].中原文物,1993(1):80.

券进式建造的情况,只在高昌故城大佛寺经堂、柏孜克里克千佛洞79窟看到四隅处局部使用相似的斜券砌法过渡,并未贯彻到穹顶上部,且年代属回鹘高昌时期(10世纪前后)。既然新疆地区未见纯粹的四隅券进式穹窿,库车地区2010年发现的十六国时期(公元304—439年)的砖砌穹窿墓葬,也未采用四隅券进式做法。这就不免让人疑惑,难道是中亚在东汉末年将此技术直接传承到中原(包括南阳),而在中国西北没有留下任何痕迹? 当然这种可能性是存在的,因为首先出现四隅券进式穹窿的南阳盆地"位于长江、淮河、黄河三大水系交汇之处,具有沟通南北水运的潜在优势"。有学者认为,可能在楚国时期盆地内水系与中原水路便已沟通并可通航,"以南阳盆地为枢纽,在中国腹地又形成了一条连接南北的水路交通线❶",甚至宛城(南阳)、襄阳之间的通道早有"宛襄走廊"之称❷。那么,盆地以南、以北的交通渠道都可通达南阳、襄阳。不过如果是由西北陆路直接传播的,为什么这种类型的墓葬形制首先在较次要的城市南阳、襄阳出现,而非当时的政治和文化中心洛阳? 由此需要考虑其他传播路径的可能性。

第1章讨论汉地穹窿起源时曾将"海、陆丝绸之路"并提,此处则须对两条丝绸之路的关系加以梳理。依照六朝时广州(南海郡)在海上丝绸之路诸港口中的独特地位,以及汉代同属南海沿岸港口的日南、徐闻、合浦(今属广西,汉代属交州)等的重要作用❸(图5.30),那么海上丝绸之路在汉地与陆上丝绸之路的对接通道——广西、湖南之间的"潇贺古道"(或称"贺州古道")便同样值得重视。秦至唐代前期,这里是中原出入岭南的最重要的水陆交通要道❹,成为"海、陆丝绸之路"大系统的重要组成部分。"潇贺古道"向北延伸进入湖南,可与长江中游的各条官道相通,技术传承可以直达中原和南阳盆地。当然"潇贺古道"绝非唯一的粤北文化通道,广西东北部开凿于秦代的灵渠离此也甚近,同样方便珠江流域与长江流域之间的文化传播❺。

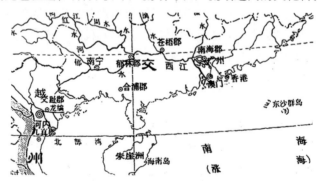

图5.30 东汉南海郡、合浦郡位置关系

---

❶ 陈炜祺.汉代南阳盆地经济地理初探[D].武汉:武汉大学,2005:22-23.
❷ 南阳市文物工作队.南阳市十里庙遗址调查[J].江汉考古,1994(2):14.
❸ 邓加倍,任建芬.广州不是中国汉代海上丝绸之路始发港[J].广州社会主义学院学报,2004(1):63.
❹ 韦浩明.秦汉时期的"潇贺古道"[J].广西梧州师范高等专科学校学报,2005(21-1):86-89.
❺ 1973年从长沙马王堆出土的《汉初长沙国南部地形图》明显标出耒湟、潇贺、湘漓三条古老而又极为重要的交通线,从长沙国辟出,分别指向东南、正南和西南三个方向。位居中央正南方向的是湖南潇水-广西贺江通道,即潇贺古道;西南即灵渠-漓水通道,二者又合称"苍梧走廊";耒湟道则通向广东。参见:http://auction1.paipai.com/0C9BC22400000000401000011956DB1(2012.8.6).

南阳两座东汉晚期四隅券进式穹窿墓葬"防爆厂住宅小区汉墓 M62、84"中曾发现四件原始青瓷制品,与南阳市审计局 M69 西汉晚期墓原始青瓷相同,而后者经鉴定应属中国南方地区所产❶,这些都说明南阳墓葬文化在汉代明显受到南方文化的影响,也加强了四隅券进式穹窿工艺在东汉晚期经由南方北传的可能性。而襄阳所处区位的传播条件更好,从汉末帝国州级行政区划来看,从岭南沿海的交州北上便进入荆州范围,而荆州的中心便是南阳盆地的襄阳,政治地位较高、极具文化包容性的南阳盆地十分适宜成为四隅券进这一工艺北上传播的最佳落脚点和最早的实验区。

关于海上丝绸之路在穹窿工艺传播中的重要价值,汉代、六朝墓葬中外域玻璃制品的传播流线可供参考。"两汉时期我国出土的外国玻璃器皿,主要是罗马玻璃,多集中在广东、广西、江苏等沿海地区……公元前 1 世纪的一位希腊人……记载了中国的位置和物产,也记载了地中海沿岸的玻璃器皿东运的情况。在东西海路交通的重要港口——印度半岛的本地治里出土了 1 世纪的罗马玻璃残片,其中一块模制的竖凸棱条钵的残片与江苏邗江甘泉二号墓出土的残片很相似,另一块凸弦纹碗的残片与广西贵县出土的碗几乎完全一样。文献和出土实物都说明两汉时期进口玻璃器皿多是由海路输入我国❷。"另据《吴历》记载,孙权"黄武四年,扶南诸外国来献琉璃❸",表明六朝时期,南方通南洋、西域的路线仍旧延续着两汉的水路传统。在六朝墓葬中也曾发现来自外域的工艺品,如江苏南京象山 7 号东晋墓曾发现筒形磨花玻璃杯(图 5.31),被鉴定为罗马玻璃(公元 1 世纪至 5 世纪罗马帝国制作);湖北鄂城五里墩 M121 西晋墓(非四隅券进式穹窿)曾发现磨花玻璃碗,被鉴定为萨珊(Sassanid)玻璃❹(公元 226—651 年伊朗高原萨珊帝国制作)。这些都是东汉、六朝中外文化交流的例证。

图 5.31 南京象山 7 号东晋墓磨花玻璃杯

考虑到楚文化与吴越文化同属长江流域,那么作为南方地区传统文化交流通道的海上丝绸之路传播四隅券进式穹窿技术的可能性更大一些。在南阳、襄阳首先得到采用的不支模四隅券进式穹窿技术与海上丝绸之路文化传播范围内的其他实例有着文化背景上的统一性,不存在传播中水土不服的问题。这样就可以部分解释四隅券进式穹窿这种高等级的墓葬空间为何不在中原的文化中心城市出现,

---

❶ 南阳市文物考古研究所.南阳市防爆厂住宅小区汉墓 M62、84 发掘简报[J].中原文物,2008(4):4-13.南阳张仲景博物馆,南阳市文物考古研究所.南阳市审计局汉墓发掘简报[J].中原文物,2011(4):4-12.在后者文中推测这些原始青瓷产地在江西、浙江一带,与本书推测的四隅券进式穹窿工艺传播路线不完全相符,但也并不矛盾,本书并不强调这些瓷器是直接证据。
❷ 安家瑶.中国的早期玻璃器皿[J].考古学报,1984(4):440.
❸ [唐]欧阳询.艺文类聚:卷八十四[M].北京:中华书局,1965:1441.
❹ 安家瑶.中国的早期玻璃器皿[J].考古学报,1984(4):415-419.

而长江中下游在东吴、两晋时期成为其分布主体的问题。

仅就南阳与襄阳实例发掘报告所判定的时间而言,襄阳的长虹南路 M16 墓断代为东汉中期偏晚,是最早的。这说明有可能四隅券进式穹窿首先是应用在腰鼓形平面上的,相比直边的矩形平面,显然在外凸的墙体上发券、交脊难度要低一些。这也符合四隅券进式穹窿工艺由南向北传播的推测。一旦这一墓葬穹窿技术体系进入南阳,便自然与南阳占主流的画像石墓结合,矩形画像石墓室上的四隅券进式穹窿便成为这一工艺进入中国之后的首次变异。不过,"东汉中期偏晚"这一表述仍较笼统,考古学者在引用这一实例时,一般把它与襄阳汉末实例当做同期现象来对待❶。所以谨慎地说,南阳、襄阳实例仍旧只能当做一个整体来研究,孰先孰后可能需要更多的实例来佐证,何况襄阳的长虹南路 M16 墓也发现有画像石,就流行区域而言,应是受到南阳画像石墓的影响。不过汉末南阳画像石墓已经式微,这种四隅券进式穹窿墓例不可能成为主流。

无论是襄阳还是南阳首先采用了四隅券进式穹窿,都与南阳盆地、宛襄走廊在文化上的包容性有关,也与南阳、襄阳在汉末的独特地位有关。四隅券进式穹窿墓例在南阳盆地出现后,逐渐向长江中下游传播开来❷。

从长江流域内部的传播流线上说,总体上是由中游传往下游和钱塘江流域。如果把视野超出四隅券进式穹窿范围,下游与中游孙吴墓葬的平面形制传播中也能体现这一特征,如马鞍山雨山乡宋山墓平面形制与鄂州鄂钢饮料厂一号墓(图 5.32)完全相同,是古武昌地区(鄂州)流行的前室带双耳室的前、后室墓的变体,当由武昌地区传来,原因则在于古武昌地区具有固定的丧葬文化特征和输出上的优势地位;马鞍山孙吴、西晋墓葬表现出长江中游、江西地区、南京地区、三吴地区的多重影响,其随葬瓷器常体现中游特征❸,与其地处南京上游也有一定的关系。

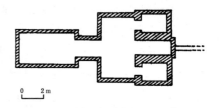

图 5.32 鄂州鄂钢饮料厂一号墓平面

以上对四隅券进式穹窿形制在中国古代的分布与源流关系做了初步的探讨,两条丝绸之路与四隅券进式穹窿工艺传播的关系还具有一定的假说成分,尚无直接的证据。但鉴于汉地与中亚在四隅券进式穹窿砌筑技术上的一致性,而中亚为早,笔者认为由外而内的传承关系是难以否定的。在此前提下,如果比较新疆和岭南分别作为两条丝绸之路进入中国第一站的具体出土文物和建筑特征,海上丝绸之路作为技术传承媒介的说服力显然更强(图 5.33)。至于北方大同的孤例,因属南北朝时期,对营建技术传播的判断当不会形成干扰。

---

❶ 韦正.六朝墓葬的考古学研究[M].北京:北京大学出版社,2011:141.
❷ 韦正曾提到长沙墓 24 断代为汉末的可能性,如此说属实,与本书对传播流线的推测并不矛盾,甚至湖南、湖北、河南这一由南向北的传播路线会得到加强。参见:韦正.六朝墓葬的考古学研究[M].北京:北京大学出版社,2011:141.
❸ 韦正.马鞍山六朝墓葬片论[M]//王俊.马鞍山六朝墓葬发掘与研究.北京:科学出版社,2008:184,188.

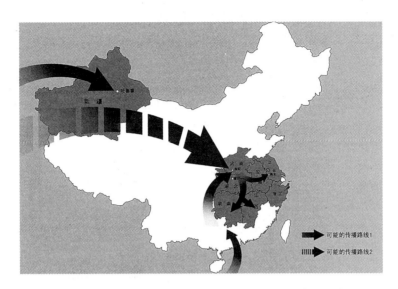

图 5.33 四隅券进式穹窿工艺传播路线示意图(不含山西省)

3) 汉地穹窿技术传承的完整谱系

公元前 1 世纪,汉地产生了四面结顶式穹窿,而中亚产生了四隅券进式(立券)穹窿。前者的技术基础是域外传入的砖券技术,后者的技术基础是发券球面拱穹隅(立券),几乎同时,汉地与西域在各自的角度为砖砌穹窿的发展做出了贡献。随后在六朝时期,四隅券进式(斜券)穹窿在汉地长江中下游地区大行其道,成为中外建筑文化交流的有力象征。根据上文讨论,笔者将汉地四隅券进式穹窿与域外的技术联系补充到第 1 章穹窿关系脉络图中,如图 5.34 所示。

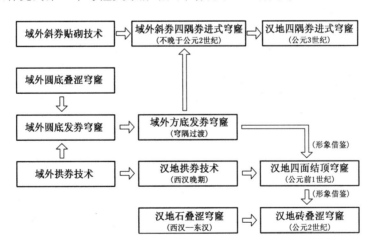

图 5.34 汉地砖拱壳穹窿、砖叠涩穹窿发生过程示意图

5.2.2 四隅券进式穹窿在中国消失的原因

1) 在南阳消失的原因

南阳是南北文化交汇之地,在砖室墓工艺演化过程中,四隅券进式穹窿并不是唯一的突破,第一座券砖拱顶墓新野樊集墓 36 也在南阳。南阳市在白河中游,新

野在白河下游,离襄阳更近。某种程度上,南阳可以看作是南方文化的最北端、中原文化的最南端,这是四隅券进式穹窿在南阳盆地最早出现的地理基础。但是,四隅券进式穹窿墓葬为何较早便在南阳消失?

东汉时,南阳地处帝国的腹地,而三国时期,则与襄阳同样属于曹魏的边缘。长江流域文化在曹魏时不属主流,葬制自然会受到北方很大影响,这可能是其消失的主要原因。另外,汉末和三国早期的襄阳实例也显然多于三国后期,可见,魏蜀吴三分天下也是一个巨大的文化事件。

曹魏之时,南阳加强了中原的性质,少了长江流域的性质,四隅券进式穹窿墓葬的传播在南阳戛然而止❶,不见于西晋。那么,曹魏的薄葬之风是加强了这种穹窿的传播还是削弱了它呢?这种薄葬之风在南阳墓室建筑上有何表现?

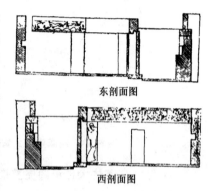

图 5.35 南阳市王庄汉画像石墓剖面

南阳市王庄汉画像石墓断代为魏晋时期(图 5.35),墓室平面也反映魏晋特征,却采用汉画像石与小砖混合砌筑而成,前、后室顶部均为条石横铺❷;南阳市建材试验厂汉画像石墓,断代为晋代,砖石混砌,顶部坍塌❸。据南阳当地学者研究,南阳魏晋墓主要有三种墓顶形式,平顶、券顶、四隅券进式穹顶,其中以平顶墓最多,沿用时间最长,整个魏晋时期都有发现,且采用汉代画像石料,如上述二例;其次是券顶墓,各个时期均有发现❹。可见,南阳在东汉末、六朝时期,穹顶并非主流,薄葬的表现形式以用工、用料更省的平顶、券顶砖石墓为主,四隅券进式穹顶因其不支模板,因而可以省工省料,但最多也只能算是墓葬工程简化过程中的初期现象。不过由此也可看出,四隅券进式穹顶是在此期间南阳唯一出现的穹顶形式,也是当时全国首创的,认为其属直接的技术引入是相对合理的结论。

2) 在长江中下游流域消失的原因

(1) 东晋、南朝之间长江中下游流域的文化特征转变

从时期上看,最晚的两处四隅券进式穹窿实例于晚唐和五代在浙江出现,东晋与隋唐之间的整个南朝,尚未发现实例,虽然不能断言没有,但确实可以认为,东晋之后这种墓葬穹窿形制已经式微。四隅券进式穹窿墓葬的流行与消失,似乎成为中国墓葬文化之中的一个插曲。与其在南阳的消失相比,这是更大规模的葬制变化。纵观中国历史,由汉末的三分天下到三国归晋,继而五胡乱华、衣冠南渡、南北对峙,无一不是影响巨大的文化事件,也由此乱世才开创出盛唐的辉煌局面。因此,从总体上深刻把握东晋、南朝之间政权更迭、迁移对文化特征的影响实属必要。

---

❶ 襄阳有一处贾巷 M29 墓未公开发表,考古人员初步判断属六朝时期。依照本书对四隅券进式穹窿传播规律的推断,该墓应不会晚于三国。
❷ 南阳市博物馆.南阳市王庄汉画像石墓[J].中原文物,1985(3):26-35.
❸ 南阳市博物馆.南阳市建材试验厂汉画像石墓[J].中原文物,1985(3):21-25
❹ 张卓远.南阳魏晋墓葬[J].华夏考古,1998(1):51.

东吴之时，孙权"在都城建设中尽管采纳了不少中原的传统，但其主体文化形态仍是南方的，这种状况一直持续到西晋，墓葬考古资料对此有直接的解释作用。可是东晋、南朝却不同，'洛阳文化'被整个'移植'到建康，对建康而言，从都城建设、国家体制、上层集团、人口构成、思想观念、礼仪制度、语言风俗甚至生活习惯，都发生了翻天覆地的变化，这种变化又以建康为中心，向长江流域和东南沿海地区播迁，其影响之深远无法估量❶"。前文曾经提到，东晋"衣冠南渡"对葬制的影响已经在南京东晋中期墓葬中明显体现出来，甚至到了穆帝永和中期，墓葬穹窿已很少见。南京地区已知的四隅券进式穹窿实例下限在公元371年左右，流行戛然而止，早于其他地区的晋、宋之际。笔者在第2章曾经提到，四隅券进式穹窿是东晋时期被南迁的北人墓葬吸收的内容之一，既然如此，那么为何四隅券进式穹窿最终又被舍弃呢？究其原因，从大的方面说，自然与北方中原葬制对南京成熟于东吴的本土穹窿墓葬葬制形成巨大冲击有关，但这一判断又未免过于笼统了。如以东晋首都南京(建康)的葬制变迁为例，较为具体的原因仍旧有痕迹可循。

东晋时期实质上已形成南北朝的格局，如果"将南北形势的变化与南京地区同期墓葬形制的演变联系起来观察，立刻就会发现，自桓温平蜀(347年)至枋头之败(369年)，东晋对北方形成战略进攻的态势，数度北伐并收复洛阳"，基本上等同于南京地区"墓顶趋简、假窗消失"的二十余年。"人们在乐观期许早日北还，并将这种情绪实践在墓葬营建上，以简化营造工程和舍去模拟地面房屋的假窗的手段，有些还精心安排随葬品的组合和摆放方式，表示此时的墓葬，不过是亡者棺椁暂时寄托之所，不必大张旗鼓，待日后北扫诸胡之后开墓起迁，归葬旧茔；而枋头之败后东晋元气大伤和前秦统一北方后大军压境的现实，又使得曾被点燃的北归热情冷却下来。恰在这个时期，墓壁假窗重新出现，墓室规模比前一阶段有所增大，砖台和砖棺床更加普遍，陶明器的数量上升，墓葬被再次当作地下居所，是亡者的最后归宿❷"。可见，南迁北人心态的变迁对长江中下游东晋葬制的影响巨大，南京的变化是最突出的一例，其中便包含对四隅券进式穹窿的最终舍弃。

那么，整个长江中下游地区在南朝时期未见四隅券进式穹窿实例出土是否也是中原文化对江南冲击所致？

就南北朝时期而言，南朝堪称汉文化的正统。虽然南北朝时北人称南朝皇帝为"岛夷❸"，但李泽厚先生指出，当时"北方的实力和军威虽胜过南朝，却一直认为南朝文化为中国正统……数百年南士入北，均备受敬重。北齐高欢……仍是以南朝为文化正统学习榜样❹"。与李泽厚先生一样，英国学者汤因比对于晋唐之间的

---

❶ 谭跃.南京六朝文物研究的回顾与展望[J].东南文化,1998(增刊2):71.

❷ 以上参见：耿朔.最后归宿还是暂时居所？——南京地区东晋中期墓葬观察[J].南方文物,2010(4):85. 该文认为，南京东晋中期简葬墓例中也存在着无迁葬之需的南方士族之墓，"也许是因为当活动在建康朝廷的北人中临时简葬的做法形成风气后，他们突出的政治地位和社会影响使得这种处理方式很快影响到了上层南人，这只能看成是形式上的借鉴，而背后富含的丰富情感恐怕已被忽视和遮蔽了"。谭跃.南京六朝文物研究的回顾与展望[J].东南文化,1998(增刊2):86.

❸ 如《魏书》中的蔑称："岛夷桓玄"、"岛夷刘裕"(列传第八十五)、"岛夷萧道成"、"岛夷萧衍"(列传第八十六)。[北齐]魏收.魏书[M]//李学勤.二十六史：第2册.海口：海南出版社,1999:494,497.

❹ 李泽厚.美学三书[M].合肥：安徽文艺出版社,1999:117.

中国历史持类似看法,认为北朝是蛮族国家,南朝是晋的流亡政府❶。又有境外学者直接称北魏为 Tartar(鞑靼)❷,从不同学者的研究中都可侧面佐证南朝在汉文化发展中的正统性。

长江中下游流域在早期为楚文化流行之地,继而归汉,但三国时则以孙吴文化为主体。汉文化的正统继承人往往以据有中原者为先,一旦衣冠南渡,继续拥有政权的北方文化在长江中下游地区便具有当然的合法性和正统性,继而对孙吴文化形成冲击。南朝文化可以华夏正统自居,与其暗含很大成分的汉族中原文化有关,这种成分无疑出自于其对东晋文化和版图的继承,亦即东晋所完成的以中原汉族文化对江南汉族文化的改造,在南朝得以开花结果。

南朝也在开国皇帝的血统上不断塑造着自己的正统性,例如刘宋武帝"汉高帝弟楚元王交之后也❸",强调对汉朝的继承;南齐高帝"汉相国萧何二十四世孙也❹";梁武帝同为"汉相国何之后也❺";陈武帝"汉太丘长陈实之后也❻",无不与汉代也就是正统性挂钩;而北朝如北魏者,只好从黄帝开始去敷衍❼。

已有学者指出,"十六国北朝史的前提是'胡汉体制论',东晋南朝史的前提是'侨旧体制论',两者统合起来就是'侨民体制'。质言之,东晋十六国南北朝历史是在脱离故乡的人即侨民的主导下发展与变迁的❽"。由此,长江中下游的文化特征,经由东晋、南朝的洗礼,由可与中原曹魏抗衡的东吴文化,转变为被中原文化冲击后的新江南文化。

虽然并不能在微观上证明四隅券进式墓葬穹窿的消失与此直接相关,但类比于东晋南京葬制的变化过程,四隅券进式墓葬穹窿在南朝消失的基本脉络还是可以把握的。

(2) 四隅券进式墓葬穹窿的文化适应性

前文讨论已经表明,四隅券进式墓葬穹窿有自己的隐喻语素,具有独特的象征性,同时又与西域文化有着千丝万缕的联系。其是否已经完全融入中国墓葬文化之中?在以正统汉文化自居的南朝将面临何种命运?需要据此角度做一文化适应性解读。

a) 传统墓室语汇的叙事性特征

第 2 章曾经提到过中国古代墓葬的装饰性叙事机制,并对东汉末期与东晋晚期的实例有过讨论,其实四隅券进式墓葬穹窿内表面粉刷的实例在东晋早期已经少量出现,如南京老虎山晋墓 M1(无彩绘,且能显露砖缝与假窗)(图 5.36),为颜

---

❶ [英]阿诺德·汤因比.历史研究[M].刘北成,郭小凌,译.上海:上海人民出版社,2000:464.
❷ Leigh Ashton. AN INTRODUCTION TO THE STUDY OF CHINESE SCULPTURE[M]. London: Ernest Benn, Limited,1925:多处.
❸ [南朝梁]沈约.宋书[M]//李学勤.二十六史:第2册.海口:海南出版社,1999:3.
❹ [南朝梁]萧子显.南齐书[M]/李学勤.二十六史:第2册.海口:海南出版社,1999:175.
❺ [唐]姚思廉.梁书[M]/李学勤.二十六史:第2册.海口:海南出版社,1999:243.
❻ [唐]姚思廉.陈书[M]/李学勤.二十六史:第2册.海口:海南出版社,1999:307.
❼ [北齐]魏收.魏书[M]/李学勤.二十六史:第2册.海口:海南出版社,1999:343.
❽ 所谓"侨",主要指永嘉之乱后不断南迁的北人;"旧"指的是南方土著。胡阿祥.《晋永嘉丧乱后之民族迁徙》申论[J].安徽大学学报(社科版),2010(5):110.

氏家族墓（颜谦妇刘氏），可能属于南迁的北方大族对江南葬俗的一种自发调整；画像砖墓在东晋后期蔚然成风，以隆安二年的镇江东晋画像砖墓为例："墓壁镶嵌有 54 幅画像砖，有青龙、白虎、朱雀、玄武四神像，有兽首鸟身、人首鸟身、兽首人身、兽首噬蛇、虎首戴蛇等五种神怪像。可见，墓主期望借此营造一个想象中的冥间世界、地域和驱赶各种邪恶力量，保护其灵魂安宁并引导其升天❶。"

基于六朝前后的墓葬文化语境，在此对墓葬装饰性叙事机制与四隅券进式穹窿象征性表达的兼容性做一分析。

图 5.36　南京老虎山晋墓 M1 直棂假窗

（a）四隅券进式穹窿对天穹表达的不适应

依照前文讨论，墓室穹窿顶象征着天穹，按照中国传统的"天圆地方"之说，穹窿应尽量接近半球形才是，但方形墓室又难以满足这一要求。不过"天圆地方"的观念中，似乎"地方"也是对"天圆"的一种特征限定，也就是说，天圆，但也需要体现四方正位才有意义，天地相合，才是一个完整的宇宙模型，才符合《大戴礼记·曾子天圆》所谓"天道曰圆，地道曰方❷"之意。汉代以来的"四面结顶"做法，虽然不是完美的半球形，但其由四壁起券向中心聚拢的意图十分明显，十分适合构建与四向相关的天宇意象，无论是随意点绘的诸多星辰，还是相对严格的星宿阵列，都可以获得良好的方位表达。

但"四隅券进"则不然。以上坊孙吴墓为例，四隅开始的发券在四壁中部有明显的交痕，而且四隅处变形比较明显，整个穹窿并非形态单纯、弧度平滑的浑圆空间形象，反而有所起伏。这显然并不适于用在特别强调天穹秩序表达的墓葬中，虽然这些墓葬同属于高等级阶层。如果唐代的长乐公主墓或吐鲁番阿斯塔那 38 号等墓例使用此穹窿，由于"四隅券进"消解了四壁向天穹的清晰转换，关于四向、二十八宿的表述会失去构图依据。换句话说，四隅券进式墓葬穹窿在表达象征性时靠的是清水墙面和笼统的形态；而四面结顶式穹窿则不同，混水墙面比比皆是，与彩绘更易结合，而彩绘是对天宇表达更中国化的做法。仅就穹窿形态本身而言，四隅券进式穹窿象征天宇更显纯粹，与彩绘结合则不然。这是东晋以后"四隅券进"不再流行的重要原因。

（b）四隅券进式穹窿对以砖仿木的不适应

如果把视线离开长江中下游流域，放眼全国来看，墓室空间模仿生活世界的意象是秦代以来中国墓室发展的传统，到北宋则明显呈现为仿木的砖石墓室风格。总的来看，砖石建筑仿木是中国古代建筑发展的基本趋势，包括砖塔同样如此，这从唐代的一些楼阁式砖塔上便可体现。至于墓室穹窿的仿木倾向则早自东汉已有

---

❶ 毛颖. 孝道与六朝丧葬文化[J]. 东南文化, 2000(7):80.
❷ [汉]戴德, 辑;[清]孔广森, 撰. 大戴礼记·大戴礼记补注[M]. 济南:山东友谊出版社,1991:116.

迹象,"如东汉和林格尔墓室之穹隆顶,绘以梁、柱、枋、斗拱等。至唐代仍采用这种方式,如乾陵永泰公主墓室所示。五代和宋的砖墓穹顶以下完全为砖砌仿木,如南唐钦陵、洛阳宋墓❶"(图 5.37)。南北朝时期的北方,从北魏晚期以后,不少大、中型墓葬的门墙顶上出现的砖刻或木刻的屋宇结构❷,以及五代之后的各地墓葬出现大量以砖仿木辅以彩绘的现象,都可认为是同一文化特征的强化。

图 5.37　南唐钦陵前室仿木砖构

图 5.38　洛阳洛龙区关林庙宋墓

宋墓以砖仿木是主流(图 5.38),而四隅券进式穹窿的清水风格与此趋势是矛盾的。从其盛行的两晋时期来看,长江下游地区穹窿墓葬中直棂假窗流行,东晋又进而流行壁龛,这些都加强了将穹窿墓室视作"室屋"的趋势,从独创性上虽然仍旧可以看作是江南"本地发展的传统❸",但这种处理手法在孙吴是看不到的,只能解释为中原文化对江南文化进行改造后的结果。从两晋开始,由于对具象的"室屋"构件的追求,使得墓室穹窿更多地处于一种装饰性的叙事机制之中,其单纯的形态象征性已然陷入语境的矛盾。

可以认为,以砖仿木是将墓室重新视为"室屋"的表现,在仿木铺作上砌筑十字脊的拱壳,显然不是中国建筑的传统意象。整个古代,墓室穹窿多采用四面结顶(或六面、八面结顶)的形式,最终形态类似四阿或攒尖,与中国传统文化有较好地契合,这正是四面结顶技术以及形态类似的叠涩顶技术一直保持生命力的重要原因❹。

在晋代的仿木墓葬中,一座北方的实例也值得重视:河南焦作山阳北路西晋M1 墓❺(图 5.39、图 5.40),发掘于 2010 年 12 月,长方形单室墓,券顶。其特殊之处在于券顶为贴砌斜券,在众多北方、六朝实例中罕见;基墙则以砖仿木,四壁砌出转角柱、立柱、斗拱、枋木、散斗、撩檐枋等。这座墓葬的装饰性叙事机制已经非常发达,与四隅券进技术有关的贴砌券顶已经无法再表达天宇的意象,在此获得使用

---

❶　常青.西域文明与华夏建筑的变迁[M].长沙:湖南教育出版社,1992:117.
❷　谢宝富.北朝墓葬的地下形制研究[J].湖北大学学报(哲学社会科学版),1997(6):65.
❸　李梅田.中原魏晋北朝墓葬文化的阶段性[J].华夏考古,2004(1):52.
❹　准确地说,四面结顶或叠涩顶时而作为天宇的象征与星宿彩绘相匹配,时而作为屋宇的象征与仿木结构相匹配,其在南北朝之后扮演的角色一直是混乱的。
❺　焦作市文物工作队.河南焦作山阳北路西晋墓发掘简报[J].文物,2011(9):58-66.该文认为此墓是河南省境内首次发现的西晋仿木结构砖室墓,但早有学者指出"洛阳西晋墓中有角柱与斗拱"。参见:中国大百科全书出版社编辑部.中国大百科全书·考古学[M].北京:中国大百科全书出版社,1988:668.

明显是因为施工技术和受力上的优势,在形态的象征性上难免不伦不类。从技术传播途径上讲,很可能与南阳东汉、三国时期的四隅券进式实例之间有一定的传承关系,至少在西晋的中原,这种技术在工匠之间应不算陌生。

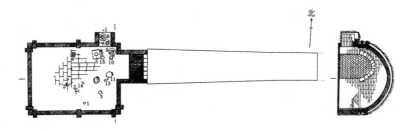

图 5.39　河南焦作山阳北路西晋 M1 平面及前壁

总之,由于以穹窿象征天宇、以砖仿木均是东汉以来连续发展的两种墓室形制特征,应当看作中国主流墓葬文化的自然需求;而"四隅券进"则似乎与此潮流一直若即若离,在东汉晚期的南阳盆地出现之后,很快在中原失去踪迹,仅在东吴、两晋的长江中下游及钱塘江下游地区得以流行,似乎是为中原所舍弃的一种穹窿形式,这应与这种形式对中国文化的不适应有关。相对于中原,长江中下游葬制则表现为一种迟

图 5.40　河南焦作山阳北路西晋 M1 后壁

滞性,这与墓葬发掘中其他方面的演化也是基本相合的。

b) 仙人世界与阴曹世界的消长

六朝后期,江南画像砖墓中反映死后成仙的意味非常浓厚,如前文提到的南京西善桥宫山墓、丹阳鹤仙坳墓等,均出现竹林七贤、春秋高士以及仙人拼贴砖画❶,象征死者与诸贤人并列为仙。这与两晋时期玄学和道教的发展均有很大关系。

第 4 章曾经提到过,仙人世界与阴曹世界在六朝墓葬中的表达既有混合又有冲突。从四隅券进式穹窿墓葬来看,除了东汉末期挪用汉画像石的情况,从未在砖砌建筑本体上看到表达仙人世界的元素(包括镇江东晋画像砖墓),总体上仍旧是一个较为纯粹的阴曹天地的表达,与成仙思想基本无关。那么四隅券进式穹窿墓葬的式微肯定同时也是仙人世界与阴曹世界观念在丧葬观念中此消彼长的结果。也就是说,在世俗社会对仙人世界与阴曹世界的选择中,六朝后期更倾向于前者,四隅券进式穹窿墓葬并非合适的观念载体。

c) 与佛教建筑在技术演变上的同步性

依照"天圆地方"的传统模式,穹顶下覆空间应为方形平面,但汉末至西晋的长江中游地区,四隅券进式穹窿基墙时常呈现明显外凸的弧形,已是对方形平面的某种突破;南朝时期的南京,许多非四隅券进式穹窿的墓室平面(尤其是后壁)呈长圆

---

❶　郑岩.魏晋南北朝壁画墓研究[M].北京:文物出版社,2002:63-64,223-232.另见:韩钊.中国魏晋南北朝壁画墓和日本装饰古坟的比较研究[J].考古与文物,2007(2):71.

形样态,如南京殷巷一号南朝墓(顶部坍塌)❶(图5.41)、南京西善桥油坊村南朝大墓(穹顶)❷(图5.42),这些可以视为对"天圆地方"模式的一种放弃或者模糊化,原因何在?

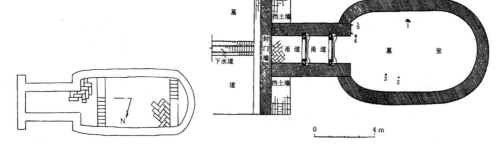

图5.41 南京殷巷一号南朝墓平面　　图5.42 南京西善桥油坊村南朝大墓平面

前文已经提到,六朝早期,一些与佛教有关的装饰纹样在长江中下游墓葬中流行,到了南北朝时期,佛教已经在南北各地同时获得了极大的发展。一些砖砌的佛教建筑平面出现了丰富变化,例如北朝的嵩岳寺塔,为近似圆形的十二边形平面(图5.43);基本上可断代为北朝的五台山佛光寺祖师塔❸,为六边形平面(图5.44),二者可以看作中土早期砖塔在建筑工艺和形制两方面探索的结果。虽然北朝还未出现带有砖穹窿的地宫,无法与墓葬直接比较,但这些早期砖塔和砖墓一样,均以青砖、黏土(黄泥或红泥)为主砌筑,也存在着叠涩穹窿、砖拱券、砖壁龛的情况,所以工艺上应属同一体系。嵩岳寺塔采用十二边形平面,而舍弃以北魏洛阳永宁寺塔为代表的四边形木塔平面,与砖筑山地大型佛塔的受力特征有关❹,这一点与墓葬平面外凸以增强对侧壁土壤的抵抗力原理相

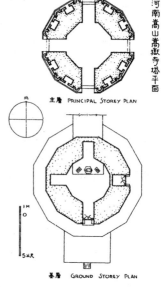

图5.43 嵩岳寺塔平面

似。虽然上述两例佛塔均为北朝实例,但从北朝对南朝文化的认同角度来看,南朝与北方的艺术和工艺,某种程度上应该能够互相解读,或者说具有某种同步性,从而隶属于"六朝"这样一个大的文化统一体。

---

❶ 南京市博物馆,江宁县文管会.南京殷巷东晋、南朝墓[J].东南文化,1993(2):72-78.笔者推测顶部为穹窿,否则半圆形后壁与顶部难以交接。

❷ 罗宗真.南京西善桥油坊村南朝大墓的发掘[J].考古,1963(6):290-300.王志高认为此墓为券顶变通。

❸ 关于佛光寺祖师塔年代的讨论参见:徐永利.外来密檐塔形态转译及其本土化研究[D].上海:同济大学.2008:73.

❹ 徐永利.外来密檐塔形态转译及其本土化研究[D].上海:同济大学,2008:89.当然十二边形还可能有着教义上的缘由,此处不详细说明。宋墓多以多边形平面来承托穹窿,与宋塔的多边形平面同步,当然也有穹窿技术本身的要求。佛塔、墓葬、地宫、经幢平面的同步性值得重视。

图 5.44 五台山佛光寺祖师塔平面剖面

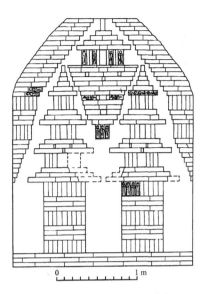

图 5.45 南京江宁胡村南朝墓后壁佛塔

杜牧诗云:"南朝四百八十寺,多少楼台烟雨中。"南朝佛教的发达必然会对墓葬文化产生广泛影响,墓葬平面的变化可能与佛教观念的引入有关,从而在空间内涵、营造工艺上都与佛教建筑呈现某种同步性。一个有趣的例子是南京市江宁区胡村南朝墓(单室券顶)(图 5.45),墓室后壁径直砖砌三座佛塔作为壁饰,其宗教含义非常明显,且类似形式的后壁在河南邓县学庄画像砖墓、南京西善桥南朝墓中均有发现❶(图 5.46)。因该话题已经超出了本书的讨论范围,所以此处只能算是个引子,有待深入讨论。但从隋唐以后,佛教地宫与砖室墓在平面和工艺上的广泛相似性

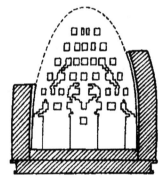

图 5.46 南京西善桥南朝墓后壁壁龛

来看,这种相互影响是的确存在的❷。嵩岳寺塔与佛光寺祖师塔原本都有华丽的彩绘,长江中下游墓葬内部空间的装饰性在六朝后期逐步加强,也是同步性的表现。由此可见,此时期,以清水风格见长的四隅券进式穹窿的文化土壤日渐薄弱。

综上所述,可以发现正统汉文化的基本特征一直是四隅券进式穹窿逐渐式微过程中的关键因素,传统墓室语汇的叙事性特征、仙人世界与阴曹世界的消长都可

---

❶ 此墓壁左右双塔底层特高,有密檐塔的意味,且底层塔身有佛像装饰,顶层塔檐有忍冬纹。墓室基墙、甬道壁用砖上有飞天纹,此墓是否反映出南朝佛教艺术与北朝密檐塔、南京栖霞山石窟飞天像、五代密檐舍利塔以及百济佛塔之间具有文化关联,耐人寻味。相关发掘报告中也提到了墓主与北朝联系密切的可能性。参见:南京市博物馆.南京市江宁区胡村南朝墓[J].考古,2008(6):52-53,57.

❷ 甘肃泾川县唐大云寺塔地宫(公元 694 年)为考古发掘已知的最早地宫实例,平面方形,砖筑,券顶,宫门朝南,门前有短甬道;舍利函由外至内依次为石函、铜函、银椁、金棺、舍利瓶,这种"瘗埋舍利的制度是前所未见的,改变了印度中亚用罂坛或盒埋葬的方式,而用中国式的棺椁瘗埋,更符合中国的习惯。自此而后,以金棺、银椁瘗埋舍利则成为定制"。徐苹芳.中国舍利塔基考述[J].传统文化与现代化,1994(4):63.地宫天顶也有穹窿结构的,较早实例如嵩岳寺塔的唐代地宫,其天顶为四面结顶的穹窿(当代修复)。可见,在地宫建筑结构、舍利瘗埋方式两方面,地宫都借鉴了中国墓葬建筑(尤其是单室墓)的形式。

以归结到这一点。首先在南阳，因为魏蜀吴三分天下后，中原文化在南阳的强势，四隅券进式穹窿墓葬很快消失；继而在南京，因为东晋政权的迁入，葬制发生显著变化，在东晋中期便已不再采用四隅券进式穹窿墓葬；东晋末期，四隅券进式穹窿的文化适应能力日渐衰弱，最终在整个长江中下游地区的南朝绝迹，仅仅在残唐五代昙花一现。相比之下，佛教则是一个较为次要的推动因素。

另外，东晋中后期，四隅券进式墓葬穹窿的技术适用性可能也出现了问题。例如，倪润安先生认为，"大致到了东晋中期的穆帝永和年间，近方形穹窿顶单室墓基本消失，墓葬形制只有长方形券顶单室墓一种❶"。与正方形平面相比，长方形平面的四隅券进式穹窿的受力确实不甚合理，坍塌的可能性较大。这应该是文化适应性问题之外的重要功能性原因。

5.2.3　关于传播流线的补充讨论

前文强调了海上丝绸之路在四隅券进式穹窿工艺传播过程中的重要性和可能性，但这些讨论均基于这样一个前提：最早的四隅券进式穹窿实例出现于南阳盆地，随着新的考古发现，这个前提有被更正的可能。但是，即便在南阳盆地以北(比如洛阳等中心城市)发现更早的实例，仍不能忽视南阳、襄阳两地在汉末较早、较多采用四隅券进式穹窿这一状况，南阳盆地的区位与文化特征仍有讨论的必要。另外，考古学者韦正认为长沙墓24为汉末实例的可能性更大❷，那么由海上丝绸之路北上，沿途的长沙、襄阳、南阳均有实例留存，这条流线就会较为清晰。此说尚未获得广泛认可，此处只是谨慎提及，前文也并未将之作为立论的依据，但不妨把它当作一种有价值的观点加以关注。

工艺传播时，往往随着工匠个人的流徙呈现点对点的直接传承，例如一名(或一群)西域工匠直接从西域到南阳(或襄阳，甚至洛阳)，那么无论他(他们)如何而来，都会直接把这种新工艺带到这座城市，那么，关于传播流线的讨论是否就显得多余了呢？

笔者认为，一方面，如果真的存在汉末长沙实例的话，南阳盆地与南方之间的传播流线就与海上丝绸之路的北上路线重合，那么关于流线的讨论就很有必要；另一方面，西域工匠来华的路线不外乎海上、陆上丝绸之路两系，范围相对集中，那么结合考古发现的区位，比较一下两条丝绸之路可能性的大小，有一定的可行性，也与第1章对穹窿工艺传播的研究范围相合。但总的来说，相关结论仍具有假说的性质。

---

❶ 倪润安.南北朝墓葬文化的正统争夺[J].考古,2013(12):73.该文74页认为："南朝逐渐放弃'晋制'墓葬形制，墓葬特征深陷地方化格局……经历了东晋中期北伐形势的大起大落，东晋朝野回迁故土的热望破灭，北来世族不得不接受久居南方的现实。东晋晚期至南朝，墓葬形制变得单一，为整体呈'凸'字形、墓室呈长方形的单室券顶墓，完全放弃中原'晋制'墓葬的形制，只采用南方本地的传统墓葬形制……整体而言，南朝对地方文化的认同感不断上升，与晋的中原正统不断疏远，'凸'字形墓和瓷器作为南方本地特征，成为南方墓葬文化的基本底色。南朝放弃晋制，甘居一隅，无异于将正统的旗帜拱手让于北朝，而北朝也确实抓住了这个难得的历史机遇。"笔者认为，墓葬平面的单一化同时伴随着墓葬叙事性的加强，南朝不仅仅是"地方化格局"。

❷ 韦正.六朝墓葬的考古学研究[M].北京:北京大学出版社,2011:141.

6 四隅券进式墓葬穹窿的地位与意义

6.1 四隅券进式墓葬穹窿的地位

6.1.1 砌体穹窿在世界穹窿技术体系中的地位

1) 古代域外穹窿材料与技术体系的发展变化

早期的穹窿形象见于西亚尼尼微城宫殿废墟上发现的亚述人浅浮雕❶,有可能是生土穹窿,为土坯砌筑的可能性更大。另外,以木骨、竹骨或芦苇等木本、草本绑扎(可能抹泥)形成的穹窿状棚屋也具有相当长的历史(图6.1)。抛开人工开凿的土崖、石崖穹窿空间不论,砌体结构❷和绑扎泥墙结构可以看作是穹窿发展中最初的技术类型,其中又以砌体穹窿技术含量更高。

随着人类建造活动的不断探索,砌体穹窿结构慢慢地只成为古代世界穹窿技术体系的一小部分,而且伴随着建筑材料的转换,连陶质砖和石块也仅能看做是早期常用的筑造材料。在欧洲学者看来,"穹顶的发展与实用材料的发展密切相关。在古代,穹顶曾用石头建造;后来砖砌逐渐取代了石砌。到了中世纪,木材成了用于铺盖屋顶的主要材料。这个时期的一些木构穹顶现在仍有保存,它们大多分布于德国、法国、意大利、俄罗斯和斯堪的纳维亚,多半是覆盖在砖石穹顶之上作为外部围护之用❸"(图6.2)。可见,穹顶材料范围逐渐拓展与丰富,在不同地区形成了不同的技术体系,仅就古代欧洲与古代亚洲的实例来说,筑造材料的对比也是明显的。

图 6.1 美洲印第安 Acjachemen 部族的棚屋

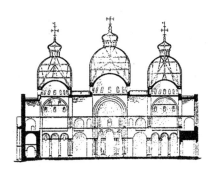

图 6.2 威尼斯圣马可教堂剖面

---

❶ 常青.西域文明与华夏建筑的变迁[M].长沙:湖南教育出版社,1992:109,105.

❷ 本书从材料的角度使用"砌体结构"一词,并非专门术语,其范围较国内现行结构规范中的"砌体结构"外延为大。另外,本书不讨论爱斯基摩人的雪屋等特殊砌筑工艺。

❸ [英]Z S Makowski.穹顶的发展历史及其现代世界成就[J].王克洪,译.华中建筑,1988(2):71.

材料与技术类型密切相关。纯粹的砌体结构跨度较小,古罗马发明了天然混凝土现浇结构,典型实例如公元120—124年建成的古罗马万神庙。这座建筑已然体现出天然混凝土穹窿跨度大、内部通透无柱的结构优势,这个穹顶在随后的1800年左右时间内一直是最大的❶。以拱券为骨架加填充材料的穹窿形式在文艺复兴时期的欧洲建筑中扮演了极为重要的角色。

拜占庭地域之外的其他亚洲地区,砂浆所占体积比较小,基本以砌块构筑的穹窿普遍流行,但以拱券为骨架加填充材料的大跨度穹窿同样常见,如伊斯兰建筑的穹顶(图6.3)。在古代中国汉地,各种穹窿类型材料或砖或石,砌体结构几乎成了唯一的选择。

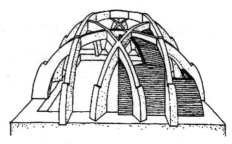

图6.3 伊朗伊斯法罕的清真寺穹顶构架

2)当代穹窿发展的主流特征

非砌体结构的穹窿成为当代技术主流,这种体系强调空间结构的整体性,且具有一种理性美、技术美。1811年巴黎谷物市场的中央部分第一次用铁构建了穹窿结构❷;1912年第一座钢筋混凝土穹顶建成于波兰;19世纪中叶早期出现半桁架构建组成的锻铁穹窿,网穹初步形成,并在第二次世界大战之后得到极大发展。当代穹窿从材料上说,常见的是混凝土和金属,另外包含一些高新材料;施工体系为现浇、装配

图6.4 格雷姆肖的伊甸园工程

或特殊结构(如充气薄膜);功能上的优点是跨度巨大、耐候性好,与内部空间设计协调性好,且与当代材料力学、结构力学的最新成果紧密结合(图6.4)。

与这一主流特征相比,砌体穹窿已经难以产生创造性的成就了,其辉煌更多局

---

❶ 关于古罗马万神庙的结构形式有不同观点,一般认为其是混凝土浇筑的,即沿球面分布的8个拱券间填充围合材料,但当代调查发现,它又可看作是砖块通过厚厚的砂浆砌筑的。笔者认为,从相关描述来看,砂浆和砖块的体积比较大,整体定性应该介于砌体结构和混凝土现浇结构之间,整个结构形式应该仍具有很强的现浇特征。拜占庭时期的一些砖砌建筑也存在着砂浆很厚的特点,如圣索菲亚大教堂穹顶砖厚5.1厘米,砂浆同样厚5.1厘米。另外,拱券间填充围合材料类似于当代的混凝土框架体系,也可以看作是一种整体性的结构类型。资料参见:[英]Z S Makowski.穹顶的发展历史及其现代世界成就[J].王克洪,译.华中建筑,1988(2):73;冯江.穹隆:美学缠斗与技术演进中范型的建立[J].华中建筑,2007(12):143,148.

❷ [英]Z S Makowski.穹顶的发展历史及其现代世界成就[J].王克洪,译.华中建筑,1988(2):71-75.

限在古代。从世界范围来看,砖砌穹窿的主要流布区域应以亚洲更具代表性。

6.1.2 四隅券进式穹窿的独特性

四隅券进式穹窿虽然属于砌体穹窿的一种,但空间整体性更强,每一块砖的砌筑都要考虑两个维度的水平角和一个竖向角度,以服从于整体曲面控制。这一点不同于四面结顶式穹窿,后者很大比例的砖有四个平行边棱是基本水平的,每皮砖上每块砖的几何中心点基本在一个水平面上,不必同时处理三个维度,而类似角度的砖只有在四隅券进式穹窿每皮砖的弧顶才会出现。在四隅券进穹窿中,如果每皮砖、每块砖都精确定位,也就是说,四个1/4穹顶各细部完全对称,那么,每皮砖(中心线上)也只有两块砖与另外3个1/4穹顶相应皮数上的6块砖(中心线上)处于同一个水平高度,数量极少,穹窿中每块砖顺应的更多是每皮砖的空间曲面特征,这与四面结顶式穹窿基本上每皮砖(中心线)均在一个水平面上完全不同;而且,这对于四面结顶是一个必要条件,而对于四隅券进而言并不必要,即每块砖只要满足各皮的位置要求就行,每块砖的水平高度与其他3个1/4穹顶并不相关,不必强求4个1/4穹顶每块砖都对称。另外,手工砌筑过程能够容忍一定的变形,可以边砌边调整,使得这个工艺本身具有一定的拓扑性潜力,所以能够适应不同形状的平面,而又不会出现显著的棱角,不失空间曲面特征。

前文讨论过四面结顶的穹窿,"可以将之看作矩形平面上,砌筒拱双向对角交接而构成的建筑空间,也就是说,系由两个筒拱复合而成❶"。抛开穹窿的起源不论,这句话点明了四面结顶式穹窿并非纯粹的空间结构,可以从筒拱截面的受力状态来分析。与之相反,四隅券进式穹窿在空间样态上混沌一体,虽然纯靠手工,但建成效果近似于空间曲面,与方底之间过渡自然(图6.5),同当代通过数字技术模拟建构出的非常平滑的曲面空间有类似的美学情趣。在亚洲砌体穹窿中,也只有四隅券进式穹窿才真正实现了方圆之间的平滑转换,保持了方底穹顶空间的统一和完整。从空间结构整体性的角

图 6.5 穹窿实验中的隅角过渡

度来说,四隅券进式穹窿某种程度上弥补了亚洲砌体穹窿的缺憾,并加强了四隅券进式穹窿的当代意义。

四隅券进式穹窿在世界建筑史中并未得到应有的重视。在第20版《弗莱彻建筑史》中可以发现贴砌拱券的历史信息和抹角穹隅做法❷,但四隅券进式穹窿实例与工艺做法均未收入,由此本书的研究也便有了补缺的特殊意义,希望四隅券进式穹窿能够作为经典工艺进入主流建筑史的视野。

---

❶ 常青.西域文明与华夏建筑的变迁[M].长沙:湖南教育出版社,1992:112.
❷ [英]丹·克鲁克香克.弗莱彻建筑史:第20版[M].北京:中国水利电力出版社,2001.

6.1.3 四隅券进式墓葬穹窿在中国古代建筑技术史中的地位

1) 在汉地穹窿体系中的地位

首先从现有实例来看,较大跨度的六朝穹顶做法基本采用"四隅券进"而非"四面结顶"。据笔者查阅资料,南京上坊孙吴墓后室的穹窿规模应是古代汉地墓葬穹窿中最大的,这说明四隅券进式穹窿在解决大跨度问题上有着不可替代的优势。

其次,其交脊线位于四壁中部,脊线、四隅处的曲面均过渡自然,与直接从四隅处起脊的"四面结顶"相比,承受侧向土壤推力时结构稳定性更好。

第三,单纯看"四隅券进"做法本身,其在中国古代穹窿建筑史上的技术成就也是十分明显的。虽然四面结顶的穹窿可以通过增大矢高的方式实现无模施工,但在同等墓顶埋深的前提下,不可避免地增加了开挖量,增大了处理地下水的难度,四隅券进式穹顶则可在矢高适当、跨度较大的情况下无模施工,工期和成本相对经济,减小了与地下水位之间的高差,这是四隅券进式穹顶无模施工的巨大优势。

第四,本书第1章曾提到"纯粹由小砖砌筑的室墓则在东汉晚期才出现,成为一个与四隅券进式穹窿伴生的技术现象",其原因则在于四面结顶的穹窿可以搭建在石壁、土壁之上,墓室上下部结构砌筑完全分开;而四隅券进式穹窿则不同,可以从基墙下部直接发券,墓室上下部结构往往要整体性处理,砖技术的丰富性更强,这也是四隅券进式穹窿的独特之处。

四隅券进式穹顶可谓中国穹窿技术史上一项杰出的技术成就。遗憾的是,这一技术体系对六朝以后穹窿建筑的影响很小,几乎销声匿迹。

2) 在中国古代砖砌建筑中的地位

六朝后期,北朝开始出现规模巨大的砖建筑实例。据东魏天平二年(公元535年)《中岳嵩阳寺碑》记载,北魏生禅师的两个弟子曾建两座七层楼阁砖塔,以"七层之状",而能"仰参天汉""旁魄绝望""高数十仞[1]",规模应该很大,且说明当时并不缺砖(至少皇家工程);唐代的大雁塔、宋代的河北定县开元寺瞭敌塔(图6.6),都可看作是大型砖砌建筑的代表。与规模、高度、各种基础形式相匹配的砖结构施工工艺获得极大发展,但从基本的砌筑技术上来说,大体上只有正常墙体、券洞、叠涩挑檐、叠涩穹窿等几种砌法类型,都集中表现在嵩山嵩岳寺塔上(图6.7);明代无梁殿中穹窿较少,且基本无发券穹窿;砖筑较多的城墙类型则更注重多种材料的搭配使用。地上建筑如此,地下的砖砌墓葬也并未见到太多的技术突破,而是更多发展了以砖仿木的特征,同时叠涩穹窿得到了较多应用。所以,就技术的创造性而言,四隅券进式墓葬穹窿是中国古代砖筑工艺的顶点,以后再无同等成就,仅是延续原有技术类型,从技术探索上说,甚至有所倒退。

总的来看,四隅券进式墓葬穹窿的出现,加强了中国古代砖砌建筑的技术成就,丰富了施工工艺的技术类型;从工艺与文化内涵两方面打通了西域与汉地砖砌建筑的关系,使得汉地砖石建筑与域外砖石建筑有了相当的可比性,提升了中国古代砖石建筑体系的普适性地位。

---

[1] 相关资料及推论参见:徐永利.外来密檐塔形态转译及其本土化研究[D].上海:同济大学.2008:61.

 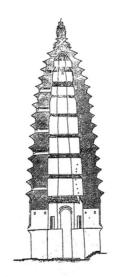

图 6.6　定县开元寺瞭敌塔　　图 6.7　嵩岳寺塔剖面图

6.2　四隅券进式墓葬穹窿研究的当代意义

6.2.1　推动对中国古代穹窿源流的进一步探讨

本书第1章和第5章对整个汉地拱券、穹窿的发展脉络做了一次谨慎梳理，但仍旧只能看作是抛砖引玉，关于中国古代穹窿源流的进一步探讨必将持续。本书就此加以研究的意义在于：通过对局部穹窿类型的深入拓展，拓宽源流问题的广度并健全其研究结构。对四隅券进式穹窿的源流研究，可以加深对中土、西域文化关系的认识，加强对海、陆两条丝绸之路与穹窿、拱券工艺传播之间关系的重视。

本书讨论中，穹窿的源流关系仍有一些尚未得到解决，如对倾斜横券筒拱出现时间的假设，以海上丝绸之路作为四隅券进式穹窿工艺传播主线的假设；另外，西域四隅券进式穹窿实例也未能全面铺开调查。这些都是关于穹窿源流问题需要新的材料来补充、细化的方面。

6.2.2　墓葬文化研究角度的意义

1）针对考古发掘未来成果可做预见性推测

例如可以根据本书研究初步判断：在东晋以后，除去已发现的两处四隅券进式墓葬穹窿外，应该还能发现零星实例，南朝无实例的认识有可能会被打破；贴砌筒拱的墓葬券顶除焦作实例外应该还有，可能在六朝，也不限于长江流域；常州、岳阳也可能存在墓例。以上对四隅券进式穹窿、贴砌筒拱未来发现所做的推测，是基于本书部分研究成果带来的可能性。又如笔者依照对四隅券进式穹窿在南阳传播规律的判断，推测南阳未来新发掘的以及目前未公开发表的四隅券进式穹窿墓例应不会晚于三国，如果准确，也可看作是四隅券进式穹窿研究成果的应用范例。

2）有助于墓葬实例断代及墓室性质判定

本书所引墓葬有一些断代较模糊,例如长沙的实例,相关报告多以"两晋时期"来描述。相信考古界根据本研究关于四隅券进式穹窿在不同时期演进特征的成果,同时结合其他考古材料,能够做出更准确的断代。襄阳贾巷M8、M29墓(图6.8)断代也较模糊,笔者推测,如能排除西晋,则这两座墓应为三国时期偏早,而不会是三国晚期。原因在于曹魏之时中原葬制文化对南阳盆地影响的深化,即便有可能是西晋,也不会是西晋初期,原因仍在于曹魏影响的持续。

图6.8 襄阳贾巷M29墓南壁、西壁

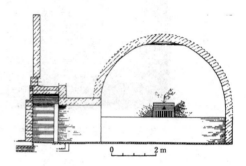

图6.9 南京郭家山M10墓剖面

参照本书研究思路,也可对墓室空间功能和等级定位做初步推定。例如在对湖南省长沙市沙湖桥AM41墓形制的讨论中❶,发掘报告对各室的定位与本书不同,本书所谓"前室"在原文被定位为"主室","侧室"被定位为"耳室",前甬道被定位为"前室",因该发掘报告未记录遗骨、棺木(或棺钉等)出土位置,所以本书仍旧坚持根据穹窿墓葬的空间等级推测而来的上述判断。因为一来未见前室券顶、后室穹顶的组合,二来"侧室"尺度可容棺木,当非"耳室"。又如马鞍山当涂新市镇刘山村东晋墓的"假前室"问题❷,此处上覆四隅券进式穹窿,依照该穹窿形式等级较高且此处空间有祭台判断,此处应定位为前室,而非甬道,因前室尺度较小,导致前甬道通过抹角的方式与前室合并,呈现六边形平面。相比之下,南京郭家山M10墓(图6.9)、郭家山M12墓相应位置上覆券顶,实属假前室的可能性很大。

3）加强对墓葬文化元素专项研究的重视

一处古代墓葬往往是各种文化元素混杂在一起的,这是中国文化的特点,但是从中抽取一个相对单纯的元素来做专项研究还是有可能的,比如本书对四隅券进式墓葬穹窿的专题研究。这一点类似于一些考古学者所主动倡导的文物发掘课题化诉求❸,而不仅仅是被动的"抢救式发掘"。

但这种课题化研究仍旧要基于对墓葬文化的总体脉络把握,例如四隅券进式穹窿墓葬流行的魏晋时期,墓葬空间的符号意义还是相对清晰、系统的;相比之下,

---

❶ 见本书第4.4节正文。参见:李正光,彭青野.长沙沙湖桥一带古墓发掘报告[J].考古学报,1957(4):58-63.

❷ 见本书第2.2节。参见:王俊.马鞍山六朝墓葬发掘与研究[M].北京:科学出版社,2008:146-151.

❸ 谭跃.南京六朝文物研究的回顾与展望[J].东南文化,1998(增刊2):72.

唐宋以后就非常含混了,例如出现仿木构的穹窿室屋,同时棺木也可能是仿木的建筑(如前述河北正定天宁寺凌霄塔地宫出土的文物),寓意重复,穹窿的采用仅具有技术上的功用。如果对宋代的墓葬穹窿做类似本书方式的研究,相信很难得出其空间内涵相对单纯的结论。但加强对墓葬中单一文化元素研究的深度,是达到考古研究工作系统化、研究课题体系化的必经之路。

4) 推动对文物审美价值的讨论

通过对汉代、六朝墓葬穹窿与域外穹窿在形态严谨性上的比较,可以发现国人在几何学上的一些认知习惯在墓葬穹窿形态和工艺演进中产生了很大的影响,今人(包括学术界)常以"上圆下方"来形容墓葬穹窿(尤其是四面结顶的),仍旧是源于这种惯性的存在。不能简单地把这种心理习惯归为落后的,或因其"非理性"而予以忽略。

李泽厚先生曾经提到"有意味的形式"这一中国文化的形式审美特征❶,有内涵和象征性的空间范式应该成为我们认识文物建筑的出发点,这也在本书对四隅券进式穹窿研究过程中得到了充分体现。

关于国人认知心理和审美习惯上的体会,对我们进行古建筑艺术价值、历史价值、科学价值的判断都会是有益的补充。在做这些价值判断时,是完全遵从国际(主体是西方)现有的成熟体系,还是从尊重自身文化特征出发,而不是首选数字化研究手段(尽管很必要),是值得本土建筑学界警惕的。

6.2.3 文物保护角度的意义

1) 加强对地下考古发掘中建筑资料的重视

墓葬建筑不同于地面建筑,往往发现于市政或建筑工程期间,以往的做法多是抢救性发掘、可移动文物的采集与保存、研究并整理简报(或内存资料),墓葬的建筑部分则应工程需要拆毁,仅保存青砖和构件,建筑形态的记录则要依靠照片、测绘图和文字描述,但因建筑细节在墓葬考古中并非重头戏,对建筑的关注也主要集中在平、剖面所能反映的信息中,文字描述一般较笼统。例如有一些穹窿实例的四隅券进特征在文字中很难发现,要结合照片和测绘图来综合推测,但毕竟并非实物,施工细节也无法追溯;甚至一些实例建筑资料甚少,尚未得到认识就已被拆毁了,测绘图,甚至文字记述都未能充分反映其基本建筑特征(例如只有平面)。这些体会都可以对我们的墓葬考古、研究工作起到警醒作用。

本课题的研究,加强了墓葬考古中建筑考古的意义,例如认识到建筑与陪葬品一样,也具有"明器"性质,这就能够丰富、深化墓葬考古的内容和精度,同时也有助于综合判断文化、经济背景,有利于断代。另外,关于发掘后的遗址处理,也不应完全以工程建设为前提,而应适度调整规划(现在已经有所改善),保留地下建筑的现场细节,才能更好地实现文物保护的意义。墓葬建筑之外的其他地下建筑类型,例如水涵洞(图6.10)、城墙基础、地宫等,亦应如此。

---

❶ 李泽厚.美学三书[M].合肥:安徽文艺出版社,1999:582.

图 6.10 江苏泰州望海楼宋代水涵洞　　图 6.11 马鞍山朱然墓角部修复情况

2) 为墓葬修复与展示提供理论基础

墓葬建筑往往有盗洞,或在工程挖掘中损坏,如果不拆除,则需要保护。即便是不完整复原,也存在对遗址进行加固、整饬的问题。对四隅券进式穹窿施工工艺的研究,可以了解这种穹窿在施工过程中的基本受力特征,掌握传统砌筑技巧和整体控制方法。这些都是整饬、复原的基础,避免了以现代材料勉强嫁接,造成残损穹窿实质上的二次破坏(图 6.11)。对砌筑材料的化学分析,可以保证修复过程中工艺的原汁原味,强调了工艺的原真性;对穹窿内涵的研究,可以增强对复原或整饬部分空间功能的理解,形成完整的、有意义的形式语言和展示空间。对工艺、材料和内涵的研究,还使得对建筑细节的推测成为可能,使得修复变得更加理性,修复成果的历史价值更高。四隅券进式穹窿墓葬也因为本研究的成果,成为更有意义、有根据的展品,从而有利于文物保护观念的推广。

墓葬展示中,对温度、湿度等墓葬内外物理环境的控制也是非常重要的方面,虽然其突破了本书的探讨范围,但关于四隅券进式墓葬穹窿的研究成果有助于这项研究中知识结构的合理化。

6.2.4　施工工艺作为非物质文化遗产的意义

在可以无模施工的古代砖砌拱券、穹窿中,四隅券进式穹窿的无模施工是最有代表性和感染力的,其内部纹理美观,富于装饰性,空间形态浑然一体,甚至在施工过程中的形态都富于表现力,带来戏剧性的空间体验;工艺细节上的丰富性也值得重视,姑且不论直棂窗在穹顶、基墙之间的灵活配置,即便是常见的三顺一丁墙体,在与发券的斜向砖左右相邻时,也会有不同的做法可供选择,如前文提到的贾巷 M29 墓,与斜向砖相接的丁砖便是暴露大面,并砍磨成梯形;另外,四隅券进式穹窿的施工工艺又涵盖了努比亚拱(汉地有焦作实例)的技法,对其他平面形状的适应性也较强,由此也可看出这种工艺作为非物质文化遗产的专属意义。

传统工艺在当今世界已经得到越来越多的重视，一方面作为非物质文化遗产得到认识与保护；另一方面，在贫困地区或者资源贫乏地区也成为改善民生的技术手段，从而具有社会公器的意义。例如埃及建筑师哈桑·法赛(Hassan Fathy)的贡献(图6.12)。法赛使用埃及传统的建筑材料来建造土坯房屋，一方面是农村经济条件所限，另一方面在于使用土坯和传统建造方法，可以使传统文化在乡村得到延续和发展❶(图6.13)。在法赛手中，不支模的努比亚拱和土坯穹窿得到了大力推广，并在埃及、约旦、科威特、希腊、西班牙都留下了经济、低技、实用又充满魅力的作品，甚至在美国新墨西哥州也采用不支模的努比亚拱技术造了一座土坯清真寺❷(图6.14)。2010年，哈桑·法赛为埃及穷人设计的高纳新村(New Gourn Village)被列为世界文化遗产❸(图6.15，图6.16)。哈桑·法赛影响了一大批建筑师，例如2008年可持续建筑全球奖获奖人意大利建筑师法布里奇奥·卡罗拉(Fabrizio Carola)便曾借用法赛发明的圆规控制方法，在非洲不支模板建造了穹顶和拱门，建筑作品有马里邦贾加拉的社会和文化中心等❹(图6.17)。

图6.12 埃及建筑师哈桑·法赛

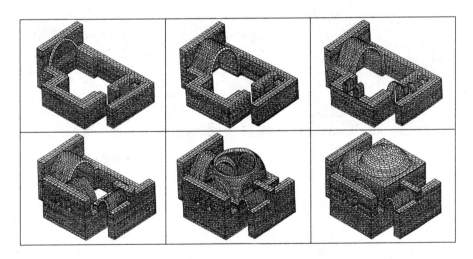

图6.13 埃及阿斯旺地区不支模的土坯穹顶工艺

基于目前中国经济发展状况与传统建筑文化语境，不太可能将四隅券进式穹窿与居民住房问题联系起来，那么其工艺作为非物质文化遗产的意义就更需要加以明确认识。哈桑·法赛认为，"通过机械化的方法大规模建造的建筑，就如同在流水线上生产的工艺品一样，是不具备灵性的。人们只有通过亲手参与房屋的设

---

❶ 樊敏.哈桑·法赛创作思想及建筑作品研究[D].西安:西安建筑科技大学,2009:9.
❷ 樊敏.哈桑·法赛创作思想及建筑作品研究[D].西安:西安建筑科技大学,2009:71-72,81-82.
❸ 伍忆.HASSAN FATHY:第三世界的新村[J].艺术世界,2010(243):47.
❹ 中法世博论坛·可持续建筑全球奖(展).上海同济城市规划设计研究院展厅,2010.

计和建造过程,建筑才可能变得生动可亲❶"。此言是否偏颇暂且不论,但它强调了传统手工施工工艺作为非物质文化遗产的意义,而四隅券进式穹窿无模施工工艺的文化价值也在于此。

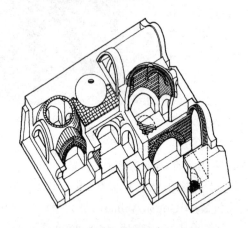

图 6.14　美国新墨西哥州土坯清真寺

图 6.15　高纳新村男子学校

图 6.16　高纳新村清真寺穹顶

图 6.17　马里邦贾加拉的社会和文化中心

6.2.5　四隅券进式穹窿的建构内涵❷

路易斯·康关于建筑师与砖的对话已众所周知:"你对砖说:'你想要什么,砖?'砖对你说:'我爱拱券❸。'"对建筑材料品性的忠实引导出砖拱和穹窿的建构内涵。

从形态和功能两个方面,砖拱的潜能在拜占庭和伊斯兰建筑中都得到了极大的发挥。伊斯兰建筑中,砖的砌筑花式惊人的丰富(包括中国新疆地区)(图 6.18、图 6.19),这些都与四隅券进式穹窿体现出同样的审美情趣,不拜偶像的清真寺依

---

❶　樊敏.哈桑·法赛创作思想及建筑作品研究[D].西安:西安建筑科技大学,2009:53.

❷　弗兰姆普敦以"建构(tectonic)"一词讨论现代建筑,而森佩尔对"tectonic"与两种建造方式作了区分,指出前者与构架或框架结构形式有关,后者指的则是砖石砌筑结构。本文对"建构"一词加以借用,强调"四隅券进"工艺材料与技术表达本身的诗意。参见:[英]肯尼思·弗兰姆普敦.建构文化研究[M].王骏阳,译.北京:中国建筑工业出版社,2007:3.

❸　李大夏.路易·康[M].北京:中国建筑工业出版社,1993:146.

靠砖块的建构取得了杰出的装饰效果。当然伊斯兰建筑实例有时可能超出建构意义本身,而走向纯粹的装饰,但不能不承认,在这些装饰花样中,无论受压还是悬挑,砖块的力学性能并没有被明显地违背。拜占庭建筑的砖砌工艺也得到了很大发展(图 6.20),虽然不如伊斯兰建筑惊艳。这两种文化在土耳其建筑中混为一体。而中国古代砖砌建筑的仿木化极大地削弱了砖工艺的建构性潜力,由此,四隅券进式穹窿的建构内涵便是难得的汉地成就。

图 6.18　吐鲁番额敏塔

图 6.19　伊朗大布里士大巴扎

图 6.20　希腊塞萨洛尼卡圣德米特里乌斯教堂墓穴祭坛顶部

图 6.21　董豫赣清水会馆 1

装饰化的砖雕工艺一直左右着汉地传统民居建筑的风貌,也正因为如此,我们才会为董豫赣的清水砖房感到惊喜(图 6.21、图 6.22)。王澍的装置作品"衰变的穹顶[1]"(图 6.23),把木构穹窿与传统工艺(绑扎)结合,以另一种材料获得了穹窿的

---

[1] 对应的英文为 the Decay of Dome,似乎译为"穹窿的衰减(衰变)"更为合适,也符合穹顶慢慢向地面延伸、轻巧搁置的意味。赵忞. 衰变的穹顶[J]. 城市·环境·设计,2010(11):138-140.

建构内涵,在中国建筑师中也实属难得。

图 6.22　董豫赣清水会馆 2

图 6.23　王澍:衰变的穹顶

无论是墓葬还是砖塔、无梁殿、城墙,中国古代砖建筑使用最多的技法还是水平叠涩(图 6.24),而如此强调水平与垂直的关系在木构建筑中也是惯例,例如新石器时代的井干、干阑,历代的斗拱、梁架,而四隅券进式穹窿属于斜向建构,可以看作是汉地文化的特例。甘肃武威管家坡 3 号汉墓在拱顶之下的墙面上出现类似波斯、中亚菱形四方连续图案的砖拼装饰❶(图 6.25),已成为丝绸之路建筑文化交

---

❶　常青.西域文明与华夏建筑的变迁[M].长沙:湖南教育出版社,1992:120.在南阳地区也有一些出现菱形装饰的墓例,如方城党庄汉画像石墓,年代为东汉末期,与南阳部分四隅券进式穹窿墓葬同时,前室、双后室石材多刻有二方连续菱形穿环图案,其是否与四隅券进式穹窿墓葬同样受海上丝绸之路影响值得重视。参见:南阳地区文物队.方城党庄汉画像石墓——兼谈南阳汉画像石墓的衰亡问题[J].中原文物,1986(2):47.本书所谓"前室"在该文称"中室"。新莽时期的南阳唐河县电厂画像石墓立柱也出现了菱形图案,但与方城党庄汉画像石不尽相同,无穿环,亦非二方连续,而是相互套叠,类似方胜等传统装饰手法,在来源上传统因素的可能性较大。参见:《南阳汉画像石》编委会.唐河县电厂汉画像石墓[J].中原文物,1982(1):5-11.

流的例证。那么四隅券进式穹窿的斜向建构是否也可从西域找到文化基因？因为以单一材料斜向建构在西域或中国北方游牧民族文化中的确很常见，例如穹庐墙体支架(哈纳)的斜向建构❶(图 6.26)。另外，在纺织工艺中，汉地与西域也有很大不同。夏鼐先生认为"斜纹组织是中亚及西亚的纺织技术的另一个特点。他们虽然也用平纹组织，但较早采用斜纹组织……斜纹的毛织物，在新疆曾发现于东汉时的遗址中。在叙利亚的帕尔米拉，曾发现第三世纪纬面的斜纹毛织物……至于我国，在隋唐以前虽已有以经浮线做斜纹显花的，但织物的基本组织仍是平纹组织❷"，中国的织锦技术在隋代、初唐才开始受到波斯锦的影响，目的是满足西方市场的需要❸。纺织工艺并非笔者所熟稔之范围，故不能详细解释其具体区别，但最终织锦效果来自不同工艺体系的建构却是可以理解的。虽然斜网格纹作为装饰在我国新石器时代陶器上就已出现，但并非一种建构手段。斜纹织锦和四隅券进式穹窿都与西域文化和丝绸之路有关，从建构的角度来看，属于同步、同质的文化传播现象。

图 6.24　嵩岳寺塔叠涩塔檐

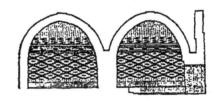

图 6.25　甘肃武威管家坡 3 号汉墓装饰图案

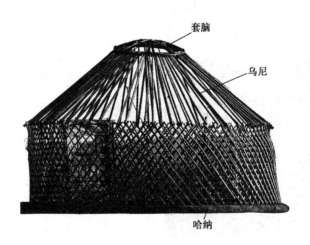

图 6.26　蒙古包的架木

---

❶　葛承雍.丝路商队驼载"穹庐"、"毡帐"辨析[J].中国历史文物，2009(3):60-69.

❷　中国社会科学院考古研究所.夏鼐文集(中)[M].北京:社会科学文献出版社，2000:333.

❸　中国社会科学院考古研究所.夏鼐文集(中)[M].北京:社会科学文献出版社，2000:329.

中国建筑重在叙事而非建构,愈发展到后期,其叙事的文化元素愈发达,而建构的技术特征愈消弭。例如后期更注重界面的表达,单纯的清水砖壁在等级上显然要逊于白灰粉饰、彩画妙装的室内空间。例如小雁塔与大雁塔室内墙面的对比(图 6.27、图 6.28),小雁塔的形制原本不供登临(楼梯本应仅供扫塔、维修等用),所以其室内空间保持清水砖墙,而大雁塔实乃一座塔殿,所以其墙面必然对砌材予以掩饰。又比如中国木构建筑体系,早期的斗拱具有显著的结构作用,并在唐代形成"出檐深远"的建筑风格,但到了清代则悬挑尺度相对较弱,假昂、彩画的装饰效果突出。辽金发展的砖构实心密檐塔,即便是如北京天宁寺塔

图 6.27　西安小雁塔室内

的清水墙面,也还要精致地仿木(图 6.29)。所以不难理解,从墓室内部空间的发展来看,由画像砖石到唐陵壁画,一直在消解着穹顶建材本身的表达性。"四面结顶"也好、"四隅券进"也好,一旦不是为了争取空间跨度,而是片面追求等级叙事,便都不重要,所有的技术表达都将失语。说到"四隅券进"在中国建筑技术史上的地位,除了以崭新的结构形式满足了更大跨度穹顶的建筑需要外,本书认为其砌筑材料、砌筑工艺本身的诗意同样应该得到强调。在墓室叙事还处于画像砖石阶段时,四隅券进式穹顶便创造了叙事之外的戏剧性空间效果,这一点完全是通过砌筑材料自身的技术语言达到的。也许正是这种纯粹建筑材料语言创造的空间魅力,才使它进入六朝上层社会的视野,用来表达更高的墓葬等级。

图 6.28　西安大雁塔室内

图 6.29　北京天宁寺塔

无论是对天穹表达的不适应,还是对以砖仿木的不适应,其实都是对叙事的不适应。与"四面结顶"创造的空间相比,"四隅券进"更有建构的意味,也正是这一点,导致了"四隅券进"创造的形式美在中国的消亡,因为它早晚要被面层掩盖。

附录1　四隅券进式穹窿墓葬辑录❶

河南省

南阳市

1　南阳第二化工厂21号画像石墓❷（图1.10,图2.46,图4.72,图5.29）

东汉末年至魏晋时期（下限不晚于晋初）。凸形单室,墓向286度。甬道及主室总长5.37米,主室平面尺寸为2.9米×3米,四隅向心凸出石刻兽头,穹顶有莲花纹压顶石;画像石和四隅的兽头是其显著特征。

2　十里庙砖厂(91)M11墓❸

随葬品具有东汉晚期特征,未见公开发表的发掘简报。张卓远推测为单室。

3　南阳地区电业局工地墓❹

具有东汉晚期特征的随葬品十分丰富,未见公开发表的发掘简报。张卓远推测为单室。

4　南阳桐柏县安棚画像石墓❺（图2.5,图附录1.1）

东汉晚期,墓向196度,平面呈十字形。南北长12.61米,东西宽13.81米。前室、后室、左右侧室均为砖砌穹窿。前室东西长3.46米,南北宽3.56米,"中部发现一楔形石块,当为墓室顶部用件。在东南、西南二角距墓底1.6米的壁中各砌一石羊。石羊面向前室中部"。石

图附录1.1　南阳桐柏县安棚画像石墓石羊

羊形状相同,大小稍有不同,两角弯曲呈圆形,发掘报告认为可能与此墓的佛教色彩有关。右侧室已残,左侧室进深3.02米,宽2.98米。后室东西长3.48米,南北宽3.44米,后室局部砖砌不规则墙体,用途不明。后室门柱上设置的栌斗在南阳汉画像石墓中属首次发现。压顶石底面图案为莲蓬。

---

❶ 本附录中未注明的穹窿类型均为四隅券进式,未注明内外尺寸均为内部尺寸。
❷ 南阳市文物工作队.南阳第二化工厂21号画像石墓发掘简报[J].中原文物,1993(1):7-81.
❸ 南阳市文物工作队.南阳第二化工厂21号画像石墓发掘简报[J].中原文物,1993(1):81.另据笔者对该文执笔者张卓远的采访.
❹ 南阳市文物工作队.南阳第二化工厂21号画像石墓发掘简报[J].中原文物,1993(1).
❺ 张卓远.汉代画像砖石墓葬的建筑学研究[M].郑州:中州古籍出版社,2011:230.南阳市文物研究所.桐柏县安棚画像石墓[J].中原文物,1996(3):22-25以及笔者对南阳汉画馆曹新洲副馆长的采访.

5 南阳邢营 M2 墓[1]（图 2.8）

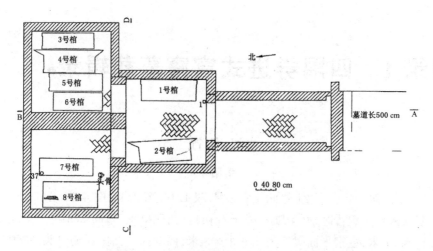

图附录 1.2 南阳市防爆厂 M208 汉墓平面

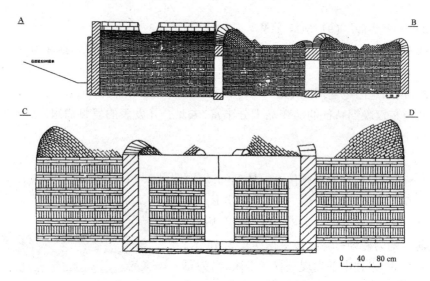

图附录 1.3 南阳市防爆厂 M208 汉墓剖面

三国时期偏早。画像石墓，凸形单室，墓向 278 度。甬道及主室总长 6.55 米，主室平面尺寸为 3.45 米×2.99 米，穹顶发券高度在地面以上两皮砖处。

6 南阳市防爆厂 M208 汉墓[2]（图附录 1.2、图附录 1.3）

东汉晚期，墓向 187 度。前后共三室，呈"品"字形，三室均为穹窿。砖石混合结构，全长 17.69 米，前室地面低于后室 0.15 米，高于前甬道 0.05 米。前室长 3.58 米，宽 3.22 米，残高 2.75 米；后两室东西并列，形状、大小均同，每个墙角起券

---

[1] 南阳市文物工作队.南阳市邢营画像石墓发掘报告[J].中原文物,1996(1):108-117.另有学者疑此为东汉晚期墓葬:张卓远.汉代画像砖石墓葬的建筑学研究[M].郑州:中州古籍出版社,2011:131,230.但其依据仍为上述发掘报告,所以本书仍以发掘报告为准.

[2] 南阳市文物考古研究所.南阳市防爆厂 M208 汉墓发掘简报[J].中原文物,2012(3):4-8,37.

墁角石,内长均为3.22米,内宽3.08米,残高2.10米。三室内共有8具棺木,属迁葬墓可能性大,所以葬式独特,对前室的功能也有所改变。石材主要用于墓室门,均为素平,表明东汉晚期画像石风逐渐衰弱。

图附录1.4 南阳市防爆厂住宅小区汉墓M62

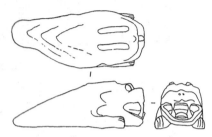

图附录1.5 南阳市防爆厂住宅小区汉墓M62石虎

7 南阳市防爆厂住宅小区汉墓M62❶(图附录1.4、图附录1.5)

东汉晚期或略晚,墓向95度。前后共三室,呈"品"字形,砖室结构,三室均为穹窿,后室起券位置在基墙高度中部偏上。前甬道有南、北二侧室。全长12.2米,甬道长4.37米,甬道和前室地面低于后室0.1米。前室长3.13米,宽5.08米,残高2.9米;后两室南北并列,形状、大小均同,中部隔墙留门洞,内长3.5米,通宽7.35米,残高3.45米。出土石虎4个,莲花嵌顶石1个,瓷罐1件。

8 南阳市防爆厂住宅小区汉墓M84❷(图附录1.6)

东汉晚期或略晚,墓向95度。前后共三室,呈"品"字形,砖室结构,三室均为穹窿,后室起券位置在基墙高度中部偏上。全长11.3米,甬道长3.5米,甬道和前室地面低于后室0.05米。前室长3.1米,宽5.8米,残高3.15米;后两室南北并列,形状、大小均同,中部隔墙不通,内长4.1米,通宽7.2米,残高1.9米。出土瓷罐3件。

图附录1.6 南阳市防爆厂住宅小区汉墓M84

湖 北 省

鄂州市

9 鄂城M2215墓❸(图附录1.7)

孙吴前期,带甬道的前、后室墓,墓向90度。墓长8.3米,面积15.39平方米,穹顶在前室,平面尺寸为2.5米×2.8米,高2.32米。外壁有立柱,是柱券的最早

---

❶ 南阳市文物考古研究所.南阳市防爆厂住宅小区汉墓M62、84发掘简报[J].中原文物,2008(4):4-13.
❷ 南阳市文物考古研究所.南阳市防爆厂住宅小区汉墓M62、84发掘简报[J].中原文物,2008(4):4-13.
❸ 南京大学历史系考古专业,等.鄂城六朝墓[M].北京:科学出版社,2007:34-35,326,431.

墓例,同鄂城 M2016 墓。

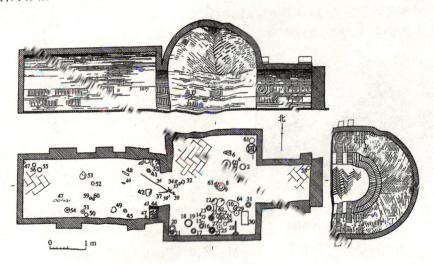

图附录1.7　鄂城 M2215 墓

10　鄂城 M1002 墓(西山铁矿 M105 墓)❶(图2.20)

孙吴中期,带甬道的前、后室墓,墓向35度。墓长7.13米,面积12.41平方米。穹顶在前室,平面梯形,平面尺寸为2.54米×(2.32~2.48)米,高2.88米,穹顶发券高度在基墙中部、地面之上,收顶部分竖嵌青砖,并有铁穿钉。短过道偏于墓室一侧。

11　鄂城 M2183 墓❷(图2.16)

孙吴后期,带甬道的前、后室附单侧室墓,墓向270度。墓长6.37米,面积13.6平方米。推测穹顶在前室,平面尺寸为2.34米×2.36米,推测为四隅券进式。

12　鄂城 M5014 墓❸(图2.49)

吴晋之际,十字形墓。墓长9.64米,面积28.28平方米。推测前室为穹窿顶(考虑到鄂城同期墓葬情况,笔者认为四隅券进式的可能性最大),平面尺寸为3米×2.8米,高3.7米,转角处为方形砖柱。随葬品中的青瓷磨与 M5013 墓青瓷磨可配为一副。

13　鄂城 M2162 墓❹(图附录1.8)

吴晋之际,带甬道的前、后室附多侧室、耳室墓,墓向210度。墓长10.95米,面积30.71平方米。穹顶在前室,平面尺寸为2.9米×2.9米,高3.04米,在鄂城六朝墓中规模最大,结构最复杂。

---

❶ 南京大学历史系考古专业,等.鄂城六朝墓[M].北京:科学出版社,2007:36-37,417,续附录2.鄂城县博物馆.湖北鄂城四座吴墓发掘报告[J].考古,1982(3):257-269.
❷ 南京大学历史系考古专业,等.鄂城六朝墓[M].北京:科学出版社,2007:22-23,429.
❸ 南京大学历史系考古专业,等.鄂城六朝墓[M].北京:科学出版社,2007:26-27,439.
❹ 南京大学历史系考古专业,等.鄂城六朝墓[M].北京:科学出版社,2007:28-29,313,327,428.

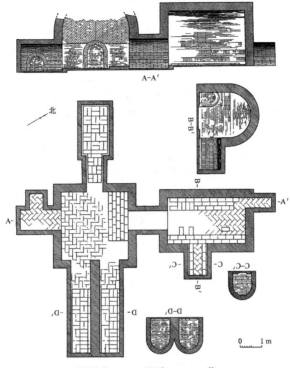

图附录 1.8　鄂城 M2162 墓

14　鄂城 M2006 墓❶（图 2.18）

西晋前期，带甬道的横前室双后室墓，墓向 161 度。墓长 7.49 米，面积 21.95 平方米。穹顶在前室，平面尺寸为 2.22 米×3.26 米，高 2.46 米，距地 1.04 米处有羊角砖。后室右为男室，左为女室，左室左边有二羊角砖。随葬品中发现帷帐座；平面可与 M4022 墓比较。

15　鄂城 M2174 墓❷（图附录 1.9）

西晋前期，带甬道的前、后室墓，墓向 90 度。墓长 6.64 米，面积 10.25 平方米。穹顶在前室，平面尺寸为 1.88 米×2.2 米，高 2.12 米，起券处近乎地面。短过道偏于一侧。

16　鄂城 M2262 墓（石山农机厂 M2 墓）❸（图附录 1.10）

西晋前期，带甬道的前室、过道、后室墓，墓向 150 度。墓长 7.46 米，面积 12.6

---

❶　南京大学历史系考古专业，等. 鄂城六朝墓[M]. 北京：科学出版社，2007：30-31，316，419.
❷　南京大学历史系考古专业，等. 鄂城六朝墓[M]. 北京：科学出版社，2007：36-37，428.
❸　石山农机厂 M2 墓发掘报告见湖北省博物馆. 鄂城两座晋墓的发掘[J]. 江汉考古，1984(3)：41-48. 该报告对墓室尺寸的记述与《鄂城六朝墓》略有不同，但差别不大，笔者暂以后者为准。至于石山农机厂 M1 墓（据《鄂城六朝墓》P9 及续附录 2，对应该书鄂城 M2261 墓），在《鄂城两座晋墓的发掘》中该墓对应的一处横剖面插图画出四隅券进式的砌法，但报告表述此墓为"券顶"，其纵剖面插图也画为券顶，又另有一处并列排版的券顶横剖面，故笔者推测四隅券进式的横剖面插图应属石山农机厂 M2 墓。另，《鄂城两座晋墓的发掘》一文在文字部分以石山 M2 墓指称双室墓，石山 M1 墓指称单室墓，但插图中又以石山 M1 墓对应双室墓，石山 M2 墓对应单室墓，应为笔误，笔者今以《鄂城六朝墓》所规定的鄂城 M2261 墓、M2262 墓与石山农机厂 M1 墓、M2 墓的对应关系为准。南京大学历史系考古专业，等. 鄂城六朝墓[M]. 北京：科学出版社，2007：39-40，316，347，433，续附录 2.

平方米。前室、后室均有四隅券进式穹顶,前室平面尺寸为 1.9 米×2.2 米,高 2.1 米;后室平面尺寸为 3.62 米×1.74 米,高 2.3 米。前室发券高度同四隅;后室落地起券,甬道券顶矢高较小。

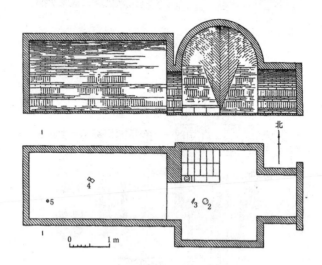

图附录 1.9　鄂城 M2174 墓

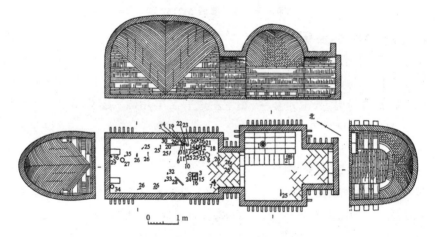

图附录 1.10　鄂城 M2262 墓

图附录 1.11　鄂城新 1 墓前、后室穹窿

图附录 1.12　鄂城新 2 墓穹窿

17 鄂城新 1 墓(暂名)❶(图 2.23,图附录 1.11)

吴中晚期,前室、后室、侧室均为穹窿。

18 鄂城新 2 墓(暂名)❷(图附录 1.12)

推测为东晋,单室穹窿。

襄 阳 市

19 襄阳 XZM1 墓❸(襄阳市新华书店综合楼墓,城东街 M1 墓,图 2.12)

《清理简报》断代在三国魏时期或汉魏之际,相对年代在公元 208—265 年。墓向 148 度。由前甬道(长 5.2 米以上,带东西侧室)、前室(南北长 3.35 米,东西最大宽度 3.45 米,1.7 米高以上为四隅券进式穹顶,残高 3.4 米)、中室(南北长 3.15 米,东西最大宽度 3.65 米,1.72 米高以上为四隅券进式穹顶,残高 3.15 米)、后室(券顶)等组成。葬式受盗扰,至少葬有四人,属"祔葬",无法判定是否同时入葬。墓主当为官阶在两千石左右的都督、刺史或郡太守以上的官员,《清理简报》提到了荆州刺史刘表(建安十三年卒)的可能性。1996 年 1 月 27 日,中国新闻社向海内外发通稿,报道了"刘表墓在襄阳发现并获确认"的消息❹,则此墓应为东汉建安十三年(公元 208 年)所建。

20 樊城菜越三国墓❺(图 2.15)

三国早期。墓向 175 度,砖室内长 13.14 米,宽 4.2 米,由甬道、前室、过道、后室组成。前、后室均为穹窿,但遭施工不同程度破坏。前室平面呈长方形,长 4.58 米,宽 4.2 米,残高 2.84 米;后室平面呈梯形,长 3.58 米,南宽 3.12 米,北宽 3.32 米,残高 4.47 米。前、后室之间为并列的券顶双过道。发掘报告推测该墓应是较列侯一级略低的将军夫妇合葬墓。出土文物中发现了全国最大的铜马。

21 长虹南路 M16 墓❻(图附录 1.13)

东汉中期偏晚,单室,墓向 265 度。墓室为三侧弧边方形,东西长 4.15 米,南北宽 4.45 米,残高 3.64 米。墓室内共葬 8 人,推测为多次分别下葬。甬道口券门外侧为石门,带浅浮雕,其余为砖构。

22 襄阳城东街 M8 墓❼(图附录 1.14)

三国后期或西晋初年前堂后室墓,前室为穹窿顶。墓向 230 度,全长 8.58 米。前室边长 2.5 米,高 2.93 米。北壁西北角距地 0.98 米处伸出平砖作为灯台,东西

---

❶❷ 鄂州市博物馆熊寿昌提供资料及初步断代。
❸ 襄樊市博物馆. 湖北襄阳城内三国时期的多室墓清理简报[J]. 江汉考古,1995(3):16-20,54.
❹ http://www.xiangyang.gov.cn/contents/2553/365074.html(2012.7.21)
❺ 襄樊市文物考古研究所. 湖北襄樊城菜越三国墓发掘简报[J]. 文物,2010(9):4-20.
❻ 襄樊市考古队. 襄樊长虹南路墓地第二次发掘简报[J]. 江汉考古,2007(1):15-27.
❼ 襄樊市文物考古研究所. 襄樊城东街汉晋墓地发掘报告[M]//襄樊市文物考古研究所. 襄樊考古文集:第 1 辑. 北京:科学出版社,2007:268-298.

壁中部从地面起券。

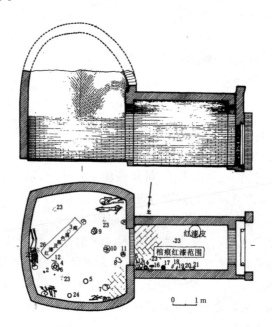

图附录1.13　长虹南路M16墓

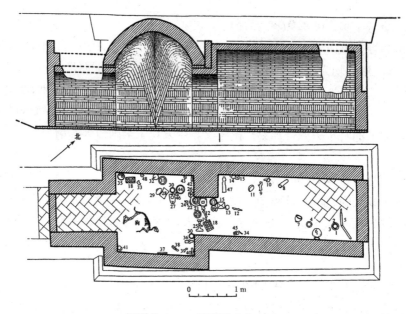

图附录1.14　襄阳城东街M8墓

23　贾巷M7墓[①]（图附录1.15）

东汉晚期后段，前、后室墓，甬道带侧室，墓向75度，墓圹通长9.84米。前室南、北、西侧壁外弧，南北最大长度3.1米，东西最大宽度2.85米，穹顶残

[①] 襄樊市文物考古研究所.襄樊贾巷墓地发掘简报[M]//襄樊市文物考古研究所.襄樊考古文集：第1辑.北京：科学出版社，2007：299-339.

高 1.88 米。

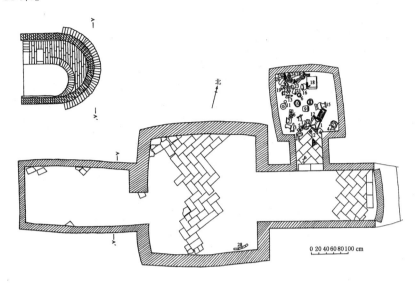

图附录 1.15　贾巷 M7 墓平面

24　贾巷 M8 墓❶(图附录 1.16)

三国时期,下限不晚于西晋。"H"形双路多室墓,每路均为前、后室,甬道带侧室,墓向 70 度,墓圹南北通长 11.12 米,东西通宽 10.48 米。前室侧壁外弧,且在

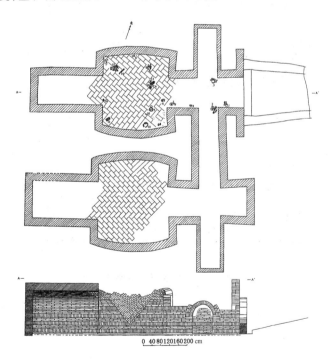

图附录 1.16　贾巷 M8 墓

---

❶ 襄樊市文物考古研究所. 襄樊贾巷墓地发掘简报[M]//襄樊市文物考古研究所. 襄樊考古文集:第 1 辑. 北京:科学出版社,2007:299-339.

墙身中部高度起券。

25 贾巷 M29 墓❶(图 2.43,图 6.8)

暂未具体断代,初步判断属三国至六朝时期,墓主人约为中小地主阶层。由甬道、主室、侧室组成,穹窿顶在主室。墓向 85 度,墓室内长 5.82 米,宽 5.63 米。主室墙壁略外凸,最大长宽为 3.0 米×2.95 米,残高约 1.94 米(均据 CAD 测绘图量取)。起券处在墙身中部(地面起五皮平砖一皮立砖之上),四隅起券处采用两层平砖抹角(下层两块,上层一块,均短边朝外),将券进的斜砖垫起。

十 堰 市

26 丹江口玉皇庙 M4 墓❷(图附录 1.17)

西晋元康九年(公元 299 年),墓向 84 度,单室墓。墓室长 4.0 米,宽 3.9 米。后壁及左右侧壁向外弧出,起券处深入基墙,直达地面。墓顶已残。墓主为晋惠帝贾皇后的乳母。

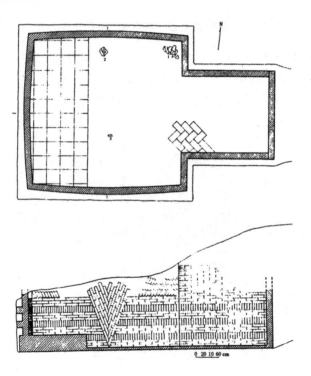

图附录 1.17 丹江口玉皇庙 M4 墓

---

❶ 襄樊市文物考古研究所王道文、王伟提供资料。
❷ 湖北省文物考古研究所,等.丹江口市玉皇庙汉晋墓发掘简报[J].江汉考古,2001(1):20-29.

湖 南 省

长沙市

27 墓 22❶(图 2.14)

两晋时期。墓向 160 度,由甬道、主室、左右耳室组成,全长 6.4 米。主室上覆穹窿,主室、耳室墙壁均向外弧。主室尺寸为宽 3.88~4.2 米,长 4.06~4.54 米。

28 墓 23❷(图 2.21)

两晋时期。墓向 150 度,由甬道、前室、过道、后室组成,全长 11.12 米。前、后室均为四隅券进式穹顶。前室长 3.4 米,宽 2.9~3.74 米;后室长 4 米,宽 3.12~3.22 米。过道地面高出前室 0.16 米。

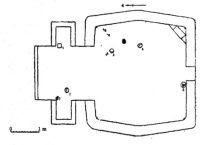

图附录 1.18 长沙两晋墓 24 平面

29 墓 24❸(图附录 1.18)

两晋时期。由甬道、主室及甬道左右侧耳室组成,墓向 180 度(墓门朝正南)。穹窿在主室,墙中起券处接近地面。全长 5.37 米。主室长 3.28 米,宽 3.04~3.56 米,地面高出甬道 0.18 米。

30 墓 25❹(图附录 1.19)

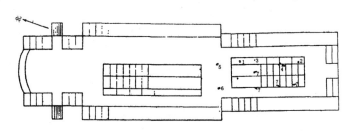

图附录 1.19 长沙两晋墓 25 平面

两晋时期。由甬道、前室、后室组成,墓向 160 度,全长 9.14 米。前室长 3.92 米,宽 1.92 米;后室长 3.02 米,宽 1.56 米,推测前、后室均为四隅券进式穹顶。

---

❶ 湖南省博物馆.长沙两晋南朝隋墓发掘报告[J].考古学报,1959(3):75-105 及图版部分.该报告称此穹顶为四角攒尖式。对于墓室各部分的名称,笔者采用近年考古界常见称呼,与原文略有不同。

❷ 湖南省博物馆.长沙两晋南朝隋墓发掘报告[J].考古学报,1959(3):77,80 及图版部分.该报告称两个穹顶为四角攒尖式。对于墓室各部分的名称,笔者采用近年考古界常见称呼,与原文略有不同。

❸ 湖南省博物馆.长沙两晋南朝隋墓发掘报告[J].考古学报,1959(3):80 及图版部分.该报告称此穹顶为四角攒尖式。

❹ 湖南省博物馆.长沙两晋南朝隋墓发掘报告[J].考古学报,1959(3):80 及图版部分.该报告称此墓两个穹顶为四角攒尖式。该墓插图指北针方向有误。前室棺床与西壁之间的空间及其与后室入口之间的距离过小,且高出地面 0.12 米,难以使后室棺木通过、摆入,所以前室棺床应是后砌的,存在前室棺木与后室棺木分两次入葬的可能。

前、后室均有棺床,前室棺床靠近东壁(未贴紧),后室棺床居中。

31　墓 26❶(图附录 1.20)

图附录 1.20　长沙两晋墓 26

两晋时期。由甬道、前室、过道、后室组成,墓向 160 度,全长 10.7 米。前、后室均为穹窿,前室为四隅券进式,后室为四面结顶(形态略似篆顶,平面近似椭圆形,规模较前室略小)。此墓为四隅券进式与四面结顶组合的唯一墓例。前室长 3.4 米,宽 1.8~3.82 米,高 3 米。

益 阳 市

32　益阳县西晋李宜墓❷(图附录 1.21)

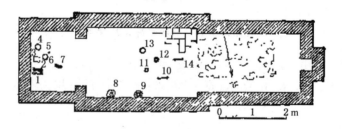

图附录 1.21　益阳县西晋李宜墓平面

全长 8 米,前、后室墓。前室顶部已遭破坏,但应属西晋常见的穹顶砖墓(笔者

---

❶ 湖南省博物馆.长沙两晋南朝隋墓发掘报告[J].考古学报,1959(3):80 及图版部分.该报告称前室穹顶为四角攒尖式。关于后室采用四面结顶式穹窿的原因,笔者推测是四面结顶式穹窿在近似椭圆形平面上发券更为合理,难度更小。

❷ 益阳地区文物工作队,益阳县文化馆.湖南省益阳县晋、南朝墓发掘简况[M]//文物编辑委员会.文物资料丛刊(8).北京:文物出版社,1983:45-49.

推测为四隅券进式)。出土器物与南京、六合、江西瑞昌西晋实例基本或完全一致。

33 益阳县羊午岭东晋墓❶(图附录1.22)

墓长12.84米,墓向305度。前、后室均为四隅券进式穹窿,虽属长沙地区常见类型,但与长沙地区甬道门槽做法不同,而类似南京大型墓,说明在长江中下游同期仍旧有着互动交流。

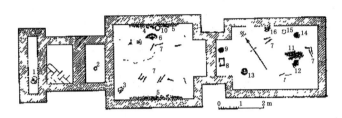

图附录1.22 益阳县羊午岭东晋墓平面

常德市(安乡)

34 安乡西晋刘弘墓❷(图2.9、图2.29)

西晋光熙元年(公元306年)或稍后,单室穹窿顶。墓室正方形,边长3.6米,顶高4.2米。墓内近中心部位发现一件铁帐架。墓主为西晋刘弘,任荆州刺史、镇南大将军等职,封宣成公,赠新城郡公,官居一品。

安 徽 省

马鞍山市

35 马鞍山寺门口东吴墓❸(图2.24)

孙吴前期,墓向112度。带甬道、二侧室的前室、后室墓,平面十字形,墓长7.64米,前室、后室、两侧室均为穹窿,前室平面尺寸为2.9米×(2.94~2.98)米,高2.38米,后室平面尺寸为1.74米×3.2米,高2米。发现一双鱼铜洗砌在甬道与前室之间墙顶。

36 朱然墓❹(图2.58、图3.19、图4.3、图4.26、图6.11)

孙吴赤乌十二年(公元249年,孙吴中期),墓向180度。带甬道的前室、过道、后室墓,外长8.7米,内长8.3米。前室为穹窿,平面尺寸为2.76米×2.78米,高2.94米。墓主朱然为左大司马右军师。发现羊角砖。短过道偏于一侧。相邻的朱然家族墓为四面结顶式前室,边长3.2~3.3米。

---

❶ 益阳地区文物工作队,益阳县文化馆.湖南省益阳县晋、南朝墓发掘简况[M]//文物编辑委员会.文物资料丛刊(8).北京:文物出版社,1983:45-49.
❷ 安乡县文物管理所.湖南安乡西晋刘弘墓[J].文物,1993(11):1-12.
❸ 王俊.马鞍山六朝墓葬发掘与研究[M].北京:科学出版社,2008:38-45.该文原载于《东南文化》2007年第3期.
❹ 王俊.马鞍山六朝墓葬发掘与研究[M].北京:科学出版社,2008:10-26.该文原载于《文物》,1986年第3期.

37 盆山1号墓[1]（图附录1.23）

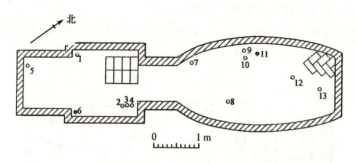

图附录1.23 盆山1号墓平面

吴晋之际，墓向210度。带甬道的前室、过道、后室墓，墓长6.83米。前室、后室均为穹窿，前室边长1.46米；后室腰鼓形，长3.4米，最宽处1.43米，高1.94米。

38 东苑小区M2墓[2]（图2.51）

东晋早期，墓向25度。凸形单室墓，墓长4.77米。单室穹窿，3.47米长，腰鼓形平面。有直棂假窗。

39 当涂新市镇刘山村东晋墓[3]（图2.22）

东晋初期或稍晚，墓向221度。前室、过道、后室墓，墓长6.94米。前室、后室均为穹窿，前室平面尺寸为1.38米×1.6米，高2.1米；后室平面尺寸为3.84米×3.62米，高2.92米。前室有二抹角，有直棂假窗。

40 林里东晋纪年墓[4]（图附录1.24）

东晋建元二年（公元344年），墓向348度。侧向甬道，前、后室墓，墓长10.3米。前室穹窿，平面尺寸为3.88米×4.18米，高不详。铭文砖仅见于前室穹窿，为马鞍山地区东晋墓提供了一批标准器。

41 当涂孙吴墓[5]

2015年11月开始发掘，位于当涂姑孰工业园内，当地人称之为"天子坟"。墓

---

[1] 王俊.马鞍山六朝墓葬发掘与研究[M].北京:科学出版社,2008:80-83.前、后室均为四隅券进式穹窿顶,推测见:方成军.安徽东吴时期墓葬初探[J].安徽史学,1999(3):25-28.

[2] 王俊.马鞍山六朝墓葬发掘与研究[M].北京:科学出版社,2008:84-94.

[3] 王俊.马鞍山六朝墓葬发掘与研究[M].北京:科学出版社,2008:146-151.东晋常见单室墓,故有关于假前室的争议。

[4] 王俊.马鞍山六朝墓葬发掘与研究[M].北京:科学出版社,2008:124-130.该文原载于《东南文化》2004年第5期.另有学者认为此墓形制为单室带侧室,见:吴桂兵.马鞍山东晋"建元二年"墓分析——两晋偏室墓研究之二[J].东南文化,2006(1):40-46.但此时原来的前室就成为主室,难道需要放棺木？该墓似乎前室仅供祭奠,故不尽合理。

[5] http://culture.ifeng.com/a/20160312/47808941_0.shtml(2016.5.12浏览)

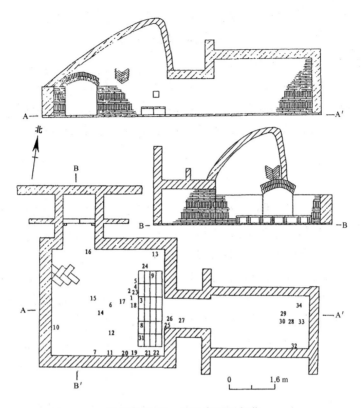

图附录 1.24 林里东晋纪年墓

室用砖砌造,由南至北依次为甬道、前室、后室,东西分别有耳室。从外部测量,南北总长 44 米,东西宽 30 多米,为四隅券进式穹窿顶。前室墓门明显有盗洞,前室底端四角分别镶砌石雕牛头,东北角的石雕牛头尚存,只是牛角不翼而飞,东南、西北角的已被盗走,只留下牛头颈痕,2016 年 3 月新闻报道时西南角尚未发掘到牛头土层深度。后室、耳室尚未发掘,但后室顶部已有明显盗洞。该墓虽经盗掘,并有待进一步发掘,但已在发掘中发现金器等文物。据在发掘现场的安徽省文物考古研究所叶润清教授介绍,该墓墓葬规模明显超过朱然墓,但墓主身份目前还不能确认,尚待进一步发掘考证,可以确认的是,这是一座距今 1700 多年的东吴大墓。据明嘉靖版《太平府志》载:"吴景帝(孙权第六子孙休)陵,县东,地名洞阳。"民国版《太平府志》载:"三国吴帝陵,《旧志》载在洞阳,地无考"。可能与此墓有关,尚无定论。

<h2 style="text-align:center">江 西 省</h2>

南昌市

42 南昌火车站 M5 墓❶(图 2.10)

西晋晚期至东晋早期,前、后室墓,均应为穹顶,墓向 110 度。前室长方形(带耳室),长 1.5 米,宽度不详(已残),起券高度 2.3 米。后室近方形,内长 3.42 米,

---

❶ 江西省文物考古研究所,南昌市博物馆.南昌火车站东晋墓葬群发掘简报[J].文物,2001(2):12-41.

宽3.54米,高4.1米,四角砌砖柱(长宽0.17米,高1.5米),之上起券。

九江市(瑞昌)

43 瑞昌马头西晋墓❶(图2.44)

西晋前期。墓向162度。墓内分甬道、前室、过道及后室四部分,全长10.28米。前室近正方形,长3.32米,宽3.25米,高2.71米,墙壁约1.65米高以上砌成穹窿顶(笔者推测为四隅券进式穹窿顶)。四转角处有高0.3米的悬脚砖台。后室为券顶。

江苏省

南京市

44 江宁上坊孙吴墓❷(图2.30、图2.36、图2.41、图2.47、图2.60、图3.16、图3.17、图3.20、图3.21、图3.22、图3.27、图3.31、图4.44、图4.46、图4.52、图4.53、图4.61、图4.66、图4.67、图4.68)

孙吴晚期,前、后室墓,带甬道、过道,多耳室,全长20.16米。前、后室均为穹窿,前室平面尺寸为4.48米×4.44米,残高5.36米;后室平面尺寸为6.03米×4.56米,残高4.61米。墓主可能是孙皓时期宗室王。四隅设牛首形灯台。前室正常高度起券,后室靠近地面起券。前室有压顶石。棺座与牛首风格相同,应为同一批匠师。

45 江宁沙石岗天册元年墓❸(图2.42、图2.57、图3.18、图附录1.25)

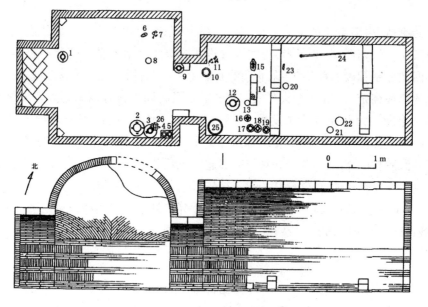

图附录1.25 江宁沙石岗天册元年墓

---

❶ 江西省博物馆.江西瑞昌马头西晋墓[J].考古,1974(1):27-39.
❷ 南京市博物馆,南京市江宁区博物馆.南京江宁上坊孙吴墓发掘简报[J].文物,2008(12):4-34.另有学者认为墓主当为东吴权臣孙峻.贺云翱.南京江宁上坊孙吴大墓墓主试考[J].东南文化,2009(1):64-66.
❸ 南京市江宁区博物馆.南京江宁孙吴"天册元年"墓发掘简报[J].东南文化,2009(3):26-31.

孙吴天册元年(公元275年,孙吴晚期),前、后室墓,带甬道、过道,墓长8.38米。前室为穹窿,平面尺寸为2.5米×2.46米,高2.52米。前室前部有2块羊角砖(西北、西南向),距地分别为1.3米、1.1米。祭台在后室。有狮形烛台,样似辟邪。

46　江宁殷巷其林村西晋墓(85JYM1)❶(图附录1.26)

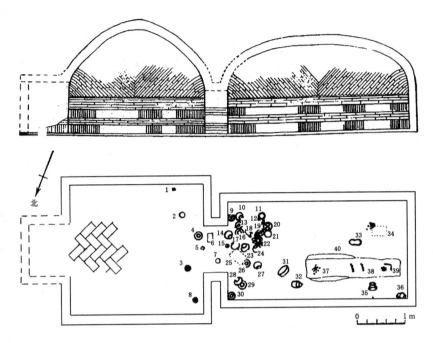

图附录1.26　江宁殷巷其林村西晋墓

西晋(可能已至两晋之交),前、后室均为穹窿;全长7.67米,墓向68度。前室长2.68米,宽2.53米,高2米;后室长3.67米,宽1.88米,高1.65米。前室无砖砌祭台,墓壁四周无羊角砖灯台或灯龛,较南京地区其他西晋墓有所简化。

47　江宁殷巷79JYZM1墓❷(图附录1.27)

西晋墓,发现永兴二年(公元305年)纪年砖。前、后室墓,前室穹窿顶,墓向146度,全长7.96米。前室近正方形,长2.76米,宽2.80米,高2.44米。前室北壁砌两排共6块外挑的半砖,较少见,可能是灯台。

48　江宁殷巷79M1墓❸(图附录1.28)

孙吴晚期,公元254—275年,前、后室带甬道、过道,全长6.3米。前室为穹窿,平面尺寸为1.75米×1.64米,高2.20米,四角有羊角砖灯台。

---

❶　周裕兴,顾苏宁.南京江宁晋墓出土瓷器[J].文物,1988(9):81-88.
❷　南京市博物馆.南京殷巷西晋纪年墓[J].文物,2002(7):11-14.
❸　南京市博物馆.南京郊县四座吴墓发掘简报[M]//文物编辑委员会.文物资料丛刊(8).北京:文物出版社,1983:1-15.

图附录 1.27　江宁殷巷 79JYZM1 墓

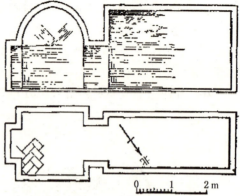

图附录 1.28　江宁殷巷 79M1 墓

49　江宁棱角山天册元年墓（上坊 79M1 墓）❶（图 4.5，图附录 1.29）

孙吴天册元年（公元 275 年），前、后室带甬道、过道，3 耳室，全长 9.5 米。前室穹窿，平面尺寸为 3.05 米×2.98 米，高 3.45 米。

50　江宁上湖 M2 墓❷（图附录 1.30）

孙吴中期，前、后室带甬道、过道，全长 7.4 米。前室穹窿，平面尺寸为 2.16 米×2 米，高 2.4 米，前室东侧两转角。

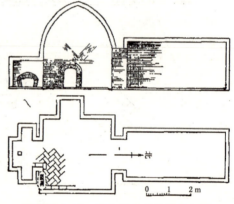

图附录 1.29　江宁棱角山天册元年墓

后室除东南角外，共设 5 处羊角砖灯台，西南角灯台上发现辟邪形烛台。

51　江宁上湖 M3 墓❸（图 2.65）

西晋早期，前、后室墓带甬道、过道，全长 7.35 米。前、后室均为穹窿，前室平面尺寸为 2 米×2 米，高 2.1 米；后室平面尺寸为 3.5 米×2 米，高 2.2 米。穹顶部分出现异样斜砖、假窗。

52　江宁上湖东晋墓❹（图附录 1.31）

凸字形单室墓，墓向 204 度。墓室长 4.25 米，宽 1.7 米，穹窿高 2.35 米。

53　江宁谷里 M1 墓❺（图 2.52）

西晋末东晋初，凸字形单室墓，无假前室，墓长 4.82 米。单室穹窿，平面尺寸

---

❶　南京市博物馆. 南京郊县四座吴墓发掘简报[M]//文物编辑委员会. 文物资料丛刊(8). 北京：文物出版社，1983：1-15.
❷❸　南京市博物馆，南京江宁区博物馆. 南京江宁上湖孙吴、西晋墓[J]. 文物，2007(1)：35-49.
❹　南京市博物馆. 南京江宁县上湖东晋墓[J]. 文物，1990(8)：49-52.
❺　南京市博物馆，南京市江宁区博物馆. 南京江宁谷里晋墓发掘简报[J]. 文物，2008(3)：24-25，31. 又见：马涛，等. 江苏南京发现一处东晋时期墓群[N]. 中国文物报，2007-6-6：第 2 版.

为 4 米×1.8 米，残高 1.72 米。四角砖砌灯台尺寸为 0.11 米×0.06 米，灯台下有青瓷灯盏。穹顶起券在正常基墙高度上又有杂砌，有假窗，推测与 M2 墓为同一家族墓地。辟邪形烛台 4 件，17 厘米长，大于灯台尺寸。

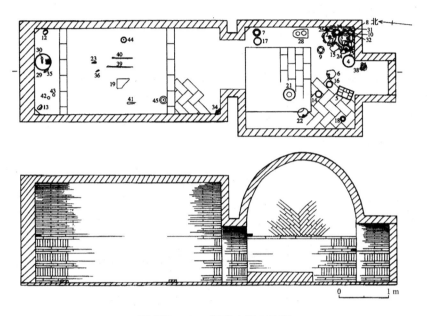

图附录 1.30　江宁上湖 M2 墓

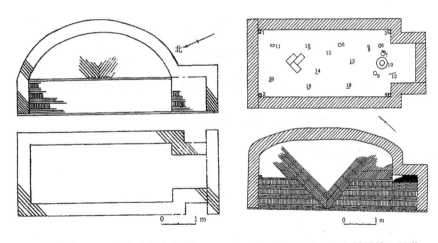

图附录 1.31　江宁上湖东晋墓　　图附录 1.32　江宁麒麟镇西晋墓

54　江宁谷里 M2 墓❶（图 2.53）

西晋末东晋初，凸字形单室墓，无假前室，墓长 5.18 米。单室穹窿，平面尺寸为 1.42 米×2 米，残高 1.78 米。四角砖砌灯台。直接在墙身中部地面高度起券，有假窗，推测与 M1 墓为同一家族墓地。

---

❶　南京市博物馆, 南京市江宁区博物馆. 南京江宁谷里晋墓发掘简报[J]. 文物, 2008(3):29,31. 又见：马涛, 等. 江苏南京发现一处东晋时期墓群[N]. 中国文物报, 2007-6-6:第 2 版.

55　江宁麒麟镇西晋墓❶（图附录1.32）

西晋末东晋初,凸字形单室墓,墓向140度。无假前室,墓长5.59米。单室穹窿,平面尺寸4.49米×2.68米,高2.43米,四角羊角砖灯台,距地0.9米。地面发现支座1件(似非帷帐座)。

56　江宁黄家营第五号六朝墓❷（图附录1.33、图附录1.34）

六朝早期,参考年代为孙吴凤凰年间,即公元272—274年,墓向314度,全长6.46米,发现于1955年5月。前、后室均为穹窿。前室穹窿长2.06米,宽2.08米,内高约2.06米,1.2米以上起券;后室穹窿长3.8米,宽2.1米,后室两侧墙中起券处靠近地面(高于地面四皮砖)。前、后室均有羊角砖,顶做方胜。

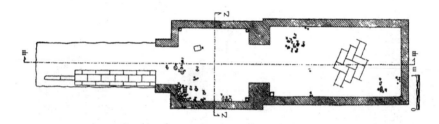

图附录1.33　江宁黄家营第五号六朝墓平面

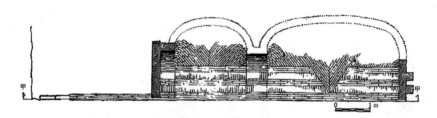

图附录1.34　江宁黄家营第五号六朝墓剖面

57　郭家山M1墓❸

东晋早期[发现永和三年(公元347年)纪年砖],单室穹窿顶,全长7.38米,墓室长5.03米,宽3.56米,高4.3米。发现有放大效果的水晶镜片一件。

---

❶　南京市博物馆,江宁区博物馆,雨花台区文化广播电视局.南京市麒麟镇西晋墓、望江矶南朝墓[J].南方文物,2002(3):16-21.

❷　江苏省文物管理委员会.江宁黄家营第五号六朝墓清理简报[J].文物参考资料,1956(1):42-44.该文认为"如此种券顶结构,在南京附近所发现的六十多座六朝砖室墓中是特出的一个,或可供在研究建筑拱券力学上作为一点新资料"。又见:江苏省文物管理委员会.南京近郊六朝墓的清理[J].考古学报,1957(1):187-191.该文以"江宁黄家营第五号墓"为例来说明1955年春夏两季在南京附近发现的诸多"拱顶多室墓"的特征。依照1956年发表的《江宁黄家营第五号六朝墓清理简报》,1955年发现的"拱顶"之中的"穹顶"应只有黄家营第五号墓一例,此墓晚于1953年发现的邓府山六朝墓,但应属南京地区最早得到关注的四隅券进式穹窿墓葬。

❸　南京市博物馆.南京北郊郭家山东晋墓葬发掘简报[J].文物,1981(12):1-7.

58 郭家山 M2 墓❶

东晋早期,单室穹窿顶,无详细发掘报告。

59 郭家山 M3 墓❷

东晋早期(发现咸和元年纪年砖),单室穹窿顶。

60 郭家山 M4 墓❸(图附录 1.35)

东晋早期,单室穹窿顶,全长 5.93 米。墓室长 4.01 米,宽 3.7 米,高 3.15 米,壁高 1.16 米。四角起券处有羊角砖,各置青瓷碗。墓壁设有直棂假窗,墓顶正中以长方形砖并列顺砌封口。出土印有"王"字的墓砖,墓主可能与东晋王氏家族有关。

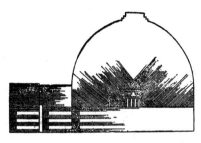

图附录 1.35 郭家山 M4 墓剖面

61 郭家山 M5 墓❹(图 2.56)

东晋早期,凸字形单室穹窿墓,全长 6.4 米,墓向 145 度。墓室长 4.53 米,宽 2.10 米,高 2.43 米。左、右、后三壁各砌 0.3 米高六棂假窗。前壁两角起券处各砌一羊角砖灯台。推测为东晋王氏家族支系墓葬。

62 郭家山 M6 墓❺(图 2.38)

孙吴永安四年(公元 261 年,孙吴晚期),墓向 232 度。主侧室墓带甬道,长 3.2 米,主、侧室均为穹窿,主室平面尺寸为 2.55 米×3.1 米,残高 2.1 米;侧室平面尺寸为 3.3 米×1 米,高 1.4 米,高度似乎受制于宽度,但主要应受墓室等级控制。与穹窿砌法相关的文字描述与马鞍山寺门口东吴墓相同。侧室为最小实例。

63 郭家山 M7 墓❻(图附录 1.36)

孙吴永安二年(公元 259 年),墓向 160 度。前、后室墓带甬道、过道、耳室,墓长 6.9 米。前室为穹窿顶,平面尺寸为 2.2 米×2.45 米,残高 1.25 米。

64 郭家山 M8 墓❼(图附录 1.37)

东吴墓,墓向 170 度。甬道、前室、过道、后室砖墓,总长 6.65 米,前室带侧室。前室长 2.65 米,宽 2.9 米,穹顶高约 2.3 米;四角在 0.97 米高处有羊角砖灯台。后室券顶。

---

❶❷❸ 南京市博物馆.南京北郊郭家山东晋墓葬发掘简报[J].文物,1981(12):1-7.
❹ 南京市博物馆.江苏南京北郊郭家山五号墓清理简报[J].考古,1989(7):603-606,597.
❺❻ 南京市博物馆.江苏南京北郊郭家山东吴纪年墓[J].考古,1998(8):21-26.
❼ 南京市博物馆.江苏南京郭家山八号墓清理简报[J].华夏考古,2001(1):25-28,49.

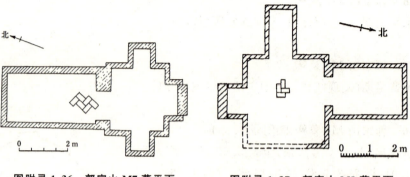

图附录 1.36　郭家山 M7 墓平面　　　图附录 1.37　郭家山 M8 墓平面

65　郭家山 M9 墓(NGM9)❶

墓向 181 度,东晋单室墓。甬道分前后两段,墓室长 3.96 米,宽 3.75 米,内高 3.38 米。墓葬总长 7.49 米。墓主身份有争议。

66　郭家山 M10 墓❷(图 2.37、图 6.9)

东晋早期,墓向 186 度,凸字形单室墓,墓长 9.38 米。单室穹窿,平面尺寸为 5.6 米×4.28 米,高 4.46 米。墓主可能是东晋始安郡公温峤。有直棂窗、壁龛,两块平砖封顶。似乎有假前室。祭台在墓室。相关发掘报告认为 M9、M10、M12、M13 均应为温氏家族墓,其中 M10、M12 封门墙上部均设置假窗,不同于同期其他墓葬,应为专属族葬特征。

67　郭家山 M11 墓❸(图 2.39)

西晋,凸字形单室墓,墓向 189 度。墓长 4.15 米,单室穹窿,平面尺寸为 3.55 米×1.2 米,高 1.42 米,高度主要应受墓室等级控制。

68　郭家山 M12 墓❹(图 2.64)

东晋太和六年(公元 371 年),夫妻合葬墓,墓向 198 度,凸字形单室墓,墓长 7.43 米,单室穹窿,平面尺寸为 4.92 米×2.64 米,残高 1.72 米。墓主为新建县侯温式之及其夫人。有直棂窗、壁龛,似乎有假前室。祭台在墓室。

---

❶　南京市博物馆.南京北郊东晋温峤墓[J].文物,2002(7):19-33. 又:华国荣,等.南京发现东晋名臣温峤墓[N].中国文物报,2001-10-26:第 1 版.一说墓主是温峤夫人,见:南京市博物馆.南京市郭家山东晋温氏家族墓[J].考古,2008(6):3-25.
❷　南京市博物馆.南京市郭家山东晋温氏家族墓[J].考古,2008(6):3-25.
❸　南京市博物馆.南京市郭家山 11 号墓发掘简报[J].东南文化,2009(3):32-35. 该文认为 M11 墓与郭家山东吴、东晋时期的世家大族墓地无直接关联,时代应早于温峤家族墓。
❹　南京市博物馆.南京市郭家山东晋温氏家族墓[J].考古,2008(6):3-25.

69 老虎山晋墓 M1❶(图 2.13、图 5.36)

东晋墓葬,墓向 340 度。凸字形单室墓,全长 5.83 米。墓室长 3.94 米,宽 1.75~1.65 米,高 2.61 米。穹窿顶用一块特制的菱形砖封闭。高 0.89 米的左、右、后三面矮壁上均砌有 0.33 米高的直棂假窗。室内和甬道砖壁上都粉刷有厚约 1 厘米的石灰一层,在南京地区比较少见。该墓为晋左光禄大夫颜含后人墓葬。

70 邓府山六朝墓(1953 年发现)❷(图附录 1.38)

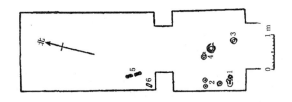

图附录 1.38 邓府山六朝墓平面(1953 年发现)

属六朝时期。墓向 5 度,总长 7.35 米,前、后室带甬道、过道。前室为穹顶,长 2.25 米,宽 2.3 米,高 1.78 米。

71 邓府山 87YDM6 墓❸(图附录 1.39)

东吴时期,墓向 325 度(同文表格记为:324 度)。双凸字形前、后室墓,均为四隅券进式穹窿,全长 6.87 米。前室长 2.40 米,宽 2.20 米,高 1.80 米(原文为"厚")。后室长 3.50 米,宽 1.80 米,高 1.54 米,后室基墙高度也较矮。

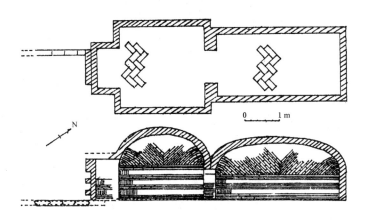

图附录 1.39 邓府山 87YDM6 墓

---

❶ 南京市文物保管委员会.南京老虎山晋墓[J].考古,1959(6):288-295.由墓志可知此墓时间断代为永和元年(公元 345 年),墓主为颜谦妇刘氏。另见:南京市博物馆.江苏南京仙鹤观东晋墓[J].文物,2001(3):38.又见于:周莘生.南京老虎山晋墓的地理佐证[J].考古,1960(7):70.

❷ 李蔚然.南京南郊邓府山发现六朝墓葬[J].考古通讯,1955(2):52.此墓应为南京地区发现的最早实例。

❸ 南京市博物馆.一九八七年至一九八八年南京邓府山六朝墓群清理简报[J].东南文化,1992(2):158-173.

72　邓府山 87YDM30 墓❶（图 2.35）

西晋时期，墓向 260 度（同文表格记为：80 度）。双凸字形前、后室墓，应均为四隅券进式穹窿，全长超过 6.75 米。前室长 2.20 米，宽 2.10 米，残高 1 米，四角高 0.92 米处均有羊角砖。后室长 3.95 米，宽 2.10 米，残高 0.85 米；地面高出前室 0.22 米。后室侧壁砌法特殊，"从地砖开始，三层平砖之后，中段砌出宽 1.24 米的斜形起券状，中间砌成'T'字形。"

73　邓府山吴墓❷（图附录 1.40）

六朝早期（孙吴），前、后室带甬道、过道，全长 6.73 米。前、后室为穹窿，前室平面尺寸为 2.15 米×2.14 米，高 2.0 米；后室平面尺寸为 3.4 米×1.92 米。

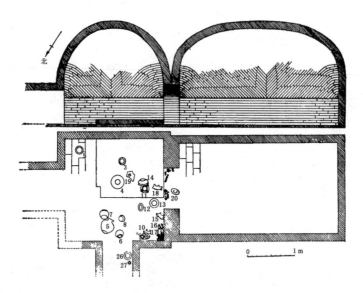

图附录 1.40　邓府山吴墓

74　柳塘村西晋墓❸（图附录 1.41）

西晋早期[参考年代：太康六年（公元 285 年）]，前、后室带甬道、过道，全长 7.03 米。前、后室均为穹窿，前室平面尺寸为 2.0 米×2.1 米，高 2.28 米；后室平面尺寸为 3.53 米×2.1 米。

75　仙鹤山 M4 孙吴墓❹（图 2.33）

孙吴晚期，前、后室墓，墓向 162 度。带甬道、过道，全长 8.86 米。前室为穹窿，平面尺寸为 2.28 米×2.34 米，残高 1.85 米，东南角 1.08 米处设羊角砖灯台，发券在高出地面三皮砖上。

---

❶ 南京市博物馆.一九八七年至一九八八年南京邓府山六朝墓群清理简报[J].东南文化,1992(2):158-173.

❷❸ 南京市博物馆.江苏南京邓府山吴墓和柳塘村西晋墓[J].考古,1992(8):733-740.

❹ 南京市博物馆,南京师范大学文物与博物馆学系.南京仙鹤山孙吴、西晋墓[J].文物,2007(1):22-34.

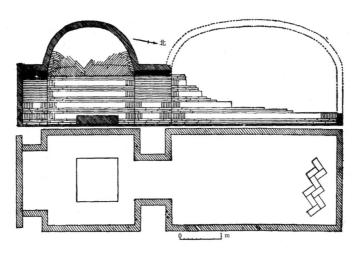

图附录 1.41　柳塘村西晋墓

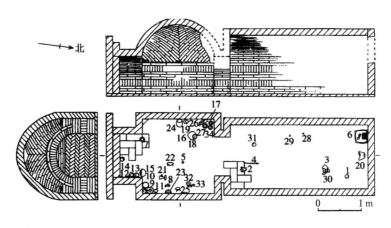

图附录 1.42　仙鹤山 M5 孙吴墓

76　仙鹤山 M5 孙吴墓❶（图附录 1.42）

不早于赤乌十年(公元 247 年)，墓向 170 度。前、后室带甬道、过道，全长 6.28 米。前室为穹窿，平面尺寸为 1.68 米×1.74 米，内高 1.65 米。(前壁)西南、东南角 0.72 米处有羊角砖灯台。

77　仙鹤山 M7 西晋墓❷（图附录 1.43）

西晋，前、后室墓，墓向 113 度。带甬道、过道，全长 7.02 米。前室为穹窿，平面尺寸为 1.8 米×1.94 米，内高 1.92 米。前室后部北(西北)、西(西南)转角 0.77 米处有羊角砖灯台。

---

❶ 南京市博物馆,南京师范大学文物与博物馆学系.南京仙鹤山孙吴、西晋墓[J].文物,2007(1):22-34.

❷ 南京市博物馆,南京师范大学文物与博物馆学系.南京仙鹤山孙吴、西晋墓[J].文物,2007(1):22-34.

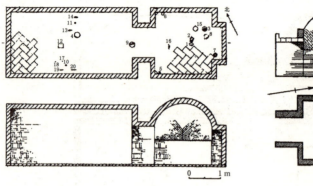
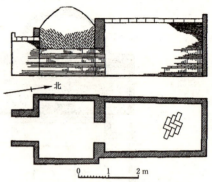

图附录 1.43　仙鹤山 M7 孙吴墓　　　　图附录 1.44　板桥富丽山 1 号墓

78　仙鹤观 6 号墓❶（图 2.27）

东晋早期，墓向 167 度，凸字形单室墓。全长 7.44 米，墓室长方形，长 4.9 米，宽 2.8～2.95 米，高 3.44 米。西南角有羊角砖灯台，距地 1.08 米。墙中起券近地面，但因假窗的存在，显然与上部无法形成整体。墓主属广陵高崧家族（高崧父母高悝夫妇）。

79　板桥富丽山 1 号墓❷（图附录 1.44）

六朝早期，不晚于西晋。前、后室墓，总长 6.755 米。前室为穹顶，长 1.9 米，宽 1.92 米，现存高度 2.19 米，基墙 0.625 米。穹顶由两块三角形砖（两块长方形砖各去两角）封闭。

80　板桥镇石闸湖晋墓❸（图 4.54）

永宁二年（公元 302 年）或太安元年。前、后室带甬道、过道，全长 7.80 米。前室为穹窿，平面尺寸为 2.25 米×2.10 米，高 2.29 米。墓主为大中大夫。四角设羊角砖灯台。祭台四角有帷帐座。

81　板桥杨家山 1 号墓❹（图附录 1.45）

西晋夫妻合葬墓，墓向 150 度，并列的双室墓，中间有过仙洞，全长 5.7 米，形制特殊。单个墓室长 4 米，宽 1.93 米，高 2.88 米。两室均为

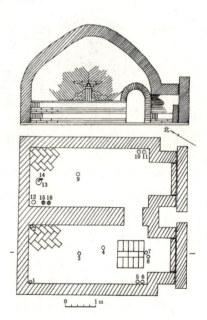

图附录 1.45　板桥杨家山 1 号墓

---

❶　南京市博物馆.江苏南京仙鹤观东晋墓[J].文物,2001(3):4-40.广陵在今江苏淮安一带.
❷　李蔚然.南京南郊六朝墓葬清理[J].考古,1963(6):340-342.李蔚然.南京六朝墓葬的发现与研究[M].成都：四川大学出版社,1998:24-25.该书称此墓为富丽山 1 号墓,断代为孙吴中期.
❸　南京市文物保管委员会.南京板桥镇石闸湖晋墓清理简报[J].文物,1965(6):37-44.
❹　南京市博物馆,南京市雨花台区文管会.江苏南京市板桥镇杨家山西晋双室墓[J].考古,1998(8):31-34.

穹窿顶,西室近甬道中央设祭台,西室可能葬女性,则东室为男性。

82　象山7号东晋墓❶(图2.50、图4.55、图5.31)

东晋早期,凸字形单室墓,墓长5.30米。单室穹窿,平面尺寸为3.90米×3.22米,高3.42米。墓主属东晋王氏家族,政治地位高,可能是王廙(王羲之的叔叔)。后壁两转角(东北、东南)距地1.07米处有羊角砖灯台,顶部用四层砖呈菱形渐收,正中用平砖收顶。有壁龛,似乎有假前室。发现玻璃杯、金刚石指环。

83　五塘村1号墓❷

孙吴中期[下限参考:赤乌十四年(公元251年)],墓向226度,前、后室墓,墓长7.62米。前室穹窿,长1.96米,高2.16米。

84　五塘村2号墓❸(图附录1.46)

孙吴晚期[上限参考:甘露元年(公元265年)],墓向228度,前、后室墓,全长6.39米。前、后室穹窿,四处羊角砖。

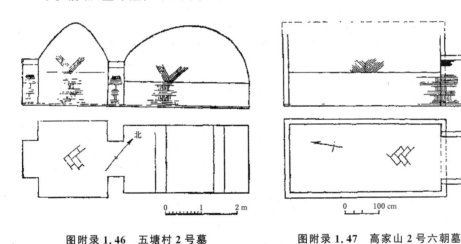

图附录1.46　五塘村2号墓　　　图附录1.47　高家山2号六朝墓

85　高家山2号六朝墓❹(图附录1.47)

该墓应属东吴至东晋初年之间。凸字形单室墓,墓向280度,全长5.34米。墓室长4.38米,宽1.92～1.89米,高2.04米。

---

❶ 南京市博物馆.南京象山5号、6号、7号墓清理简报[J].文物,1972(11):23-36.
❷❸ 南京市博物馆.南京北郊五塘村发现六朝早期墓[M]//文物编辑委员会.文物资料丛刊(8).北京:文物出版社,1983:65-67.
❹ 李蔚然.南京高家山的六朝墓[J].考古,1963(2):108.该墓群共6座六朝墓,其中1~4号"皆为平面凸字形的穹庐顶墓",但残毁严重,所以相关报道仅对其中保存比较好的2号墓加以详细介绍;该文对2号墓的介绍中也只是使用"穹顶"一词,"四隅券进"的形制是由对墓壁和穹顶的做法描述中得知的。由同属六朝且属同一墓群看来,1、3、4号墓为四隅券进穹窿顶的可能性是极大的,但因难以确认(毕竟六朝时也有少数四面结顶的穹窿),又无任何详细资料佐证(如同南京西岗西晋墓那样),所以只好暂且记录在此。李蔚然《南京六朝墓葬的发现与研究》一书将此墓归为东吴至西晋时期(李蔚然.南京六朝墓葬的发现与研究[M].成都:四川大学出版社,1998:22)。类似的情况在其他文献中还有一些,现今已难以考证。

86　唐家山孙吴墓[1]（图附录1.48）

孙吴时期。墓向277度，前、后室墓，前室带耳室。前、后双穹窿均为四隅券进式。全长6.88米，前室内长2.16米，宽2.20米；后室内长3.30米，宽2.12米，地面铺砖呈两种不同样式。

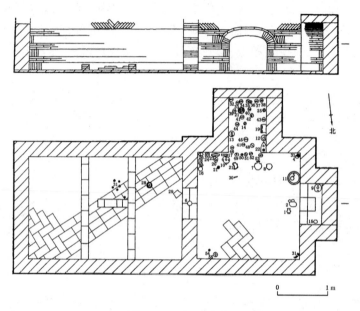

图附录1.48　唐家山孙吴墓

87　迈皋桥西晋墓[2]

西晋末期，发现西晋永嘉二年（公元308年）纪年砖。墓总长约8米，应为前、后室形制，墓向270度。后室（棺室）为四隅券进式穹窿，平面尺寸长3.3米，宽1.78米，残高1.8米；后室右后角距地1.02米处，尚存有羊角砖一块。前室平面近正方形，尺寸不详，推测前室亦为四隅券进式穹窿。

88　雨花台区石子岗M1东晋墓[3]（图附录1.49）

东晋前期。凸字形单室墓，墓向257度，全长6.14米。墓室长4.64米，宽2.4米，复原后穹窿内高2.7米。

89　雨花台区石子岗M2东晋墓[4]（图附录1.50）

---

[1] 南京市博物馆.南京唐家山孙吴墓[J].东南文化,2001(11):37-43.
[2] 南京市文物保管委员会.南京迈皋桥西晋墓清理[J].考古,1966(4):224-227.
[3] 南京市博物馆.南京市石子岗东晋墓的发掘[J].考古,2005(2):35-40.
[4] 南京市博物馆.南京市石子岗东晋墓的发掘[J].考古,2005(2):35-40.

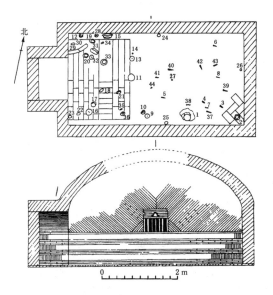
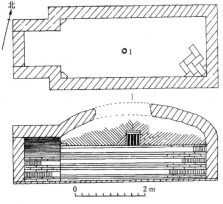

图附录 1.49　雨花台区石子岗 M1 东晋墓　　图附录 1.50　雨花台区石子岗 M2 东晋墓

东晋早期,年代应早于 M1 墓,但与 M1 墓可能属同一家族。凸字形单室墓,墓向 255 度,全长 5.64 米。墓室长 4.04 米,宽 1.64 米,复原后穹窿内高 1.7 米。墓室前部两拐角距地砖 0.9 米高处设羊角砖,属较早时代特征。墓壁及墓顶均为一层砖砌筑。

90　雨花台区尹西村西晋墓❶(图附录 1.51)

东吴末西晋初。前、后室墓,墓向 150 度。长度在 6.3 米以上。穹窿在前室,长 2.2 米,宽 1.9 米,顶高 2.65 米;西南角设一羊角砖,距地 0.7 米。后室近门处设祭台。

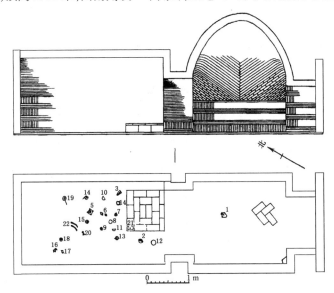

图附录 1.51　雨花台区尹西村西晋墓

---

❶　南京市博物馆.南京市尹西村西晋墓[J].华夏考古,1998(2):29-34.

91　雨花台区安德门西晋墓(M4)❶(图附录1.52)

西晋,凸字形单室墓,墓向87度,全长5.35米。墓室长4.50米,宽2.05米。墙中部自墓底起券,四隅在1.4米高处起券。相关报告认为,四隅券进的做法使得墓顶抗负荷力加大,且在起券施工时不使用支架。"这种砌法的墓葬自五十年代以来在南京地区就有发现,如江宁县黄家营五号墓,但为数尚不多。"

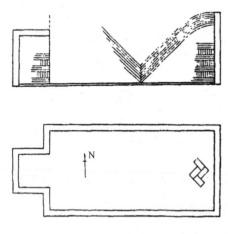

图附录1.52　雨花台区安德门西晋墓(M4)　　图附录1.53　雨花台区农花村东吴墓(M19)

92　雨花台区农花村孙吴墓(M19)❷(图附录1.53)

吕字形双室穹窿顶砖墓,墓向145度。前室平面呈方形,以三组"三顺一丁"起基,左前部残存四隅结构,前室顶部应为四隅券进式穹窿顶结构。前室边长为2.9米,残高0.7~1.45米。后室平面呈长方形,四壁以两层平砖为基,砌筑三组"三顺一丁",两侧壁与后壁从中部向上斜砌成倒"人"字形,其上砌筑四隅券进式穹窿顶。后室长4米,宽2米,残高1.9米。前室与后室的西壁上砌有数块"天玺元年十月五日作"铭文砖。"天玺"为孙皓所用之年号,即公元276年,出土器物的时代特征与纪年砖内容相吻合,M19墓相对年代为孙吴晚期。

93　清凉山电力学校甘露元年墓❸(图附录1.54)

公元265年。前、后室墓,双穹窿,前室为正方形,穹顶近方锥形,东壁有耳室,西北角有一皮砖高的祭台;后室为长方形,后室东南角有砖铺小方台一处。

94　幕府山五凤元年黄甫墓(幕府山2号墓)❹

公元254年。墓长9.05米,前、后室墓,双穹窿,前后基墙都是三顺一丁砌法,顶部使用一侧薄一侧厚的刀形砖,穹顶在墙中接缝处平滑。

---

❶　南京市博物馆.南京雨花台区四座西晋墓[J].东南文化,1989(2):138-142.
❷　南京市博物馆岳涌提供资料。另见:南京市博物馆,雨花台区文化广播电视局.南京市雨花台区孙吴墓[J].考古,2013(3):26-31.
❸　李蔚然.南京六朝墓葬的发现与研究[M].成都:四川大学出版社,1998:23.
❹　李蔚然.南京六朝墓葬的发现与研究[M].成都:四川大学出版社,1998:24-25.

95　碧峰寺 2 号墓❶（图附录 1.55）

位于中华门外。前、后室墓，前室穹窿，后室券顶，前室带一侧室。属西晋初期。

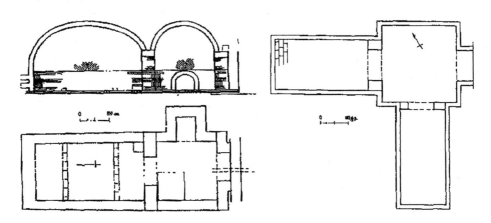

图附录 1.54　清凉山电力学校甘露元年墓　　　图附录 1.55　碧峰寺 2 号墓平面

96　南京林业大学六朝墓❷

该古墓于 2012 年下半年发现，位于南京林业大学南大山，有相对完整的墓门、挡土墙、壁龛、棺床等组成结构，墓室为四隅券进式墓顶，其他资料不详。该墓群的四隅券进式六朝墓可能不止一座。

97　麒麟门科技创新园西晋墓❸

从 2011 年 4 月开始，南京市博物馆的考古人员对南京麒麟门科技创新园经济适用房工地进行了考古发掘。其西晋砖室墓由封门墙、甬道和墓室组成，墓顶使用四隅券进式穹窿顶，其他资料不详。该墓群的四隅券进式西晋墓可能不止一座。

98、99　雨花台区宁丹路东晋墓 M1、M9❹

M1 墓、M9 墓均东晋早期孙氏家族墓，位于南京市南郊雨花台区铁心桥街道，均为单室穹窿顶墓，长方形平面，墓壁设直棂假窗。M1 墓墓向 254 度，由墓道、排水沟、封门墙、甬道、墓室等组成。墓室内长 4.1 米，内宽 1.6 米，残高 1.5 米，前部转角设挑砖灯台。M9 墓墓向 260 度，由墓道、排水沟、封门墙、甬道、墓室等组成。墓室内长 4.54 米，内宽 2.01 米，残高 1.75 米。

100　江宁镇上湖 M4 孙吴墓❺

位于江宁镇上湖窑厂，1997 年由江宁区博物馆发掘，为前、后室结构。前室为

---

❶ 李蔚然.南京六朝墓葬的发现与研究[M].成都：四川大学出版社，1998：25.
❷ http://www.uux.cn/viewnews-40749.html(2016.6.20 浏览)
❸ http://news.sina.com.cn/c/2011-07-12/033122796303.shtml(2016.5.12 浏览)
❹ 南京市博物馆，雨花台区文化广播电视局.南京市雨花台区宁丹路东晋墓发掘简报[J].东南文化，2014(6)：29-41.
❺ 南京市博物馆，南京文物考古新发现——南京历史文化新探二[M].南京：江苏人民出版社，2006：29-33.

四隅券进式穹窿顶,平面、穹顶均已残;后室为券顶。该墓与东侧约 20 米外发现的其他三座东吴、西晋砖室墓可能属同一家族。

101、102　雨花台区长岗村李家洼 M9 墓、M14 墓❶

1996 年由南京市博物馆考古部发掘。M9 墓为单室墓,墓室长 5.95 米,宽 2.07 米,墓壁有直棂假窗,断代为东晋早期。M14 墓由甬道、前室、过道、后室以及位于前室一侧的耳室所组成,全长 6.53 米。前室长 2.5 米,宽 2.3 米,高 1.92 米,四隅券进式穹窿顶;后室为券顶。该墓断代为东吴至西晋。

103　小行 M2 西晋墓❷

2000 年由南京市博物馆与雨花台区文化局联合发掘。为单室墓,墓室近方形。墓砖有泥质灰陶和泥质红陶两种。断代为西晋。

104　六合横梁西晋墓❸

2004 年由南京市博物馆、六合区文化旅游局联合发掘,编号 04LHM1。为单室墓。墓室内长 3.54 米,宽 1.72 米,高 2.08 米。四角有羊角砖灯台。断代为西晋。

105　栖霞区大山口 M1 六朝墓❹

1995 年由南京市博物馆发掘。为前、后三室墓。前室平面为长方形,四隅券进式穹窿顶,南北内长 2.5 米,东西内宽 3.42 米,内高 2.48 米,四角有羊角砖灯台。后室分东西两处,内长均 3.7 米,内宽均 1.92 米,均为穹窿顶。断代为东吴至西晋。

扬 州 市

106　仪征三茅晋墓❺(图附录 1.56)

上限不过孙吴,可能属西晋。墓向 158 度。全长 8.1 米,前、后室墓,带甬道、过道。前室为穹窿,长 2.55 米,宽 2.8 米,残高 1.8 米。后室地面略高于前室。前室有两具棺木,后室有两具棺木,并不多见,推测属父子两代夫妇。

107　胥浦六朝墓 M70❻(图 2.40)

孙吴时期。品字形三室墓,墓向 197 度,三室均为四隅券进式穹窿。全长 6.8

---

❶ 南京市博物馆.南京文物考古新发现——南京历史文化新探二[M].南京:江苏人民出版社,2006:36-42.

❷ 南京市博物馆.南京文物考古新发现——南京历史文化新探二[M].南京:江苏人民出版社,2006:62-64.

❸ 南京市博物馆.南京文物考古新发现——南京历史文化新探二[M].南京:江苏人民出版社,2006:66-70.

❹ 南京市博物馆.南京文物考古新发现——南京历史文化新探二[M].南京:江苏人民出版社,2006:77-82.

❺ 尤振尧.江苏仪征三茅晋墓[J].考古,1965(4):209-211.

❻ 胥浦六朝墓发掘队.扬州胥浦六朝墓[J].考古学报,1988(2):233-255.

米,"两后室共一前室的布局,仍保持着东汉晚期的遗风"。前室边长 2.5 米;北后室内长 3.27 米,宽 1.84 米;南后室内长 3.27 米,宽 1.1 米,仅次于郭家山 M6 墓侧室。

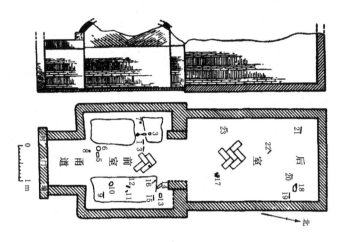

图附录 1.56　仪征三茅晋墓

镇 江 市

108　镇江东晋 M5 墓(龙山 901 工地 M1 墓)❶(图附录 1.57)

内长 5.28 米,属前、后室墓。前室为四隅券进式穹窿,平面尺寸为 1.22 米×1.5 米,高 1.78 米;后室为券顶。年代在东晋建武元年至咸康八年(公元 317 年~342 年)。

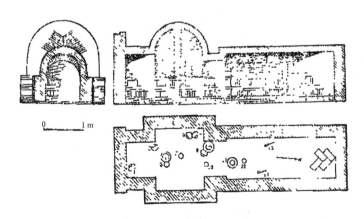

图附录 1.57　镇江东晋 M5 墓

109　镇江东晋 M8 墓(磨笄山 M1 墓)❷

内长 4.85 米,单室四隅券进式穹窿顶、凸腰鼓形墓,平面尺寸为 3.85 米×(1.55~1.75)米,高 1.75 米。年代在东晋建武元年至咸康八年(公元 317 年~342 年)。

---

❶❷　刘建国.镇江东晋墓[M]//文物编辑委员会.文物资料丛刊(8).北京:文物出版社,1983:16-39.

110　镇江东晋 M35 墓(阳彭山 M2 墓)❶(图附录 1.58)

墓长 8.44 米,前、后室墓。前室为四隅券进式穹窿,前室平面尺寸为 2 米×2.76 米,高 2.65 米。年代在东晋隆安元年至元熙二年(公元 397 年~420 年)。

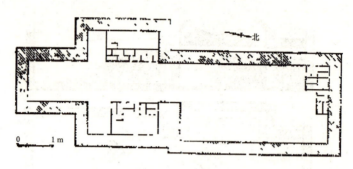

图附录 1.58　镇江东晋 M35 墓平面

111　镇江东晋画像砖墓❷(镇江东晋 M26 墓、畜牧场二七大队 M2 墓)(图 2.3、图 4.73)

东晋隆安二年(公元 398 年),属东晋晚期(隆安元年至元熙二年)。墓向 155 度,全长 8.95 米。前室长 1.95 米,宽 3.93 米,残高不足 1 米;后室长 5.18 米,宽 2.37 米,残高 2.42 米。发掘报告认为"墓室转角处竖砖均砌成人字形,据此,墓顶可能是穹窿顶"。笔者认为,"转角处竖砖均砌成人字形"只能理解为是四隅券进式的做法,将此墓顶前、后室均定为四隅券进式穹窿,应该是没有问题的。此墓规模较大,出现画像砖是一特点,尤其是转角处画像砖的内容值得深究,类似敦煌壁画中打鬼的方相氏。

无锡市(宜兴)

112　宜兴晋墓 M1❸(图 2.26)

墓向 99 度,1952 年 12 月发现。前后室墓,全长 13.12 米,双穹窿,均为四隅券进式,有压顶石。前室平面尺寸为 2.32 米×2.34 米,高 5.18 米;后室平面尺寸为 4.5 米×2.2 米,高 5.05 米,高度似乎是受后室长边控制的。墓顶砌造紧密,由地方政府督造,名匠承建。墓主为周处。是考古界首先发现的四隅券进式穹窿墓葬。

113　宜兴晋墓 M2❹(图 2.31)

墓向 105 度,1952 年 12 月发现。前、后室墓,全长 8.95 米,双穹窿,均为四隅券进式,有压顶石。前室平面尺寸为 2.22 米×2.22 米,高 3 米;后室平面尺寸为 3.9 米×1.94 米,高 3.97 米,高度似乎也是受后室长边控制的。后室穹顶外侧,每隔 1.2 米突出一皮砖,共突出三皮。此墓砌造较松,砖缝间嵌有陶片。墓主为周处

---

❶ 刘建国.镇江东晋墓[M]//文物编辑委员会.文物资料丛刊(8).北京:文物出版社,1983:16-39.
❷ 镇江市博物馆.镇江东晋画像砖墓[J].文物,1973(4):51-58.该文记载共发现画像砖 54 幅,另有资料记载为 53 幅,见:刘建国.镇江东晋墓[M]//文物编辑委员会.文物资料丛刊(8).北京:文物出版社,1983:16-39.
❸❹ 罗宗真.江苏宜兴晋墓发掘报告——兼论出土的青瓷器[J].考古学报,1957(4):83-106 及图版部分;华东文物工作队.江苏宜兴周墓墩古墓清理简报[J].文物参考资料,1953(8):103.

之子周札。是考古界首先发现的四隅券进式穹窿墓葬。

114　宜兴晋墓 M4[1]（图附录1.59）

墓向101度。带甬道、过道的前、后室墓,长11.3米,双穹窿,推测均为四隅券进式。前室平面尺寸为3.54米×3.54米,高3.38米;后室平面尺寸为5.5米×3.58米,顶残。年代为西晋永宁二年(公元302年),墓主可能是周处之父周鲂。

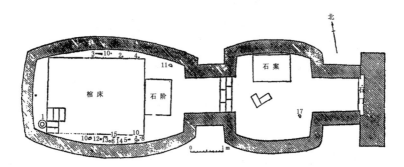

图附录1.59　宜兴晋墓 M4

115　宜兴晋墓 M5[2]（图2.54）

墓向102度。前、后室带侧室,平面呈十字形,前、后室双穹窿均为四隅券进式。前室平面尺寸为3.06米×2.94米,高2.96米;后室平面尺寸为4.12米×2.82米,高3.12米。公元316年(西晋建兴四年)(或321年,或323年),墓主可能是周处之子周玘和两个儿子。是周氏家族墓中最大的,东西长8.4米,南北长11.26米。后室墙中先砌一小券,再起大券。左右侧室均为长方形穹窿,其一平面尺寸为3.91米×1.16米,高2.12米;其二平面尺寸为3.78米×1.14米,高2.04米。北侧室北壁起券处似乎各砌一灯台,但应不是羊角砖。

苏　州

116　吴县狮子山西晋墓 M2[3]（图附录1.60）

前、后室墓,双穹窿,全长9.01米。前室平面尺寸为3.24米×1.95米,高

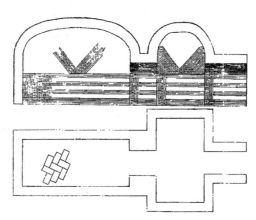

图附录1.60　吴县狮子山西晋墓 M2

2.80米;后室平面尺寸为1.80米×4.30米,高2.95米。高1.2米玉带墙,墙转角处均有半砖灯台。藻井呈方胜形,中心为两块楔形砖。发现元康三年纪年砖,即公元293年,属西晋中晚期。报告评论墓顶做法:"使顶部的每块砖都处在'十'字形

---

[1] 南京博物院.江苏宜兴晋墓的第二次发掘[J].考古,1977(2):115-122.
[2] 南京博物院.江苏宜兴晋墓的第二次发掘[J].考古,1977(2):115-122.
[3] 张志新.江苏吴县狮子山西晋墓清理简报[M]//文物编辑委员会.文物资料丛刊(3).北京:文物出版社,1980:130-138.

相交的两个拱券中,受到前、后、左、右四砖的挤压。这样的结构比攒尖顶荷重大,不易坍塌。"墓主可能是东明亭侯傅隽及其家属。

浙江省

杭州市

117　萧山航坞山晋墓 M1❶(图附录 1.61)

该墓位于航坞山南麓的昭东乡(今属瓜沥镇)长巷村馒头山南坡。随葬品显示为典型东晋特征。墓平面为凸字形单室墓,总长 7.1 米,墓向 82 度。四隅券进式穹窿顶。墓室分前后两部分,后部为棺床,前部较小,靠东壁尚存祭台。甬道在墓室前中央,券顶。

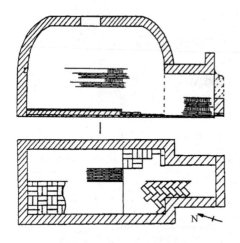

图附录 1.61　萧山航坞山晋墓 M1

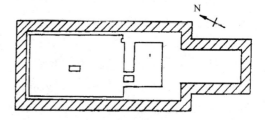

图附录 1.62　萧山航坞山晋墓 M2 平面

118　萧山航坞山晋墓 M2❷(图附录 1.62)

地处航坞山南麓坡底(属衙前镇山南村),年代应在两晋之交。墓平面为凸字形单室墓,总长 6.85 米,墓向 155 度。四隅券进式穹窿顶。墓室分前后两部分,后部为棺床,前部中央存祭台。

119　临安板桥五代墓(临安 M21 墓)❸(图 2.4、图 2.62、图附录 1.63)

墓向 359 度,"干"字形多耳室墓,全长 6.16 米,分前后两室。前室长 1.80 米,宽 1.58 米,内高 1.94 米,高 1.47 米以上为穹窿,顶部中心圆形暗窗内置圆形铜镜一面。"墓壁及砖台均残留有厚约 1 厘米的石灰,并绘有朱色线条,推测当时可能有彩画之类。"后室略呈船形,券顶,"内顶长方形暗窗内置方形圆角铜镜一面"。推测墓主人为吴越前二代吴姓王妃的亲戚。

---

❶ 王屹峰,施加农. 浙江萧山船坞山晋墓[J]. 南方文物,2000(3):18-22.
❷ 王屹峰,施加农. 浙江萧山船坞山晋墓[J]. 南方文物,2000(3):18-22.
❸ 浙江省文物管理委员会. 浙江临安板桥的五代墓[J]. 文物,1975(8):66-70.

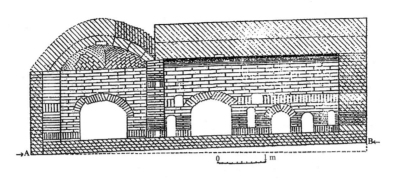

图附录1.63 临安板桥五代墓剖面

120 临安晚唐钱宽墓(临安M23墓)❶(图1.52、图2.19)

晚唐光化三年(公元900年)。该墓仅前室穹顶采用了部分四隅券进式技术，并不纯粹。长方形多耳室墓，平面与临安M21墓、M22墓相似。墓向160度，全长6.78米，分前后两室。前室南北长1.30米，东西宽1.86米，穹顶内高2.26米，1.4米以上起券。后室略呈船形，半椭球状穹顶，内高2.22米。前、后室砖表面抹石灰，厚度不到1厘米，上施彩绘。前室穹顶绘圆三重，中心圆内绘二十八个金色圆点；圆外绘八角形。后室穹顶绘天文图。墓主为钱镠之父钱宽。

湖州市

121 湖州杨家埠（东晋）五子墩墓❷(图附录1.64)

发现于湖州市杨家埠工业园区五子墩古墓区，凸字形单室墓，面积20余平方米。该墓已迁至西湖文化广场浙江博物馆分馆内。墓主人姓邱，属东晋士大夫阶层。

图附录1.64 湖州杨家埠（东晋）五子墩墓

122 安吉县高禹天子岗水库六朝墓❸(图附录1.65、图附录1.66)

三国末至西晋初。前、后室形制，前室为穹窿顶，后室为券顶。出土有国家一级文物青瓷胡人骑羊烛台。

---

❶ 浙江省博物馆,杭州市文管会.浙江临安晚唐钱宽墓出土天文图及"官"字款白瓷[J].文物,1979(12):18-22.临安M22简略情况见:浙江省文物管理委员会.杭州、临安五代墓中的天文图和秘色瓷[J].考古,1975(3):186-194.该文描述此墓为砖券拱顶结构。另有文献描述此墓前室为穹窿顶,但无其他详细资料,存疑.郑以墨.五代吴越国墓葬制度研究[J].东南文化,2010(4):66-73.

❷ 王科,郭闻.湖州古墓乔迁,新家安在浙博[N].钱江晚报,2006-11-29:A10版.

❸ 汪琴.安吉三国青瓷胡人骑羊尊[J].文物天地,2009(5):80-81.该墓发掘报告见:程亦胜.浙江安吉天子岗汉晋墓[J].文物,1995(6):28-39.报告中称此墓为M3,随葬器物的组合及造型均与南京西岗西晋墓相类似,并据此推断墓葬年代。

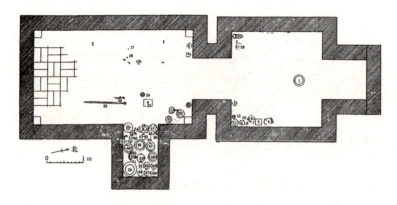

图附录1.65 安吉县高禹天子岗水库六朝墓平面

图附录1.66 安吉县高禹天子岗水库六朝墓胡人骑羊烛台

山 西 省

大同市

123 尉迟定州墓[1]（图附录1.67）

纪年为北魏文成帝太安三年（公元457年）。单墓室为弧长方形，接近方形，四隅券进式穹窿顶。墓向朝西，属北魏传统墓向。墓室东西长3.2米，南北宽2.8米，通高2.9米。葬具为石椁。

图附录1.67 大同尉迟定州墓

---

[1] 倪润安.北魏平城时代平城墓葬的文化转型[J].考古学报,2014(1):33-37；大同市考古研究所.山西大同阳高北魏尉迟定州墓发掘简报[J].文物,2011(12):4-12,51.

附录2　四隅券进式穹窿仿建实验过程

一、实验材料与实验设备

1）实验材料

85青砖、望砖、黄泥、石材等

2）用料特征

（1）青砖

青砖规格：85青砖(210厘米×40厘米×105厘米)

青砖来源：苏州市相城区太平盛直古建砖瓦厂

（2）灰浆

黄土来源：苏州旺山、穹窿山脚下农田

细砂来源：湖州

黄泥、细砂体积比：5∶1(用于穹顶上部)

砂浆水灰比：100公斤干黄土(或含细砂)∶35公斤水

（3）石料

隅石材质：花岗岩

压顶材质：花岗岩

3）实验设备

瓦工用具、水平仪、水平尺、墨斗、脚手架、篷布、木板、竹片、吊车等

二、仿建过程概述（图附录2.68～图附录2.76）

1）实验前技术准备工作

对南京上坊孙吴墓进行现场测绘及三维扫描，对前室穹窿在对角线方向上形成的内表面剖面曲线进行数学分析，推算相近的曲线方程，再以2∶3比例对前室穹窿尺寸和对角线曲线方程进行缩小换算，根据换算之后的近似曲线方程 $y = 2.214938x - 0.000522145x^2$ 绘制出内底边长3米的仿建穹窿施工图纸。组织施工方人员到上坊孙吴墓、天册元年墓现场考察、讨论，商议施工方案。对上坊孙吴墓碎砖、砂浆、周边夯土进行样品分析。

2）实验地点

苏州市木渎镇某平坦地段

2011.10.12 完成情况

2011.10.17 完成情况

2011.10.18 完成情况

2011.10.21 完成情况

图附录 2.68　仿建现场进度情况

1. 晾晒

2. 浸润

3. 踩压

4. 拌匀

图附录 2.69　泥浆和制方式

1. 基墙外侧青砖

2. 下皮券砖先抹泥

3. 基墙角部青砖

4. 穹顶用砖

5. 基墙中部青砖

6. 压顶嵌缝望顶

图附录 2.70　抹泥方式

图附录 2.71　曲线放样方式

1. 隅石中线与对角线重合

2. 隅石定位完成

3. 参考实例照片

4. 起券初始样态

图附录 2.72　隅角起券方式

1. 隅石支撑竹片

2. 竹片收顶与地面对中

3. 竹片顶端固定

4. 沿曲线在内部施工

图附录 2.73　曲面控制方式

图附录 2.74　券砖砌法

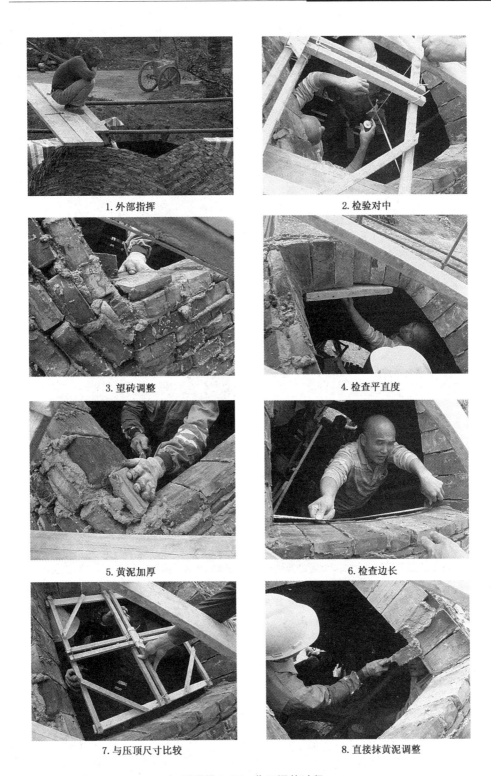

图附录 2.75 收口调整过程

1. 压顶石起吊

2. 压顶石对位

3. 青砖、望砖抹泥嵌缝

4. 撤除吊索

5. 侧面形态

6. 内部形态

图附录 2.76 压顶就位过程

图附录 2.77 仿建穹窿内部

图附录 2.78 仿建穹窿外形不对称情况

2）仿建过程

2011年10月9～12日。地基承载力较好，仅作平整处理；砌筑1.2米高基墙；对角线曲线施工放样，以竹片模拟；制作上坊孙吴墓放大照片图板，同时提供天册元年墓照片供参考。

2011年10月16日。穹窿入口券顶支模、砌筑；对角线控制曲线模架（竹片）就位；隅石定位，穿隅初步发券，调整并摸索经验。

2011年10月17日。外围脚手架完成；门洞拱券拆模；四处穿隅同步发券，在墙中相交。

2011年10月18日。根据砌筑需求，增设墙中线位置的控制曲线模架（竹片）；四处穿隅同步发券。为减少黄泥浆变形，泥浆内按照黄土：细砂比例5∶1掺入细砂。

2011年10月19～20日。四处穿隅同步发券，渐趋合拢。

2011年10月21日。四处穿隅逐步合拢，提升脚手架高度；调整收口角度、水平，并确保与地面中心对位，边缘尺寸与角度以青砖、望砖和黄泥调整；吊车进场；15点08分压顶石安装就位❶；15点25分，施工结束，仿建实验成功。

三、实验的不足之处

（1）85青砖无法做到内部纹理与三国时期较大墓砖相同的效果。

（2）从墙中线交脊处看，内部脊线由下至上并未做到连续不断，有错位的情况出现（图附录2.77）。

（3）四角同时发券、结顶后形成的外形并非完全对称，还有调整、优化的余地（图附录2.78）。

（4）墙中线交脊处的曲线控制应得到加强，但依照目前对这种穹窿样态的了解，尚无法模拟出一个典型的几何曲线方程，只能在施工中现场摸索、调整。

（5）压顶石与隅石造型均为等比例缩小、简化后的样式，未考虑底面的内凹形态。

（6）未特别磨制楔形砖等砖型（上坊墓在穹顶部分少量采用），仅在需要时砍砖。

（7）未对穹窿进行压载试验、计算机模拟和受力分析。但笔者也注意到，结构软件的模拟分析只能看作是手工砌筑的砌体穹窿的近似，哪怕矢高、边长确定的前提下，不同时段、不同工匠完成的穹窿仍旧可能具有明显差异，这应该看作是四隅券进式穹窿工艺的魅力所在，数字化不能覆盖手工的意义。另外，块材砌筑的穹窿与计算软件作为一个连续整体来分析的穹窿应该有着本质的区别，差别之大类似于数学上将一个线段看作一个连续统还是一个单点集的不同。以上是在以后进一步引入结构模拟分析时应注意的方面。

---

❶ 压顶石重约500公斤，采用吊车起吊，显然与古代工艺不符。但此事在古代本非难点，墓圹在地表之下，只要合理组织人力并借助水平杆件和绳索，即可在墓圹两侧水平移动石料并准确下放。

参考文献

文章

[1] 南阳市文物工作队.南阳市第二化工厂21号画像石墓发掘简报[J].中原文物,1993(1).

[2] 南阳市文物工作队.南阳市十里庙遗址调查[J].江汉考古,1994(2).

[3] 南阳市文物工作队.南阳市邢营画像石墓发掘报告[J].中原文物,1996(1).

[4] 南阳市文物考古研究所.南阳市防爆厂住宅小区汉墓M62、84发掘简报[J].中原文物,2008(4).

[5] 南阳市文物考古研究所.南阳市防爆厂M208汉墓发掘简报[J].中原文物,2012(3).

[6] 南阳市博物馆.南阳市独山西坡汉画像石墓[J].中原文物,1985(3).

[7] 南阳市博物馆.南阳市王庄汉画像石墓[J].中原文物,1985(3).

[8] 南阳市博物馆.南阳市建材试验厂汉画像石墓[J].中原文物,1985(3).

[9] 南阳张仲景博物馆.南阳市文物考古研究所.南阳市审计局汉墓发掘简报[J].中原文物,2011(4).

[10]《南阳汉画像石》编委会.唐河县电厂汉画像石墓[J].中原文物,1982(1).

[11]《南阳汉画像石》编委会.邓县长冢店汉画像石墓[J].中原文物,1982(1).

[12] 南阳地区文物工作队,新野县文化馆.新野县前高庙村汉画像石墓[J].中原文物,1985(3).

[13] 南阳地区文物队.方城党庄汉画像石墓——兼谈南阳汉画像石墓的衰亡问题[J].中原文物,1986(2).

[14] 南阳市文物研究所.桐柏县安棚画像石墓[J].中原文物,1996(3).

[15] 河南省南阳地区文物研究所.新野樊集汉画像砖墓[J].考古学报,1990(4).

[16] 河南省文物考古研究所,安阳县文化局.河南安阳市西高穴曹操高陵[J].考古,2010(8).

[17] 河南省文物研究所,永城县文物管理委员会.河南永城芒山西汉梁国王陵的调查[J].华夏考古,1992(3).

[18] 河南省文物研究所,新乡市博物馆,新乡地区文管会.河南省新乡县丁固城古墓地发掘报告[J].中原文物,1985(2).

[19] 河南省古代建筑保护研究所.登封嵩岳寺塔勘测简报[J].中原文物,1987(4).

[20] 河南省古代建筑保护研究所,河南省文物研究所.河南邓州市福胜寺塔地宫[J].文物,1991(6).

[21] 河南省文化局文物工作队.河南襄城茨沟汉画像石墓[J].考古学报,1964(1).
[22] 郑州大学历史学院考古系,河南省文物局南水北调文物保护办公室.河南省新乡市老道井墓地东同古墓区汉墓清理简报[J].四川文物,2009(6).
[23] 河南文化局文物工作队第二队16区发掘小组.洛阳涧西16工区82号墓清理记略[J].文物参考资料,1956(3).
[24] 新乡市博物馆.河南新乡五陵村战国两汉墓[J].考古学报,1990(1).
[25] 新乡市文物工作队.河南新乡市北站区汉墓[J].考古,2006(3).
[26] 商丘地区文化局,永城县文化馆.河南永城前窑汉代石室墓[J].中原文物,1990(1).
[27] 焦作市文物工作队.河南焦作山阳北路西晋墓发掘简报[J].文物,2011(9).
[28] 洛阳市文物工作队.洛阳曹魏正始八年墓发掘报告[J].考古,1989(4).
[29] 洛阳市文物工作队.洛阳洛龙区关林庙宋代砖雕墓发掘简报[J].文物,2011(8).
[30] 张卓远.南阳魏晋墓葬[J].华夏考古,1998(1).
[31] 宋治民.论新野樊集汉画像砖墓及其相关问题[J].考古,1993(8).
[32] 刘习祥.新乡凤凰山战国两汉墓地研究[J].中原文物,2007(6).
[33] 乔栋,慕建中.洛阳北邙45号空心砖汉墓[J].文物,1994(7).
[34] 阎道衡.永城芒山柿园发现梁国国王壁画墓[J].中原文物,1990(1).
[35] 赵争鸣,赵军,朱旗.河南新乡市王门村汉墓[J].考古,2003(4).
[36] 赵成甫.南阳汉画像石墓兴衰刍议[J].中原文物,1985(3).
[37] 周到,李京华.唐河针织厂汉画像石墓的发掘[J].文物,1973(6).
[38] 曹桂岑.河南楚文化的发现与研究[J].华夏考古,1989(3).
[39] 马世之.河南楚文化的考古发现和研究[J].中原文物,1989(4).
[40] 木易.《淅川和尚岭与徐家岭楚墓》简介[J].考古,2005(7).
[41] 李陈广.南阳地区楚文化的发现和研究[J].中原文物,1992(2).
[42] 樊继福.豫南地区楚墓的文化表象分析[J].安阳师范学院学报,2007(3).
[43] 南京市博物馆,南京市江宁区博物馆.南京江宁上坊孙吴墓发掘简报[J].文物,2008(12).
[44] 南京市博物馆,南京江宁区博物馆.南京江宁上湖孙吴、西晋墓[J].文物,2007(1).
[45] 南京市博物馆,南京市江宁区博物馆.南京江宁谷里晋墓发掘简报[J].文物,2008(3).
[46] 南京市博物馆,江宁区博物馆,雨花台区文化广播电视局.南京市麒麟镇西晋墓、望江矶南朝墓[J].南方文物,2002(3).
[47] 南京市博物馆,江宁县文管会.南京殷巷东晋、南朝墓[J].东南文化,1993(2).
[48] 南京市博物馆,南京师范大学文物与博物馆学系.南京仙鹤山孙吴、西晋墓[J].文物,2007(1).

[49] 南京市博物馆,南京市雨花台区文管会.江苏南京市板桥镇杨家山西晋双室墓[J].考古,1998(8).
[50] 南京市博物馆,雨花台区文化广播电视局.南京市雨花台区宁丹路东晋墓发掘简报[J].东南文化,2014(6):29-41.
[51] 南京市博物馆,雨花台区文化广播电视局.南京市雨花台区孙吴墓[J].考古,2013(3).
[52] 南京市博物馆.南京殷巷西晋纪年墓[J].文物,2002(7).
[53] 南京市博物馆.南京北郊郭家山东晋墓葬发掘简报[J].文物,1981(12).
[54] 南京市博物馆.江苏南京北郊郭家山五号墓清理简报[J].考古,1989(7).
[55] 南京市博物馆.江苏南京市北郊郭家山东吴纪年墓[J].考古,1998(8).
[56] 南京市博物馆.江苏南京郭家山八号墓清理简报[J].华夏考古,2001(1).
[57] 南京市博物馆.南京市郭家山东晋温氏家族墓[J].考古,2008(6).
[58] 南京市博物馆.南京市郭家山11号墓发掘简报[J].东南文化,2009(3).
[59] 南京市博物馆.南京北郊东晋温峤墓[J].文物,2002(7).
[60] 南京市博物馆.一九八七年至一九八八年南京邓府山六朝墓群清理简报[J].东南文化,1992(2).
[61] 南京市博物馆.江苏南京邓府山吴墓和柳塘村西晋墓[J].考古,1992(8).
[62] 南京市博物馆.江苏南京仙鹤观东晋墓[J].文物,2001(3).
[63] 南京市博物馆.南京江宁县上湖东晋墓[J].文物,1990(8).
[64] 南京市博物馆.南京市江宁区胡村南朝墓[J].考古,2008(6).
[65] 南京市博物馆.南京雨花台四座西晋墓[J].东南文化,1989(2).
[66] 南京市博物馆.南京象山5号、6号、7号墓清理简报[J].文物,1972(11).
[67] 南京市博物馆.南京唐家山孙吴墓[J].东南文化,2001(11).
[68] 南京市博物馆.南京市石子岗东晋墓的发掘[J].考古,2005(2).
[69] 南京市博物馆.南京市尹西村西晋墓[J].华夏考古,1998(2).
[70] 南京市博物馆.南京狮子山、江宁索墅西晋墓[J].考古,1987(7).
[71] 南京市文物保管委员会.南京板桥镇石闸湖晋墓清理简报[J].文物,1965(6).
[72] 南京市文物保管委员会.南京人台山东晋兴之夫妇墓发掘报告[J].文物,1965(6).
[73] 南京市文物保管委员会.南京迈皋桥西晋墓清理[J].考古,1966(4).
[74] 南京市文物保管委员会.南京老虎山晋墓[J].考古,1959(6).
[75] 南京博物院,南京市文物保管委员会.南京栖霞山甘家巷六朝墓群[J].考古,1976(5).
[76] 南京博物院.江苏宜兴晋墓的第二次发掘[J].考古,1977(2).
[77] 南京博物院,邳县博物馆.东汉彭城相缪宇墓[J].文物,1984(8).
[78] 南京博物院.江苏丹阳县胡桥、建山两座南朝墓葬[J].文物,1980(2).
[79] 南京博物院.南京西善桥南朝墓[J].东南文化,1997(1).
[80] 南京市江宁区博物馆.南京江宁孙吴"天册元年"墓发掘简报[J].东南文化,

2009(3).

[81] 南京大学历史系考古组.南京大学北园东晋墓[J].文物,1973(4).

[82] 江苏省文物管理委员会.江宁黄家营第五号六朝墓清理简报[J].文物参考资料,1956(1).

[83] 江苏省文物管理委员会.南京近郊六朝墓的清理[J].考古学报,1957(1).

[84] 华东文物工作队.江苏宜兴周墓墩古墓清理简报[J].文物参考资料,1953(8).

[85] 淮阴市博物馆,泗洪县图书馆.江苏泗阳打鼓墩樊氏画像石墓[J].考古,1992(9).

[86] 胥浦六朝墓发掘队.扬州胥浦六朝墓[J].考古学报,1988(2).

[87] 镇江市博物馆.镇江东晋画像砖墓[J].文物,1973(4).

[88] 南波.南京西岗西晋墓[J].文物,1976(3).

[89] 金琦.南京甘家巷和童家山六朝墓[J].考古,1963(6).

[90] 贺云翱.南京江宁上坊孙吴大墓墓主试考[J].东南文化,2009(1).

[91] 夏寒.南京地区明代大型砖室墓形制研究[J].东南文化,2007(1).

[92] 谭跃.南京六朝文物研究的回顾与展望[J].东南文化,1998(增刊2).

[93] 马涛,等.江苏南京发现一处东晋时期墓群[N].中国文物报,2007-6-6.

[94] 华国荣,等.南京发现东晋名臣温峤墓[N].中国文物报,2001-10-26.

[95] 周荨生.南京老虎山晋墓的地理佐证[J].考古,1960(7).

[96] 耿朔.最后归宿还是暂时居所——南京地区东晋中期墓葬观察[J].南方文物,2010(4).

[97] 魏正瑾,易家胜.南京出土六朝青瓷分期探讨[J].考古,1983(4).

[98] 李蔚然.南京南郊邓府山发现六朝墓葬[J].考古通讯,1955(2).

[99] 李蔚然.南京南郊六朝墓葬清理[J].考古,1963(6).

[100] 李蔚然.南京高家山的六朝墓[J].考古,1963(2).

[101] 罗宗真.南京西善桥油坊村南朝大墓的发掘[J].考古,1963(6).

[102] 罗宗真.江苏宜兴晋墓发掘报告——兼论出土的青瓷器[J].考古学报,1957(4).

[103] 尤振尧.江苏仪征三茅晋墓[J].考古,1965(4).

[104] 黎忠义.江苏宝应县泾河出土的南唐木屋[J].文物,1965(8).

[105] 梁勇.从西汉楚王墓的建筑结构看楚王墓的排列顺序[J].文物,2001(10).

[106] 刘照建.徐州地区大型崖洞墓初步研究[J].东南文化,2004(5).

[107] 周裕兴,顾苏宁.南京江宁晋墓出土瓷器[J].文物,1988(9).

[108] 浙江省博物馆,杭州市文管会.浙江临安晚唐钱宽墓出土天文图及"官"字款白瓷[J].文物,1979(12).

[109] 浙江省文物管理委员会.杭州、临安五代墓中的天文图和秘色瓷[J].考古,1975(3).

[110] 浙江省文物管理委员会.浙江临安板桥的五代墓[J].文物,1975(8).

[111] 孙华.绍兴印山大墓的若干问题——读《印山越王陵》札记[J].南方文物,

2008(2).

[112] 林华东,梁志明.越王允常陵墓考[J].浙江学刊,1999(1).

[113] 王屹峰,施加农.浙江萧山船坞山晋墓[J].南方文物,2000(3).

[114] 王科,郭闻.湖州古墓乔迁、新家安在浙博[N].钱江晚报,2006-11-29.

[115] 汪琴.安吉三国青瓷胡人骑羊尊[J].文物天地,2009(5).

[116] 程亦胜.浙江安吉天子岗汉晋墓[J].文物,1995(6).

[117] 郑以墨.五代吴越国墓葬制度研究[J].东南文化,2010(4).

[118] 湖北省博物馆.鄂城两座晋墓的发掘[J].江汉考古,1984(3).

[119] 湖北省文物考古研究所,等.丹江口市玉皇庙汉晋墓发掘简报[J].江汉考古,2001(1).

[120] 襄樊市博物馆.湖北襄阳城内三国时期的多室墓清理简报[J].江汉考古,1995(3).

[121] 襄樊市文物考古研究所.湖北襄樊樊城菜越三国墓发掘简报[J].文物,2010(9).

[122] 襄樊市考古队.襄樊长虹南路墓地第二次发掘简报[J].江汉考古,2007(1).

[123] 鄂城县博物馆.湖北鄂城四座吴墓发掘报告[J].考古,1982(3).

[124] 随州市博物馆.随州安居镇汉墓[J].江汉考古,1987(1).

[125] 韦正.襄阳地区汉末魏晋墓葬初探[M]//北京大学中国考古学研究中心,北京大学震旦古代文明研究中心.古代文明(第八卷)[M].北京:文物出版社,2010.

[126] 黄艳峰.近三十年来对魏晋南北朝时期有关今襄樊地区历史研究的综述[J].襄樊学院学报,2010(6).

[127] 熊寿昌.论鄂城东吴孙将军墓与鄂钢饮料厂一号墓之墓主人身份及相互关系[J].东南文化,2000(9).

[128] 邱玉鼎,佟佩华.济南市东八里洼北朝壁画墓[J].文物,1989(4).

[129] 山东嘉祥县文管所.山东嘉祥县钓鱼山发现两座宋墓[J].考古,1986(9).

[130] 诸城县博物馆.山东省诸城县西晋墓清理简报[J].考古,1985(12).

[131] 宫德杰,李福昌.山东临朐西晋、刘宋纪年墓[J].文物,2002(9).

[132] 侯建业,杨文玉,王春启.山东招远县发现宋墓[J].考古,1995(1).

[133] 甘肃省博物馆.武威雷台汉墓[J].考古学报,1974(2).

[134] 赵雪野,赵万钧.甘肃高台魏晋墓墓券及所涉及的神祇和卜宅图[J].考古与文物,2008(1).

[135] 金身佳.敦煌写本宅经葬书与古人的天人合一理念[J].湘潭大学学报(哲学社会科学版),2007(4).

[136] 孙作云.敦煌画中的神怪画[J].考古,1960(6).

[137] 陈菁.汉晋时期河西走廊砖墓穹顶技术初探[J].古建园林技术,2009(2).

[138] 陈菁.汉晋时期河西走廊砖墓穹顶技术刍议[J].建筑师,2007(8).

[139] 陈菁.汉晋时期河西走廊砖墓穹顶技术初探[J].敦煌研究,2006(3).

[140] 湖南省博物馆.长沙两晋南朝隋墓发掘报告[J].考古学报,1959(3).

[141] 安乡县文物管理所.湖南安乡西晋刘弘墓[J].文物,1993(11).
[142] 李正光,彭青野.长沙沙湖桥一带古墓发掘报告[J].考古学报,1957(4).
[143] 江西省文物考古研究所,南昌市博物馆.南昌火车站东晋墓葬群发掘简报[J].文物,2001(2).
[144] 江西省博物馆.江西瑞昌马头西晋墓[J].考古,1974(1).
[145] 李希朗.江西吉水晋代砖室墓[J].南方文物,1994(3).
[146] 河北省文物研究所,等.宣化辽代壁画墓群[J].文物春秋,1995(2).
[147] 石家庄地区革委会文化局文物发掘组.河北赞皇东魏李希宗墓[J].考古,1977(6).
[148] 刘友恒,樊子林.河北正定天宁寺凌霄塔地宫[J].文物,1991(6).
[149] 安徽省文物考古研究所、马鞍山市文物管理所.安徽马鞍山宋山东吴墓[J].江汉考古,2007(4).
[150] 马鞍山市文物管理所.马鞍山林里东晋纪年墓发掘简报[J].东南文化,2004(5).
[151] 栗中斌.马鞍山市宋山墓的年代和墓主身份考[J].东南文化,2007(4).
[152] 吴桂兵.马鞍山东晋"建元二年"墓分析——两晋偏室墓研究之二[J].东南文化,2006(1).
[153] 方成军.安徽东吴时期墓葬初探[J].安徽史学,1999(3).
[154] 山西省文物管理委员会.太原西南郊清理的汉至元代墓葬[J].考古,1963(5).
[155] 乐山市崖墓博物馆.四川乐山市沱沟嘴东汉崖墓清理简报[J].文物,1993(1).
[156] 戴应新,李仲煊.陕西绥德县延家岔东汉画像石墓[J].考古,1983(3).
[157] 张兴国.内蒙古巴林左旗出土彩绘木棺[J].文物,2009(3).
[158] 吕学明,吴炎亮.辽宁朝阳隋唐时期砖构墓葬形制及演变[J].北方文物,2007(4).
[159] 韦正.长江中下游、闽广六朝墓葬的发现和研究[J].南方文物,2005(4).
[160] 施加农.西晋青瓷胡人俑的初步研究[J].东方博物,2006(1).
[161] 陈元甫.土墩墓一墩多墓问题讨论[J].华夏考古,2007(1).
[162] 张小舟.北方地区魏晋十六国墓葬的分区与分期[J].考古学报,1987(1).
[163] 李梅田.中原魏晋北朝墓葬文化的阶段性[J].华夏考古,2004(1).
[164] 齐东方.三国两晋南北朝时期祔的葬墓[J].考古,1991(10).
[165] 傅亦民.论长江下游地区船形砖室墓[J].南方文物,2005(1).
[166] 毛颖.孝道与六朝丧葬文化[J].东南文化,2000(7).
[167] 阎步克.也谈"真二千石"[J].史学月刊,2003(12).
[168] 刘自兵.三峡地区砖(石)室墓建筑研究[J].东南文化,2007(2).
[169] 潘世东.汉水流域"寄死窑"大文化观系统阐释[J].郧阳师范高等专科学校学报,2004(5).
[170] 安家瑶.中国的早期玻璃器皿[J].考古学报,1984(4).

[171] 胡阿祥.《晋永嘉丧乱后之民族迁徙》申论[J].安徽大学学报(社科版),2010(5).

[172] 谢宝富.北朝墓葬的地下形制研究[J].湖北大学学报(哲学社会科学版),1997(6).

[173] 徐苹芳.中国舍利塔基考述[J].传统文化与现代化,1994(4).

[174] 王侠.高句丽抹角叠涩墓初论[J].北方文物,1994(1).

[175] 张十庆.日本之建筑史研究概观[J].建筑师,1995(6).

[176] 韩钊.中国魏晋南北朝壁画墓和日本装饰古坟的比较研究[J].考古与文物,2007(2).

[177] 李梅田.西方汉学家视野中的六朝历史考古——丁爱博《六朝文明》导读[J].南方文物,2012(2).

[178] 常青.两汉砖石拱顶建筑探源[J].自然科学史研究(第十卷),1991(3).

[179] 冯江.穹隆:美学缠斗与技术演进中范型的建立[J].华中建筑,2007(12).

[180] 詹和平.西方古代建筑穹窿的演变及其意义[J].南京艺术学院学报(美术与设计版),2009(6).

[181] 杨福瑞.北方游牧民族穹庐观念及对居住文化的影响[J].贵州社会科学,2009(7).

[182] 孙险峰.北魏鲜卑人的宇宙观——从鲜卑人的祭天礼制看宇宙观的变迁[J].自然辩证法研究,2010(11).

[183] 葛承雍.丝路商队驼载"穹庐"、"毡帐"辨析[J].中国历史文物,2009(3).

[184] 赵忞.衰变的穹顶[J].城市·环境·设计,2010(11).

[185] 徐永利,钱祥伍.天堂之间——伊斯坦布尔历史建筑解读[J].时代建筑,2005(5).

[186] 徐永利,李靖.古埃及神庙空间序列解读——兼谈古埃及建筑语言的开创性意义[J].华中建筑,2007(9).

[187] 邓加倍,任建芬.广州不是中国汉代海上丝绸之路始发港[J].广州社会主义学院学报,2004(1).

[188] 韦浩明.秦汉时期的"潇贺古道"[J].广西梧州师范高等专科学校学报,2005(21-1).

[189] 吴松弟.两汉时期徐闻港的重要地位和崛起原因——从岭南的早期开发与历史地理角度探讨[J].岭南文史,2002(2).

[190] 王元林.广州、宁波等中国沿海外贸港口比较刍议[G]//[出版者不详].宁波与海上丝绸之路国际学术研讨会论文集.宁波:2005.

[191] 伍忧.HASSAN FATHY:第三世界的新村[J].艺术世界,2010(243).

[192] 刘重义.哈桑·法希与土坯建筑[J].世界建筑,1985(6).

[193] 李钢,李慧蓉,王婷.形式追随生态[J].新建筑,2006(4).

[194] 董豫赣.与人合作[J].时代建筑,2007(2).

[195] [英]Z S Makowski.穹顶的发展历史及其现代世界成就[J].王克洪,译.华中建筑,1988(2).

[196] 倪润安.北魏平城时代平城墓葬的文化转型[J].考古学报,2014(1).

[197] 倪润安.南北朝墓葬文化的正统争夺[J].考古,2013(12).

[198] 大同市考古研究所.山西大同阳高北魏尉迟定州墓发掘简报[J].文物,2011(12).

[199] 郝军军.北魏尉迟定州墓墓主身份再考[J].文物,2014(12).

[200] 宁夏博物馆关马湖汉墓发掘组.宁夏吴忠县关马湖汉墓[J].考古与文物,1984(3).

[201] 刘宵.新疆库车友谊路墓葬M3的年代问题[J].重庆科技学院学报(社会科学版),2011(12).

学位论文

[1] 龚恺.明代无梁殿[D].南京:南京工学院,1987.

[2] 常青.西域建筑文化若干问题的比较研究[D].南京:东南大学,1990.

[3] 赵明星.宋代仿木构墓葬形制研究[D].长春:吉林大学,2004.

[4] 陈炜祺.汉代南阳盆地经济地理初探[D].武汉:武汉大学,2005.

[5] 桑春.论新疆伊斯兰教建筑设计中的宗教观念[D].南京:南京艺术学院,2006.

[6] 王晓帆.中国西南边境及相关地区南传上座部佛塔研究[D].上海:同济大学,2006.

[7] 金身佳.敦煌写本宅经葬书研究[D].兰州:兰州大学,2006.

[8] 徐永利.外来密檐塔形态转译及其本土化研究[D].上海:同济大学,2008.

[9] 王蓓.洛阳汉墓壁画艺术探究[D].开封:河南大学,2009.

[10] 樊敏.哈桑·法赛创作思想及建筑作品研究[D].西安:西安建筑科技大学,2009.

著作

[1] Roland Besenval. Technologie de la Voute dans l'Orient Ancien 1-2[M]. Paris: Recherche sur les civilisations, 1984.

[2] Godard André et al. "Voùtes iraniennes" Athar-e Iran 4[M], 1949.

[3] Gernot Minke. Building with Earth: Design and Technology of a Sustainable Architecture[M]. Birkhäuser-Publishers for Architecture, P. O. Box 133, CH-4010 Basel, Switzerland, 2006.

[4] Leigh Ashton. An Introduction to the study of Chinese Sculpture[M]. London: Ernest Benn, Limited, 1925.

[5] Percy Brown. Indian Architecture: The Islamic Period[M]. Bombay: D. B. Taraporevala Sons & Co. Ltd., 1942.

[6] [德]Ernst Boerschmann. Chinesische Architektur[M]. Verlag Ernst Wasmuth A-G/Berlin, 1925.

[7] [德]阿尔伯特·冯·勒克科.中亚艺术与文化史图鉴[M].赵崇民,巫新华,译.北京:中国人民大学出版社,2005.

[8] [英]W. C. 丹皮尔.科学史及其与哲学和宗教的关系[M].李珩,译.桂林:广

西师范大学出版社,2001.
[9] [英]阿诺德·汤因比.历史研究[M].刘北成,郭小凌,译.上海:上海人民出版社,2000.
[10] [英]丹·克鲁克香克.弗莱彻建筑史:第20版[M].北京:中国水利电力出版社,2001.
[11] [英]肯尼思·弗兰姆普敦.建构文化研究[M].王骏阳,译.北京:中国建筑工业出版社,2007.
[12] [英]约翰·B.沃德-珀金斯.罗马建筑[M].吴葱,等译.北京:中国建筑工业出版社,1999.
[13] [美]罗斯·金.圆顶的故事[M].陈亮,译.上海:上海社会科学出版社,2003.
[14] [美]西里尔·曼戈.拜占庭建筑[M].张本慎,等译.北京:中国建筑工业出版社,2000.
[15] [意]马里奥·布萨利.东方建筑[M].单军,赵焱,译.北京:中国建筑工业出版社,1999.
[16] [日]伊东忠太.中国建筑史[M].北京:商务印书馆,1998.
[17] [日]曾布川宽.六朝帝陵——以石兽和砖画为中心[M].傅江,译.南京:南京出版社,2004.
[18] [战国]荀况,著;杨倞,注.荀子[M].上海:上海古籍出版社,1989.
[19] [战国]屈原.楚辞[M].长春:吉林摄影出版社,2003.
[20] [战国]吕不韦.吕氏春秋[M].四部备要版.台北:中华书局,1971.
[21] [汉]司马迁.史记[M].北京:线装书局,2008.
[22] [汉]扬雄,撰,(晋)范望,注.太玄经[M].上海:上海古籍出版社,1990.
[23] [汉]戴德,辑,(清)孔广森,撰.大戴礼记·大戴礼记补注[M].济南:山东友谊出版社,1991.
[24] [东汉]王充.论衡[M].陈建初,蒋骥骋,张晓莺,译.长沙:岳麓书社,1998.
[25] [东汉]袁康,吴平,辑录;乐祖谋,点校.越绝书[M].上海:上海古籍出版社,1985.
[26] [东汉]张衡,原著,张震泽,校注.张衡诗文集校注[M].上海:上海古籍出版社,1986.
[27] [魏]曹丕,等撰;郑学弢,校注.列异传等五种[M].北京:文化艺术出版社,1988.
[28] [西晋]陈寿,著;[南朝宋]裴松之,注.裴松之注三国志[M].邹德金整理.天津:天津古籍出版社,2009.
[29] [梁]僧祐.弘明集[M].上海:上海古籍出版社,1991.
[30] [唐]欧阳询,等编.艺文类聚[M].北京:中华书局,1965.
[31] 李学勤.二十六史:第1、2册[M].海口:海南出版社,1999.
[32] 杜经国.二十五史:第1、2册[M].郑州:中州古籍出版社,1996.
[33] 罗哲文,杨永生.失去的建筑[M].北京:中国建筑工业出版社,1999.
[34] 傅熹年.中国古代建筑史:第2卷[M].北京:中国建筑工业出版社,2001.
[35] 刘敦桢.中国古代建筑史[M].北京:中国建筑工业出版社,1984.
[36] 常青.西域文明与华夏建筑的变迁[M].长沙:湖南教育出版社,1992.

[37] 蒋赞初.长江中下游历史考古论文集[M].北京:科学出版社,2000.
[38] 黄晓芬.汉墓的考古学研究[M].长沙:岳麓书社,2003.
[39] 管曙光.白话四书五经:下[M].长春:长春出版社,2007.
[40] 李蔚然.南京六朝墓葬的发现与研究[M].成都:四川大学出版社,1998.
[41] 张卓远.汉代画像砖石墓葬的建筑学研究[M].郑州:中州古籍出版社,2011.
[42] 吴树平,等点校.十三经[M].第2版.北京:北京燕山出版社,2007.
[43] 王俊.马鞍山六朝墓葬发掘与研究[M].北京:科学出版社,2008.
[44] 南阳市地方史志编纂委员会.南阳市志[M].郑州:河南人民出版社,1989.
[45] 梁思成.清式营造则例(附:营造算例)[M].北京:中国建筑工业出版社,1981.
[46] 林洙.中国古建筑图典[M].北京:北京出版社,1999.
[47] 吴承洛.中国度量衡史[M].北京:商务印书馆,1993.
[48] 李均明,何双全.秦汉魏晋出土文献:散见简牍合辑[M].北京:文物出版社,1990.
[49] 王青.西域文化影响下的中古小说[M].北京:中国社会科学出版社,2006.
[50] 蒲慕州.墓葬与生死:中国古代宗教之省思[M].北京:中华书局,2008.
[51] 郭超,夏于全.传世名著百部:第5卷、第21卷[M].北京:蓝天出版社,1998.
[52] 钟雷.老子·庄子·大学·中庸·尚书·墨子[M].哈尔滨:黑龙江人民出版社,2004.
[53] 张剑光.入土为安[M].扬州:广陵书社,2004.
[54] 李国新.画像砖艺术鉴赏[M].杭州:浙江大学出版社,2006.
[55] 郑岩.魏晋南北朝壁画墓研究[M].北京:文物出版社,2002.
[56] 周寿昌.汉书注校补[M].上海:商务印书馆,1937.
[57] 古兰经[M].马坚,译.北京:中国社会科学出版社,1981.
[58] 朱存明.图像生存——汉画像田野考察散记[M].南宁:广西人民出版社,2007.
[59] 周学鹰.解读画像砖石中的汉代文化[M].北京:中华书局,2005.
[60] 李星明.唐代墓室壁画研究[M].西安:陕西人民美术出版社,2005.
[61] 金身佳.敦煌写本宅经葬书校注[M].北京:民族出版社,2007.
[62] 李泽厚.美学三书[M].合肥:安徽文艺出版社,1999.
[63] 徐永斌.南阳汉画像石艺术[M].郑州:河南大学出版社,2007.
[64] 李大夏.路易·康[M].北京:中国建筑工业出版社,1993.
[65] 郑振铎.近百年古城古墓发掘史(外一种:朱希祖.六朝陵墓调查报告)[M].长沙:岳麓书社,2010.
[66] 汪小洋,姚义斌.美术考古与宗教美术[M].上海:上海大学出版社,2008.
[67] 李德喜,郭德维.中国墓葬建筑文化[M].武汉:湖北教育出版社,2004.
[68] 张学锋.中国墓葬史[M].扬州:广陵书社,2009.
[69] 韦正.六朝墓葬的考古学研究[M].北京:北京大学出版社,2011.
[70] 何晓昕,罗隽.风水史[M].上海:上海文艺出版社,1995:18.
[71] 郭雨桥.细说蒙古包.北京:东方出版社,2010.

[72] 罗小未,蔡琬英. 外国建筑历史图说[M]. 上海:同济大学出版社,1986.
[73] 关友惠. 敦煌装饰图案[M]. 上海:华东师范大学出版社,2010.
[74] 孔正一. 西安小雁塔[M]. 西安:三秦出版社,2003.
[75] 萧默. 中国建筑艺术史[M]. 北京:文物出版社,1999.
[76] 倪方六. 三国大墓[M]. 南京:南京人民出版社,2010.
[77] 谭其骧. 简明中国历史地图集[M]. 北京:中国地图出版社,1991.
[78] 常青. 中国古塔的艺术历程[M]. 西安:陕西人民美术出版社,1998.
[79] 中国建筑史论文选辑编辑部. 中国建筑史论文选辑[M]. 台北:明文书局,1984.
[80]《中国地理地图集》编辑部. 中国地理地图集[M]. 北京:地质出版社,2010.
[81] 中国科学院自然科学史研究所. 中国古代建筑技术史[M]. 北京:科学出版社,1985.
[82] 中国社会科学院考古研究所. 夏鼐文集:中[M]. 北京:社会科学文献出版社,2000.
[83] 武汉大学中国三至九世纪研究所. 魏晋南北朝隋唐史资料[M]. 武汉:武汉大学文科学报编辑部,1997.
[84] 南京大学历史系考古专业,等. 鄂城六朝墓[M]. 北京:科学出版社,2007.
[85] 洛阳区考古发掘队. 洛阳烧沟汉墓[M]. 北京:科学出版社,1959.
[86] 襄樊市文物考古研究所. 襄樊考古文集:第1辑[M]. 北京:科学出版社,2007.
[87] 文物编辑委员会. 文物资料丛刊(3)[M]. 北京:文物出版社,1980.
[88] 文物编辑委员会. 文物资料丛刊(8)[M]. 北京:文物出版社,1983.
[89] 古代汉语字典编委会. 古代汉语字典[M]. 北京:商务印书馆,2005.
[90] 古代汉语常用字字典编写组. 古代汉语常用字字典[M]. 北京:商务印书馆,1995.
[91] 中国大百科全书出版社编辑部. 中国大百科全书(建筑·园林·城市规划)[M]. 北京:中国大百科全书出版社,1988.
[92] 中国大百科全书出版社编辑部. 中国大百科全书(考古学)[M]. 北京:中国大百科全书出版社,1988.
[93] 南京市博物馆,南京文物考古新发现——南京历史文化新探二[M]. 南京:江苏人民出版社,2006.

网页

[1] http://news.sohu.com/20111201/n327566741.shtml.
[2] http://www.chiculture.net/0505/html/d37/0505d37.html.
[3] http://en.wikipedia.org/wiki/Dome.
[4] http://en.wikipedia.org/wiki/Wigwam.
[5] http://en.wikipedia.org/wiki/Vault_(architecture).
[6] http://en.wikipedia.org/wiki/File:Bazaar_of_tabriz06.jpg.
[7] http://www.3ei.org/images/peru05paper.pdf.

[8] http://qinyuluo64554.blog.sohu.com/78646450.html.

[9] http://lz.book118.com/readonline-55787-55068-4.aspx.

[10] http://blog.tianya.cn/blogger/post_read.asp?BlogID=3186722&PostID=30774953.

[11] http://www.xiangyang.gov.cn/contents/2553/365074.html.

[12] http://auction1.paipai.com/0C9BC22400000000401000011956DB1.

[13] http://baike.baidu.com/image/969cbf44760324bab2b7dcd5.

[14] http://baike.baidu.com/albums/47750/6167418/0/0.html#0$b219ebc4b74543a930fa83831e178a82b801149f.

[15] http://www.dwf.org/en/download/Woodless%20Construction%20Document.pdf.

[16] http://www.lvye.org/modules/lvyebb/viewtopic.php?view=1&post_id=43612700.

[17] http://www.world-housing.net/uploads/102428_118_11.jpg.

[18] http://www.world-housing.net/uploads/102426_118_09.jpg.

[19] http://www.eartharchitecture.org/index.php?/archives/1037-Gaza-Mud-Brick-Houses-as-Inverted-Tunnels.html.

[20] http://www.google.com.hk/search?q=X-2276_PDF._Fuentes%2C_Huerta_2010._Islamic_domes_of_crossed-arc&opt-webpage=on&client=aff-360daohang&hl=zh-CN&ie=gb2312&newwindow=1. (X-2276_PDF._Fuentes,_Huerta_2010._Islamic_domes_of_crossed-arches_Origin,_geometry_and_structural_behavior).

[21] http://www.uux.cn/viewnews-40749.html.

[22] http://news.sina.com.cn/c/2011-07-12/033122796303.shtml.

[23] http://culture.ifeng.com/a/20160312/47808941_0.shtml.

其他

[1] 汉阴文管所. 第三次全国文物普查不可移动文物登记表(编号 610921—0191),2009.

[2] 中法世博论坛·可持续建筑全球奖(展). 上海同济城市规划设计研究院展厅,2010.

[3] 何伟俊,李博. 六朝墓灰浆以及砖样品成分分析,2011.

图版来源

图 0.1　四隅券进式穿窿砌法示意图. http://www.3ei.org/images/peru05paper.pdf(2010.2.5)

图 0.2　刘敦桢对墓室拱顶演变的推断. 刘敦桢. 中国古代建筑史[M]. 北京:中国建筑工业出版社,1984:69

图 1.1　新疆森木塞姆石窟小穹顶. 笔者摄

图 1.2　古画中的蒙古包. 郭雨桥. 细说蒙古包[M]. 北京:东方出版社,2010:2

图 1.3　河南洛阳烧沟 632 号汉墓甬道穹顶. 洛阳区考古发掘队. 洛阳烧沟汉墓[M]. 北京:科学出版社,1959:图版五

图 1.4　河南洛阳烧沟 1029 号汉墓. 洛阳区考古发掘队. 洛阳烧沟汉墓[M]. 北京:科学出版社,1959:61

图 1.5　甘肃武威雷台汉墓后室西壁及顶部. 甘肃省博物馆. 武威雷台汉墓[J]. 考古学报,1974(2):图版二

图 1.6　拱壳顶方弧形圜砌图. 中国科学院自然科学史研究所. 中国古代建筑技术史[M]. 北京:科学出版社,1985:178

图 1.7　河南洛阳北郊西晋墓剖面. 陈菁. 汉晋时期河西走廊砖墓穹顶技术刍议[J]. 建筑师,2007(8):64

图 1.8　陕西汉阴县平梁乡龙头庙无梁殿室内空间. 第三次全国文物普查不可移动文物登记表(编号 610921—0191),汉阴文管所陈连军提供

图 1.9　济南历城神通寺四门塔. 林洙. 中国古建筑图典[M]. 北京:北京出版社,1999:533

图 1.10　南阳市第二化工厂 M21 墓(局部). 南阳市古代建筑保护研究所张卓远提供

图 1.11　河南襄城茨沟汉墓剖面. 河南省文化局文物工作队. 河南襄城茨沟汉画像石墓[J]. 考古学报,1964(1):114

图 1.12　银川鼓楼砖十字门洞拱顶. 中国科学院自然科学史研究所. 中国古代建筑技术史[M]. 北京:科学出版社,1985:179

图 1.13　伊斯坦布尔东正教教廷拱顶. 笔者摄

图 1.14　库车 M14 晋十六国墓. 笔者摄

图 1.15　耒阳廖家山一号墓全景. 湖南文物考古研究所高成林提供

图 1.16　库车 M14 晋十六国墓前室内角处理. 笔者摄

图 1.17　耒阳廖家山一号墓内角处理. 湖南文物考古研究所高成林提供

图 1.18　江宁上坊孙吴墓墓道底部排水沟. 南京市博物馆,南京市江宁区博物馆. 南京江宁上坊孙吴墓发掘简报[J]. 文物,2008(12):6

图 1.19　忽必烈紫堡. 罗哲文,杨永生. 失去的建筑[M]. 北京:中国建筑工业出版社,1999:45

图 1.20　胡夫金字塔剖面. 罗小未,蔡琬英. 外国建筑历史图说[M]. 上海:同济大学出版社,1986:8

图 1.21　洛阳烧沟 632 号汉墓平面. 洛阳区考古发掘队. 洛阳烧沟汉墓[M]. 北京:科学出版社,1959:32.33 夹页

图 1.22　洛阳烧沟 632 号汉墓剖面. 洛阳区考古发掘队. 洛阳烧沟汉墓[M]. 北京:科学出版社,1959:32.33 夹页

图 1.23　洛阳烧沟 1026 号汉墓. 洛阳区考古发掘队. 洛阳烧沟汉墓[M]. 北京:科学出版社,1959:46

图 1.24　古罗马十字交叉拱顶. [英]丹·克鲁克香克. 弗莱彻建筑史:第 20 版

图1.25 筒拱交叉后被古罗马十字拱舍弃的四个曲面. http://en.wikipedia.org/wiki/Dome(2012.6.18)

图1.26 古罗马万神庙剖面.[英]丹·克鲁克香克.弗莱彻建筑史:第20版[M].北京:中国水利电力出版社,2001:250

图1.27 迈锡尼阿托雷斯宝库.[英]丹·克鲁克香克.弗莱彻建筑史:第20版[M].北京:中国水利电力出版社,2001:111

图1.28 亚述尼尼微城穹顶形象.常青.西域文明与华夏建筑的变迁[M].长沙:湖南教育出版社,1992:105

图1.29 西汉南越王墓.黄晓芬.汉墓的考古学研究[M].长沙:岳麓书社,2003:86

图1.30 济宁市普育小学校东汉石室墓.黄晓芬.汉墓的考古学研究[M].长沙:岳麓书社,2003:139

图1.31 彭城相缪宇墓.南京博物院,邳县博物馆.东汉彭城相缪宇墓[J].文物,1984(8):23

图1.32 河南新野樊集M36墓,河南省南阳地区文物研究所.新野樊集汉画像砖墓[J].考古学报,1990(4):图版拾陆

图1.33 河南新野樊集M36墓剖面.河南省南阳地区文物研究所.新野樊集汉画像砖墓[J].考古学报,1990(4):487

图1.34 海上丝绸之路. http://baike.baidu.com/image/969cbf44760324bab2b7dcd5 (2012.6.19)

图1.35 西晋堆塑罐上的胡人俑.施加农.西晋青瓷胡人俑的初步研究[J].东方博物,2006(1):80

图1.36 中亚穿隅处理手法.常青.西域建筑文化若干问题的比较研究[D].南京:东南大学.1990:78

图1.37 以弗所6号住宅遗址的入口门廊顶部.笔者摄

图1.38 伊斯坦布尔圣索菲亚大教堂门廊顶部.笔者摄

图1.39 敦煌莫高窟285窟.关友惠.敦煌装饰图案[M].上海:华东师范大学出版社,2010:51

图1.40 敦煌莫高窟61窟.关友惠.敦煌装饰图案[M].上海:华东师范大学出版社,2010:184

图1.41 徐州南洞山二号汉墓穹窿.梁勇.从西汉楚王墓的建筑结构看楚王墓的排列顺序[J].文物,2001(10):80

图1.42 徐州驮篮山二号汉墓.梁勇.从西汉楚王墓的建筑结构看楚王墓的排列顺序[J].文物,2001(10):74

图1.43 洛阳烧沟1026号汉墓前室剖面.洛阳区考古发掘队.洛阳烧沟汉墓[M].北京:科学出版社,1959:46

图1.44 汉地砖叠涩穹窿、四面结顶式穹窿发生过程示意图.笔者绘

图1.45 室墓形成的三阶段.黄晓芬.汉墓的考古学研究[M].长沙:岳麓书社,2003:91

图 1.46　洛阳市烧沟 M184 墓. 黄晓芬. 汉墓的考古学研究[M]. 长沙：岳麓书社，2003：98

图 1.47　禹县逍 M31 墓. 黄晓芬. 汉墓的考古学研究[M]. 长沙：岳麓书社，2003：98

图 1.48　洛阳北邙 IM45. 黄晓芬. 汉墓的考古学研究[M]. 长沙：岳麓书社，2003：98

图 1.49　河南新野樊集 M23 墓. 河南省南阳地区文物研究所. 新野樊集汉画像砖墓[J]. 考古学报，1990（4）：479

图 1.50　宜阳县牌窑西汉墓. 黄晓芬. 汉墓的考古学研究[M]. 长沙：岳麓书社，2003：98

图 1.51　河南禹县白沙 M1 墓. 赵明星，宋代仿木构墓葬形制研究[D]. 长春：吉林大学，2004：23

图 1.52　浙江临安晚唐钱宽墓剖面. 浙江省博物馆，杭州市文管会. 浙江临安晚唐钱宽墓出土天文图及"官"字款白瓷[J]. 文物，1979（12）：19

图 1.53　高昌故城大佛殿经堂穹隅. 笔者摄

图 1.54　襄城茨沟汉墓后室西北隅花纹小砖. 河南省文化局文物工作队. 河南襄城茨沟汉画像石墓[J]. 考古学报，1964（1）：117

图 1.55　河南新乡丁固城宋墓 M18. 河南省文物研究所，新乡市博物馆，新乡地区文管会. 河南省新乡县丁固城古墓地发掘报告[J]. 中原文物，1985（2）：图版三

图 1.56　沂南画像石墓. 黄晓芬. 汉墓的考古学研究[M]. 长沙：岳麓书社，2003：139

图 1.57　集安禹山 M1897 墓. 王侠，高句丽抹角叠涩墓初论[J]. 北方文物，1994（1）：35

图 1.58　山东招远辛庄镇宋墓. 侯建业，杨文玉，王春启. 山东招远县发现宋墓[J]. 考古，1995（1）：30

图 1.59　唐河县电厂汉画像石墓西主室剖面.《南阳汉画像石》编委会. 唐河县电厂汉画像石墓[J]. 中原文物，1982（1）：7

图 1.60　山东嘉祥县钓鱼山宋墓 M2. 山东嘉祥县文管所. 山东嘉祥县钓鱼山发现两座宋墓[J]. 考古，1986（9）：825

图 1.61　济南东八里洼北朝壁画墓. 邱玉鼎，佟佩华. 济南市东八里洼北朝壁画墓[J]. 文物，1989（4）：69

图 1.62　江西吉水东吴大墓. 吉水博物馆叶翔、李艳萍提供

图 1.63　南京南唐钦陵砖拱壳顶. 笔者摄

图 1.64　南京南唐钦陵石殿顶. 笔者摄

图 1.65　四川三台县郪江金钟山 M4 崖墓. 黄晓芬. 汉墓的考古学研究[M]. 长沙：岳麓书社，2003：148

图 2.1　四隅券进式穹窿墓葬地级市分布图（未包含山西大同）. 笔者绘

图 2.2　南阳市独山西坡汉画像石墓. 南阳市博物馆. 南阳市独山西坡汉画像石墓[J]. 中原文物，1985（3）：37

图 2.3　镇江东晋画像砖墓. 镇江市博物馆. 镇江东晋画像砖墓[J]. 文物,1973(4):52

图 2.4　临安板桥五代墓平面. 浙江省文物管理委员会. 浙江临安板桥的五代墓[J]. 文物,1975(8):67

图 2.5　南阳桐柏县安棚画像石墓. 南阳市文物研究所. 桐柏县安棚画像石墓[J]. 中原文物,1996(3):23

图 2.6　河南新乡市北站区汉墓 M6. 新乡市文物工作队. 河南新乡市北站区汉墓[J]. 考古,2006(3):41

图 2.7　新乡市老道井墓地东同古墓区汉墓 M6. 郑州大学历史学院考古系,河南省文物局南水北调文物保护办公室. 河南省新乡市老道井墓地东同古墓区汉墓清理简报[J]. 四川文物,2009(6):12

图 2.8　南阳邢营 M2 单室墓平面. 南阳市文物工作队. 南阳市邢营画像石墓发掘报告[J]. 中原文物,1996(1):115

图 2.9　常德市安乡西晋刘弘墓平面. 安乡县文物管理所. 湖南安乡西晋刘弘墓[J]. 文物,1993(11):2

图 2.10　南昌火车站 M5 墓. 江西省文物考古研究所,南昌市博物馆. 南昌火车站东晋墓葬群发掘简报[J]. 文物,2001(2):14

图 2.11　太原西南郊汉墓 6 平面. 山西省文物管理委员会. 太原西南郊清理的汉至元代墓葬[J]. 考古,1963(5):266

图 2.12　湖北襄阳 XZM1 墓. 襄樊市博物馆. 湖北襄阳城内三国时期的多室墓清理简报[J]. 江汉考古,1995(3):16.20,P54.

图 2.13　老虎山晋墓 M1. 李蔚然. 南京六朝墓葬的发现与研究[M]. 成都:四川大学出版社,1998:28

图 2.14　长沙晋墓 22 平面. 湖南省博物馆. 长沙两晋南朝隋墓发掘报告[J]. 考古学报,1959(3):79

图 2.15　襄阳樊城菜越三国墓. 襄樊市文物考古研究所. 湖北襄樊樊城菜越三国墓发掘简报[J]. 文物,2010(9):5

图 2.16　湖北鄂城 M2183 墓平面. 南京大学历史系考古专业,等. 鄂城六朝墓[M]. 北京:科学出版社,2007:22

图 2.17　南阳新野县前高庙村汉画像石 M1 墓. 南阳地区文物工作队,新野县文化馆. 新野县前高庙村汉画像石墓[J]. 中原文物,1985(3):3

图 2.18　鄂城 M2006 墓. 南京大学历史系考古专业,等. 鄂城六朝墓[M]. 北京:科学出版社,2007:31

图 2.19　浙江临安晚唐钱宽墓平面. 浙江省博物馆,杭州市文管会. 浙江临安晚唐钱宽墓出土天文图及"官"字款白瓷[J]. 文物,1979(12):18

图 2.20　鄂城 M1002 墓. 南京大学历史系考古专业,等. 鄂城六朝墓[M]. 北京:科学出版社,2007:36.37 夹页

图 2.21　长沙晋墓 23 平面. 湖南省博物馆. 长沙两晋南朝隋墓发掘报告[J]. 考古学报,1959(3):78

图2.22　马鞍山当涂新市镇刘山村东晋墓.王俊.马鞍山六朝墓葬发掘与研究[M].北京:科学出版社,2008:147

图2.23　鄂州新1墓前室及侧室穹窿.鄂州博物馆熊寿昌提供

图2.24　马鞍山寺门口东吴墓平面.王俊.马鞍山六朝墓葬发掘与研究[M].北京:科学出版社,2008:40

图2.25　南阳邢营M2墓剖面.南阳市文物工作队.南阳市邢营画像石墓发掘报告[J].中原文物,1996(1):116

图2.26　宜兴晋墓M1.罗宗真.江苏宜兴晋墓发掘报告——兼论出土的青瓷器[J].考古学报,1957(4):85

图2.27　南京仙鹤观6号墓.南京市博物馆.江苏南京仙鹤观东晋墓[J].文物,2001(3):5

图2.28　江宁沙石岗孙吴天册元年墓.南京市江宁区博物馆.南京江宁孙吴"天册元年"墓发掘简报[J].东南文化,2009(3):27

图2.29　常德市安乡西晋刘弘墓剖面.安乡县文物管理所.湖南安乡西晋刘弘墓[J].文物,1993(11):2

图2.30　南京江宁上坊孙吴墓剖面.南京市博物馆,南京市江宁区博物馆.南京江宁上坊孙吴墓发掘简报[J].文物,2008(12):5

图2.31　宜兴晋墓M2.罗宗真.江苏宜兴晋墓发掘报告——兼论出土的青瓷器[J].考古学报,1957(4):86

图2.32　南阳市王庄汉画像石墓平面.南阳市博物馆,南阳市王庄汉画像石墓[J].中原文物,1985(3):26

图2.33　南京仙鹤山M4墓.南京市博物馆,南京师范大学文物与博物馆学系.南京仙鹤山孙吴、西晋墓[J].文物,2007(1):27

图2.34　南京邓府山87YDM30墓.南京市博物馆.一九八七年至一九八八年南京邓府山六朝墓群清理简报[J].东南文化,1992(2):163

图2.35　南京邓府山87YDM30墓剖面(局部).南京市博物馆.一九八七年至一九八八年南京邓府山六朝墓群清理简报[J].东南文化,1992(2):163

图2.36　南京江宁上坊孙吴墓平面.南京市博物馆,南京市江宁区博物馆.南京江宁上坊孙吴墓发掘简报[J].文物,2008(12):5

图2.37　南京郭家山M10墓平面.南京市博物馆.南京市郭家山东晋温氏家族墓[J].考古,2008(6):4

图2.38　南京郭家山M6墓平面.南京市博物馆.江苏南京市北郊郭家山东吴纪年墓[J].考古,1998(8):21

图2.39　南京郭家山M11墓.南京市博物馆.南京市郭家山11号墓发掘简报[J].东南文化,2009(3):32

图2.40　扬州胥浦六朝墓M70.胥浦六朝墓发掘队.扬州胥浦六朝墓[J].考古学报,1988(2):235

图2.41　南京江宁上坊孙吴墓后室穹顶局部残状.笔者摄

图2.42　南京江宁沙石岗孙吴天册元年墓前室穹顶(迁建中).笔者摄

图 2.43　襄阳贾巷 M29 墓隅角做法. 襄阳市文物考古所王道文、王伟提供
图 2.44　江西瑞昌马头西晋墓. 江西省博物馆. 江西瑞昌马头西晋墓[J]. 考古, 1974(1):28
图 2.45　新疆库车友谊路墓群 M14 羊角砖. 笔者摄
图 2.46　南阳第二化工厂 21 号画像石墓龙头. 南阳市文物工作队. 南阳第二化工厂 21 号画像石墓发掘简报[J]. 中原文物, 1993(1):78
图 2.47　南京江宁上坊孙吴墓前室西侧兽头位置. 笔者摄
图 2.48　嘉峪关新坡 M7 前室隅角龙头. 陈菁. 汉晋时期河西走廊砖墓穹顶技术刍议[J]. 建筑师, 2007(8):64
图 2.49　鄂城 M5014 墓. 南京大学历史系考古专业, 等. 鄂城六朝墓[M]. 北京:科学出版社, 2007:27
图 2.50　南京象山 7 号东晋墓剖面. 南京市博物馆. 南京象山 5 号、6 号、7 号墓清理简报[J]. 文物, 1972(11):29
图 2.51　马鞍山东苑小区 M2 墓剖面. 王俊. 马鞍山六朝墓葬发掘与研究[M]. 北京:科学出版社, 2008.87
图 2.52　南京江宁谷里 M1 墓. 南京市博物馆, 南京市江宁区博物馆. 南京江宁谷里晋墓发掘简报[J]. 文物, 2008(3):25
图 2.53　南京江宁谷里 M2 墓. 南京市博物馆, 南京市江宁区博物馆. 南京江宁谷里晋墓发掘简报[J]. 文物, 2008(3):28
图 2.54　宜兴晋墓 M5. 南京博物院. 江苏宜兴晋墓的第二次发掘[J]. 考古, 1977(2):117
图 2.55　南京郭家山 M9 墓. 南京市博物馆. 南京北郊东晋温峤墓[J]. 文物, 2002(7):20
图 2.56　南京郭家山 M5 墓. 南京市博物馆. 江苏南京北郊郭家山五号墓清理简报[J]. 考古, 1989(7):604
图 2.57　南京江宁沙石岗孙吴天册元年墓天顶(异地复原后). 笔者摄
图 2.58　马鞍山朱然墓天顶(修复后). 笔者摄
图 2.59　新疆库车友谊路墓群 M13 天顶. 笔者摄
图 2.60　南京江宁上坊孙吴墓压顶石. 笔者摄
图 2.61　南阳市防爆厂住宅小区汉墓 M62 嵌顶石. 南阳市文物考古研究所. 南阳市防爆厂住宅小区汉墓 M62、84 发掘简报[J]. 中原文物, 2008(4):12
图 2.62　杭州临安板桥五代墓穹顶四灵八卦铜镜拓片. 浙江省文物管理委员会. 浙江临安板桥的五代墓[J]. 文物, 1975(8):68
图 2.63　南京地区东晋墓葬分期示意图. 耿朔. 最后归宿还是暂时居所——南京地区东晋中期墓葬观察[J]. 南方文物, 2010(4):81
图 2.64　南京郭家山 M12 墓. 南京市博物馆. 南京市郭家山东晋温氏家族墓[J]. 考古, 2008(6):11
图 2.65　南京江宁上湖 M3 墓. 南京市博物馆, 南京江宁区博物馆. 南京江宁上湖孙吴、西晋墓[J]. 文物, 2007(1):45

图 3.1　埃及拉姆西斯二世神庙旁土坯筒拱. 笔者摄
图 3.2　非洲的努比亚拱工艺. http://www.dwf.org/en/download/Woodless%20Construction%20Document.pdf(2010.1.28)
图 3.3　亚述帝国科尔沙巴德宫殿贴砌筒拱.［英］丹·克鲁克香克. 弗莱彻建筑史:第20版[M].北京:中国水利电力出版社,2001:81
图 3.4　河南焦作山阳北路西晋 M1 墓贴砌券顶. 焦作市文物工作队. 河南焦作山阳北路西晋墓发掘简报[J]. 文物,2011(9):60
图 3.5　土耳其棉花堡某半圆形剧场通道. 笔者摄
图 3.6　伊斯坦布尔圣索菲亚大教堂坡道拱顶. 笔者摄
图 3.7　伊斯坦布尔圣索菲亚大教堂坡道转角. 笔者摄
图 3.8　伊朗不支模的土坯穹窿. http://www.3ei.org/images/peru05paper.pdf (2010.1.28)
图 3.9　新疆库车某村囊坑. 笔者摄
图 3.10　洛阳涧西 16 工区 82 号墓东剖面. 河南文化局文物工作队第二队 16 区发掘小组. 洛阳涧西 16 工区 82 号墓清理记略[J]. 文物参考资料,1956(3):46
图 3.11　乌兹别克斯坦布哈拉 Degarron 清真寺穹顶. 乌兹别克斯坦学者 Shukur Askarov 提供
图 3.12　佛罗伦萨圣玛利亚百花大教堂穹顶.［美］罗斯·金. 圆顶的故事[M]. 陈亮,译. 上海:上海社会科学出版社,2003:彩页
图 3.13　圣玛利亚百花大教堂穹顶内圆环构造示意.［美］罗斯·金. 圆顶的故事[M]. 陈亮,译. 上海:上海社会科学出版社,2003:113
图 3.14　意大利古代穹顶鹰架.［美］罗斯·金. 圆顶的故事[M]. 陈亮,译. 上海:上海社会科学出版社,2003:43
图 3.15　土耳其塞尔丘克 Sirin 镇教堂穹顶. 笔者摄
图 3.16　南京江宁上坊孙吴墓前室穹窿. 笔者摄
图 3.17　南京江宁上坊孙吴墓后室穹窿. 笔者摄
图 3.18　南京江宁沙石岗天册元年墓前室穹窿. 笔者摄
图 3.19　修复后的马鞍山朱然墓前室穹窿. 笔者摄
图 3.20　修复后的南京江宁上坊孙吴墓前室穹窿. 笔者摄
图 3.21　修复后的南京江宁上坊孙吴墓前室天顶. 笔者摄
图 3.22　整修后的南京江宁上坊孙吴墓后室. 笔者摄
图 3.23　一座施工中的伊朗四隅券进式穹窿. Roland Besenval. Technologie de la Voute dans l'Orient Ancien 1.2[M]. Paris：Recherche sur les civilisations,1984:Pl.45. 伊朗学者 Pirouz Daghoughi 帮助查阅
图 3.24　德国 Kassel 大学实验作品 1. Gernot Minke. Building with Earth:Design and Technology of a Sustainable Architecture[M]. Birkhäuser-Publishers for Architecture, P.O. Box 133, CH-4010 Basel ,Switzerland.

2006:126

图 3.25　德国 Kassel 大学实验作品 2. Gernot Minke. Building with Earth:Design and Technology of a Sustainable Architecture[M]. Birkhäuser-Publishers for Architecture, P. O. Box 133, CH-4010 Basel ,Switzerland. 2006:125

图 3.26　德国 Kassel 大学实验控制券砖位置的方式. Gernot Minke. Building with Earth:Design and Technology of a Sustainable Architecture[M]. Birkhäuser-Publishers for Architecture, P. O. Box 133, CH-4010 Basel, Switzerland. 2006:127

图 3.27　南京江宁上坊孙吴墓后室楔形砖(整修前). 笔者摄

图 3.28　西安小雁塔的手印砖. 孔正一. 西安小雁塔[M]. 西安:三秦出版社,2003:7.

图 3.29　辽宁兴城白塔峪塔青砖底面的沟槽. 笔者摄

图 3.30　马鞍山朱然家族墓. 笔者摄

图 3.31　上坊孙吴墓三顺一丁的甬道壁及封门墙. 笔者摄

图 4.1　萧侍中神道石柱. (日)伊东忠太. 中国建筑史[M]. 北京:商务印书馆,1998:224

图 4.2　南京地区三对神道石柱铭文内容. (日)伊东忠太. 中国建筑史[M]. 北京:商务印书馆,1998:226

图 4.3　马鞍山朱然墓. 王俊. 马鞍山六朝墓葬发掘与研究[M]. 北京:科学出版社,2008:12

图 4.4　洛阳曹魏正始八年墓平面. 洛阳市文物工作队. 洛阳曹魏正始八年墓发掘报告[J]. 考古,1989(4):315

图 4.5　南京上坊棱角山孙吴天册元年墓莲花砖纹. 南京市博物馆. 南京郊县四座吴墓发掘简报[M]//文物编辑委员会. 文物资料丛刊(8). 北京:文物出版社,1983:11

图 4.6　丹阳吴家村南朝墓仙人像. 南京博物院. 江苏丹阳县胡桥、建山两座南朝墓葬[J]. 文物,1980(2):10

图 4.7　南京西善桥宫山墓向秀、刘伶、阮咸、荣启期像. (日)曾布川宽. 六朝帝陵——以石兽和砖画为中心[M]. 傅江,译. 南京:南京出版社,2004:114

图 4.8　徐州狮子山崖墓. 黄晓芬. 汉墓的考古学研究[M]. 长沙:岳麓书社,2003:83

图 4.9　山东巨野红土山墓. 黄晓芬. 汉墓的考古学研究[M]. 长沙:岳麓书社,2003:86

图 4.10　河南永城柿园壁画墓. 黄晓芬. 汉墓的考古学研究[M]. 长沙:岳麓书社,2003:88

图 4.11　陕西咸阳龚家湾一号墓. 黄晓芬. 汉墓的考古学研究[M]. 长沙:岳麓书社,2003:88

图 4.12　中轴线配置型、单玄室型墓的出现过程(黄晓芬整理).黄晓芬.汉墓的考古学研究[M].长沙:岳麓书社,2003:88

图 4.13　湖北光化 M3.黄晓芬.汉墓的考古学研究[M].长沙:岳麓书社,2003:113

图 4.14　湖北荆州瓦坟园 M4.黄晓芬.汉墓的考古学研究[M].长沙:岳麓书社,2003:113

图 4.15　湖北随州安居镇汉墓平面.随州市博物馆.随州安居镇汉墓[J].江汉考古,1987(1):6

图 4.16　江苏仪征烟袋山汉墓.黄晓芬.汉墓的考古学研究[M].长沙:岳麓书社,2003:116

图 4.17　南京大厂区陆营汉墓.黄晓芬.汉墓的考古学研究[M].长沙:岳麓书社,2003:116

图 4.18　江苏邗江甘泉 M2 墓.黄晓芬.汉墓的考古学研究[M].长沙:岳麓书社,2003:142

图 4.19　长沙沙湖桥 AM41 墓.黄晓芬.汉墓的考古学研究[M].长沙:岳麓书社,2003:141

图 4.20　湖北云梦癫痫墩 M1 墓.黄晓芬.汉墓的考古学研究[M].长沙:岳麓书社,2003:141

图 4.21　河南新乡五陵村 M112 墓.新乡市博物馆.河南新乡五陵村战国两汉墓[J].考古学报,1990(1):109,

图 4.22　新乡王门村东汉 M2 墓平面.赵争鸣,赵军,朱旗.河南新乡市王门村汉墓[J].考古,2003(4):89

图 4.23　南阳方城党庄汉画像石墓.南阳地区文物队.方城党庄汉画像石墓——兼谈南阳汉画像石墓的衰亡问题[J].中原文物,1986(2):46

图 4.24　南阳唐河电厂画像石墓平面.《南阳汉画像石》编委会.唐河县电厂汉画像石墓[J].中原文物,1982(1):5

图 4.25　江西吉水大墓平面.李希朗.江西吉水晋代砖室墓[J].南方文物,1994(3):31

图 4.26　朱然墓前、后室棺木的位置.笔者摄

图 4.27　山东省曲阜市九龙山鲁王墓.黄晓芬.汉墓的考古学研究[M].长沙:岳麓书社,2003:85

图 4.28　洛阳烧沟汉墓 1035.洛阳区考古发掘队.洛阳烧沟汉墓[M].北京:科学出版社,1959:73,76 夹页

图 4.29　古罗马万神庙内景.[英]丹·克鲁克香克.弗莱彻建筑史:第 20 版.[M].北京:中国水利电力出版社,2001:252

图 4.30　伊斯坦布尔新皇后清真寺天顶.笔者摄

图 4.31　新疆库车大寺.笔者摄

图 4.32　10 世纪以后北印度希呵罗型印度教塔庙.萧默.中国建筑艺术史[M].北京:文物出版社,1999:300

图4.33 佛塔所反映的人体小宇宙.王晓帆.中国西南边境及相关地区南传上座部佛塔研究[D].上海:同济大学,2006:137

图4.34 意大利维琴察圆厅别墅.罗小未,蔡琬英.外国建筑历史图说[M].上海:同济大学出版社,1986:131

图4.35 基罗其梯亚古代穹窿.詹和平.西方古代建筑穹窿的演变及其意义[J].南京艺术学院学报(美术与设计版),2009(6):65

图4.36 吐鲁番额敏塔墓群.笔者摄

图4.37 宣化下八里五号辽墓后室顶部星象图.河北省文物研究所,等.宣化辽代壁画墓群[J].文物春秋,1995(2):5

图4.38 宣化下八里五号辽墓平面.河北省文物研究所,等.宣化辽代壁画墓群[J].文物春秋,1995(2):2

图4.39 陕北绥德汉墓天顶纹样.朱存明.图像生存——汉画像田野考察散记[M].南宁:广西人民出版社,2007:64.65

图4.40 洛阳曹魏正始八年墓铁帷帐复原示意图.洛阳市文物工作队.洛阳曹魏正始八年墓发掘报告[J].考古,1989(4):317

图4.41 江苏泗阳樊氏画像石墓.淮阴市博物馆,泗洪县图书馆.江苏泗阳打鼓墩樊氏画像石墓[J].考古,1992(9):812

图4.42 陕西延家岔汉画像石墓.戴应新,李仲煊.陕西绥德县延家岔东汉画像石墓[J].考古,1983(3):233

图4.43 唐河针织厂汉画像石墓.周到,李京华.唐河针织厂汉画像石墓的发掘[J].文物,1973(6):33

图4.44 南京江宁上坊孙吴墓现场瓦当.南京市博物馆,南京市江宁区博物馆.南京江宁上坊孙吴墓发掘简报[J].文物,2008(12):16

图4.45 敦煌莫高窟卧佛窟.http://www.lvye.org/modules/lvyebb/viewtopic.php?view=1&post_id=43612700(2012.7.1)

图4.46 上坊孙吴墓木棺出土情形.南京市博物馆,南京市江宁区博物馆.南京江宁上坊孙吴墓发掘简报[J].文物,2008(12):10

图4.47 新疆森木塞姆石窟49号洞天顶1.笔者摄

图4.48 新疆森木塞姆石窟49号洞天顶2.笔者摄

图4.49 巴林左旗辽代彩绘木棺前挡.张兴国.内蒙古巴林左旗出土彩绘木棺[J].文物,2009(3):彩页

图4.50 河南邓州市福胜寺塔地宫银棺前档.河南省古代建筑保护研究所,河南省文物研究所.河南邓州市福胜寺塔地宫[J].文物,1991(6):43

图4.51 江苏宝应泾河南唐1号棺前木门屋.黎忠义.江苏宝应县泾河出土的南唐木屋[J].文物,1965(8):50

图4.52 南京江宁上坊孙吴墓发掘现场.倪方六.三国大墓[M].南京:南京人民出版社,2010:彩页

图4.53 南京江宁上坊孙吴墓(修复后).笔者摄

图4.54 江苏南京板桥镇石闸湖晋墓.南京市文物保管委员会.南京板桥镇石闸

湖晋墓清理简报[J].文物,1965(6):38

图4.55　南京象山7号墓平面.南京市博物馆.南京象山5号、6号、7号墓清理简报[J].文物,1972(11):29

图4.56　辽宁朝阳于家窝铺隋唐墓平面.吕学明,吴炎亮.辽宁朝阳隋唐时期砖构墓葬形制及演变[J].北方文物,2007(4):36

图4.57　南京明代金英墓.夏寒.南京地区明代大型砖室墓形制研究[J].东南文化,2007(1):44

图4.58　马鞍山宋山东吴墓.安徽省文物考古研究所,马鞍山市文物管理所.安徽马鞍山宋山东吴墓[J].江汉考古,2007(4):30

图4.59　长沙市沙湖桥AM41墓平面.李正光,彭青野.长沙沙湖桥一带古墓发掘报告[J].考古学报,1957(4):59

图4.60　河南安阳市西高穴二号墓平面.河南省文物考古研究所,安阳县文化局.河南安阳市西高穴曹操高陵[J].考古,2010(8):36

图4.61　上坊墓伎乐俑.南京市博物馆,南京市江宁区博物馆.南京江宁上坊孙吴墓发掘简报[J].文物,2008(12):封面

图4.62　西汉六壬式盘图.金身佳.敦煌写本宅经葬书研究[D].兰州:兰州大学:2006:65

图4.63　六朝六壬式盘图.金身佳.敦煌写本宅经葬书研究[D].兰州:兰州大学:2006:67

图4.64　长乐公主墓天顶画.李星明.唐代墓室壁画研究[M].西安:陕西人民美术出版社,2005:175

图4.65　吐鲁番阿斯塔那38号墓天顶画.李星明.唐代墓室壁画研究[M].西安:陕西人民美术出版社,2005:183

图4.66　上坊孙吴墓压顶石底面的神兽.笔者摄

图4.67　上坊孙吴墓前室兽首样态.笔者摄

图4.68　上坊孙吴墓后室兽首样态.笔者摄

图4.69　阴宅图(金身佳整理).金身佳.敦煌写本宅经葬书研究[D].兰州:兰州大学:2006:23

图4.70　祭坛位列之图.金身佳.敦煌写本宅经葬书校注[M].北京:民族出版社,2007:219

图4.71　甘肃高台耿少平、孙阿昭墓买地券.赵雪野,赵万钧.甘肃高台魏晋墓墓券及所涉及的神祇和卜宅图[J].考古与文物,2008(1):87

图4.72　南阳第二化工厂21号墓虎头.南阳市文物工作队.南阳市第二化工厂21号画像石墓发掘简报[J].中原文物,1993(1):78

图4.73　镇江东晋画像砖墓兽首人身像.镇江市博物馆.镇江东晋画像砖墓[J].文物,1973(4):57

图5.1　土耳其圣阿伯奇乌斯教堂半穹窿.[美]西里尔·曼戈.拜占庭建筑[M].张本慎,等译.北京:中国建筑工业出版社,2000:134

图 5.2　希腊塞萨洛尼卡的圣凯瑟琳教堂局部.[美]西里尔·曼戈.拜占庭建筑[M].张本慎,等译.北京:中国建筑工业出版社,2000:154

图 5.3　伊朗四隅券进式穹窿 1. Roland Besenval. Technologie de la Voute dans l'Orient Ancien 1-2[M]. Paris：Recherche sur les civilisations,1984：Pl.50.伊朗学者 Pirouz Daghoughi 帮助查阅

图 5.4　伊朗四隅券进式穹窿 2. http：//www.3ei.org/images/peru05paper.pdf(2010.1.28)

图 5.5　伊朗四隅券进式穹窿 3. Godard André et al. "Voùtes iraniennes"Athar-e Iran 4[M]. 1949:插图部分。伊朗学者 Pirouz Daghoughi 帮助查阅

图 5.6　伊朗四隅券进式穹窿 4. http：//www.world-housing.net/uploads/102428_118_11.jpg(2012.7.3)

图 5.7　伊朗四隅券进式穹窿 5. Roland Besenval. Technologie de la Voute dans l'Orient Ancien 1-2[M]. Paris：Recherche sur les civilisations,1984:Pl.46.伊朗学者 Pirouz Daghoughi 帮助查阅

图 5.8　伊朗四隅券进式穹窿 6. Godard André et al. "Voùtes iraniennes" Athar-e Iran 4[M]. 1949:插图部分·伊朗学者 Pirouz Daghoughi 帮助查阅

图 5.9　伊朗四隅券进式穹窿 7. Roland Besenval. Technologie de la Voute dans l'Orient Ancien 1-2[M]. Paris：Recherche sur les civilisations,1984:Pl.53.伊朗学者 Pirouz Daghoughi 帮助查阅

图 5.10　加沙地区的土坯制作. http：//www.eartharchitecture.org/index.php?/archives/1037-Gaza-Mud-Brick-Houses-as-Inverted-Tunnels.html(2012.7.3)

图 5.11　伊朗四隅券进式穹窿 8. Roland Besenval. Technologie de la Voute dans l'Orient Ancien 1-2[M]. Paris：Recherche sur les civilisations,1984：Pl.50.伊朗学者 Pirouz Daghoughi 帮助查阅

图 5.12　乌兹别克斯坦布哈拉 Degarron 清真寺.乌兹别克斯坦学者 Shukur Askarov 提供

图 5.13　公元前 1 世纪巴克特里亚蓄水厅剖面.常青.西域建筑文化若干问题的比较研究[D].南京:东南大学,1990:79

图 5.14　新疆哈密某寺庙遗址.[德]阿尔伯特·冯·勒克科.中亚艺术与文化史图鉴[M].赵崇民,巫新华,译.北京:中国人民大学出版社,2005:208

图 5.15　杭州凤凰寺无梁殿平、剖面.中国科学院自然科学史研究所.中国古代建筑技术史[M].北京:科学出版社,1985:180

图 5.16　伊斯坦布尔肖拉救世主教堂室内.笔者摄

图 5.17　印度德里伊斯兰建筑发券抹角拱穹隅. Percy Brown. Indian Architecture: The Islamic Period[M]. Bombay: D. B. Taraporevala Sons & Co. Ltd.,1942:X

图 5.18　球面拱穹隅类型 A. http：//www.world-housing.net/uploads/102426_118_09.jpg(2012.7.4)

图 5.19　新疆高昌故城大佛殿经堂穹隅细部.笔者摄

图 5.20　柏孜克里克千佛洞 79 窟穹隅. 笔者摄

图 5.21　四隅券进式穹窿(垂直券)未封顶样态. http://www.world-housing.net/uploads/102426_118_09.jpg(2012.7.4)

图 5.22　四隅券进式穹窿发生过程示意图. 笔者绘

图 5.23　伊朗四隅券进式穹窿 9. Roland Besenval. Technologie de la Voute dans l'Orient Ancien 1-2[M]. Paris : Recherche sur les civilisations,1984:P1.55. 伊朗学者 Pirouz Daghoughi 帮助查阅

图 5.24　土耳其老皇宫局部. 笔者摄

图 5.25　土耳其以弗所 6 号住宅遗址门廊. 笔者摄

图 5.26　三国时期魏吴疆域分界. 谭其骧. 简明中国历史地图集[M]. 北京:中国地图出版社,1991:22

图 5.27　南阳盆地地形图.《中国地理地图集》编辑部. 中国地理地图集[M]. 北京:地质出版社,2010:142

图 5.28　汉江流域示意图. http://baike.baidu.com/albums/47750/6167418/0/0.html#0$b219ebc4b74543a930fa83831e178a82b801149f(2012.7.6)

图 5.29　南阳第二化工厂 21 号画像石墓奴婢图. 南阳市文物工作队. 南阳第二化工厂 21 号画像石墓发掘简报[J]. 中原文物,1993(1):79

图 5.30　东汉南海郡、合浦郡位置关系. 谭其骧. 简明中国历史地图集[M]. 北京:中国地图出版社,1991:20

图 5.31　南京象山 7 号东晋墓磨花玻璃杯. 安家瑶. 中国的早期玻璃器皿[J]. 考古学报,1984(4):图版三

图 5.32　鄂州鄂钢饮料厂一号墓平面. 熊寿昌. 论鄂城东吴孙将军墓与鄂钢饮料厂一号墓之墓主人身份及相互关系[J]. 东南文化,2000(9):36

图 5.33　四隅券进式穹窿工艺传播路线示意图(不含山西省). 石正刚绘

图 5.34　汉地砖拱壳穹窿、砖叠涩穹窿发生过程示意图. 笔者绘

图 5.35　南阳市王庄汉画像石墓剖面. 南阳市博物馆. 南阳市王庄汉画像石墓[J]. 中原文物,1985(3):27

图 5.36　南京老虎山晋墓 M1 直棂假窗. 南京市文物保管委员会. 南京老虎山晋墓[J]. 考古,1959(6):290

图 5.37　南唐钦陵前室仿木砖构. 笔者摄

图 5.38　洛阳洛龙区关林庙宋墓. 洛阳市文物工作队. 洛阳洛龙区关林庙宋代砖雕墓发掘简报[J]. 文物,2011(8):33

图 5.39　河南焦作山阳北路西晋 M1 平面及前壁. 焦作市文物工作队. 河南焦作山阳北路西晋墓发掘简报[J]. 文物,2011(9):59

图 5.40　河南焦作山阳北路西晋 M1 后壁. 焦作市文物工作队. 河南焦作山阳北路西晋墓发掘简报[J]. 文物,2011(9):60

图 5.41　南京殷巷一号南朝墓平面. 南京市博物馆,江宁县文管会. 南京殷巷东晋、南朝墓[J]. 东南文化,1993(2):72

图 5.42　南京西善桥油坊村南朝大墓平面. 罗宗真. 南京西善桥油坊村南朝大墓

的发掘[J].考古,1963(6):294

图5.43　嵩岳寺塔平面.林洙.中国古建筑图典[M].北京:北京出版社,1999:551

图5.44　五台山佛光寺祖师塔平面剖面.中国建筑史论文选辑编辑部.中国建筑史论文选辑[M].台北:明文书局,1984:318

图5.45　南京江宁胡村南朝墓后壁佛塔.南京市博物馆.南京市江宁区胡村南朝墓[J].考古,2008(6):53

图5.46　南京西善桥南朝墓后壁壁龛.南京博物院.南京西善桥南朝墓[J].东南文化,1997(1):62

图6.1　美洲印第安 Acjachemen 部族的棚屋. http://en.wikipedia.org/wiki/Wigwam(2012.7.9)

图6.2　威尼斯圣马可教堂剖面.罗小未,蔡琬英.外国建筑历史图说[M].上海:同济大学出版社,1986:70

图6.3　伊朗伊斯法罕的清真寺穹顶构架. X-2276_PDF._Fucntes,_Huerta_2010._Islamic_domes_of_crossed-arches_Origin,_geometry_and_structural_behavior. http://www.google.com.hk/search?q=X-2276_PDF._Fuentes%2C_Huerta_2010._Islamic_domes_of_crossed-arc&opt-webpage=on&client=aff-360daohang&hl=zh-CN&ie=gb2312&newwindow=1(2012.7.9)

图6.4　格雷姆肖的伊甸园工程.李钢,李慧蓉,王婷.形式追随生态[J].新建筑,2006(4):86

图6.5　穹窿实验中的隅角过渡.笔者摄

图6.6　定县开元寺瞭敌塔.常青.中国古塔的艺术历程[M].西安:陕西人民美术出版社,1998:233

图6.7　嵩岳寺塔剖面图.河南省古代建筑保护研究所.登封嵩岳寺塔勘测简报[J].中原文物,1987(4):12

图6.8　襄阳贾巷M29墓南壁、西壁.襄阳市文物考古所王道文、王伟提供

图6.9　南京郭家山M10墓剖面.南京市博物馆.南京市郭家山东晋温氏家族墓[J].考古,2008(6):4

图6.10　江苏泰州望海楼宋代水涵洞.笔者摄

图6.11　马鞍山朱然墓角部修复情况.笔者摄

图6.12　埃及建筑师哈桑·法赛.伍忧.HASSAN FATHY:第三世界的新村[J].艺术世界,2010(243):48

图6.13　埃及阿斯旺地区不支模的土坯穹顶工艺.樊敏.哈桑·法赛创作思想及建筑作品研究[D].西安:西安建筑科技大学.2009:18

图6.14　美国新墨西哥州土坯清真寺.樊敏.哈桑·法赛创作思想及建筑作品研究[D].西安:西安建筑科技大学.2009:72

图6.15　高纳新村男子学校.伍忧.HASSAN FATHY:第三世界的新村[J].艺术世界,2010(243):47

图6.16　高纳新村清真寺穹顶.伍忧.HASSAN FATHY:第三世界的新村[J].艺

术世界,2010(243):48

图6.17　马里邦贾加拉的社会和文化中心.中法世博论坛·可持续建筑全球奖(展).上海同济城市规划设计研究院展厅,2010

图6.18　吐鲁番额敏塔.笔者摄

图6.19　伊朗大布里士大巴扎. http://en.wikipedia.org/wiki/File:Bazaar_of_tabriz06.jpg(2012.7.3)

图6.20　希腊塞萨洛尼卡圣德米特里乌斯教堂墓穴祭坛顶部.(美)西里尔·曼戈.拜占庭建筑[M].张本慎等译.北京:中国建筑工业出版社,2000:45

图6.21　董豫赣清水会馆1.董豫赣.与人合作[J].时代建筑,2007(2):45

图6.22　董豫赣清水会馆2.董豫赣.与人合作[J].时代建筑,2007(2):47

图6.23　王澍:衰变的穹顶.赵焱.衰变的穹顶[J].城市·环境·设计,2010(11):140

图6.24　嵩岳寺塔叠涩塔檐.笔者摄

图6.25　甘肃武威管家坡3号汉墓装饰图案.常青.西域文明与华夏建筑的变迁[M].长沙:湖南教育出版社,1992:121

图6.26　蒙古包的架木.郭雨桥.细说蒙古包[M].北京:东方出版社,2010:6

图6.27　西安小雁塔室内.笔者摄

图6.28　西安大雁塔室内.笔者摄

图6.29　北京天宁寺塔.[德]Ernst Boerschmann. Chinesische Architektur[M]. Verlag Ernst Wasmuth A-G/Berlin,1925:图版部分

图附录1.1　南阳桐柏县安棚画像石墓石羊.南阳市文物研究所.桐柏县安棚画像石墓[J].中原文物,1996(3):24

图附录1.2　南阳市防爆厂M208汉墓平面.南阳市文物考古研究所.南阳市防爆厂M208汉墓发掘简报[J].中原文物,2012(3):5

图附录1.3　南阳市防爆厂M208汉墓剖面.南阳市文物考古研究所.南阳市防爆厂M208汉墓发掘简报[J].中原文物,2012(3):5

图附录1.4　南阳市防爆厂住宅小区汉墓M62.南阳市文物考古研究所.南阳市防爆厂住宅小区汉墓M62、84发掘简报[J].中原文物,2008(4):6

图附录1.5　南阳市防爆厂住宅小区汉墓M62石虎.南阳市文物考古研究所.南阳市防爆厂住宅小区汉墓M62、84发掘简报[J].中原文物,2008(4):12

图附录1.6　南阳市防爆厂住宅小区汉墓M84.南阳市文物考古研究所.南阳市防爆厂住宅小区汉墓M62、84发掘简报[J].中原文物,2008(4):7

图附录1.7　鄂城M2215墓.南京大学历史系考古专业,等.鄂城六朝墓[M].北京:科学出版社,2007:35

图附录1.8　鄂城M2162墓.南京大学历史系考古专业,等.鄂城六朝墓[M].北京:科学出版社,2007:29

图附录1.9　鄂城M2174墓.南京大学历史系考古专业,等.鄂城六朝墓[M].北京:科学出版社,2007:37

图附录 1.10	鄂城 M2262 墓. 南京大学历史系考古专业,等. 鄂城六朝墓[M]. 北京:科学出版社,2007:40
图附录 1.11	鄂城新 1 墓前、后室穹窿. 鄂州博物馆熊寿昌提供
图附录 1.12	鄂城新 2 墓穹窿. 鄂州博物馆熊寿昌提供
图附录 1.13	长虹南路 M16 墓. 襄樊市考古队. 襄樊长虹南路墓地第二次发掘简报[J]. 江汉考古,2007(1):17
图附录 1.14	襄阳城东街 M8 墓. 襄樊市文物考古研究所. 襄樊城东街汉晋墓地发掘报告[M]//襄樊市文物考古研究所. 襄樊考古文集:第 1 辑. 北京:科学出版社,2007:274
图附录 1.15	贾巷 M7 墓平面. 襄樊市文物考古研究所. 襄樊贾巷墓地发掘简报[M]//襄樊市文物考古研究所. 襄樊考古文集:第 1 辑. 北京:科学出版社,2007:311
图附录 1.16	贾巷 M8 墓. 襄樊市文物考古研究所. 襄樊贾巷墓地发掘简报[M]//襄樊市文物考古研究所. 襄樊考古文集:第 1 辑. 北京:科学出版社,2007:330-331 夹页
图附录 1.17	丹江口玉皇庙 M4 墓. 湖北省文物考古研究所,等. 丹江口市玉皇庙汉晋墓发掘简报[J]. 江汉考古,2001(1):22
图附录 1.18	长沙两晋墓 24 平面. 湖南省博物馆. 长沙两晋南朝隋墓发掘报告[J]. 考古学报,1959(3):79
图附录 1.19	长沙两晋墓 25 平面. 湖南省博物馆. 长沙两晋南朝隋墓发掘报告[J]. 考古学报,1959(3):78
图附录 1.20	长沙两晋墓 26. 湖南省博物馆. 长沙两晋南朝隋墓发掘报告[J]. 考古学报,1959(3):图版二
图附录 1.21	益阳县西晋李宜墓平面. 益阳地区文物工作队,益阳县文化馆. 湖南省益阳县晋、南朝墓发掘简况[M]//文物编辑委员会. 文物资料丛刊(8). 北京:文物出版社,1983:45
图附录 1.22	益阳县羊午岭东晋墓平面. 益阳地区文物工作队,益阳县文化馆. 湖南省益阳县晋、南朝墓发掘简况[M]//文物编辑委员会. 文物资料丛刊(8). 北京:文物出版社,1983:47
图附录 1.23	盆山 1 号墓平面. 王俊. 马鞍山六朝墓葬发掘与研究[M]. 北京:科学出版社,2008:81
图附录 1.24	林里东晋纪年墓. 马鞍山市文物管理所. 马鞍山林里东晋纪年墓发掘简报[J]. 东南文化,2004(5):9
图附录 1.25	江宁沙石岗天册元年墓. 南京市江宁区博物馆. 南京江宁孙吴"天册元年"墓发掘简报[J]. 东南文化,2009(3):27
图附录 1.26	江宁殷巷其林村西晋墓. 南京市博物馆周裕兴,顾苏宁. 南京江宁晋墓出土瓷器[J]. 文物,1988(9):82
图附录 1.27	江宁殷巷 79JYZM1 墓. 南京市博物馆. 南京殷巷西晋纪年墓[J]. 文物,2002(7):12

图附录 1.28　江宁殷巷 79M1 墓.南京市博物馆.南京郊县四座吴墓发掘简报[M]//文物编辑委员会.文物资料丛刊(8).北京:文物出版社,1983:8

图附录 1.29　江宁棱角山天册元年墓.南京市博物馆.南京郊县四座吴墓发掘简报[M]//文物编辑委员会.文物资料丛刊(8).北京:文物出版社,1983:10

图附录 1.30　江宁上湖 M2 墓.南京市博物馆,南京江宁区博物馆.南京江宁上湖孙吴、西晋墓[J].文物,2007(1):40

图附录 1.31　江宁上湖东晋墓.南京市博物馆.南京江宁县上湖东晋墓[J].文物,1990(8):49

图附录 1.32　江宁麒麟镇西晋墓.南京市博物馆,江宁区博物馆,雨花台区文化广播电视局.南京市麒麟镇西晋墓、望江矶南朝墓[J].南方文物,2002(3):17

图附录 1.33　江宁黄家营第五号六朝墓平面.江苏省文物管理委员会.江宁黄家营第五号六朝墓清理简报[J].文物参考资料,1956(1):43

图附录 1.34　江宁黄家营第五号六朝墓剖面.江苏省文物管理委员会.江宁黄家营第五号六朝墓清理简报[J].文物参考资料,1956(1):42

图附录 1.35　郭家山 M4 墓剖面.南京市博物馆.南京北郊郭家山东晋墓葬发掘简报[J].文物,1981(12):1

图附录 1.36　郭家山 M7 墓平面.南京市博物馆.江苏南京市北郊郭家山东吴纪年墓[J].考古,1998(8):24

图附录 1.37　郭家山 M8 墓平面.南京市博物馆.江苏南京郭家山八号墓清理简报[J].华夏考古,2001(1):26

图附录 1.38　邓府山六朝墓平面(1953 年发现).李蔚然.南京南郊邓府山发现六朝墓葬[J].考古通讯,1955(2):52

图附录 1.39　邓府山 87YDM6 墓.南京市博物馆.一九八七年至一九八八年南京邓府山六朝墓群清理简报[J].东南文化,1992(2):160

图附录 1.40　邓府山吴墓.南京市博物馆.江苏南京邓府山吴墓和柳塘村西晋墓[J].考古,1992(8):733

图附录 1.41　柳塘村西晋墓.南京市博物馆.江苏南京邓府山吴墓和柳塘村西晋墓[J].考古,1992(8):737

图附录 1.42　仙鹤山 M5 孙吴墓.南京市博物馆,南京师范大学文物与博物馆学系.南京仙鹤山孙吴、西晋墓[J].文物,2007(1):28

图附录 1.43　仙鹤山 M7 孙吴墓.南京市博物馆,南京师范大学文物与博物馆学系.南京仙鹤山孙吴、西晋墓[J].文物,2007(1):32

图附录 1.44　板桥富丽山 1 号墓.李蔚然.南京南郊六朝墓葬清理[J].考古,1963(6):340

图附录 1.45　板桥杨家山 1 号墓.南京市博物馆,南京市雨花台区文管会.江苏南京市板桥镇杨家山西晋双室墓[J].考古,1998(8):32

图附录 1.46　五塘村 2 号墓.南京市博物馆.南京北郊五塘村发现六朝早期墓[M]//文物编辑委员会.文物资料丛刊(8).北京:文物出版社,1983:67

图附录 1.47　高家山 2 号六朝墓.李蔚然.南京六朝墓葬的发现与研究[M].成都:四川大学出版社,1998:23

图附录 1.48　唐家山孙吴墓.南京市博物馆.南京唐家山孙吴墓[J].东南文化,2001(11):38

图附录 1.49　雨花台区石子岗 M1 东晋墓.南京市博物馆.南京市石子岗东晋墓的发掘[J].考古,2005(2):36

图附录 1.50　雨花台区石子岗 M2 东晋墓.南京市博物馆.南京市石子岗东晋墓的发掘[J].考古,2005(2):39

图附录 1.51　雨花台区尹西村西晋墓.南京市博物馆.南京市尹西村西晋墓[J].华夏考古,1998(2):30

图附录 1.52　雨花台区安德门西晋墓(M4).南京市博物馆.南京雨花台区四座西晋墓[J].东南文化,1989(2):141

图附录 1.53　雨花台区农花村东吴墓(M19).南京市博物馆岳涌提供资料

图附录 1.54　清凉山电力学校甘露元年墓.李蔚然.南京六朝墓葬的发现与研究[M].成都:四川大学出版社,1998:23

图附录 1.55　碧峰寺 2 号墓平面.李蔚然.南京六朝墓葬的发现与研究[M].成都:四川大学出版社,1998:25

图附录 1.56　仪征三茅晋墓.尤振尧.江苏仪征三茅晋墓[J].考古,1965(4):210

图附录 1.57　镇江东晋 M5 墓.刘建国.镇江东晋墓[M]//文物编辑委员会.文物资料丛刊(8).北京:文物出版社,1983:17

图附录 1.58　镇江东晋 M35 墓平面.镇江博物馆刘建国.镇江东晋墓[M]//文物编辑委员会.文物资料丛刊(8).北京:文物出版社,1983:24

图附录 1.59　宜兴晋墓 M4.南京博物院.江苏宜兴晋墓的第二次发掘[J].考古,1977(2):116

图附录 1.60　吴县狮子山西晋墓 M2.张志新.江苏吴县狮子山西晋墓清理简报[M]//文物编辑委员会.文物资料丛刊(3).北京:文物出版社,1980:132

图附录 1.61　萧山航坞山晋墓 M1.王屹峰,施加农.浙江萧山船坞山晋墓[J].南方文物,2000(3):19

图附录 1.62　萧山航坞山晋墓 M2 平面.王屹峰,施加农.浙江萧山船坞山晋墓[J].南方文物,2000(3):19

图附录 1.63　临安板桥五代墓剖面.浙江省文物管理委员会.浙江临安板桥的五代墓[J].文物,1975(8):67

图附录 1.64　湖州杨家埠(东晋)五子墩墓.王科,郭闻.湖州古墓乔迁、新家安在浙博[N].钱江晚报,2006-11-29:A10

图附录 1.65　安吉县高禹天子岗水库六朝墓平面.程亦胜.浙江安吉天子岗汉晋

墓[J]. 文物,1995(6):31
图附录 1.66　安吉县高禹天子岗水库六朝墓胡人骑羊烛台. 汪琴. 安吉三国青瓷胡人骑羊尊[J]. 文物天地,2009(5):80
图附录 1.67　大同尉迟定州墓. 大同市考古研究所. 山西大同阳高北魏尉迟定州墓发掘简报[J]. 文物,2011(12):6
图附录 2.68　仿建现场. 笔者摄
图附录 2.69　泥浆和制方式. 笔者摄
图附录 2.70　抹泥方式. 笔者摄
图附录 2.71　曲线放样方式. 笔者摄
图附录 2.72　隅角起券方式. 笔者摄
图附录 2.73　曲面控制方式. 笔者摄
图附录 2.74　券砖砌法. 笔者摄
图附录 2.75　收口调整过程. 笔者摄
图附录 2.76　压顶就位过程. 笔者摄
图附录 2.77　仿建穹窿内部. 笔者摄
图附录 2.78　仿建穹窿外形不对称情况. 笔者摄

致　谢

　　本书系由本人博士后出站报告修改而来。

　　2005年12月,南京市江宁区科学园在道路施工过程中发现了一座大型砖室墓,即后来命名的南京江宁上坊孙吴墓。在南京市文物局和南京市江宁区文化局组织下,南京市博物馆、南京市江宁区博物馆于2005年12月至2006年8月联合对古墓进行了抢救性考古发掘。在此期间,此次发掘的领队王志高研究员邀请东南大学潘谷西先生、南京大学蒋赞初先生、南京博物院梁白泉先生到现场指导,潘先生敏锐地提出:上坊孙吴墓四隅券进式穹窿是否采用的是无模施工工艺,并请东南大学朱光亚教授关注此事。朱光亚教授非常重视这种无模穹窿工艺的可能性,并组织团队对这座古墓进行了测绘和三维扫描。随后我在2009年11月进入东南大学建筑学院做朱老师的博士后,朱老师便建议我将此课题作为博士后研究报告的核心内容,弄清楚中国本土四隅券进式穹窿的营建工艺和基本源流。虽然这对我来说是一个新领域,但凭着对考古学的兴趣还是欣然接受,当然更重要的是东南大学建筑学院、朱光亚老师以及考古界专家学者给予我的信心。

　　本研究得到了诸多文物、考古界学者的帮助,他们是江苏南京市博物馆王志高、马涛、岳涌,苏州市考古研究所张照根,徐州市文化局刘照建,徐州市博物馆李银德,安徽马鞍山市文物局栗中斌,新疆维吾尔自治区文物古迹保护中心梁涛、路霞,新疆维吾尔自治区文物考古研究所于志勇,新疆维吾尔自治区龟兹研究院张国领,广西壮族自治区考古所考古研究室熊昭明,贺州市博物馆胡庆生,江西吉水县博物馆叶翔、李艳萍,陕西汉阴县文物管理所陈连军,湖北襄阳市考古所王道文、王伟,鄂州市博物馆熊寿昌,山东临朐县博物馆宫德杰,河南南阳市古代建筑保护研究所张卓远,南阳市汉画像石博物馆曹新洲,湖南省文物考古研究所高成林等,以及建筑与规划设计界的专家新疆城市规划协会陈震东,江苏苏州市东南文物研究所沈忠人、沈华、赵敏、周海勇,江苏宜兴市金陵文物保护研究所张品荣,浙江省古建筑设计研究院有限公司黄滋等;一些境外学者也为本文的完成提供了宝贵资料或信息,他们是伊朗的 Pirouz Daghoughi,Bijan Rohani,阿塞拜疆的 Farida Kassumova,乌兹别克斯坦的 Shukur Djuraevich Askarov,格鲁吉亚的 Maia Mania,日本东京大学的包慕萍老师,意大利罗马大学建筑学院的杨慧博士等。他们的专业态度和热情让我钦佩并心怀感激。

　　同济大学的常青老师为我的新疆调研提供了必要的指点和人脉上的帮助,他对西域穹窿的研究也促进了本文部分观点的形成;东南大学的陈薇老师、张十庆老师、周琦老师,福州大学的朱永春老师,清华大学的张敏老师对本研究同样都很关心,几位先生的鼓励让我倍感温暖。东南大学的胡石、乐志、陈建刚、淳庆、李新建、诸葛净、张艺研等老师和学友都对本研究的完成有无私的付出，与他们之间的讨论让我受益良多，胡石更是直接参与了南京上坊孙吴墓的现场测绘和仿建实验，相关成果有他的功劳。本书资料收集和图片加工整理过程中得到了邓磊、石正刚、刘杭、陈涛、王轶、徐恺几位朋友的帮助，在此一并致谢。

衷心感谢苏州市文物古建筑工程有限公司的戴福兴、周菊林、吴泉元等几位匠作师傅，他们的经验和创造力是穹窿仿建实验成功的重要保证。朱光亚老师为了实验的完成四处筹措资金，并对实验方案和整个施工过程严格把关，苏州市文物古建筑工程有限公司不但积极配合，还提出减免部分费用，这些都是课题研究中难得的福气。

能在博士后期间成为朱光亚老师的一名学生是我的荣幸，朱老师的学风将是我一生的榜样，谢谢朱老师！

徐永利

2017 年 9 月志于苏州科技大学